우암학술총서 3

역주 화양동지

華陽洞志

충북대학교 우암연구소

충북대학교 출판부

서 문

올해는 우암연구소가 기호학(畿湖學)의 중심이 되고자 출범한 지 3년째가 된다.

우암연구소는 출범과 동시에 기호학 관련 학술저작들을 '우암학술총서'라는 이름으로 발간하기로 하였다. 우선 우암(尤庵) 송시열(宋時烈)과 우암의 강학과 이념의 공간이었던 화양동(華陽洞) 관련 저술을 '우암학술총서'의 대상으로 정하였다.

이제 그 세 번째 학술총서로서 『화양동지(華陽洞志)』를 역주본으로 내놓는다. 『화양동지』는 화양동과 관련된 여러 사람들의 저술을 연경재(研經齋) 성해응(成海應)이 집대성한 것으로 이 방면의 현존하는 관련 기록 가운데 가장 완비된 것이다.

화양동 공간은 명·청(明·淸)교체기에 형성되어 조선후기 사상사에 영향을 크게 끼쳤던 조선중화주의(朝鮮中華主義) 이념의 진원지로서 중요한 의미를 지닌다. 따라서 조선후기 사상의 연구에 화양동 공간의 의미에 대한 이해는 긴요하다고 할 수 있다.

이번에 출간하는 『화양동지』역주본은 조선후기 사상사, 기호학, 특히 우암의 강학과 이념의 공간인 화양동의 이해에 관심을 가진 분들께 얼마간 도움이 될 수 있으리라고 기대한다.

까다로운 역주의 일을 맡아주신 우암연구소 감수위원 이두희 선생과 전임연구원 김용남 박사의 노고에 감사드린다. 또한 이 책의 간행을 흔쾌히 허락하신 충북대학교 출판부에도 감사의 뜻을 전한다.

2009년 10월

충북대학교 우암연구소장 金聖基

해 제

『화양동지(華陽洞志)』는 연경재(硏經齋) 성해응(成海應 1760~1839)이 편찬한 것으로 충북 괴산군 청천면 화양동에 관한 자연과 인문적 환경을 총망라한 종합적인 자료이다.

화양동은 속세를 떠난 선계의 아름다움을 지닌 명승지로 알려져 16세기 중·후반부터 시인묵객들이 자주 찾는 곳이었는데, 17세기 후반에 우암(尤庵) 송시열(宋時烈 1607~1689)이 이곳에 자리 잡고 살면서부터 세상 사람들에게 널리 알려지게 되었다. 그 후 화양동은 산수승경과 더불어 우암의 정신을 상징하는 표상으로써 인식되었는데, 이에 우암 사후 우암의 사상을 계승하려는 사람들에 의해 화양동에 대한 기록이 편찬되기에 이르렀다.

『화양동지』는 성해응이 화양동에 관한 각종 기록과 여러 사람의 시문을 모아서 엮은 것으로, 그의 문집인 『연경재전집(硏經齋全集)』 외집(外集)에 권30~권32까지 총 3권으로 나누어 사료편(史料編) 중 존양류(尊攘類)로 분류하였다. 성해응은 외집의 서문(序文)을 통해 "존주양이(尊周攘夷)의 의리가 천지를 지탱하는데 그것을 엮는 것은 세교(世敎)에 도움이 될 수 있다"고 하였으니, 그가 『화양동지』를 엮은 의도를 어느 정도 짐작할 수 있다.

성해응은 정조·순조 연간에 활동한 학자이자 문인으로 150 여권에 달하는 문집을 남겼다. 그는 '연경재(硏經齋)'라 자호할 만큼 경학(經學)에 심혈을 기울여 많은 저술을 남겼으며, 문학적 저술 또한 적지 않으니 시(詩) 8권과 문(文) 32권을 남겼다. 성해응은 여러 대에 걸쳐 문과에 오를 정도의 문재(文才)를 지닌 서얼 명문가의 후예로 1788(정조 12)년에 규장각 검서관이 되어 부친 청성(青城) 성대중(成大中 1732~1809)과 함께 『존주휘편(尊周彙編)』 편수에 참여하였고, 방대한 분량의 『황명유민전(皇明遺民傳)』을 저술하여 자신의 사상적 배경을 분명히 한 바 있다. 성해응은 친가나 처가가 모두 철저한 대명의리론(大明義理論)을 견지한 집안으로, 그러한 집안의 출신인 성해응이 존주문자(尊周文字)의 편찬에 참여하고 대명의리를 표명하는 저술에 힘을 쏟은 것은 결코 우연이 아니다. 더구나 그의 학문 자세나 저술 태도가 한학과 송학을 겸하고자 했던 한송겸장(漢宋兼掌)에 있었던 만큼, 송학의 의리관과 한학의 고증적 학문태도는 그의 저술활동에서 여실히 드러난다.

성해응이 『화양동지』를 엮기 시작한 것은 1803년이다. 그가 남긴 〈화양동지서(華陽洞志序)〉의 첫머리는 1803년(순조 3) 가을에 부친 성대중과 함께 만동묘와 암서재를 둘러본 것을 회고하는 것으로부터 시작된다. 이때는 그가 음성현감으로 부임할 때인데, 이때 화양동을 답사하고 바로 『화양동지』 편찬을 기획하였던 것 같다. 특히 서문 중에 "이 땅은 북경과의 거리가 자못 삼천 여리나 되고 세월은 갑신년(1644)과의 거리가 백 육십년이나 되는데 천자께서 동쪽으로 우리나라의 적막한 산속을 순행하시다가 (이곳을) 돌아보고 머뭇거리면서 가지 못하는 듯하였다."고 한 것으로 미루어, 1803년 화양동 답사 후 바로 착수하여 1804년에 『화양동지』를 완성한 것으로 생각된다.

성해응의 『화양동지』는 그 편찬 의도가 분명히 부각된 저술이다. 그것은 서문을 통해 십분 알 수 있다. 그는 대명의리를 강조하면서 아울러 청에 대한 복수의 마음이 세월이 흐를수록 해이해질 것을 우려하였다. 또한 화양동을 단순히 승경지로 생각하여 노는 자들에게 한번쯤 우암이 만동묘를 세운 뜻을 생각하여 충효의 마음이 절로 우러나기를 바라고 있으며, 자신이 편찬한 『화양동지』를 읽고 만동묘를 비롯하여 의종황제의 어필인 '비례부동(非禮不動)'을 찾아 그 시말(始末)을 분명하게 알아 명 황제를 그리워하는 생각이 더하면 그것이야말로 '천리를 밝히고 인심을 바르게'하는 것이라 하였다. 그러고 보면 성해응이 『화양동지』를 편찬한 것은 우암과 그의 제자들에 의한 존주(尊周)·존명(尊明)의 사상을 계승하여 이로써 '명천리(明天理) 정인심(正人心)'하고자 하는 측면에 있다고 하겠다.

「화양동지」 일(一)에는 38종의 인용서목에 이어 만동묘·환장암·첨성대를 수묵으로 묘사한 그림이 있어 1804년 당시 만동묘·환장암·첨성대의 모습을 엿볼 수 있다. 이어 기지 제일(基址 第一)에서는 여러 가지 인용 문헌에서 가려 뽑은 화양동과 화양구곡에 관한 글을 실었고, 연기 제이(緣起 第二)에서는 의종황제의 어필인 비례부동(非禮不動)을 바위에 새기는 일을 놓고 민정중(閔鼎重 1628~1692)과 주고받은 편지와 후배인 김수항(金壽恒 1629~1689)과 벗인 홍석기(洪錫箕 1606~1680)에게 시를 구하는 편지가 실려 있다. 건치 제삼(建置 第三)에는 환장암·만동묘의 건립과 관련된 글이 다수 있고, 사전 제사(祀典 第四)에는 만동묘의 제사와 관련된 글이, 고적 제오(古蹟 第五)에는 화양동 곳곳에 새긴 바위글씨에 관한 것과 당시 환장암에 보관한 대통력(大統曆), 갑신연화(甲申筵話)와 관련한 글을 비롯하여 채지홍(蔡之洪 1683~1741)의 〈화양이적설(華陽異蹟說)〉, 신종황제가 원보(元輔)와 내각(內閣)에 유시한 글이 다수 수록되어 있다. 부록인 화양서원(華陽書院)에는 우암 송시열이 처음 화양동에 자리 잡은 1666년부터 1688년까지의 기록이 간단히 정리되어 있고, 1695년 처음 화양동 밖에 세운 만경대서원(萬景臺書院)에 관한 글을 실었다.

「화양동지」 이(二)는 시문 상(詩文 上)으로, 우암 송시열의 화양동 관련 시와 김수항(金壽恒)·홍석기(洪錫箕)·김창집(金昌集 1648~1722)·김창흡(金昌翕 1653~1722)·이기홍(李箕洪 1641~1708)·권상하(權尙夏 1641~1721)·정호(鄭澔 1648~1736)·조태만(趙泰萬 1672~1727)·윤봉구(尹鳳九 1681~1767)·성만징(成萬徵 1659~1711)·이재(李縡 1680~1746) 등 우암의 벗과 문인들을 비롯하여 우암 문인의 제자들에 이르기까지 17~18세기 화양동과 관련된 시가 다수 실려 있다.

「화양동지」 삼(三)은 시문 하(詩文 下)로, 권상하의 〈암서재기(巖棲齋記)〉를 비롯하여 채지홍의 〈화양동암서재중건상량문(華陽洞巖棲齋重建上梁文)〉, 윤봉구의 〈화양존주록서(華陽尊周錄序)〉, 황경원(黃景源 1709~1787)의 〈운한각기(雲漢閣記)〉·〈청주황묘시기(淸州皇廟詩記)〉, 성대중의 〈화양동기(華陽洞記)〉가 수록되어 있다.

이상 『화양동지』는 성해응의 박학고증적인 학문성향으로 수많은 개인문집과 자료집을 참고 인용하여 엮은 화양동 관련 기록이다. 또한 화양동의 자연지리적 환경은 물론 우암과 그의 사적과 관련된 인문적 내용을 담고 있는, '우암 송시열과 화양동'에 대한 보다 체계적이고 종합적인 보고서라고 할 수 있다.

끝으로 『화양동지』에는 수록되지 않았지만, 『연경재전집』 원집(原集) 권31에 실려 있는, 성해응이 화양동지를 편찬한 후 지은 서문인 〈화양동지서(華陽洞志序)〉를 맨 앞에 실었고, 아울러 그의 화양동 답사기인 〈화양동기(華陽洞記)〉를 맨 끝에 덧붙였음을 밝혀 둔다.

2009년 10월

김 용 남

차 례

화양동지서(華陽洞志序) 성해응(成海應)

계해년(1803) 가을에 황묘(皇廟 : 만동묘)에 배알하고 물러나와 암서재에 오르니 암서재는 곧 문정선생(文正先生 : 송시열)이 일찍이 거처하신 곳이다. 밤이 오래되어 달이 오름에 사방의 산이 엄숙하게 (황묘를) 향하여 읍을 하는 것 같고 나무숲은 빽빽하게 전각을 덮으니 여러 후궁[勾陳][1]과 수레[豹尾][2] 들이 둘러있는 것 같았다. 여울물은 새벽까지 소리가 나니 마치 천자의 수레를 끄는 말방울[和鸞][3]소리와도 같고 허리에 찬 패옥(佩玉)의 소리와도 같았다.

이 땅은 북경과의 거리가 자못 삼천 여리나 되고, 세월은 갑신년(1644)[4]과의 거리가 백육십년이나 되는데, 천자[玉輅][5]께서 동쪽 우리나라의 적막한 산속으로 순행하시다가 (이곳을) 돌아보고 머뭇거리면서 가지 못하는 듯하였다. 마을 사람들이 좌우로 달려가서 몸소 (천자를) 따르는 수레를 받들면서 천자의 맑은 광채를 바라보는 것 같이 함은 무슨 이유일까? 이는 은혜를 알고 의리를 지키는 데 불과한 것이다.

아! 천자께서 두 번이나 군사를 일으켜 속국을 구제할 때, 등주(登州)와 내주(萊州)의 곡식을 다 실어오고 강소(江蘇)와 절강(浙江)의 군사들을 동원하여 피로하게 하면서 왜구를 물리쳐 우리나라의 백성들을 편안한 자리 위에서 살게 하였다. 병자(1636)·정축(1637)년간에는 유적[6]이 중국을 어지럽게 하는데도 천자께서는 오히려 속국의 위태함을 염려하여 안계조(顔繼祖)[7]를 명하여 수군을 거느리고 구제하게 하고 또 안계조가 곧바로 광주(廣州)를 구제하지 못하여 지키지 못한 것을 책하였다. 이것은 천자의 지극한 은혜로 은혜가 흡족한 데는 의리가 생기는 것이다. 속국의 백성이 되어 창이나 몽둥이를 가지고 천자의 위급한 곳에 달려가지 못하고 도리어 적에게 쫓기는바 되어 가도(椵島)[8]에 들어가고 금주(錦州)[9]에 들어가 천자의 일을 풀지 못하였으니 이는 또 천하의 통분이 지극한 것이다.

은혜는 지극히 흡족하고 의리는 심히 정대하며 또 지극한 통분이 얽혔으니 비록 백대의 뒤에라도 마땅히 통분해하고 원통한 마음을 가져 부끄러워하고 한숨을 쉬면서 스스로 마음을 잡지 못하는 듯해야 할 것이다. 황하가 맑아질 날을 기대할 수 없고[10] 평온하게 살아옴이 오래되면 능히 (복수의 마음이) 해이해지지 않을 자 있겠는가?

사람들 중에 이 화양동에 와서 노는 자가 (만동묘를) 세운 뜻을 생각하고 경내에 들어가

---

1) 관료[勾陳] : 勾陳은 鉤陳으로도 쓴다. 후궁(後宮)을 이르는 말이다.

2) 수레[豹尾] : 천자에 소속된 수레의 가장 뒤에 따르는 수레는 표범의 꼬리로 장식을 하였다. 따라서 여기서는 천자에 딸린 수레를 뜻하는 말이다.

3) 말방울[和鸞] : 화란은 모두 방울. 화는 수레의 앞쪽에 있고 란은 말의 재갈에 있다.

4) 갑신년(1644) : 명나라가 망한 해. 유적 이자성(李自成)의 군대가 자금성에 들어오자 의종황제는 가족들을 죽이고 자신도 경산(景山)에 올라가 목을 매어 죽었다.

5) 천자[玉輅] : 옥로는 천자가 타는 수레이다. 여기서는 천자를 뜻하였다.

6) 유적(闖賊) : 李自成을 말했지만 실제는 청국을 이른 말이다.

7) 안계조(顔繼祖) : 명나라 장수. 산동을 지키면서 자주 유적을 치고 청나라 군사가 대거 침입하자 오로지 덕주(德州)만을 지킴에 제남이 공허하게 되어 함락되니 하옥되어 기시(棄市) 되었다.

8) 가도(椵島) : 평안북도 철산군에 있는 섬. 1621년 청 태종이 요양을 공격하자 요동도사 모문룡(毛文龍)이 이 섬으로 쫓겨 와 청군의 후방을 교란하였다.

9) 금주(錦州) : 요녕성에 있는 지명이나 미상.

10) 명나라를 회복할 날을 기대할 수 없다는 말.

감회를 일으켜 감탄하고 또 슬퍼하면 충의의 마음이 저절로 속마음에서 울어나 놀지 못할 것이다. 이 책을 읽는 자가 만동묘의 체제와 각종 제기, 그리고 바위에 새긴 의종의 어필[非禮不動]을 찾아 그 시말을 분명하게 알면, 또한 그 현지를 밟으면서 더욱 황제를 그리워하는[榛苓][11] 생각을 금치 못할 것이니 천리를 밝히고 인심을 바르게 하는 것이 여기에 있을 것이다. 이리하여 화양동기 4편을 지었다.

11) 황제를 그리워하는[榛苓] : 榛은 개암나무 苓은 감초. 시경에 나오는 말로 어진 사람이 쇠한 세상에서 뜻을 얻지 못하고 선대의 치세에 현명한 제왕을 그리워한 시다.

화양동지 일(華陽洞志 一)

화양동지 인용서목(華陽洞志 引用書目)

列聖御製
正宗大王御製
宋子大全　宋時烈
老峯集　閔鼎重
文谷集　金壽恒
晩洲集　洪錫箕
寒水齋集　權尙夏
農巖集　金昌協
三淵集　金昌翕
丈巖集　鄭澔
芝村集　李喜朝
直齋集　李箕洪
鳳巖集　蔡之洪
睡村集　李畬
竹泉集　金鎭圭
圃菴集　尹鳳朝
陶菴集　李縡
巍巖集　李柬
屛溪集　尹鳳九
石門集　尹鳳五
古朴齋集　趙泰萬
江漢集　黃景源
山水軒集　權震應
翕齋集　李思質
霅橋集　安錫儆
東山集　任相周
丹室集　閔百順
石堂遺稿　金相定
性潭集　宋煥箕
靑城集
李重明疏

蔡之涵疏
華陽舊志
華陽洞事實
華陽尊周錄
萬東廟事實
藝文館致祭文謄錄
華陽實記
政院日記

도(圖)

만동묘(萬東廟)

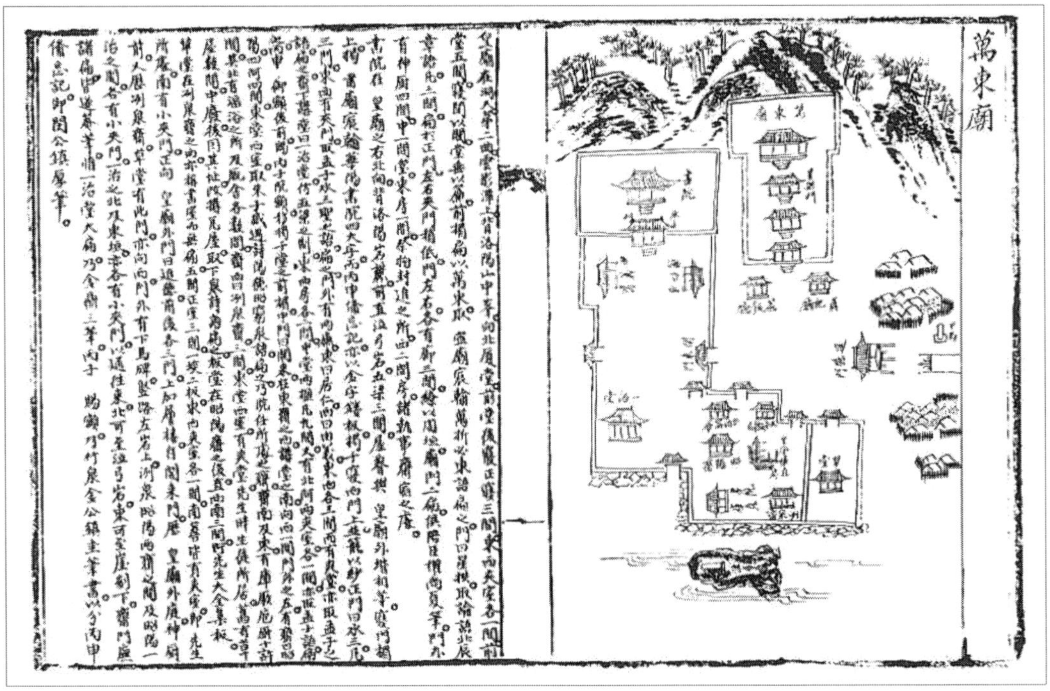

황묘는 화양동천의 제2곡인 운영담 위에 있어 낙양산 중봉을 등지고 북하당(北廈堂)을 향하고 있다. 전당(前堂)과 후침(後寢) 정침(正寢) 3칸이고 동서에 협실(夾室)이 각각 1칸이다. 전당은 5칸인데 후침과 정침은 쪽문으로 닫고 전당은 발을 쳐 놓았다. 앞 현판에는 만동(萬東)으로 편액을 하였으니 선조대왕의 어필인 만절필동(萬折必東)이라는 말을 취하여 편액을 한 것이다. 문에는 성공(星拱)이라고 편액을 하였으니, 『논어』 북신장(北辰章 : 衆星共之)의 말을 취한 것이며, 3칸으로 정문에 편액을 하고 좌우의 협문은 조금 낮다. 문의 좌우에 각각 낭(廊 : 복도) 3칸이 있고 주위는 담장으로 둘렀다. 황묘와 정문의 편액 글씨는 모두 배신권상하의 필적이다. 문 밖에는 주방 4칸이 있는데 가운데의 1칸 당(堂)과 동쪽 방의 1칸은 제물을 차려 올리는 곳이고 서쪽 2칸 방은 여러 집사들이 재계하고 자는 곳이다.

서원은 황묘의 오른쪽에 있어 북향을 하고 낙양산의 바위 능선을 등지고 앞은 읍궁암을 향하였다. 오량(五梁) 3칸으로 등마루는 황묘의 바깥 계단과 서로 비슷하고 침문(寢門)의 현판에는 숙종의 어필인 화양서원(華陽書院)이란 4개의 큰 글씨를 걸었는데, 병신년 비망기(備忘記)[12]에 금자(金字)로 판을 새겨 침소의 서문 위에 걸고 아울러 비단으로 가리라고 하였다. 정문은 승삼문(承三門)이라고 하니 3개의 문으로 되어 동서에 협문이 있으니 『맹자』의 승삼성(承三聖 : 滕文公下 好辯章)의 말을 취하여 편액을 한 것이다. 문밖에 2채의 건물이 있는데 동쪽은 거인재(居仁齋)요 서쪽은 유의재(由義齋)이다. 동서의 건물은 각각 3칸이고 협당(夾堂)이 있으니 또한 『맹자』의 말(離婁上 自暴章)을 취하여 편액을 한 것이다.

재실 아래 강당을 일치당(一治堂)이라고 하니 오량(五梁)의 제도를 본따서 동서의 방이 각 2칸이고 중당(中堂)은 두 기둥을 세워 9칸이 된다. 또 북쪽의 보[阿] 아래에 두 개의 협실이 각각 한 칸씩 있으니 『맹자』의 말(滕文公下 好辯章)을 취하여 편액을 한 것이다. 병신년(1716)에 어액(御額)을 내린 뒤에 전 병자년(1696)에 사액한 것은 당의 앞 현판에 옮겨 걸었다. 중문은 개래문(開來門)이라고 하니 동재의 서쪽이고 강당의 남쪽에 있으며 서쪽을 향하였으니 1칸이다. 문 밖의 좌측에 재실이 있으니 소양재(昭陽齋)이다. 4개의 보에 4칸이고 동쪽은 마루요 서쪽은 방이니 주자 감우시(感遇詩)의 '양덕소궁천(陽德昭窮泉)'이란 말을 취하여 편액을 한 것이니 서원의 책임자가 거처하는 곳이다. 소양재의 남쪽과 동쪽에 식량을 저장하는 창고와 육간(肉間) 10여 칸이 있고 그 북쪽에 목욕하는 곳과 마구간 몇 칸이 있다.

소양재의 서쪽에 열천재(冽泉齋) 3칸이 있으니 동쪽은 마루요 서쪽은 방이고 또 협당(夾堂)이 있으니 선생이 살아계실 때 생도들이 거처하던 곳이다. 옛날에 초옥 몇 칸이 있었는데 중간에 헐어지고 뒤에 그 터에 기와집으로 고쳐 세웠으니 『시경』 하천(下泉 : 曹風)의 말을 취하여 편액을 한 것이다. 판당(板堂)은 곧바로 서남쪽에 있어 3칸이니 선생의 대전 문집 판목을 저장한 곳이다.

초당은 열천재의 서쪽에 있으니 또한 서실(西室)이라고 칭하고 편액은 없다. 5칸인데 정실(正室)이 3칸으로 1칸은 온돌이요 2칸은 마루이다. 동서의 협실이 각각 1칸이고 남쪽의 처마 아래는 모두 협실이 있으니 곧 선생이 거처하던 곳이다. 남쪽에 작은 협문이 있는데 바로 황묘로 향한다. 외문은 진덕문(進德門)이라고 하니 앞뒤로 각각 3문이고 위에는 층루(層樓)가 있다. 개래문으로부터 황묘의 바깥뜰과 신주(神廚) 앞을 지나 또 열천재를 거쳐 초당 앞에 이 문이 있으니 또한 서쪽을 향하였다. 문 밖에는 하마비(下馬碑)가 있어 길 왼쪽 바위 위에 세워졌다. 열천·소양 두 재실의 사이와 소양·일치당 사이에는 각각 작은 쪽문이 있고 일치당의 북쪽과 동쪽 담장에 또 각각 작은 쪽문이 있어 왕래하는 사람을 통하게 하고 북쪽으로 읍궁암에 이르고 동쪽으로는 애각(崖刻)의 아래에 이른다.

재실과 문의 여러 편액은 모두 수암(遂菴)의 필적이고 오직 일치당의 큰 편액은 김정삼(金鼎三)의 필적이다. 병자사액(丙子賜額)이란 글씨는 죽천(竹泉) 김진규가 써서 분간하게 한 것이고 병신 비망기(丙申備忘記)는 민진후(閔鎭厚)의 필적이다.

12) 비망기(備忘記) : 왕이 명령을 적어서 승지에게 전하던 문서.

환장암(煥章菴)

시내의 북쪽 금사담 위 암서재 좌측에 있어 첨성대와 서로 마주 대하고 운한각이 그 곁에 있다.

첨성대(瞻星臺)

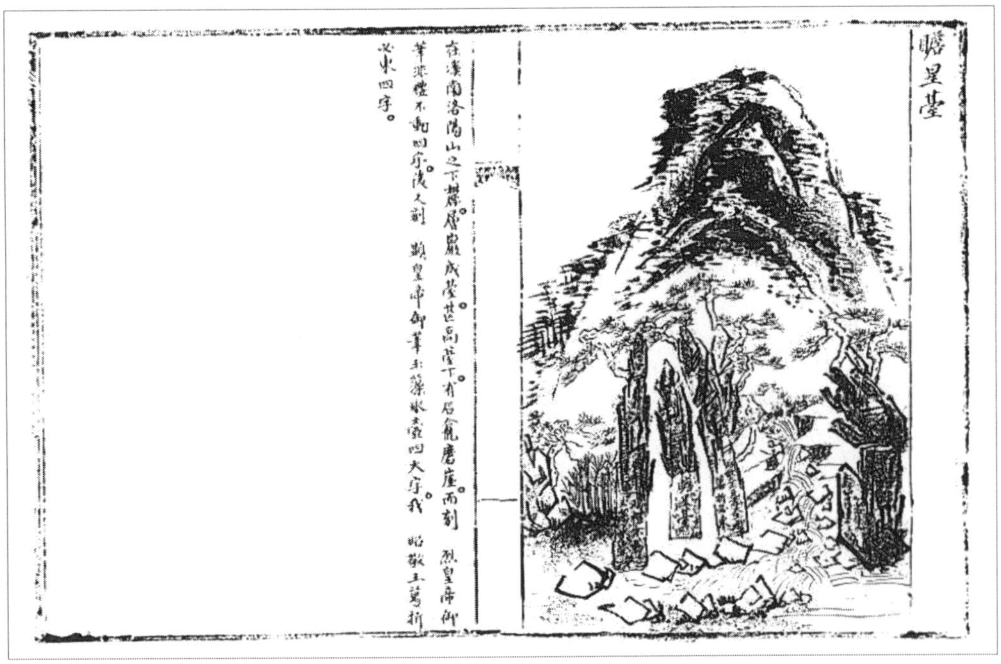

시내의 남쪽 낙양산 아래 기슭에 있어 층층으로 된 암석이 대(臺)를 이루어 매우 높고 대 아래에는 석감(石龕)과 마애(磨崖)가 있어 열황제(烈皇帝 : 毅宗)의 어필인 비례부동(非禮不動) 4자를 새기고 뒤에 또 현황제(顯皇帝 : 神宗)의 어필인 옥조빙호(玉藻氷壺)의 4 큰 글자와 우리 소경왕(昭敬王 : 선조)의 만절필동(萬折必東) 4자를 새겼다.

기지 제일(基址第一)

화양동은 (청천)현의 동쪽 20리 쯤 되는 낙양산 중에 있다. 일명 황양동(黃楊洞)이라하니 황양이 많기 때문에 붙여진 이름이다. 낙양(洛陽)은 한편 낙영산(落影山)이라 칭하고 또 미륵산 이라고도 하니 높이 솟아 맑고 깨끗하며 깎아지른 바위의 색채가 영이하고 산 위의 큰 바위에 크고 작은 미륵의 상을 그려 새겼다. 원나라 때 이방(異邦)의 스님이 와서 암자를 짓고 살았으니 암자의 이름도 역시 미륵암이다. 뒤에 헐어 없어져 지금은 폐허만 있다. 『화양구지(華陽舊志)』

화양동은 낙양산 아래에 있으니 속리산의 서북쪽 한 줄기다. 우암 송선생이 그 산이 높고 계곡이 깊은 것을 사랑하여 항상 그 속에 그림자를 숨기려고 하여 선유동과 파곡(巴谷)의 사이를 왕래하였다. 『화양동사실(華陽洞事實)』

경천벽(擎天壁)은 계곡 입구의 제1곡이 된다. 경천벽은 시내의 남쪽에 있어 기암이 높이 솟아 벽처럼 섰는데 귀신이 깎은 듯하다. 층층으로 된 암벽이 서로 이어지고 높이가 수백 길이나 되어 모습이 하늘을 바치고 있는 듯하기 때문에 붙여진 이름이다. 청천현으로부터 동쪽으로 15리를 행하여 무량리・도원리・만경대・서원의 옛터를 지나 침류정 아래를 마주 대하니 정자는 헐어져 폐허만 있다. 곧 선생께서 처음 화양동을 택할 때 황씨 가의 정자를 빌어 우거하던 곳이다. 여기로부터 내를 거슬러 동쪽으로 몇 리를 가서 장담(長潭)을 지나니 이 못은 곧 감천(紺川)의 물이 고여 못을 이루었으니 두 척의 배가 나란히 갈 정도이다. 못 아래의 여울을 건너 1리쯤 가서 동쪽으로 동구(洞口)를 향하여 들어가 하나의 내를 건너면 이내 파계(巴溪)의 하류이니 곧 이 벽이 된다. 운영담(雲影潭)은 시내의 북쪽에 있어 시냇물이 맑은 못을 이루었기 때문에 붙여진 이름이니 주자 시의 '천광운영공배회(天光雲影共徘徊 : 觀書有感)'라는 말을 취한 것이다. 경천벽으로부터 시내를 거슬러 북쪽으로 1리를 가면 평평한 지형에 경작할만한 곳이 있고 초가집 10여 가구가 있는데 사점촌(沙店村)이라고 하니 깨끗하여 살만하다. 마을 앞을 지나 산모퉁이의 한 돌길을 지나 또 내를 건너면 곧 운영담 아래의 여울이다. 이 굽이로 들어가 남쪽으로 가면 곧 선생이 자리를 정한 곳이니 지금 황묘와 서원이 있다. 읍궁암(泣弓巖)이 시내의 남쪽에 있는데 큰 바위가 있어 희면서도 둥글고 매끄러우며 면은 평평하다. 선생께서 매양 효종의 제삿날을 당하면 이 바위에서 곡을 하였기 때문에 이름을 붙였다. 선생이 지은 절구를 후대 사람이 비를 세워 기록하였다. 운영담으로부터 시내를 따라 남쪽으로 사람이 부르면 들릴 만한 곳으로 황묘와 서원의 앞을 지나면 시내 위에 나가게 되니 여기가 이 바위이다. 지금의 서원 일치당 직전이다. 금사담(金沙潭)은 시내의 북쪽에 있어 시냇물이 못을 이루어 맑으며 깊고 물가에 모래가 깨끗하고 아름다워 붙여진 이름이다. 읍궁암으로부터 시내를 따라 남동쪽으로 수십 보를 행하여 내를 건너면 곧 못 아래의 여울이다. 이 못의 북쪽 언덕이 곧 암서재(巖棲齋)이다. 선생이 살아계실 때는 작은 배가 있어 초당과 암서재 남북의 시내 길을 통하였는데 지금은 못 물에 앙금이 채여지고 배도 망가졌다. 옛날에는 운영담으로 2

곡을 하고 읍궁암으로 3곡을 하고 금사담으로 4곡을 하였더니 이상의 3곡은 두어 번 부르면 들리는 곳에 있고, 읍궁암과 금사담은 또 한곳에 있으면서 다만 시내의 남쪽 북쪽에 나누어 있어 각각 1곡이라고 칭하기엔 불가하다. 만약 내를 건너는 것으로 1곡이라 하면 운영담이 제2곡이 되고 읍궁암 금사담이 합하여 제3곡이 된다. 능운대(凌雲臺)는 시내의 북쪽에 있어 절벽이 솟아 시내에 임하여 높기 때문에 붙여진 이름이다. 금사담의 하류로부터 암서재의 뒤편으로 나와 환장암을 지나면 곧 이 대가 된다. 이 대는 환장암의 동쪽 애각(崖刻)의 북쪽에 있다. 첨성대(瞻星臺)는 시내의 남쪽에 있으니 곧 낙양산 아래 기슭이다. 층층으로 된 암석이 포개어 대를 이루어 위태하게 솟은 것이 몇 백 길이나 되고 대 아래에는 석감(石龕)이 있는데 벼랑을 뚫어 만들어 황제의 어필을 새겼기 때문에 붙여진 이름이다. 능운대 앞으로부터 남쪽으로 내를 건너면 곧 이 대가 되니, 이는 환장암과 더불어 서로 대하고 이미 황제의 어필을 벼랑에 새기고 또 그 아래에 암자를 지어 지키게 하려고 하다가 뜻을 이루지 못하고 그 이름을 이 암자에 걸어 스님들로 하여금 수호하게 하니 이곳이 제6곡이 된다. 읍궁암으로부터 물방앗간을 지나 채운암 동구가 합한 곳에 이르러 1리쯤 가면 물이 약하여 시내를 건너지 않아도 도착하게 된다. 와룡암(臥龍巖)은 시내의 북쪽에 있다. 큰 암석이 시냇가에 가로 놓여 있는데 전체가 꿈틀거리는 용의 모습과 흡사하고 길이가 10여 길이나 되기 때문에 붙여진 이름이다. 첨성대로부터 시내를 따라 동남쪽으로 2,3리를 가고 또 시내를 건너 시내의 북쪽으로 나가면 곧 이 바위이다. 만약 환장암으로부터 곧바로 시내를 따라 가면 내를 두 번 건너게 되어 도착하게 된다. 학소대(鶴巢臺)는 시내의 북쪽에 있다. 대가 시내의 가에 임하여 능운대와 비슷한데 큰 소나무가 대 앞에 아울러섰다. 옛날에 청학이 새끼를 기르느라 둥지를 틀었기 때문에 붙여진 이름이다. 와룡암으로부터 시내를 따라 동쪽으로 두어 번 부르면 들릴만한 곳을 가면 곧 이 대의 아래로 나가게 된다. 옛날에는 와룡암으로 제7곡을 하고 학소대로 제8곡을 하였는데 위의 2곡이 한곳에 함께 있어 나누어 칭함이 불가한 듯하다. 첨성대와 와룡암 사이 2,3리에 가히 곡(曲)이라고 칭할만한 곳이 있다. 파곶(巴串)은 시내 가운데 서려 있어 흰 돌이 평평하게 펴져있고 깨끗하고 반들반들하여 때가 없어서 수천 명이 앉을 만하기 때문에 붙여진 이름이다. 학소대로부터 동쪽으로 시내를 따라 북쪽으로 두어 번 부르면 들릴만한 곳을 가면 곧 이 반석이다. 비가 내려 시냇물이 불으면 석면에 범람하여 맨발로 건널 수 있고 물이 마르면 석면이 완전히 드러나 버선을 신고 앉아 글씨를 쓸 만하다. 또 가끔 우묵하게 파인 곳이 있어 주발을 대신할 만하니, 일을 좋아하는 자들이 혹 밥을 담고 국을 말아 마시고 먹기도 한다. 이곳이 화양동 중에 제일 절경이다. 도암(陶菴) 이공 재(李縡)가 시내의 북쪽에 작은 정자를 짓고 화양 제9곡으로 이름을 짓고 파곶정자는 서원에 속하게 하였다.

지금 살펴보건대 구곡의 이름은 혹 지명으로 하고 혹 옛날의 글 뜻에서 취하기도 하니 선생이 살아계실 때에 시작된 것이 많고 그 구곡으로 정한 것은 사실상 수암(遂菴) 권공이 명하신 것이다. 단암(丹巖) 민상국 진원(閔鎭遠)이 전자를 써서 새기고 오직 읍궁암의 예서로 써서 크게 새긴 것은 윤헌주(尹憲柱)의 필적이다. 또 금사담 가의 큰 돌에 '화양수석(華陽水石) 대명건곤(大明乾坤)' 8개의 큰 글씨도 윤헌주의 필적이다. 또 파곶으로부터 동쪽으로 가서 십리쯤 들어가 칠송정(七松亭)을 지나 네 번 내를 건너 북쪽으로 한 계곡에 들어가면 여기가 선유동(仙遊洞)이니 곧 문경의 땅이다. 대야산 아래에 있어 그 깊숙하고 기묘한 절경은 파곶과 더불어 서로 상하가 된다. 구곡의 상하를 합계하면 겨우 십리쯤 된다. 또 채운암의 작은 암자가 남쪽에 있어 황묘와 서원의 사이에 끼어 있고 동쪽을 향하여 하나의 탑은 깊숙하고 아름다운데 천석이 없는 것이 흠이 된다.『화양구지(華陽舊志)』

화양제승기(華陽諸勝記)

파곡(葩谷) 계곡의 넓음과 반석의 장엄함은 진실로 듣던 바에 어긋나지 않은데 돌 빛이 깨끗하지 못한 데 흠이 있다. 가장 깨끗하여 사랑할만한 곳은 홀로 물의 북쪽 한 곳이 있을 뿐이다. 그 나머지는 모두 상품이라고 칭할 수 없다. 또 그 물줄기가 연결되었지만 기묘하게 변함은 적으니 이는 모두 까다롭고 자세히 논하면 그런 것이요, 요컨대 그 격식과 운치가 맑고 기묘하기는 끝내 풍악의 벽하담(碧霞潭)만 못하다. 선유동의 넓고 평평함은 비록 파곡에 미치지 못하나 수석이 극히 기묘하고 굉장하며 좌우에 또 암벽의 절승이 있어 아름답고 깊숙하니 자못 비교할 데가 없다. 나의 견해로 논하면 의당 파곡의 상층에 있을 것이다. 『농암집(農巖集)』

연기 제이(緣起第二)

민대수에게 준 편지(與閔大受書)

숭정황제 어필을 매양 받들어보고 피눈물을 흘리면서 이 몸이 해외접역(海外鰈域)13)에 있는 줄을 몰랐습니다. 그대가 이 글씨 폭을 얻었으니 아마도 암암리에 서로 감동함이 있어 그런 것인가 합니다. 발어(跋語)는 삼가 마땅히 절을 하고 머리를 조아리고 하겠습니다. 『송자대전(宋子大全)』

의황어필비례부동사자발(毅皇御筆非禮不動四字跋)

오른쪽의 글씨는 숭정황제의 어필이다. 대저 성인이 당시의 임금에게 고한 말은 구경(九經)보다 갖추어진 것이 없고 구경 속에는 이 네 글자가 제일 요도가 된다. 지금 우리 황제께서 분명하게 나타내심이 홀로 여기에 있으니 성학(聖學)의 고명하심을 알 수 있다. 때문에 갑신년(1644) 3월의 변은 나라가 망하면 임금은 죽어야 한다는 바른 도리를 잃지 않아 성인의 훈계를 무궁하게 밝힌 것이니 어찌 성대한 일이 아닌가?

아! 이와 같은 임금이 있는데 천하가 끝내 멸망하는데 이른 것은 어찌 신자의 죄가 아닌가? 민상서 정중(閔鼎重)이 연산(燕山 : 燕京)에 이르러 황제의 어필을 사려고 할 때 아끼는 바가 없더니 어떤 사람이 이것을 가지고 와서 보이자 민정중이 공경히 받들고 목메어 울면서 주머니에 있는 돈을 털어주고 사려고 하자 그 사람이 그 뜻을 알고 문득 그냥 미루어주고 도망치니 아마도 의인(義人)이 시정 속에 숨어 사는 자인가 생각된다. 민상서께서 백 겹으로 싸가지고 돌아와 화양산중에 기증하니 내가 공경하여 받고 백 번 절을 하고 본을 떠서 나무에 새겨 보관하고 제삿날을 만나면 눈물이 턱에 닿는 줄도 몰랐다.

숭정 신해(1671) 3월 18일 배신 송시열은 삼가 기록하다. (위와 같다)

민대수에게 준 편지(與閔大受書)

일찍이 편지에 전한 선황제의 어필을 받았는데 영남의 어떤 후생이 판목에 새기고자 함에

---

13) 해외접역(海外鰈域) : 해외는 중국을 중심으로 하여 볼 때 우리나라는 해외란 말. 접역은 우리나라를 가리키는 말.

곧 허락을 하고 발어(跋語)가 없을 수 없었습니다. 때문에 간략하게 발어를 엮었습니다. 곧 다시 생각하니 인쇄에 부쳐 후세에 전하면 혹 지나친 우려가 없을 수 없습니다. 때문에 감히 부쳐주지 못하였고 집사에게는 숨길 수가 없었습니다. 때문에 삼가 이렇게 기록하여 올립니다. (위와 같다)

황제의 어필은 암벽을 갈아 이 산의 절정에 새기려고 합니다. 모름지기 좋은 관인(官人)을 얻은 연후에 서로 말할 수 있을 것입니다. (위와 같다)

선황제의 어필은 창졸간에 새길 것은 아닙니다. 대체로 그냥 암벽을 갈려고 한다면 벽처럼 서 있는 것이 많지만 갈아 다듬는 일이 쉽지 않습니다. 만약 물에 갈린 것을 사용한다면 또한 좋은 것도 많지만 그 운반하는 힘을 얻기가 심히 어렵습니다. 대저 마땅히 허다한 인부를 사용하여야 하기 때문에 처음에 말씀드리고 은밀히 본주에 통지하려고 하였습니다. 지금은 농사일이 한참 바빠서 미처 할 수 없습니다. 그러나 집사께서 만약 한 번 오신다면 빛나는 명성을 빌어 사적으로 스님들의 힘을 얻고자 하는데 집사께서는 자리를 이탈하는 혐의가 있으니 어찌합니까? (이 일을 반드시 깊은 곳에 하려고 하는 것은 나의 할머니의 친정아버님 이정헌공 윤경(李潤慶)의 묘가 양근에 있고 그 비석에 을묘년(1555)의 왜적을 토벌한 공을 실었는데 임진년에 왜놈들이 와서 보고 파괴하였으니 뒷날의 일을 가히 알 수 없음이 있고 또 조정에서 만약 이 일이 있음을 들으면 반드시 화란의 모태가 되겠기에 자못 번거롭게 알리려고 하지 않으니 바라건대 집사께서는 자세히 생각하심이 어떠한지요) 무릇 새겨둘만한 곳이 있고 또 맡길만한 사람이 있으면 꼭 이 가운데에 구애될 필요가 없습니다. 만일 백대의 후세로 하여금 이로 인하여 본조에서 선황제를 잊지 않는 뜻을 알게 한다면 진실로 작은 일이 아닙니다. 때문에 극히 불안한 마음으로써 쉽게 이루지 못하니 탄식되고 탄식됩니다. (위와 같다)

황제 어필의 모본(摸本)은 공경히 받았습니다. 그 한 획이라도 빠진 것이 있으면 다시 진본으로 대질하겠습니다. 여기에는 좋은 모본이 없어 마땅히 보내주신 것으로 새기겠습니다. 선후의 서본(書本)을 구입하여 새기는 것은 그리 대단한 일은 아닌데 하물며 일의 선후를 쉽게 하지 못할 것이 있는 데야 어찌합니까? 오셔서 새기는 일을 보고 싶다는 말을 받았으니 바라고 다행스러움을 이루 말할 수 있을까마는 어찌 바랄 수 있습니까? (위와 같다)

암벽에 새기는 일은 내가 저곳에 있을 적에 시공을 하였습니다. 어제 손자의 편지를 받아보니 이미 울퉁불퉁한 것을 쪼아 버리고 사석(沙石)으로 갈았다고 하니 오래지 않아 마칠 것입니다. 새기는 일은 마땅히 서쪽으로부터 동쪽으로 돌아온 뒤에 있을 것이니 다시 여쭈어 할 것입니다. 남씨 영감은 과연 석공을 보냈습니다. (위와 같다)

암벽에 새기는 일을 빨리 하려고 하는데 여기에는 함께 계획할 사람이 없습니다. 한 번 오신다는 말씀을 받고 비록 심히 기대하였으나 어찌 쉬운 일이겠습니까? 어필 아래에 '배신성명 구입'이라고 쓰고, '배신 성명 새기다'라고 쓰고, '숭정 갑인 3월 일' 이와 같이 쓰면 어떻겠습니까? 뒤에 말씀을 해주십시오. (위와 같다)

의황어필애각소지(毅皇御筆厓刻小識)

배신 민정중이 받들어 와서 송시열 등으로 더불어 삼가 절하고 머리를 조아리고 본을 떠서 새기니 때는 숭정 47년 갑인(1674) 4월 일이다. 『노봉집(老峯集)』

김구지에게 준 편지(與金久之書)

몇 해 전에 민대수가 황제의 어필을 얻어 와서 보이거늘 족자가 낡고 좀이 먹을까 염려하였습니다. 화양동 안으로 가면 바위가 벽처럼 서고 지붕처럼 위를 덮고 좌우는 병풍처럼 서서 귀신이 만들어 놓고 기다린 것 같은 곳이 있습니다. 곧 본을 떠서 위에 새기고 인하여 그 곁에 작은 암자를 짓고 몇 사람의 스님을 모아 들어오게 하여 보호하면서 그 이름을 환장암(煥章庵)이라고 이름을 지으려 하였으니 대체로 『논어』의 '빛나는 그 문장[煥乎其有文章 : 泰伯]'이란 뜻을 취한 것입니다. 이 일을 완성하지 못하고 이번에 멀리 귀양 감을 당하니 초심에는 영영 완성하지 못하리라 생각하였습니다. 벼랑을 대하여 일환지(一喚地)에 예부터 서재가 있어 8,9명의 스님이 있어 지켜 와서 드디어 '환장'이라고 이름을 짓고 새겨 걸도록 하고 그 스님들에게 부탁하여 나무꾼들의 침입을 꾸짖게 한 것입니다. 산 밖에 한 문사가 있어 장편으로 그 일을 노래하게 하여 감히 기록하여 올리니 혹 이어 화운을 하여 암자 안에 하나의 전고(典故)가 되게 하면 사체가 이로 인하여 중하게 되고 수령으로 암자의 스님을 괴롭히는 자 있으면 혹 이를 사모하는 마음이 있을 것입니다. 아무튼 본운(本韻)이 너무 많으니 혹 별도로 고율(古律)을 짓던지 뜻에 따라 편한대로 하심이 좋겠습니다. 천만 지극히 부탁드리니 손수 채색의 종이에 쓰는 것이 더욱 좋겠습니다. 『송자대전(宋子大全)』

홍원구에게 답한 편지(答洪元九書)

옛날에 노봉 민대감이 연경에 사신으로 가서 숭정황제의 어필을 구할 적에 만일 이런 물건을 가진 사람이 있으면 비록 만금이라도 아끼지 않는다고 하였습니다. 어떤 명나라 사람이 와서 비례부동(非禮不動)의 네 큰 글씨로 보이니 돈을 가지고 값을 치르려 하자 그 사람은 받지 않고 달아나니 대체로 민대감의 정성에 감동한 것입니다. 일찍이 민대감과 함께 오래도록 전할 계책을 도모하여 본을 떠서 화양동의 암벽에 새기니 위에는 지붕처럼 덮고 곁에는 가려져서 바람과 비를 덮을 만하였습니다. 처음에는 그 곁에 집을 짓고 산의 스님으로 하여금 지키게 하려하여 '환장암'이라 이름을 지었으니 대체로 『논어』의 '빛나는 그 문장(煥乎其有文章 : 泰伯)'이라는 말을 취한 것입니다. 일을 완성하지 못하고 이런 화의 그물에 걸렸으니 형편이 얼마 안가 죽게 될 것입니다.

옛날 효종대왕께서 이 이적들과는 함께 하늘을 일 수 없다고 생각하여 통분하고 원망하여 대의를 펴려고 하였더니 하늘이 도와주지 않아 갑자기 돌아가셨습니다. 민대감께서 그 뜻을 따라 대략이나마 이 일에 정성을 부치니 그 정은 애달픈 일입니다. 이 집[僧舍]이 이루어지지 못하면 이 뜻이 매몰될까 두려워 드디어 그 이름을 동쪽에 있는 암자로 옮겼으니 여기에 드러내 밝히려는 뜻이 없을 수 없습니다. 원컨대 집사께서 먼저 하십시오. 옛날에 주봉사(朱奉事)[14]가 "냉산(冷山)에 외롭게 갇혀 있으면서 임금을 모시려 하여도 할 수 없다[孤囚冷山而攀

14) 주봉사(朱奉使) : 이름은 변(弁). 주자의 족조(族祖). 금나라에 사신으로 가서 억류 되었다가 화의가 성립

龍莫及]"는 글귀가 도군(道君 : 徽宗)을 제사한 제문에서 나와 지금까지 천하에 흘러 전하니 비록 오늘에 있어서도 혹 듣기를 기뻐하는 자 있을 것입니다. (위와 같다)

이중명이 신종황제의 사당을 건립하기를 청한 상소문(李重明請建神宗皇帝廟疏)

신은 일찍부터 뜻이 주(周)나라를 높이는 데[15] 있고 한(漢)나라를 생각하는[16] 눈물이 솟아 평생 동안 강개한 마음은 이를 벗어나지 않았으니 상께서 구언(求言)할 때 감히 혀를 그냥 둘 수 없습니다. 신은 가만히 생각건대 천지가 무척 커서 비와 이슬의 혜택이 치우치게 흡족한 땅이 있고 제왕의 성스러운 덕량으로 구제하는 혜택을 치우치게 받은 땅이 있습니다. 대륙의 거리가 만 여리나 되는데 치우치게 구제한 큰 공덕을 입었으면 비록 백년의 뒤에라도 그 큰 공덕을 잊을 수 없습니다.

공손히 생각건대 우리나라가 선대의 조정으로부터 명나라의 큰 신하[屛翰][17]가 되어 사대의 정성이 간절하고 작은 나라를 사랑하는 은혜가 깊은 지 여러 해가 되었습니다. 임진년에 이르러 섬나라의 오랑캐가 쳐들어와서 우리의 여러 고을을 짓밟고 우리의 백성들을 어육으로 만들고 우리의 종묘를 불태우고 우리의 능침을 욕보임에 멀고 먼 용만(龍灣 : 의주)으로 주나라처럼 나라를 옮겨가서[18] 숲속에서 피난을 하였고, 참혹하게도 나라 안에는 마을에 사람의 연기가 없고 제비는 숲에 둥지를 틀었습니다. 비록 선왕(宣王)과 광무제(光武帝)[19]의 영웅다운 무용(武勇)과 이광필(李光弼)·곽자의(郭子儀)[20]와 같은 충용으로도 형편상 옛날의 국토는 수복하기 어려웠습니다. 다행히 신종황제께서 천하의 병력을 동원하고 천하의 재정을 다하여 8년의 정벌에 수고를 다하고 우리나라의 국토를 수복하여 망하게 된 우리나라를 일으키고 우리의 종묘를 혈식(血食)하도록 하니 추호라도 모두 황제의 힘입니다.

우리나라의 백만 창생들이 병화의 구렁에서 벗어나 편안한 자리 위에 앉게 되고 이적의 복장을 입는 백성이 됨을 면하여 다시 성인의 백성이 된 것은 황제의 공을 입었기 때문이니 살아서는 머리를 바쳐도 유감이 없고 황제의 덕에 감사함은 죽어 풀을 동여매더라도 보답을 도모할 것이니 우리를 구제해 준 공과 높은 덕은 천지의 끝까지 가고 만대를 가더라도 없어지지 않을 것입니다.

아! 창오산(蒼梧山)[21]에 어가가 멀어지고 적현(赤縣)에 땅이 무너지니[22] 해가 저문 바다에

된 지 17년 만에 돌아왔다.

15) 주(周)나라를 높이는데 : 주나라는 무왕이 주왕(紂王)을 축출하고 세운 나라 이름. 이후 팔백년을 지탱하였다. 여기서는 명나라를 대신 일컫는 말이다. 곧 명나라를 상국으로 높인다는 말이다.

16) 한(漢)나라를 생각하는 : 한나라는 유방이 세운 나라. 여기서는 역시 명나라를 대신 일컫는 말이다.

17) 큰 신하[屛翰] : 병한은 병풍과 새의 날개. 곧 국가의 중신을 비유하는 말로 쓰였다.

18) 주(周)나라처럼 나라를 옮겨가서 : 주나라의 선조 태왕이 빈(邠)이라는 곳에 도읍을 하고 농경생활을 하는데 적인(狄人)이 침노하자 폐백과 우마 등을 주어 섬겼지만 그들은 자꾸만 괴롭혔다. 태왕은 할 수 없이 그 곳을 내주고 양산을 넘어 기산 아래로 도읍을 옮겼다. 여기서는 우리나라가 국토를 왜적에게 내주고 용만으로 도읍을 옮겼다는 말이다. 『孟子』 梁惠王下.

19) 선왕(宣王)과 광무제(光武帝) : 주나라 선왕과 후한의 광무제를 아울러 이르는 말. 이들은 다 같이 나라를 중흥시킨 군주들이다.

20) 이광필(李光弼)·곽자의(郭子儀) : 모두 당나라의 장수요 충신이다.

21) 창오산(蒼梧山) : 전설에 순임금이 죽어 묻힌 산. 여기서는 신종황제가 죽은 지 오래되었다는 말이다.

왕이 탄 배도 물에 가라앉고 나라의 능침은 재가 됨에 향화를 받들기가 처량하게 되니, 아! 우리 신종황제의 살아계신 듯한 혼령이 어디에 의지하겠습니까? 오르고 내리는 혼령이 어디에 가더라도 있지 않은 곳이 없는데 일찍이 우리나라에 큰 공과 덕을 베풀었으니 혼령은 우리나라를 돌아보고 그리워함이 확실할 것입니다. 엎드려 원하건대 전하께서는 우리나라를 다시 세워준 큰 은혜를 생각하고 선왕께서 지성으로 보답하고 섬긴 정성을 되새겨 깨끗한 땅을 가려 사당을 세워서 제사를 지내고 오래 보존하게 하신다면 온 나라 사람이 모두 기뻐하여 감복할 뿐만 아니라 선조대왕의 하늘에 계신 혼령이 반드시 문손(文孫)[23]의 선왕의 뜻을 이음을 기뻐할 것이고 선조의 신민으로 이미 죽은 혼령도 우리 임금의 참다운 후손이 있음을 기뻐할 것입니다.

신은 일찍이 듣건대 주공이 성왕(成王)에게 고하여 이르기를 "공적을 가지고 큰 제사를 지낸다(以功作元祀 : 書經 洛誥)"라고 하였고, 송신(宋臣) 채침(蔡沈)이 제법(祭法 : 禮記 篇名)을 인용하여 해석하기를 "큰 재앙을 막으면 제사를 지내주고 큰 환난을 막으면 제사를 지내준다." 라고 하였으니 신자로서 공로가 있는 자도 오히려 제사를 지내주는데 하물며 제왕으로서 큰 공덕이 있는 자를 사당을 세워 제사를 지내주지 않겠습니까? 논의하는 자가 반드시 말하기를 "옛 성현의 사당은 진실로 존재하지만 옛 제왕의 사당은 듣지 못하였다."고 할 것입니다. 신은 청컨대 옛날의 사실을 끌어 증거를 하겠습니다. 요제(堯帝)의 덕이 만방을 화합함에 요제가 붕어한 뒤에 중국 사람들이 요제의 사당을 세워 제사를 지냈고, 우왕(禹王)의 공이 영원히 만대에 힘입음에 하나라가 망한 뒤에 오나라 월나라 사람들이 우왕의 사당을 세워 제향을 올렸습니다. 지금 우리 신종대왕이 우리나라에 크게 공과 덕이 있음은 요제나 우왕의 밑에 있지 않는데 오히려 제사를 올리는 곳이 없음은 어찌 우리나라의 크게 잘못된 일이 아니겠습니까?

신은 또 듣건대 한나라의 소열황제(昭烈皇帝)의 덕이 파촉(巴蜀)에 흡족하고 제갈공명의 공은 파촉 사람들을 사랑함이 많았음에 한나라가 망한 뒤에 촉 땅 사람들이 그들을 생각하여 아울러 사당을 세워 제향을 올렸기 때문에 당신(唐臣) 두보(杜甫)의 시에 이르기를 "일체의 군신을 함께 제사 지낸다(一體君臣祭祀同 : 蜀相)"라고 하였으니 지금 우리가 만약 신종을 위하여 사당을 세우면 당시의 명신 양호(楊鎬)[24] · 장신 이여송(李如松) 등을 아울러 배향의 대열에 참여시켜 협찬의 공을 밝게 나타내는 것이 마땅치 않겠습니까? 엄숙한 유상(遺像)이 혁혁하게 신위에 임하고 상신과 장신이 좌우에 시립하여 영원히 높여 받드는 곳으로 하여 크게 보답의 제사를 지내는 정성을 보이면 지사들의 강개한 마음과 많은 백성들의 사모하여 노래하는 정이 반드시 이로 인하여 위로되는 바가 있을 것입니다.

혹자가 말하기를 만일 시대의 형편이 옛날과 달라 사당을 세우는 데 꺼리는 바가 있다고 하면 이는 생각하지 못한 것입니다. 옛날의 왕은 혁명을 한 뒤에 오히려 전대의 공덕이 있는 군주에게 빈제(賓祭)[25]를 지냈으니 이는 어찌 천명(天命)은 일정한 것이 아니요 신기(神器)[26]

---

22) 적현(赤縣)에 땅이 무너지니 : 적현은 중국을 지칭하는 말. 땅이 무너졌다는 말은 명나라가 망하였다는 말이다. 『史記』 孟子傳. "中國名曰 赤縣神州".

23) 문손(文孫) : 본래는 주문왕의 손자 성왕(成王)을 지칭한 말인데 여기서는 수성(守成)의 임금으로 문(文)을 숭상함을 이른 말이다.

24) 양호(楊鎬) : 명나라의 장수. 벼슬은 첨지도어사(僉知都御史). 정유재란 때 경리조선군무가 되어 총독 형개(邢玠) · 총병 마귀(麻貴) · 부총병 양원(楊元)과 함께 명나라의 원병을 거느리고 참전하였다.

25) 빈제(賓祭) : 귀빈을 초대하여 지내는 제사.

는 공적인 물건이기 때문이 아니겠습니까? 이렇기 때문에 명나라 태조가 친히 역대의 시조에게 제사를 지낼 때 원나라 시조도 그 제향에 참여되었으니 이는 어찌 대성인의 지극히 공적인 성심이 아니겠습니까? 만일 천하의 사람들로 하여금 우리나라에서 신종황제의 사당을 세운 것을 알게 한다면 반드시 옛날의 은혜를 잊지 않음을 알 것입니다. 어찌 그 사이에 이의가 있겠습니까? 하물며 지금은 황제의 자취도 이미 사라져 없고 유택(遺澤)도 이미 다 되었습니다. 이미 의지할 만한 세력도 없고 또 바랄 일도 없는데 다만 옛날의 은덕에 감사하여 보답하기를 생각한다면 해와 달이 비추고 서리와 이슬이 내리는 곳에서 혈기가 있는 자는 감탄하지 않을 사람이 없을 것이요 다함께 이런 마음을 부여받은 자는 같은 바가 없겠습니까?

엎드려 생각건대 우리 성명(聖明)께서는 반드시 충효로 마음을 갖고 의심스럽다고 하여 스스로 중지하지 마시고 널리 묘당의 신하와 모의하여 신종의 사당을 세우면 일찍이 황제의 덕을 입은 백성들이 누구인들 (아버지의 일에) 자식처럼 와서 부역에 종사하지 않겠습니까? 항상 우리 종묘와 사직의 영운(靈運)이 길고 신민들이 온전하게 사는 것을 생각한다면 신종의 유택이 아닌 것이 없고 나 역시 만력의 유민입니다. 우리 선조로부터 숨을 쉬고 편하게 쉬면서 오늘의 아름다운 데에 이른 것을 어찌 그 원인을 알지 않을 수 있겠습니까? 이에 마음에서 우러나는 정성을 쏟아 감히 아뢰는 바 있으니 진실로 시골 사람의 말이 급무가 아님을 알고 있으나 다시 생각건대 요즈음 천재가 속출하여 제사를 지내서 재앙을 물리침에 신마다 높이지 않음이 없는데 홀로 신종의 신만 높여 받들지 않으렵니까? 하늘같은 은혜를 추억하면 빨리 영혼을 편하게 하는 장소를 만들어 덕으로 덕을 갚고 제사를 지낼만한 신에게 제사를 올리면 황제께서 반드시 돌아보시고 흠향할 것이며 하늘도 아름답게 여겨 가만히 도와주는 보람이 여기에 있을 것입니다. (이중명(李重明). 우암 선생이 수암에게 준 편지 속에 충청도의 한 선비라 하고 갑신연화(甲申筵話) 중에는 홍주(洪州) 유생 이씨 성을 가진 사람이다. 자는 자문(子文)이고 호는 안곡(安谷)이다. 갑신년(1644) 이후에 과거를 보지 않고 산수를 읊으면서 살았다. 현종 정미년(1667)에 왕명에 응하여 상소를 올렸는데 왕이 가상하게 여겨 벼슬을 명하였고 봉사에까지 이르렀다.)

권치도를 이별하면서 써준 별지(訣權致道別紙)

현종 때 호서의 한 선비가 상소를 올려 만력 황제의 사당을 세우기를 청하니 그 때 이론을 내세우는 사람들이 말하기를, "천자의 존엄한 혼신은 편방(偏邦)에서 제사를 지낼 수 없다하고 또 그 제사의 의식이 어렵지 않은가?"라고 핑계를 대어 말하였습니다. 나는 그 때의 여론이 끝내 행해지지 않을 것을 알고 다만 이런 말이 이런 때에 나오니 그 사람을 숭상할 만하다 라고 하였습니다. 이는 왕의 가상하다는 비답이 없어서는 안 될 것인데 또 즐겨 듣지도 않았으니 마음으로 항상 개탄하였습니다. 그 뒤 화양동의 석감(石龕)에 숭정황제의 어필을 새기고 또 작은 돌에 새겨 환장암에 보관하고 문곡(文谷 : 金壽恒)의 애사(哀詞)가 있었으니 이것이 조짐이 되었습니다.

항상 환장암의 뒤편 좌측에 한 칸의 사당을 세우고 신주에 신종황제·의종황제를 써서 봄과 가을에 무이산 신(武夷山神)에게 제사지내는 예에 의하여 건어와 술을 가지고 제사를 지내되 서실의 토지에서 나오는 기금을 사용하여 제물을 정결하도록 힘쓰게 하고 오직 축문만은 불가불 성대하게 칭송을 하려고 하였으니 이 일을 마음속에 계획한 지 오래 되었습니다. 이

---

26) 신기(神器) : 국가의 정권을 대표하는 신물(神物). 곧 제왕의 보위를 이르는 말이다.

일을 이루지 못하고 이런 곳(제주도 유배)에 나가게 되니 한스러움이 무엇이 이보다 크겠습니까? 천자의 존위(尊位)를 작은 나라에서 제사지낼 수 없다는 것은 진실로 무식한 말입니다.(한퇴지(韓退之) 때에 초나라 소왕(昭王)의 사당이 있어 유민(遺民)들이 사사롭게 제사를 올렸기 때문에 퇴지의 시에 이르기를,

오히려 나라 사람들 옛 은혜 생각하여	猶有國人懷舊德
한 칸의 초가집에 소왕을 제사하네.	一間茅屋祭昭王

라고 하였다)

장남헌(張南軒 栻)이 일찍이 지방관으로 가 있던 고을[靜江府]에 우제(虞帝 : 舜帝)의 사당을 세워 제사를 지내자 주 선생께서 찬양하는 문자가 있었으니 이는 어찌 근거가 될 만한 전례(典例)가 아닙니까? 김문곡의 시도 이어 지을 만한 사람으로 하여금 잇게 하여 큰 책을 만들어 환장암에 보관하는 일도 또한 한 가지의 일입니다. 비례부동(非禮不動) 4자는 노봉(老峰 : 閔鼎重)이 받들고 온 것이고 작은 돌에 새로 새긴 것은 이택지(李擇之)가 본을 떠서 만든 것이니 이 일을 마땅히 김모·민모·이모 등과 함께 의논하여 완성하면 좋겠습니다. 이 일은 간단하게 힘이 드는 일이니 완성하기가 어렵지 않을 것입니다. 비록 비난하는 자가 있더라도 이미 주자와 남헌(南軒)의 고사가 있으니 어찌 저지를 당할 수 있겠습니까? (오직 서실의 토지는 지키는 여종의 말을 들으면 후영정(後潁亭)의 종이 내가 거제로 귀양 간 틈을 타서 말하기를 그 주인의 물건이기에 뺏고자한다고 말을 하였다 하니 만약 그렇다면 어려울 것입니다. 만약 본전(本錢)을 준비할 수 있다면 암자의 스님에게 맡기면 또한 한 가지의 방법이 되겠습니까? 잘 생각해보는 것이 어떠할는지요? 만약 세 사람과 더불어 의론하면 반드시 좋은 방법이 있을 것입니다)

처음에는 효종으로 배향하려고 하였는데 다시 생각하니 이는 사체가 미안할 뿐만 아니라 이 때의 사람들이 반드시 큰 죄로 여길 것이니 감히 생각도 못하였습니다. 해마다 제관은 충현공 송공(宋公 : 宋時榮)의 자손이 본주에 있으니 이들에게 맡길 만합니다.(그 나머지 홍군·변군 등도 가합니다.)

일찍이 이정전서(二程全書)의 필사하는 일을 도모하였습니다. 내 친구는 끊어버리고 모안(某按)은 이 뜻으로 하여금 정하게 하는 것이니 이 일은 더욱 명확하게 해야 합니다. 신종황제의 축문은 위덕(威德)에 주안점을 두고 임진년에 우리나라에서 은혜를 받은 말을 더하고 의종황제는 나라가 망하면 임금은 죽는다는 바른 의리를 주안점으로 해야 할 것입니다. 『송자대전(宋子大全)』

홍주화에게 답한 편지(答洪胄華書)

사설(邪說)이 멋대로 행해져서 다시 지난번에 속고 욕을 당하는 일을 보게 되니 사문(師門)의 액을 당하는 일이 어느 때나 끝나겠습니까? 마음이 아프고 아픕니다. 화양동에 집을 세우는 일은 감히 한 때의 경망스러운 생각이었을 뿐 아니라 여러 사람의 뜻이 모두 조금 상황을 살펴보려고 하기 때문에 머뭇거리면서 지금에 이르렀습니다. 오늘의 상태를 눈여겨보면 상황이 갈수록 험악해지니 이미 완성된 뒤에 도리어 난처한 일이 있을까 두려우니 이 때문에 아직 신중하게 하려고 하는 것입니다. 어떻게 생각하십니까? 봄이 오면 한번 화양동에 들어가 다소간의 일을 소상히 알려고 하는데 비단 병으로 괴로워 행하기가 어려울 뿐 아니라 군색함이 극단에 이르러 행장을 꾸며 멀리 움직일 계획을 할 수 없음에 지금까지 이루지 못하니 항상 한

스럽게 생각합니다. 나머지는 얼마 안 가 한번 만나 말씀드리겠습니다.『한수재집(寒水齋集)』

이상서 수언에게 답한 편지(答李尙書秀彦書)

화양동에 작은 사당을 세우는 일은 선생님의 말씀이 간절하고 지극하였으니 지금은 비록 형편에 구애되어 감히 거행할 수 없으나 얼마 뒤에 이 계획은 그만둘 수 없습니다. 만약 그렇게 한다면 사당 곁에 또 선생의 작은 사당을 세워 제갈무후 사당을 오랫동안 유비의 사당 가까운 곳에 설치한 고사에 따라 할 것입니다. 사당의 제사 의식은 회암(晦菴 : 주자)의 창주정사(滄洲精舍)[27]에서 정한 의식에 의하여 지방을 써서 제사지내고 예를 마치면 불살라 없애도록 하니 이것이 선생님이 전해주신 말씀입니다. 선생님의 사당도 홀로 신주를 세울 수 없으니 지금 이 진영(眞影)의 족자는 우선 만경대(萬景臺 : 화양동 입구)의 서원에 봉안하고 천천히 이 사당이 세워지기를 기다려 옮겨 모시면 사체가 편안할 듯합니다. 어떻게 생각하시는지요?『한수재집(寒水齋集)』

건치 제삼(建置第三)

숭정 47년 갑인년(1674) 3월에 의종황제의 어필을 화양동의 시냇가 암석에 모각하고 그 곁에 암자를 세워 스님들로 하여금 지키게 하고 환장암이라고 이름을 지었다. 그 진본은 암자 속에 보관하도록 하고 문곡 김수항을 시켜 애사(哀詞)를 지어 그 일을 서술하게 하고 후운(後雲) 홍석기(洪錫箕)를 시켜 그 일을 노래하게 하고 선생이 그 시운을 차운하여 문곡의 시와 함께 보관하도록 하였다. 뒤에 또 참판 이선(李選)을 시켜 강화도의 국장(國藏 :국가의 장서각)에서 황제의 어필을 모사해 오도록 하여 선생께서 작은 돌에 조각하여 보관하도록 하였다.『송자대전연보(宋子大全年譜)』

우암이 첨성대에 어필을 모각하고 처음에 그 곁에 암자를 짓고 스님들을 모아 수호하게 하고 그 암자를 환장암이라고 이름을 지으려 하였더니 미처 계획을 이루지 못하고 남과 북으로 유배를 갔기 때문에 그 이름을 화양동 안에 있는 은선암(隱仙菴)으로 옮겼다. 그 뒤 갑인년(1674)에 처음으로 환장암을 짓고 또 그 편액을 옮겼다.『만동묘사실(萬東廟事實)』

숭정 77년 갑신(1704)에 명나라의 신종과 의종 두 황제의 제향의 예가 비로소 이루어졌다. 문인 권상하가 이미 선생의 전하시는 말씀을 받고 동지와 여러 선비들과 더불어 몇 해 동안 이 일을 경영하였다. 금년 의종황제의 사직을 위하여 순사한 일주갑(一周甲)을 당하여 큰 건물의 제도에 의하여 의종의 글씨를 새긴 곳에서 1리쯤 떨어진 북쪽으로 향한 곳에 사당을 세우고 만동묘(萬東廟)라고 이름을 하였다. 정월 상정(上丁)에 신패(神牌)에 신종현황제(神宗顯皇帝) 의종열황제(毅宗烈皇帝)라고 쓰고 위차를 만들어 제사를 올림에 스스로 축사를 짓고 네 개의 변(籩)과 네 개의 두(豆)를 사용하고 희생은 대뢰(大牢)를 쓰고 삼헌의 잔을 올렸다. 또 "일

27) 창주정사(滄洲精舍) : 주자는 만년에 숭안으로부터 복건성의 건양현으로 옮겨 고정(考亭)을 세우고 그 곁에 죽림정사(竹林精舍)를 지었다. 뒤에 다시 창주정사로 이름을 고치고 석채(釋菜)의 예를 행하였다.『주자대전』·『주자대전차의』.

체의 임금과 신하를 함께 제사지낸다[一體君臣祭祀同]"는 뜻으로 선생의 영정을 선생의 서재에 받들어 하나의 변과 하나의 두로 올리니, "사당에 고함에 제향의 예가 이루어졌다.[告廟享禮成]"는 뜻에 기인한 것이다. 처음에는 맹월(孟月)의 상정으로 정하였다가 대보단(大報壇)의 향사가 3월에 있기 때문에 사적으로 올리는 제향을 (국가의 행사보다)먼저 행하는 것을 미안하게 생각하여 계월에 행하기로 바꾸었다. 『송자대전(宋子大全)』

배신 이광직의 터를 닦을 때의 제문(陪臣李光稷開基祭文)

아! 명나라는 사해의 부모가 되고 신종황제의 성대한 덕은 온 천하[率土]가 함께 추대하도다. 우리나라를 살려줌에 은혜가 깊고 의리가 크도다. 우리나라를 다시 세우는 데 공로가 있고 은택은 만대에 흡족하도다. 우리 의종황제는 선대의 공렬(功烈)을 이어 치적은 구경(九經)[28]에 근본하고 마음은 사물(四勿)[29]을 중시하였다. 명나라의 임금이 되어 국운이 끝나니 하늘이여, 무슨 이유인가? 나라가 망하고 군왕이 순사하니 천년을 내려가도 아름다운 명예 있으리라. 노래를 하면서 한나라[명]를 생각함이 우리나라에서 치우치게 간절하여 우리 영고(寧考 : 효종대왕)께서 제일 먼저 대의를 밝히셨습니다. 신하 문정공이 있어 고기가 물을 얻은 것처럼 뜻이 맞았습니다. 을야(乙夜)[30]에 왕의 자리 앞에서 임금이 도모하는 일에 가까이 참여하였습니다. 정호(鼎湖)[31]에서 용이 날아감에 활과 칼이 갑자기 떨어졌습니다. 대로(大老)께서는 처음의 뜻을 펴지 못하니 일부의 인경(麟經)[32]을 읽을 곳이 없었습니다. 이 책을 거두어 속에 품고 화양동 계곡으로 돌아와 명나라를 높이는 은미한 뜻을 그 속에 부쳤습니다. 암벽에 새긴 글씨는 네 글자가 환하게 빛납니다. 중국 땅을 돌이켜 보건대 구유(九有)[33]가 혼탁해졌습니다. 오직 이 화양동은 명나라의 해와 달이 있고 두 황제의 영혼이 오르고 내립니다. 여기를 버리고 누구에게 의지하겠습니까? 이에 사당을 세워 제향을 올리기를 계획합니다. 이리하여 터전을 마련하고 적합한 때에 집을 짓겠습니다. 길한 날을 가려 공경하여 고하고 안주와 술을 올립니다. 신께서는 도와주셔서 영원한 세상에 중단되는 일이 없게 하소서. 『화양구지(華陽舊志)』

---

28) 구경(九經) : 천하를 다스리는 아홉 가지의 대도(大道). 첫째 몸을 닦고 둘째 어진 사람을 높이고 셋째 구족(九族)의 친한 사람을 가까이 하고 넷째 대신을 공경하고 다섯째 여러 신하들을 쓰다듬고 여섯째 서민을 아들처럼 하고 일곱 번째 백공(百工)을 오게 하고 여덟 번째 먼 데 있는 사람들을 부드럽게 대하고 아홉 번째 제후들을 감싸주는 일. 『中庸』.

29) 사물(四勿) : 인(仁)을 행하는 네 가지의 덕목. 곧 예가 아니면 보지 말고 예가 아니면 듣지 말고 예가 아니면 말하지 말고 예가 아니면 움직이지 말 일. 『論語』 顔淵.

30) 을야(乙夜) : 오후 10시에서 12시까지의 야간. 임금이 낮에는 정무에 바쁘고 밤에 책을 읽었기 때문에 임금이 책을 읽는 시간을 이르는 말이다. 『漢舊儀』.

31) 정호(鼎湖) : 하남성 형산(荊山) 아래에 있는 호수. 황제가 이곳에서 구리를 가지고 솥을 주조하고 용을 타고 하늘로 올라가다가 활과 칼을 떨어뜨렸다고 한다. 곧 이 말은 제왕의 붕어를 이르는 말인데 여기서는 효종대왕이 돌아가셨다는 말이다. 『史記』 封禪書.

32) 인경(麟經) : 춘추를 이르는 말. 춘추 속에는 존화양이(尊華攘夷)의 뜻이 포함되어 있기 때문에 명나라를 높이고 청나라를 배격하는 사상을 고취할 곳이 없다는 말이다.

33) 구유(九有) : 중국의 구주(九州)를 이르는 말. 곧 중국이 여진족의 청나라가 되었음을 이르는 말이다. 『詩經』 商訟 玄鳥. "方命厥后 奄有九有".

배신 정호의 상량문(陪臣鄭澔上樑文)

대체로 듣건대 초나라의 풍속[荊俗]에 순 임금의 신에게 제사를 올리니 공덕이 천지와 같음이요 성도(成都)에 선주(先主 : 劉備)의 사당이 있으니 해마다 복과 납향(臘享)[34] 때는 마을 노인들이 달려갔습니다. 비록 제사지내는 법에서 정상적인 것은 아니나 백성들의 덕이 돈후한 곳으로 흐름을 볼 수 있습니다. 하물며 좌해(左海)의 한 지역은 명나라의 신하 아님이 없습니다. 서쪽의 좋은 소식을 기다리고 있으니 어찌 명나라를 높이는[京周] 생각이 없겠습니까? 이리하여 조용한 새 사당을 지어 공경하면서 작은 정성을 펴겠습니다. 아! 성대한 덕을 잊을 수 없어 오래갈수록 더욱 돈독해지는 까닭이 됩니다.

우리 신종황제 폐하는 사십년 동안 천하를 다스림에 (치적이) 커서 무엇이라 이름을 할 수 없고 우리나라 수천 리의 백성들은 그가 아니면 어육이 될 뻔하였습니다. 은택은 영원한 세상에서 없어지지 않고 인후한 명성은 사람들의 마음속에 깊이 들어갔습니다. 우리나라가 오늘날까지 살아있는 것은 추호라도 모두 황제의 힘입니다.

의종황제께서는 성군을 계승하여 체득함에 중용의 구경(九經)의 요지를 따르니 예가 아니면 움직이지 않는 아름다운 아량이 있었고, 한나라 10대의 액운[35]을 만나니 임금이 있어도 신하가 없는 것 같았습니다. 운이 가고 역수(曆數)가 다하는 때를 만나서 나라가 망하면 임금이 죽는다는 바른 도리를 잃지 않았습니다. 가슴 아프도다. 갑신년 3월의 변을 차마 말할 수 있겠습니까? (황제의 순국을) 귀신에게 질문하여도 또는 백대를 가더라도 (잘못의) 의심이 없어 영원히 명성이 있을 것입니다. 때문에 (황제를) 노래함이 천하에서 끊어지지 않고 슬퍼하고 사모함이 우리나라에서 더욱 간절하였습니다.

이러므로 효종 초년에 먼저 명나라를 높이는 의리를 밝혔고 그의 신하 문정공 대로(大老 : 송시열)께서 매양 명나라를 중흥시킬 계책을 강하였습니다. 힘이 약하고 궁함에 비록 (우리나라에서) 폐백을 올려 뜻을 굽혔으나 해는 저물고 길이 멀어 와신상담을 하는 데에 격려하였습니다. 연소왕(燕昭王)[36]이 갑자기 여러 신하들을 버리고 간 것을 가슴 아파하고 제갈공명이 몸이 피폐하도록 애를 썼으나 효과를 얻지 못했습니다. 양이 사라지고 음이 자라나는 운수를 탄식하니 하늘이 하는 일에 어찌할까? 황제가 탄 화려한 수레와 말이 왕래할 것을 생각하니 별도의 땅이 있습니다. 저 화양의 한 계곡을 돌아보니 가히 서산(西山)의 유허지[37]와 비교할 만합니다. 해바라기와 같은 한 마음은 명나라[殷家]의 해와 달이 비추고 네 글자[非禮不動]를 돌에 새기니 운한(雲漢)[38]의 주나라 시가 분명합니다. 마땅히 몇 칸의 집을 세워 일체의 임금

34) 복(伏)과 납향(臘享) : 복은 삼복의 계절. 납향은 섣달에 지내는 제사. 성도의 유비 사당에 복과 납향 때 제사를 지낸 것으로 보인다.

35) 한나라 십세(十世)의 액운 : 한고조로부터 평제에 이르기까지의 액운. 곧 계속되는 액운을 뜻한다. 여기서는 의종이 명나라가 망하는 액운을 만났다는 말이다. 『鶴林玉露』.

36) 연소왕(燕昭王) : 전국 시대 연왕 쾌(噲)의 아들. 이름은 평(平). 연나라가 쇠약해지자 어진 사람을 초빙하여 연나라를 중흥시킨 왕이다. 여기서는 효종대왕을 비유하여 한 말로 효종대왕이 어진 신하를 등용하여 중흥의 기미가 있다가 갑자기 돌아가셨다는 말이다. 『史記』 燕世家.

37) 서산(西山)의 유허지(遺墟地) : 서산은 수양산을 이르는 말. 백이·숙제는 끝까지 의리를 지키다가 수양산에서 굶어 죽었다. 여기의 화양동은 우암 선생이 끝까지 의리를 지키면서 살던 곳이란 말이다.

38) 운한(雲漢) : 『시경』 대아의 편명. 여기서는 명나라를 사모하는 정성이 지극함을 찬양한 말이다. 『詩經』 大雅 蕩 雲漢.

과 신하를 제사지내는 예로 하겠습니다.

한미한 고을에 공적(公的)인 사당을 설치하니 옛날의 예법에 증거가 없다고 말하지 말라. 물에서 건진 마름 따위로 미미하게 향기를 구해오니 지성에 감동함을 볼 것입니다. 이리하여 대지(垈地)를 살펴보고 땅을 쓸어 재목을 구하고 공사를 시작하니 인심의 같은 바로서 신물(神物)이 있어 음양으로 돕는 듯합니다. 사리에 합당함이요 완전하게 하니 건물을 지음에 사치하지 않고 아름답고 빛나니 시작한 지 며칠 안가서 이루어졌습니다. 여러 별이 북극성을 향하는 것 같이 하니 소문을 듣고 누가 흥을 내지 않겠습니까? (강하는) 비록 만 번이나 꺾여도 반드시 동쪽으로 흐르니[39] 만동묘의 이름을 돌아보고 뜻을 생각할 것입니다. 저 중국을 돌아보건대 의관·문물은 옛 명나라의 것이 아닙니다. 멀고 먼 이 소중화에서 (황제를) 높이 받들고 기울이는 마음이 홀로 지극합니다. 공손하게 축하의 상량문을 지어 긴 보를 드는 일을 돕습니다.

抛梁東 突兀長虹跨半空	어이어차 보를 동으로 들어라. 우뚝한 긴 무지개 반공에 걸친 듯하네.
荷盖琱轝勤陟降	연잎 같은 일산(日傘)에 옥으로 꾸민 수레 부지런히 오르내리니
渺然瞻望白雲中	아득히 흰 구름 속을 우러러 보네.
抛梁西 遙遙天壽極望迷	어이어차 보를 서쪽으로 들어라. 멀고 먼 건물의 수명은 바라봄에 아득하네.
凄凉蜀魄千秋恨	처량한 두견새 천추의 한은[40]
夜月空山寃血啼	달 밤 빈산에서 원통하여 피를 토하고 우네.
抛梁南 澗松蒼翠挹晴嵐	어이어차 보를 남쪽으로 들어라. 시냇가 소나무 푸르러 맑은 날 이내를 뜰 만하네.
山河扶戶星辰近	산천은 문을 대하고 별빛도 가까운데
碧瓦金莖色共涵	푸른 기와 · 금경(金莖)[41]은 색채가 이슬에 젖었네.
抛梁北 巍然華扁可矜式	어이어차 보를 북으로 밀어라. 높다란 만동묘의 편액 식을 할 만하네.
滔滔日夜朝宗心	낮과 밤으로 도도히 조종의 바다로 흘러가는 마음은
逝者如斯也不息	조화의 흐름이 이와 같아 쉬지 않도다.[42]
抛梁上 玉殿翠華空想像	어이어차 보를 위로 들어라. 황실의 궁전과 푸른 깃발 부질없이 상상하네.
山自高兮水自長	산이 높고 물이 길게 흐르듯
豊功盛德窮天壤	황제의 풍성한 공덕은 천지처럼 끝이 없네.
抛梁下 冬之奧室夏崇廈	어이어차 보를 아래로 들어라. 겨울에는 아랫목 방이요 여름에는 높은 집이라.
北方不可久留些	북방은 오래 머물 곳이 아닙니다.
世世來歆降我嘏	대대로 우리에게 오셔서 복주(福酒)에 흠향하소서.

39) 만 번이나 꺾여도 반드시 동쪽으로 흐르니 : 중국은 지형이 서쪽이 높음에 황하나 양자강이 만 번 꺾여도 동쪽으로 흐른다. 곧 천하의 이치는 동일하다는 말로 명나라를 높이는 것이 어느 시대나 어느 곳이라도 동일하다는 말이다.

40) 처량한 두견새[蜀魄] 천추의 한은 : 여기서는 의종황제의 한을 은근히 말한 것이다.

41) 금경(金莖) : 승로반(承露盤)을 받친 구리 기둥. 황제의 영혼이 있는 곳이라 하여 금경을 쓴 것으로 보인다.

42) 조화의 흐름이 이와 같아 쉬지 않도다. : 공자는 일찍이 시내의 위에 서서 말씀하기를 "조화의 쉬지 않고 가는 것이 이와 같다. 밤낮으로 멈추지 않는다."라고 하였다. 여기서는 황제를 사모하고 높이는 마음이 쉬지 않는다는 말이다. 『論語』 子罕.

엎드려 원하옵건대 상량을 한 뒤에 이제부터 감동이 있으면 반드시 응하소서. 향불의 향기는 더욱 번져가고 안주와 제수는 파초의 열매와 여지(荔枝)를 섞어 진설하였습니다. 황제께서는 일어나 영혼을 날려 제물의 향기를 맡으시고 보시는 듯이 하소서. 보응하는 일에 게을리 하지 마시고 끝없이 후한 복을 주소서. 춘추 대일통(大一統)의 존엄을 중히 여겨 충신 의사의 뜻을 위로하소서. 비태(否泰)[43]의 서로 바뀌는 이치가 있으니 비풍(匪風)과 하천(下泉)[44]의 시에서 징험할 만합니다.『장암집(丈巖集)』

황묘는 화양동의 제2곡 운영담 위에 있다. 낙양산의 중봉을 등지고 북쪽을 향하였다. 앞에는 마루이고 뒤에는 방이며 정침(正寢)이 3칸이고 동서의 협실은 각 1칸이고 앞의 마루는 5칸이다. 봄가을에 지방으로 행사를 한다. 정침의 문은 합문으로 닫고 마루에는 발을 늘어뜨리고 지킨다. 앞의 현판은 만동(萬東)이라고 편액을 하였으니 선조대왕 어필의 '만절필동(萬折必東)'이라는 말을 취한 것이다. 문의 편액은 성공(星拱)이라고 하였으니『논어』의 북신장(北辰章 : 爲政)의 말을 취한 것이다. 문은 3칸인데 좌우의 협문은 조금 낮고 문의 좌우에는 각각 행랑이 있다. 삼문은 주위를 담으로 둘렀다. 만동묘의 문은 편액이 둘인데 모두 배신 권상하의 필적이다. 문밖에는 주방 4칸이 있는데 가운데의 1칸은 마루이고 동쪽의 1칸은 제물을 봉하여 올리는 곳이요, 서쪽 2칸은 여러 집사들이 재계하고 자는 곳이다.『화양구지(華陽舊志)』

배신 권상하의 제고유문(陪臣權尙夏祭告由文)

아! 훌륭하신 성제께서는 하늘과 같이 덕이 큽니다. 지극한 왕화와 깊은 인애(仁愛)는 널리 만국에 입었습니다. 돌아보건대 우리 동쪽 나라가 가장 은덕으로 기름을 입었습니다. 부지런히 회유하심은 실로 중국의 본토[內服]와 같았습니다. 태세가 현규(玄虯)[45]의 해에 있어 섬의 오랑캐가 우리를 거역하였습니다. 세 도읍(서울・개성・경주)은 소탕되어 엎어지고 나라의 운명은 면류관의 끈 같았습니다. 황제께서 크게 노하시어 장수를 명하여 우리나라로 가게 하였습니다. 마초와 군량을 운반하고[飛輓][46] 군사를 징발하여 천하의 힘을 다하였습니다. 황제의 위력이 미치는 곳에 요사한 기운이 확 트여서 백성들은 다시 살게 되고 종묘와 사직은 혈식(血食)을 하게 되었습니다. 우리 삼한의 풀 한 포기 나무 한 그루도 황제의 은혜 아님이 없어 진실로 끝이 없습니다. 창상(滄桑)이 백 번 변하여 하늘이 무너지고 땅이 갈라졌습니다. 사해에는 비린내와 누린내가 나고 구주(九州)는 가시밭이 되었습니다. 황제께서 돌아가신 지 1주갑이 되었지만 향화가 끊어진 지는 오래 되었습니다. 유민들은 중화를 생각하여 통분한 마음을 가짐이 더욱 간절합니다. 옛날의 파촉 사람들이 소열황제(昭烈皇帝 : 劉備)를 추모하여 제사지낸 일을 생각하고 초나라 땅에서도 초소왕(楚昭王)을 사적(私的)으로 제사를 지낼 때 또한 모옥(茅屋)이 있었으니 지금 여기 사당의 모습은 옛 의식을 따른 것입니다. 신손(神孫 : 毅宗)

---

43) 비태(否泰) : 비는 비운의 괘. 태는 형통하는 괘. 태운이 되었다가 비운이 오고 비운이 되었다가 태운이 되기도 한다는 말이다.

44) 비풍(匪風)과 하천(下泉) : 모두『시경』의 편명. 나라가 망한 것을 슬퍼한 시다.

45) 현규(玄虯) : 검은 용. 오행설로 임진에 해당된다. 곧 임진왜란을 이르는 말이다.

46) 마초와 군량을 운반하고[飛輓] : 비만은 비추만속(飛芻輓粟)의 줄인 말. 곧 마초와 군량을 신속하게 운반함을 이르는 말로 군수물자를 운반한다는 말이다.『漢書』主父偃傳. "又使天下 飛芻輓粟".

과 배향하니 엄연히 한 집의 소목(昭穆)입니다. 날짜도 길하고 때도 좋아 예를 올리는 일이 몹시 엄숙합니다. 이에 제사 음식을 진설하니 향기로운 마름과 깨끗한 술입니다. 황제의 영혼이 하늘에 계시니 비록 멀지만 막혀 있는 것은 아닙니다. 바라옵건대 강림하시어 우리 제향에 흠향하시어 싫어하지 마소서. (위는 신종황제)

덕이 깊으신 우리 황제는 만방에서 높이 받듭니다. 지극한 덕은 못처럼 깊음에 의상을 늘어뜨리고 다스림에 후하고 공손하였습니다. 훌륭한 군왕은 있었으나 어진 신하 없음에 나라를 엎어버리는 일을 만들었습니다. 하찮은 저 오랑캐가 감히 방자하게 거역을 하였습니다. 황제께서 결사의 마음을 가져 대법을 세웠습니다. 나라가 망함에 군왕이 순국함은 누가 황제보다 더 큽니까? 신기(神器)[47]가 주인이 없음에 오랑캐가 틈을 탔습니다. 갓과 치마가 거꾸로 놓임에 사람의 도리는 싹 쓸어 없어졌습니다. 주석의 신하[屛翰]가 있었으니 열렬하신 선문(宣文 : 효종) 대왕과 송시열이 있어 천지를 바로잡을 생각을 하였으나 하늘이 중화를 도와주지 않아 북벌의 대업이 중간에 어그러졌습니다. 흰 머리의 외로운 신하가 산언덕에서 통분한 마음을 품었습니다. 빛나는 황제의 글씨는 비린내 나는 난리 속에 묻혔습니다. 이를 구하여 석감(石龕)에 새기고 하천(下泉)의 시를 사모함에 오직 이 깊숙한 황묘를 경영하여 세웠습니다. 문도들이 뜻을 이어 일이 완성되었습니다. 하물며 새해의 정월은 갑신년의 주갑이 됩니다. 슬픈 마음과 사모함이 더욱 간절하니 보답하는 제향을 어찌 빠뜨릴 수 있겠습니까? 이 세상을 돌이켜보건대 구야(九野 : 중국)가 짐승의 누린내뿐이고 홀로 이 화양동만이 대명(大明)의 일월이 있습니다. 정신이 감통함에 황제가 타신 수레가 달려오는 듯합니다. 어느덧 오르고 내리심이 좌우에 있는 듯합니다. 변두의 아름다운 과일과 계수나무와 후추의 향내 나는 술입니다. 돌아보시고 흠향하여 끝없이 우리를 도와주시기 바랍니다. (위는 의종황제)

숙종 갑신년(1704) 정월 초10일

대신 비국(備局) 당상(堂上)을 인견하여 입시할 때 좌의정 이여(李畬)가 말하기를, "선정신(先正臣) 송시열이 숭정황제의 어필 비례부동(非禮不動) 네 글자를 얻어 그가 거처하는 화양동의 암벽에 새기고 환장암을 짓고서 그 원본을 가지고 두루마리를 만들어 봉안하게 하였습니다. 말년에 옛사람[韓愈]의 한 칸 모옥에서 소왕(昭王)에게 제사지낸다는 뜻으로 사당을 세워 지방을 써서 만력황제와 숭정황제에게 제사를 지내려고 하는 뜻은 있었지만 이루지 못하고 돌아가셨습니다. 참판 신 권상하가 여러 유학자와 더불어 송시열이 옛날 살던 곁에 한 칸의 집을 지었는데 한 칸으로 부족하게 여겨 예경(禮經)의 전옥(殿屋)을 짓는 예를 본떠서 짓고 감히 신주로 봉안하지 못하고 지방으로 제향을 올렸다고 합니다. 이 일을 혹 이미 들어보셨는지 못하셨는지 알지 못하겠습니다."

상께서 말씀하기를, "이 일은 아뢰는 자가 없었기 때문에 나는 미처 듣지 못하였다." 하니 예조판서 민진후가 아뢰기를, "지난번에 정호(鄭澔)가 승지가 되었을 때 은미하게 그 단서를 꺼내고 다 말하지는 못하였습니다."하니 상께서 말씀하기를, "나는 기억이 나지 않는다."라고 하니 진후가 아뢰기를, "대신이 아뢴 말을 자세히 알지 못하는 듯하니 신이 대략 전후의 사실을 알고 있습니다. 청컨대 다 말씀드리겠습니다.

47) 신기(神器) : 제위를 이르는 말. 제위를 상속할 때 옥새·보정(寶鼎) 등이 수반하기 때문에 이른 말이다.

신의 증부 돌아가신 상신 민정중이 연경으로 사신을 갔을 때 숭정황제의 어필인 비례부동(非禮不動) 네 글자를 얻어 돌아와 선정신 송시열에게 보이니 시열이 그가 거처하던 화양동의 절벽에 새기고 그 곁에 작은 암자를 지어 환장암이라고 이름을 지었습니다. 돌아가신 상신 김수항이 장편을 지어 그 일을 서술하였는데 그 글이 지금 그의 문집 속에 실려 있습니다. 송시열이 죽음에 임하여 지금의 참판 권상하에게 편지를 주어 이르기를, '내가 사당을 세워 만력·숭정 두 황제에게 제향을 올리려고 하였는데 미처 일을 이루지 못하고 뜻을 간직하고 죽으니 그대는 김수항·민정중 두 집의 자손들과 더불어 상의하여 이 일을 시행하라.'고 하고 그 편지 속에 '한 칸의 초가집에서 소왕에게 제사를 지낸다. [一間茅屋祭昭王]'라는 말이 있었습니다. 권상하가 그 전하신 뜻을 받들어 근방의 뜻이 같은 선비들과 더불어 화양동 안에 5칸의 집을 짓고 장차 두 황제에게 제향을 지내고 신주는 감히 만들 수 없어 지방으로 제사를 지내고 제사가 끝나면 불에 태우도록 하였습니다.

그러나 이 일은 사체가 극히 중대하여 조정의 명령이 있기 전에는 참람하다는 두려움이 없지 않고 불쾌하게 여기는 자들이 혹 이것으로 환란을 전가시키는 일이 반드시 없을 것이라고는 보장하기 어려워 일찍이 정호와 더불어 상의하여 경연의 자리에서 은미하게 아뢰기를 바랐는데 정호가 감히 분명하게 진달하지 못하였으므로 상께서도 미처 알지 못한 것입니다. 대체로 초가집에서 소왕에게 제사를 지낸다는 말은 어진 지방관을 보낸 뒤에도 그리워하는 뜻과 같습니다. 이것과 조금 같지 않음이 있는 점은 지금 해외 번방(藩邦)에서 중국의 천자를 사당에 모시고 제향을 지내는 일은 예절에 있어서 난처한 점이 많은데 만약 사민(士民)들이 사적으로 정성을 들인다면 금지할 필요가 없고 조정에서도 죄를 주지 않는다는 뜻을 보이시면 사민들이 안심하고 제사를 올릴 수 있을 것입니다."

이여(李畬)가 이르기를, "이것은 사민들이 추모하여 정성을 들이는 데 불과할 뿐이요 국가가 지내는 사전(祀典)과는 같지 않습니다. 때문에 다만 보궤(簠簋) 각각 하나와 변두(籩豆) 각각 둘로 봄과 가을에 제향을 올리고, 이미 송시열이 옛날 살던 곳에 하였기 때문에 인하여 송시열을 제사지내기를 마치 배향하는 것과 같이 한다고 합니다." 민진후가 말하기를, "송시열을 배향한다는 것은 신이 자세히 알지 못하거니와 효종을 배향한다는 의론은 말이 있은 지 오래였습니다만 다만 우리나라의 신민들이 어떻게 감히 효종에게 사적으로 제사를 올립니까? 그 황송하고 두려움이 멀리 천자를 제사지내는 일보다 심함이 있습니다. 때문에 감히 하지 못한다고 합니다."

상이 말씀하기를, "대신과 여러 신하들은 각각 의견을 말하시오"하니, 영의정 신완(申琓)이 말하기를, "신이 젊었을 때 선정신 박세채의 말을 들으니 일찍이 선조에 있어 백성과 선비들이 가평에 사는 자 있어 그 고을 가운데 조종(朝宗)으로 이름을 한 곳이 있기 때문에 이로 인하여 감동의 생각이 생겨 이곳에 신종황제의 사당을 세우려고 편지를 써서 우재(尤齋)에게 물었다고 하니 우재는 곧 송시열의 호입니다. 그의 의론에 말하기를 '신종황제를 위하여 사당을 세우고 아울러 숭정황제도 함께 제향을 올릴 것이니 대체로 예부터 망하지 아니한 나라가 없으나 임금이 사직을 위하여 죽은 일은 일찍이 보지 못하였는데 숭정황제가 몸소 사직을 위하여 죽었으니 함께 제향을 올릴 만합니다.'"라고 하였습니다.

몇 해 전에 정호가 경연에서 말을 꺼냈고 또 유생으로 상소를 올린 자도 있습니다. 김진구(金鎭龜)가 예조판서가 되었을 때 왕에게 보고하기 위하여 더불어 상의하였더니 모두 난색을 표하면서 말하기를, "일간모옥제소왕(一間茅屋祭昭王)은 사민들이 추후에 그리워하여 잊지 않는 의리에 불과한 것이고 지금 만약 서울 안에 사당을 세우면 사체가 종묘보다 중하여 모든 의식이나 제도 면에 있어 절절(節節)마다 구애가 됩니다."라고 하기에, 신이 합문 밖에서 사적으로 논의하여 말하기를, "한나라 때의 황제 사당도 지방이나 제후국에 많이 있고 창오산(蒼梧山)에 순임금의 사당이 있고 회계산(會稽山)에도 우왕의 사당이 있으며 이 밖에 역대 제왕의 사당이 군과 읍에 있는 것을 이루 다 헤아릴 수 없습니다. 여기에 어찌 다 팔일(八佾)의 춤과 태뢰(太牢)의 제향으로 올리겠습니까? 후세의 백성들이 추모의 정성을 부치는 데 불과한 것이고 이때를 당하여 형편상 구애되는 바 있어 이목에 번거롭기만 하여 후일의 우환을 만들까 두렵다고 하였습니다. 그 뒤에 홍주(洪州 : 홍성) 유생 이모(李某)가 이것으로 상소를 올렸는데 상에게 전달되지 않았다고 합니다."하니 상께서 말씀하기를, "그 이름이 누구라고 합니까?" 신완이 말하기를, "신이 그 이름은 잊었고 여러 번 상소를 올렸는데 정원에서 받아주지 않았기 때문에 물러갔습니다. 대체로 그 상소의 말은 신종황제의 나라를 다시 만들어준 은혜와 숭정황제의 사직을 위하여 죽은 대의로서 근본을 삼아 두 황제를 함께 제향하고 선조대왕과 효종대왕을 배향하고 병자 삼신(丙子三臣 : 홍익한·윤집·오달제)으로 종향을 하자는 것이었다고 하고 갑자년(1684) 간에 선비인 허정(許火定)이 또한 이런 뜻으로 상소를 올렸습니다."하니 상이 말씀하기를, "송시열이 삼학사전(三學士傳)을 지었음에 효종의 종묘에 배향되고 삼신[三臣 : 삼학사]으로 종향한다고 하니 선정(先正)의 논한 바가 이와 같습니다."하니 민진후가 말하기를, "특별히 이 뿐만이 아닙니다. 전후에 이것으로 상소를 올린 자 자못 많습니다. 이른바 김진구(金鎭龜)의 보고라고 말한 것은 원주 유생의 상소이고 그 뒤에 청주의 유생 홍모(洪某)도 상소를 올렸다가 승정원에서 반송되었다고 합니다. 『정원일기(政院日記)』

영종(英宗) 병오(1726)

상이 정원(政院)에 하교하기를, "지난 해 겨울에 북관 사람이 상소한 말로 인하여 처음으로 만동묘가 있음을 알아 어필을 판에 새기도록 명하고 숭정황제의 어필을 받들어 봄에 감동의 눈물이 옷깃에 젖음을 깨닫지 못하였다. 아! 명나라가 우리나라를 다시 만들어준 은혜는 잊을 수 있으며 갑신년의 일은 차마 말할 수 있을까? 아! 이는 선정(先正)이 성스러운 선조의 존주대의(尊周大義)를 체득하지 못했다면 어찌 능히 이렇게 할 수 있었을까? 공경하여 본떠 인쇄에 올려 궁내에 보관하고 추모의 뜻을 펼 것이며 아래에 그 대략적인 것을 기록한 뒤에 인쇄본 2장을 승정원에 내려 1본은 민 영부사(민진원) 댁에 주고 1본은 선정 봉사손에게 줄 것이며 원문 중에 선정을 직함으로 칭한 것은 압존(壓尊)의 뜻에서 나온 것이다. 특별히 두 집에 주는 것은 뜻이 있어 한 일이다. 또 1본은 표지를 만들어 예조낭관을 시켜 모시고 환장암에 가서 진본과 함께 보관하도록 하여라."하였다.

예조낭관이 이미 복명하고 상소를 올려 말하기를, "사체가 중하니 마땅히 별도로 작은 집을 지어 봉안하게 하고 계곡의 수목도 마땅히 벌채를 금하도록 하소서."하니 상이 그대로 따랐다. 드디어 환장암의 곁에 작은 집을 짓고 황제의 어필과 숙종의 어필인 화양서원 액자의 인본을 봉안하게 하고 그 집을 이름 하기를 운한각(雲漢閣)이라고 하였다. 『송자대전연보(宋子大全年譜)』

병오(1726) 4월

예조낭관 고만첨(高萬瞻)이 어제 발문 족자를 모시고 공경하여 환장암에 봉안하고 복명한 뒤에 상소를 올려 어필을 봉안하는 곳이 구차하고 허술함을 진술하였다. 환장암 곁에 한 채의 작은 집을 세우고 두 황제의 유묵을 봉안하기를 청하니, 상이 답하기를, "지금 너의 상소문을 보니 어슴푸레 몸소 만동묘를 보는 듯한데 다만 지금 내가 준 인본(印本)을 봉안하게 하는 것은 추모의 뜻을 펴려는 데 불과하다. 본래 성대하게 하려는 뜻은 아니었다. 네가 논한 바는 비록 옳지만 옛날에 중신들이 아뢸 때에 성고(聖考 : 숙종)의 뜻을 우러러 본받을 만 하니 옛날대로 봉안하는 것이 아르답지 않은가?"하였다.

그 뒤에 상신 민진원(閔鎭遠)이 입시할 때 고만첨의 상소에 의하여 약간의 물자를 계산하여 주어 그 지방관으로 하여금 한 칸의 집을 세워 황제의 어필을 봉안하도록 하기를 청하였다. 상이 말하기를, "만첨의 상소는 그 말은 좋으나 이는 조정에서 해야 할 일이 아니다. 일찍 들으니 경의 형도 조정에서 꼭 알기를 필요로 하지 않는 것으로 선세의 조정에 아뢰었으니 이는 뜻이 있는 바가 있다. 어필을 봉안하는 장소가 과연 이와 같다면 자금을 계산해 주어 여러 학생들로 하여금 건물을 짓게 하는 것이 좋을 듯 하고 조정의 명령으로 특별히 세우는 일은 어떻게 해야 할지 모르겠다." 하니 민진원이 말하기를, "성상의 말씀이 진실로 옳습니다. 환장암은 만동묘와 달라 어필을 봉안하는 곳이니 조정으로부터 세우는 것도 해로울 것이 없어 감히 아뢰었습니다. 상의 말씀이 이와 같으니 마땅히 선혜청 당상과 더불어 상의하여 저축된 쌀 몇 섬을 주어 여러 학생들로 하여금 가을을 기다려 세우게 하도록 하소서."하니 상이 허락하였다.(이때에 밭 5백(百)을 하사하고 쌀 40석을 하사하였다) 『화양실기(華陽實記)』

배신 이재의 묘정비명 병서(陪臣李縡廟庭碑銘并序)

조선국 청주 동쪽 80리 낙양산 아래 화양동에 사당이 있어 만동묘라 하니 숭정 76년(1703) 가을에 처음으로 이루어졌다. 우리 신종현황제와 의종열황제를 봉사하여 봄가을로 향사를 올리기를 43년이 지난 뒤에 배신 이재는 비에 명(銘)을 새겨서 천자의 덕을 칭송하고 백성들의 생각을 일러 말하기를 조선이 나라를 이루어 기자의 봉함을 받은 때로부터 진・한・수・당(秦漢隋唐) 등 수천 년이 지나도록 우리나라는 변방의 땅으로 중국과 풍속을 달리하는 나라로 처하면서 서로 침략하고 토벌하였다. 명나라가 천하를 소유함에 고황제께서 국호를 내려주시어 길러주시고 가르쳐주면서 중국의 본토[內服]와 같이 보았다. 우리 선왕께서 황제의 명을 받아 삼가 제후의 법도를 행한 지 삼백 년이 되었다. 이에 중국의 예악문물의 아름다움이 바다 건너까지 젖어들게 되었다.

만력 임진(1592)에 왜구가 침략해 들어와 연이어 삼경(三京)이 함락되니 우리 소경왕(昭敬王 : 선소)이 서쪽 변방으로 피란하여 요동을 건너 중국으로 복속하려고 사신을 보내어 구원을 청하니 신종현황제께서 도독 이여송(李如松)과 상서 형개(邢玠), 제독 진린(陳璘), 유정(劉綎), 어사 양호(楊鎬) 등을 명하여 요동(遼東)・계문(薊門)・사천(泗川)・섬서(陝西)・호남(湖南)・절강(浙江)・운남(雲南)・귀주(貴州) 등 전후 이십삼만 명과 백금 오백팔십만 정, 군량비 삼백여만 냥으로 군사를 보내주시어 칠년이 지난 후에 평정되었다. 이러므로 우리나라의 군신과 부자 부부로부터 아래로 조수 초목의 미물에 이르기까지 수화(水火)의 고통과 사나운 독사의 독을 제거해 주시니 모두 큰 은택의 속에 젖게 되었다. 나라는 망했다가 다시 보존되고 종묘는 끊어졌다가 다시 제향을 올리게 되니 그 덕이 지극히 성대하여 동방이 생긴 이래로 있지 않던 일이다.

40년 뒤 숭정 병자년(1636)에 건주(建州)의 오랑캐가 창궐하여 우리나라가 먼저 그 칼날에 걸렸고 그 뒤 9년 갑신(1644)에 의종열황제께서 몸소 사직을 위하여 순사하니 명나라가 드디어 망하고 오랑캐가 들어와 주인이 되었다. 아! 차마 말할 수 있을까? 신은 삼가 명사 본전(明史 本傳)을 고찰해 보건대 청나라 오랑캐가 동쪽으로 우리나라를 침략함을 당하여 황제께서 산동의 수군을 동원하여 구원해 주려다가 도착되기 전에 오랑캐들이 물러가서 중지하였다고 하니 대저 해외의 제후국인데 천자께서 안전하게 하고 가련하게 여겨 걱정하심이 전후에 이와 같았다.

돌아보건대 구구하게 좁고 작은 나라가 청나라 오랑캐의 침략에 유린의 액을 당한 나머지에 강약의 형세가 달라 절의를 다하고 힘을 내어 조금이나마 부모의 은혜에 보답하여 춘추의 의리를 밝히지 못하고 억지로 황가(皇家)의 제사가 끊어지고 이적이 황제가 됨을 보니 이것이 뜻있는 선비와 어진 사람의 심장이 무너져 통곡하는 까닭이 된다. 홍익한(洪翼漢)·윤집(尹集)·오달제(吳達濟)의 무리가 이미 살신을 하면서도 후회하지 않았더니 선문왕(宣文王 : 효종)이 왕위에 오르면서 오랑캐를 물리치고 황제의 나라를 부흥시키는 일로 자신의 임무로 삼아 어진 사람을 구하고 중국의 나라 잃은 사람들을 위로하며 백성을 구휼하고 군사를 조련시켜 장차 깊은 원수를 갚고 우리나라를 살려 준 은혜에 보답하려 하였다. 이때 송시열이 포의(布衣)로 일어나 왕의 사부가 되어 대사(大事 : 북벌)에 참여하여 도모하다가 얼마 가지 않아 왕께서 돌아가시니 천하의 일을 다시 할 수 없게 되었다. 송시열이 드디어 물러나 산중으로 돌아가니 이른 바 화양동이 이곳이다.

송시열이 죽음에 임하여 그의 문인 권상하에게 부탁하여 말하기를, "두 황제께서 우리나라를 다시 부흥시킨 은혜와 사직을 위하여 돌아가신 공렬은 마땅히 우리나라에서 제향을 올려야 함이 오래였다. 내가 실행하지 못하고 죽으니 네가 끝내 이루도록 하라."고 하였다. 민정중(閔鼎重)이 일찍이 연경에 가서 숭정열황제의 어필인 비례부동(非禮不動)이란 글씨를 얻어 돌아오니 송시열이 화양의 암벽에 본떠 새기고 지금에 이르러 그 곁에 사당을 세우니 명나라가 망한 지 마침 60년이 되었다.

아! 중국[函夏]이 비린내로 더럽혀지고[48] 구묘(九廟)[49]가 전복됨에 천자의 사당이 작은 나라의 잔읍(殘邑) 외진 언덕 깊은 계곡의 사이에 부쳐 있으니 이는 천하의 지극한 변괴이다. 비록 그러하나 우리나라로 하여금 의리를 밝히고 윤리를 정하여 우리의 당일(임진왜란과 병자호란) 군신들의 뜻을 위로 돌아가신 두 황제의 영혼 앞에 바쳐서 천하 후세에 영원히 의리에 보답한다는 말이 있게 한다는 것은 오로지 여기에 있을 것이다. 그 일은 은미하지만 의리는 깊은 것이다. 저 구구하게 예에 없다고 하면서 참람한 데 비교하는 자는 어찌 족히 알 수 있는 일인가? 그러나 신이 가만히 보건대 두 황제의 은택이 이미 멀어지고 세상의 교화는 날로 쇠하여 사대부들이 오랑캐와 중화를 구분하는 데 어둡고 이해의 비천한 데에 마음을 빼앗겨 간

---

48) 중국[函夏]이 비린내로 더럽혀지고 : 함하는 중국을 이르는 말. 중하(中夏)와 같다. 비린내로 더럽혀졌다는 말은 여진족의 청나라가 중국을 지배한다는 말이다.

49) 구묘(九廟) : 제왕의 사당. 주나라의 구묘는 태조와 문왕의 세실(世室).무왕의 세실과 삼소(三昭)·삼목(三穆)이 있었다. 여기서는 명나라의 종묘를 말한 것이다.『三才圖會』宮室.

사하고 더러운 데 젖어 들어가도 당연한 것처럼 한다. 능히 사람의 기강을 세워 더러운 데 물드는 것을 크게 막으려는 마음을 간직하여 송시열이 전한 바 '아픈 마음을 참고 원통한 마음을 간직하는 것은 박부득이한 것이다. [忍痛含寃 迫不得已]'라고 한 말을 잊지 않는 자는 대체로 드무니 그렇게 되면 날이 갈수록 날로 잊어서 의리를 배반하고 부끄러움을 잊어 서로 이적금수가 되더라도 구제할 수 없게 될 것이니 이것이 송시열의 걱정이 깊고 멀어 더욱 이 사당에 뜻을 두게 되는 바가 되는 것이다. 때문에 신이 이미 사당을 세운 일에 대하여 서문을 쓰고 이런 의리로서 마치면서 후세의 군자들에게 보인다.

사당이 이루어진 이듬해에 원효왕(元孝王 : 숙종)이 숭정열황제의 순국한 날로 궁중에 제단을 만들어 제사를 올리고 다시 대보단(大報壇)[50]을 쌓아 해마다 신종현황제를 제사지냈다. 아! 이 뒤 천만년이 되도록 우리 군신의 뜻을 알 수 있을까? 명(銘)하기를

華陽之谷　화양동의 계곡이요
巴水之厓　파곶(巴串)의 시냇가라
有幽其宮　그윽한 제궁(祭宮) 있으니
天子之祠　천자의 사당이라
穆穆天子　훌륭하신 천자는
萬邦父母　만방의 부모였네
仁湛渥厚　어진 마음과 은혜가 후하여
爰及東土　우리나라에까지 미쳤도다
膊之磔之　왜적을 찢어 죽여서
除其虺螫　독사 같은 독을 제거하였도다
眗之濡之　햇볕으로 따뜻하게 하고 비와 이슬로 적셔주고
奠之衽席　편안한 자리에서 살게 하였네
山淸海晏　산 빛은 선명하고 바다는 평온하며
風揮日舒　바람이 불고 햇볕이 펴졌도다
藩邦再造　번방을 다시 살리시니
猗烈無初　전에 없는 아름다운 공이었네
赫矣毅宗　빛났도다! 의종황제여
非禮不動　예가 아니면 움직이지 않았도다
君死之正　정당하게 임금의 죽음은[51]
百代攸誦　백대를 가더라도 칭송할 바일세
四海化戎　사해는 오랑캐로 화하고
九廟崩燬　구묘는 무너지고 불에 탔도다
帝視猶子　황제께서는 우리를 아들처럼 보셨으나
我莫視父　우리는 아버지처럼 보지 못했도다
誰敵王愾　누가 왕의 분개하는 원수를 적으로 하여

---

50) 대보단(大報壇) : 임진왜란 때 조선에 구원병을 보내어 왜적을 물리친 명나라 신종의 뜻을 기리기 위해 숙종의 명에 의해 쌓은 제단. 창덕궁 안에 만들었다.

51) 정당하게 임금의 죽음은 : 옛사람들은 임금이 욕을 당하면 신하는 죽어야 하고 나라가 망하면 임금은 사직을 위하여 죽어야 하는 것이 정당한 것으로 알았다. 여기서도 명나라가 망하자 의종황제가 목을 매어 죽은 것이 정당한 의리라고 하는 말이다.

以白此寃　이 원통함을 상제께 사뢸까
帝有藎臣　황제께서 충신[藎臣][52]을 두셨으니
曰我宣文　곧 우리 선문대왕(宣文大王 : 효종)이다
宣文有臣　선문대왕의 신하(송시열)가 있어
以涼義伐　의리로 정벌하는 일[北伐]을 도왔도다
寔天不弔　하늘이 도와주지 않아
中途壞裂　중도에 무너져 와해되었네
有哭徹昊　통곡하는 소리 하늘에 통하니
磨厓之側　어필을 새긴 마애(磨厓)의 곁이었네
興復之計　명나라를 회복할 계책은
歸此廟食　이 사당의 제향으로 돌아갔네
天子萬年　천자께서는 만년이 되도록
陟降孔邇　여기에 오르고 내리시어 가까이 하소서
芒芒腥土　비린내 나는 넓은 땅 중국에
舍我奚止　우리를 버리고 가시면 어디에 머무시겠습니까
穹天博地　천지처럼 높고 넓은 은혜
欲報罔極　갚으려 함에 그 은혜 끝이 없도다
澗藻行潦　비록 시내의 마름 흐르는 물이지만
臣誠無射　신의 정성을 싫어하지 마소서
悠悠江漢　유유히 흐르는 강수(江水)와 한수(漢水)는
萬折必東　만 번이 꺾여도 반드시 동쪽으로 가도다.
先君之志　선왕의 뜻으로
命此新宮　이 새로운 제궁(祭宮)을 세우도록 명하였도다
於皇二聖　아! 훌륭하신 두 황제는
義盡仁至　의리를 다하고 인애(仁愛)가 지극하였네
摸天畵日　하늘과 해를 본떠 그리는 일이니[53]
臣豈敢議　신이 감히 논할 수 있을까마는
惟以詔後　오직 이 일을 후세에 알려
永敍厥彝　영원한 윤리로 알도록 서술한다.[54]
毋貳爾心　너의 마음을 바꾸지 말지어다.
上帝臨猗　상제께서 임하고 있다. 『도암집(陶菴集)』

배향하는 의식은 혹자가 당대의 일로 의심을 하는데 명나라 조정의 공부(孔府)[55]에서도 명 태조 고황제를 역대 제왕의 사당에 제향을 올렸으니 조정에서 의논하면 이것이 근거가 될 만할 것입니다. 『화양구지(華陽舊志)』

---

52) 충신[藎臣] : 藎臣은 충신과 같다.

53) 하늘과 해를 본떠 그리는 일이니 : 하늘과 해는 제왕을 상징하는 말. 곧 제왕의 일에 대하여 기록하니 신이 어찌 감히 함부로 논할 수 있느냐는 겸양의 말이다.

54) 영원한 윤리로 알도록 서술한다 : 여기서 영원한 윤리는 명나라를 높이고 우리는 제후의 나라로 명나라 황제의 은택을 배반하지 않아야 한다는 윤리. 곧 이런 의리를 알게 하기 위하여 서술하였다는 말이다.

55) 공부(孔府) : 공자묘에 있는 부서(府署). 공자의 적손이 이곳에 대대로 있으면서 공자의 사당과 묘를 관리한다. 연성공부(衍聖公府).

이지규에게 답한 편지(答李志逵書)

만동묘의 편액은 어찌 감히 스스로 붓을 대겠습니까? 우러러 말씀드리건대 이것은 함부로 할 수 없는 것입니다. 이 사당이 화양동에 있는 것은 상께서도 이미 알고 계시니 조만간에 혹 상께서 생각이 나오게 되면 어찌 전에 없는 성대한 일이 아니겠습니까? 『한수재집(寒水齋集)』

성만징에게 답한 편지(答成晩徵書)

3월 19일은 북경이 함락된 날입니다. 상께서 춘당대 옆에 제단을 만들고 대뢰(大牢)로서 신종황제 폐하에게 예를 행하고 음악은 진설만 하고 연주하지 않았으며 백관이 모두 들어와 참여하였다고 하니 이는 천하 만세에 은혜를 안다는 말이 있을 것이니 감축 드립니다. 화양동의 제향을 올리는 예는 우리를 알아주기도 하고 우리에게 죄를 주는 일[知我罪我][56]이 모두 여기에 있습니다. 비록 만 사람의 입으로 떠들어 대더라도 사실상 후회의 마음은 없으니 마땅히 그대로 둘 뿐입니다. 저술한 말이 분명하니 (변명하더라도) 또한 수고로운 일이 아닙니까? 달경(達卿)이 지은 변설(辨說)에 지극히 명백하니 다시 무엇을 더 할 말이 있습니까? 기(杞)나라·송(宋)나라[57]에서 하(夏)나라·은(殷)나라의 선왕에게 제향을 지낼 때도 천자의 예를 사용하였으니 주신 편지에 이른바 제사에 산 사람의 녹(祿)을 사용한다[58]는 말은 아마도 그렇지 않은 듯하니 어떻게 생각합니까? 사당을 세우는 논의는 아직 이루지 못한 듯하니 그 예절을 강하여 정하는 일은 빈말로 돌아갈 것이니 아직 천천히 하는 것도 무방한 듯합니다. (위와 같다)

수암에게 준 편지(與遂菴書)

지금 이 환장암과 만동묘의 전후 사적은 한결 같이 당신의 말씀에 의하여 글씨를 잘 쓰는 사람을 시켜 일본(一本)을 써서 화양동의 산중에 보관할 계획인데 다시 생각하면 환장암의 일은 노선생[송시열]의 별지 한 통에 갖추어 실려 있고 만동묘의 일에 있어서는 다만 상량문과 개기축문(開基祝文)·봉안시제문(奉安時祭文)·영송사(迎送詞)일 뿐입니다. 일찍이 사당을 세운 본말의 사실을 기록한 문자가 없으니 후세의 사람들이 어디에서 상고하겠습니까? 저의 생각에는 반드시 노선생께서 당일에 대형(台兄)에게 부탁하신 말과 대형이 사우(士友)들과 더불어 시대와 형세를 고찰하여 15년 뒤에 완성한 일과 처음 세울 때 속세에서 보고 듣고 놀라 의심하지 않음이 없는 일과 중간에 비웃고 배격한 일과 끝내는 성대하게 따라와 일을 정하고 봉안할 때 이르러서는 호남 영남의 선비들이 모여 예에 참여한 자 많기는 백여 명에 이르니 함께 하늘에서 얻은 도덕의 양심에서 나온 것은 속일 수 없다는 것을 자세히 기록하려고 합니다.

---

56) 우리를 …… 죄를 주는 일[知我罪我] : 이 말은 본래 공자의 말이다. 여기서는 만동묘를 세운 것은 신종이 우리를 도와준 일과 의종이 나라의 사직을 위하여 죽은 것이 군주의 본보기가 되기 때문에 이를 잊지 않기 위하여 세웠다는 말이고 우리를 죄준다는 말은 제후국의 필부로서 함부로 천자에게 제사를 올린다는 말이다. 『孟子』 滕文公下. "孔子曰 知我者 其惟春秋乎 罪我者 其惟春秋乎".

57) 기(杞)나라·송(宋)나라 : 기나라는 하(夏)나라의 후손이 세운 나라. 송나라는 은(殷)나라의 후손이 세운 나라. 때문에 그들의 선조를 제사지낼 때 천자의 예로 지냈다는 말이다.

58) 제사에 산 사람의 녹(祿)을 사용한다. : 제사를 지내는데 있어서는 제주(祭主)의 지위대로 제사를 지낸다는 말. 곧 아버지의 신분이 대부이면 대부의 예로 장례를 치르고 아들이 사(士)의 신분이면 사의 신분으로 제사를 지낸다는 말이다. 『中庸』 十八章註. "葬用死者之爵 祭用生者之祿".

또 사당이 계미년(1703) 가을에 완성되고 대형(台兄)이 말하기를, “내년은 곧 숭정황제가 사직을 위하여 죽은 해이니 갑신년 정월로 날을 가려 봉안할 것입니다” 하더니 제향을 올린 뒤 며칠 안 가서 우리 성상께서 경연에 임하시어 탄식하며 말하기를, “금년은 명나라가 망한[屋社][59] 지 1주갑이 되는 해입니다.”하고 상의 말씀이 처절하여 신하들을 감동시키고 드디어 대보단을 설치할 의논으로 정하였으니 여기에서 우리 임금의 하시는 일이 보통사람보다 만 배나 되는 생각에서 나온 것을 볼 수 있고 신종황제의 은택이 우리나라에 입어 백 대를 내려가도 잊을 수 없어 군신과 상하의 사람들이 추모하여 감동이 발하는 것은 약속을 하지 않아도 똑같은 것이니 사람들이 일삼아 하도록 한 것이 아닙니다. 이런 전말을 불가불 저술하여 후세 사람들로 하여금 고찰하여 모범이 되게 해야 하니 대형께서 그 책임을 사양할 수 없습니다. 바라옵건대 수고를 잊고 사실을 기록하여 저에게 주시면 삼가 책 속에 실리겠으니 지극히 빌고 빕니다. 『장암집(丈巖集)』

장암에게 답한 편지(答丈巖書)

산중의 사실을 이미 지어 편집하였다고 하니 매우 위로됩니다. 대보단의 어제시를 보내고 천신(賤臣)이 화운한 것과 한생(韓生)의 시도 아울러 보냅니다. 사실을 기록하는 문자는 우러러 형의 뜻을 받들지 않으려는 것은 아니지만 저의 둔하고 졸렬한 글로는 차례대로 취하여 편집함이 어려움이 있고, 명일에 또 선산에 입석하는 일이 있어 편집하여 완성할 여가가 없습니다. 다시 생각건대 이 일은 만약 형의 우수한 문장으로 찬양하여 쓰면 다행함이 이보다 클 수 없습니다. 바라옵건대 친히 스스로 우수한 문장으로 성대한 일을 기록하여 주시기를 간절히 바랍니다. 남헌집과 퇴계집에 실려 있는 문자 중에 의리가 충족하니 문자를 지을 때 아울러 가해서 생각하는 것이 어떠합니까? 두 문집 중에 고찰할만한 책을 아울러 올립니다. 『한수재집(寒水齋集)』

수암에게 준 편지(與遂菴書)

만동묘의 사실을 기록하는 일은 삼가 말씀을 들었습니다. 아무튼 훌륭한 문장으로 찬양하라고 말씀을 하시니 정호(鄭澔)가 그런 사람은 아니어서 부끄럽고 땀이 남을 견디지 못하겠습니다. 말씀하신 남헌집에 실려 있는 알도당제묘사(謁陶唐帝廟詞)와 우제사축문(虞帝祠祝文)에서 충분히 고찰할 수 있지만 옛날의 어질고 큰 선비는 잘못된 일이라고 하지 않는 자 없고 몸소 친히 제사를 올린 자에 이르러서는 비례(非禮)요 참람한 일이라고 말하지 않은 것은 분명합니다. 또 퇴계집 가운데 이른바 “옛날에 제왕의 사당을 민간에서 세우고 사람들이 제사를 지낸 일이 하나 뿐이 아니지만 이는 처음 세울 때 어찌 모두 한 때 민속에서 남긴 유덕을 잊지 못하는 데서 나온 것이라고 말할 수 있겠는가?”라고 한 말씀이 정히 주자의 저서와 남헌집에 실려 있는 것과 서로 표리가 되고 도리가 명백하니 이 말이 가장 유속(流俗)의 보고 듣는 의심을 밝혀 설파할 만합니다. 다시 꼭 여러 말을 하지 않아도 충분히 드러납니다.

아무튼 노선생(송시열)께서 처음에 두 황제의 사당을 설치하려고 한 의론은 사실상 네 개

---

59) 명나라가 망한[屋社]지 : “屋社”는 나라의 사직이 개인의 집으로 변함. 곧 나라가 망함을 이르는 말이다. 『御製文集』 金 世宗論. “又不數十年而遂以屋社 吁可不畏哉”.

의 큰 글씨[非禮不動]를 모각한 뒤에 나왔는데 세상의 환난을 만나 경영하여 세울 여가를 얻지 못하였고 얼마 안 가서 대형에게 부탁한 일도 확실히 어느 때에 있었으며 그 때의 말씀도 어떠하였는지 알 수 없습니다. 이 한 건을 편지 끝에 써 주시기를 바랍니다. 『장암집(丈巖集)』

장암에게 답한 편지(答丈巖書)

노선생께서 황제의 사당을 건립하려는 뜻은 봉산(蓬山 : 長嗜)에서 유배생활을 할 때에 시작되었다고 들었고 상하(尙夏)에게 하교하신 일은 제주도에 계실 때 주신 편지에 있습니다. 장성에 가서 절을 하고 밤에 모시면서 새벽까지 선생께서는 시종 이 일에 마음을 두셨습니다. 당시의 여론이 한결같지 않고 일도 마음먹은 대로 되지 않아 계미년(1703)에 이르러 일을 시작하였습니다. 이 뒤의 일은 형도 다 아실 것입니다. 『한수재집(寒水齋集)』

화양의 여러 선비들을 위하여 명부(明府)[60] 김진옥에게 올림(爲華陽多士上明府金公鎭玉)

가만히 생각건대 예부터 제왕이 백성들에게 큰 공덕이 있으면 그 왕조가 끊어진 뒤에 백성들이 사당을 세워 그를 높이고 공에 보답하는 제사를 지내지 않음이 없었으니 요임금·순임금·우왕·한나라 광무제·촉나라 소열황제 같은 제왕은 모두 민간에 사당이 있어 사람들이 제향을 올리고 또 초나라의 소왕(昭王)과 서(徐)나라의 언왕(偃王)[61]과 우리나라의 수로왕(首露王)의 사당 같은 것이 있어 전기에 섞여 나온 것이 한 두 곳에 그치지 않습니다. 한유(韓愈)와 두보(杜甫)·주자(朱子)·장식(張栻) 등이 앞에서 읊어 노래하고 퇴계·탁영(濯纓 : 김일손)이 뒤에서 찬미하였으니 어찌 신하로서 임금에게 제사를 올리고 필부로서 천자에게 제사를 지낸 것이 아니겠습니까? 비록 정상적인 법전에 있는 것은 아니지만 인정과 천리에 있어 스스로 중지할 수 없는 일입니다.

신종황제께서 우리나라에 일찍이 무궁한 은혜를 주시어 왜구의 난을 평정하여 번방을 다시 세우니 우리를 구제하여 살게 한 공덕이 천지처럼 크고 하해처럼 깊습니다. 우리 억만 생명을 가진 자들은 위로 벼슬아치로부터 아래로 노비에 이르기까지 누군들 죽을 때까지 풀을 매어 그 만분의 일이라도 갚기를 생각하지 않겠습니까? 아! 숭정 갑신의 화를 차마 말할 수 있습니까? 나라가 망하고 임금이 죽어 의사와 열사들이 다 드러나고 구주[九有 : 九州]가 노린 냄새가 나며 궁원과 종묘가 불에 타 재가 됨에 향화를 올리는 일은 처량하게 되었습니다. 가슴 아픈 일입니다. 우리 황제의 살아계신 듯한 영혼이 어디에 의지하겠습니까? 중국을 돌아보건대 한 조각의 깨끗한 땅은 없고 황제의 떠도는 영혼이 먼 곳이라도 이르지 않는 곳이 없을 것임에 반드시 우리 동쪽의 번국을 돌아보시고 더럽다고 하지 않음이 분명할 것입니다.

보리밥과 들 미나리를 먹으면서 서로 다투어 정성을 올리려는 마음을 품고 비풍 하천(匪風下泉)을 읽으면서 누군들 명나라를 생각하는 마음이 없겠습니까? 이러므로 우리 우암선생이 기해년(1659 : 효종의 붕어) 이후로부터 이미 대업이 중간에 결렬됨을 알고 드디어 숭정황제

---

60) 명부(明府) : 태수나 수령에 대한 존칭. 김진옥은 당시 청주의 목사였다.

61) 서(徐)나라의 언왕(偃王) : 주목왕 때의 제후. 이름은 탄(誕). 정사를 잘하여 강회(江淮)의 사이에서 그를 따르는 제후가 36국이었다. 목왕이 두려워하여 초나라를 시켜 멸하게 하였다. 그 뒤 지방민들이 구주(衢州)에 사당을 세우고 제사를 지냈다.

의 어필 4자[非禮不動]를 얻어 화양동의 암벽에 본떠 새기고 그 곁에 한 칸의 사당을 세워 신종・의종 두 황제에게 향례를 올려 옛날 유민들이 제왕에게 사적으로 제사를 올린 의식을 모방하여 물이 만 번이나 꺾여도 반드시 동쪽으로 흐르는 뜻[萬折必東]을 되새기려 한 것입니다. 불행하게도 금앵(金罌)의 화[62]가 혹독하여 아름다운 뜻을 이루지 못하고 죽음에 임하여 정성스럽게 하신 말씀은 사람들로 하여금 천년 뒤에도 눈물을 흘리게 하였습니다.

본주의 사민(士民) 등이 산장(山長)[63]의 말씀을 받들어 선사(先師 : 송시열)의 뜻에 따라 이미 갑신년(1704)에 재목을 모아 일을 완성하고 비로소 영혼을 편안하게 하여 봄가을로 제향을 올린 지 지금에 12년이 되었습니다. 이리하여 작은 정성이나마 조금 펴게 되고 성대하게 오르고 내리는 영혼을 위로하게 되는 바 있었습니다. 그런데 사당이 궁벽한 산중에 있어 제전(祭田)이 절대적으로 없어 해마다 제향에 올리는 비용을 준비할 힘이 없음에 비단 오늘의 준비에 어려움이 많을 뿐만 아니라 장래에 폐지될까 진실로 염려되니 어찌 심히 민망스럽지 않겠습니까?

우리 목사께서는 일찍이 아버지와 스승의 가르침을 받아 이런 의리를 강구하여 따름에 이미 익숙하였을 것입니다. 이 고을에 오신 이래로 한결같이 정성으로 돌아보시어 있는 힘을 다하니 빛나고 다행함이 어떠하겠습니까? 온 경내의 사람들이 목사님을 추대하고 사랑함이 지극히 깊습니다. 임기가 갑자기 닥쳐와서 가실 날[鳧舃][64]이 가까워 오니 이로부터 본 사당에서는 사실상 의뢰할 바가 없게 되었으니 사민들만이 여기에 더 계시기를 원하는 정성이 간절할 뿐만 아니라 목사님께서도 사당을 수호하는 방법에 염려하실 것입니다. 일찍이 듣건대 갑신년(1704) 경연에서 어떤 대신이 토지와 노비를 주는 일로 진정하여 청하였는데 상께서 의논하도록 명하였으나 사체에 구애되어 곧바로 시행되지 못하였다 합니다. 이것은 형편상 비록 그렇다고 하지만 지금 목사님께서 만일 관속에 딸린 약간의 토지와 노비로 하여금 예에 따라 모두 사당에 소속시키게 하는 일은 조금도 구애될 것이 없고 수호하는 방법에 있어서는 크게 도움이 있을 것입니다. 그렇게 되면 매년 준비하는 제물도 부족할 것이 없어 장차 화양동의 한 구역으로 하여금 영원히 대명천지(大明天地)가 될 것이니 어찌 큰 다행이 아니겠습니까?

아! 우리 황제의 큰 공덕은 하늘이 덮고 땅이 만물을 실은 것 같아 지금 이 황사(皇祠)에서 제향을 올릴 때 비록 천하의 물건을 다 갖고 와서 올리더라도 어찌 만분의 일이라도 비교가 되겠습니까? 예는 적게 차리는 것이 귀한 것이라고 하지만 선비들이 제사를 지내면서 허술하여 제기에 올린 제물도 오히려 충분하지 못할까 걱정하고 오래 지속할 계책도 하지 못하니 진실로 가련하고 부끄럽습니다. 오늘날 목사님께서 지방관으로 있는 날에 기본을 세우지 못한다면 다시 어느 날을 기다려 누구에게 고하겠습니까?

엎드려 원하옵건대 목사님께서는 선사(先師 : 송시열)의 부탁한 유지를 다시 생각하고 많은 선비들이 지켜보는 정성을 굽어 살펴서 관에 등록된 토지와 노비를 사당에 들이도록 허락

62) 금앵(金罌)의 화 : '금앵'은 짐새의 독주를 저장하는 항아리. 여기서는 우암 선생이 정읍에서 사약을 받은 것을 이른다. 『南史』 王敬則傳.

63) 산장(山長) : 벼슬하지 않고 학식과 도학이 높은 선비. 여기서는 권상하를 이르는 말이다.

64) 가실 날[鳧舃] : 후한의 왕교(王喬)가 섭현(葉縣)의 수령이 되었는데 매월 초하루와 보름의 조회에 수레도 없이 참여하였다. 이를 이상히 여겨 자세히 보니 그날이면 오리가 날아 오는 것을 보았다. 현종이 괴이하게 여겨 그물을 쳐서 오리를 잡게 하니 왕교의 신만 있었다고 한다. 여기서는 청주 목사의 임기가 차서 돌아갈 날이 가깝다는 말이다. 『後漢書』 王喬傳.

해 주시면 제사도 오래 보존되고 청소와 심부름 하는 일도 결함이 없어서 장차 요·순·하우와 광무제·소열황제의 사당과 함께 유지하여 전할 것이니 어찌 천하 후세에 좋은 말이 있지 않겠습니까? 존엄함을 무릅쓰고 감히 지루하게 말씀드리니 송구함을 가누지 못하겠습니다. 『봉암집(鳳巖集)』

사전 제사(祀典第四)

권치도에게 준 편지(與權致道書)

화양동의 황제 제사는 창주(滄洲)에서 공자에게 제사를 올린 예에 의하여 지방으로 쓰고 제사를 마치면 태워 버려라. 『송자대전(宋子大全)』

의주(儀註 : 제사 지내는 의식)

하루 전에 유사(有司)는 사당의 안팎을 청소하고 동문 밖에 막사를 설치하고 집례(執禮)[65]는 뜰 가운데에 초헌관의 위치를 설치하고 북으로 향하도록 하며 서쪽이 상(上)[66]이 된다. 계단 위 앞 기둥 앞에 음복의 위치를 설치하고 동쪽이 가깝게 하고 서쪽으로 향한다. 초헌관의 아래에 아헌관과 종헌관의 위치를 설치하고 그 뒤에 집사(執事)[67]들의 위치를 설치하는데 북으로 향하게 하고 서쪽이 상이 된다. 축관과 집례는 동쪽의 위치에 있으면서 서쪽을 향하는데 북쪽이 상(上)이 된다.

[진설] 진설을 하는 사람은 신위(작은 탁자에 종이·붓·벼루를 둔다)와 제상·탁자·향로·향합·촛대를 준비하고 두 개의 폐백 그릇을 준소(尊所)[68]에 두고 동쪽 뜰에 씻는 물을 준비한다.(손을 씻는 대야는 동쪽에 두고 술잔을 씻는 그릇은 서쪽에 둔다)

희생을 점검함. 세 사람의 헌관이 문안 문밖에 차례로 서서 동쪽을 향하고 여러 집사들은 문 밖에 차례로 서서 서쪽을 향한다. 희생이 들어오면 여러 집사들은 공경히 맞이하여 헌관의 앞에 희생을 두고 여러 집사들은 모두 문 안으로 들어와 서쪽을 향하여 선다. 찬을 맡은 사람은 희생을 둘러보고 초헌관 앞에 나아가 살졌다고 고하고 헌관의 뒤로 돌아 자기의 위치로 가고 축관은 희생을 둘러보고 초헌관 앞에 나아가 충족함을 고하고 헌관의 뒤로 돌아 자기의 위치로 돌아간다. (축관과 반찬을 맡은 사람의 위치는 동서의 자리 중간에 설치하고 모두 남향을 한다.)

희생이 나간다. 향사 하는 날 축시 전 5각에 찬을 맡은 사람이 들어와 찬을 담는 일을 마친다. 찬인(贊引)[69]은 삼헌관을 인솔하고 문밖의 위치로 나간다. 다시 찬인이 초헌관을 인솔

---

65) 집례(執禮) : 제사 지낼 때 홀기를 읽는 사람. 제사의 의식 순서를 소리 내어 읽는다.

66) 상(上) : 제사를 지내는 의식에서 제관이나 집사 또는 제원이 설 때 지위나 연령으로 윗사람이 서는 자리. 윗자리로부터 차례대로 선다.

67) 집사(執事) : 제사 지낼 때 헌관의 곁에서 일을 돕는 사람. 술을 따르고 주전자를 들고 술잔을 신위 앞에 올리는 사람 등을 모두 집사라 칭한다.

68) 준소(尊所) : 尊은 준(罇)과 통하는 글자. 준소는 제사 지낼 때 술항아리를 두는 곳이다. 알자가 헌관을 인도하여 오면 사준(司罇)이 술을 항아리에서 떠서 봉작에게 주고 봉작은 술잔을 가지고 헌관 앞에 서서 알자의 뒤를 따라 신위 앞으로 간다.

69) 찬인(贊引) : 제사를 지낼 때 홀기를 읽는 순서에 따라 헌관과 집사들을 인솔하는 사람.

하고 지방을 쓰는 탁자 앞에 나아가 꿇어앉고 축관은 신위 앞에 물러 앉아 지방을 쓴 다음 축관이 지방을 받들어 신의 자리에 안치한다. 찬인은 초헌관을 인솔하여 문밖의 위치로 나가고 집례·찬인·찬창(贊唱)[70]이 동쪽 문으로부터 들어와 먼저 뜰아래 절하는 위치에 서서 북쪽을 향하고 서쪽이 상이 되며 네 번 절하고 각각 자기 위치로 간다. 다시 찬인은 축관과 여러 집사들을 인솔하여 들어와 뜰 앞의 절하는 위치에 나아가 서쪽이 상이 되고 북쪽을 향하여 자리를 정하여 서고 축관 이하 사람이 네 번 절한 다음 손을 씻는 자리에 나아가 씻기를 마치고 각각 제자리로 나간다. 찬인은 헌관과 여러 학생들을 인솔하고 들어와 제자리에 서게 한다. 찬인이 초헌관의 왼쪽에 나아가 삼가 제물을 갖추고 행사할 것을 청한다. 헌관과 여러 학생은 모두 네 번 절하고 신을 맞이한다. 축관은 서쪽 계단의 위에서 동쪽을 향하고 서서 영신사(迎神詞)를 부르고 부르기를 마치면 제자리로 돌아간다.

폐백을 드리는 예를 행한다. 찬인이 초헌관을 인솔하여 손을 씻는 자리로 나아가 북쪽을 향하여 서고 손을 씻고 수건에 물을 닦고 첫 번째의 신위 앞에 나아가 무릎을 꿇는다. (집사 한 사람은 향합을 받들고 집사 한 사람은 향로를 받들고) 무릎을 꿇고 헌관에게 올리면 헌관은 세 번 향을 넣어 태운다. 다시 집사는 향로를 향안 위에 올려놓는다. 봉작(奉爵)[71]은 술잔을 내려 헌관에게 올리면 헌관은 받아 향불에 돌린 다음 모사(茅沙)[72] 위에 붓고 빈 잔은 봉작에게 준다. 다음 축관은 폐백을 담은 그릇을 오른쪽에서 헌관에게 주면 헌관은 폐백 그릇을 잡고 축관에게 준다. 축관은 왼쪽으로부터 이를 받아 향로에 두른 다음 신위 앞에 드리고 구부렸다가 일어선다.

다음 초헌관이 두 번째의 신위 앞에 나아가 무릎을 꿇는다. 집사 한 사람은 향합을 받들고 집사 한 사람은 향로를 받들고 무릎을 꿇고 헌관에게 올리면 헌관은 세 번 향을 넣어 태운다. 집사는 향로를 향안(香案) 위에 올려놓고 봉작은 술잔을 들어 헌관에게 주면 헌관은 이를 받아 향불에 돌린 다음 모사(茅沙) 위에 붓고 빈 잔을 봉작에게 준다. 축관은 폐백 그릇을 오른쪽에서 헌관에게 주면 헌관은 폐백 그릇을 향불에 두른 다음 축관에게 다시 주면 축관은 왼쪽으로부터 받아 신위 앞에 드린다. 다시 엎드렸다가 일어나 사당에서 나와 제자리로 돌아간다.

초헌(初獻)의 예를 행함. 찬인이 초헌관을 인솔하여 첫 번째의 준소에 나아가 북쪽을 향하여 선다. 사준은 보자기를 들고 술을 떠서 술잔에 부으면 집사는 술잔을 받아 안으로 들어가고 찬인은 헌관을 인솔하여 신위 앞에 나아가 무릎을 꿇는다. 집사는 헌관의 오른쪽에 나아가 술잔을 헌관에게 준다. 헌관은 술잔을 받아 향불에 돌리고 다시 잔을 집사에게 주면 집사는 술잔을 받아 신위 앞에 올리고 (헌관은) 부복을 한다. 축관은 헌관의 좌측에 나아가 동쪽을 향하여 무릎을 꿇고 축문을 읽고 (헌관도 함께) 일어선다. 다음 두 번째의 준소에 나아가 북쪽을 향하여 선다. 사준은 보자기를 들고 술을 술잔에 붓는다. 집사는 술잔을 받아 안으로 들어가고 찬인은 헌관을 인솔하여 신위 앞에 나아가 무릎을 꿇는다. 집사는 헌관의 오른쪽에 나아가 술잔을 헌관에게 주면 헌관은 이를 받아 향불에 돌리고 다시 잔을 집사에게 주면 집사는 신위

---

70) 찬창(贊唱) : 제사를 지낼 때 사당 안에서 헌관이나 집사들이 행동을 마치면 집례가 알아듣도록 마친 행동을 고하는 사람.

71) 봉작(奉爵) : 爵은 술잔. 제사를 지낼 때 신위 앞에 있는 술잔을 집어 헌관에게 드리는 사람.

72) 모사(茅沙) : 제사를 지낼 때 강신하기 위하여 그릇에 모래를 넣고 그 위에 약간의 띠를 묶어 올려 놓고 강신한 술을 여기에 붓는다.

앞에 올리고 (헌관은) 부복을 한다. 축관은 헌관의 왼쪽에 나아가 동쪽을 향하여 무릎을 꿇고 축문을 읽고 (헌관도 함께) 일어선다. 이를 마치면 내려와 자기의 위치로 돌아간다.

아헌(亞獻)의 예를 행함. 찬인이 아헌관을 인솔하여 손을 씻는 위치에 나아가 손을 씻고 수건에 손을 닦고 첫 번째의 준소에 나아가 북쪽을 향하여 서고 사준은 보자기를 들고 술잔에 술을 붓는다. 집사는 술잔을 받아 안으로 들어간다. 찬인은 헌관을 인솔하여 신위 앞에 나아가 무릎을 꿇는다. 집사는 헌관의 오른쪽에 나아가 술잔을 헌관에게 준다. 헌관은 술잔을 잡고 향불에 돌리고 다시 술잔을 집사에게 주어 신위 앞에 올리고 구부렸다가 일어선다. 다음 두 번째의 준소에 나아가 북쪽을 향하여 선다. 사준은 보자기를 들고 술을 떠서 술잔에 부으면 집사는 술잔을 받아 안으로 들어간다. 찬인은 헌관을 인솔하여 신위 앞에 나아가 무릎을 꿇는다. 집사는 헌관의 오른 쪽에 나아가 술잔을 헌관에게 주면 헌관은 술잔을 받아 향불에 돌리고 술잔을 집사에게 주어 신위 앞에 올리고 헌관이 구부렸다가 일어서 내려와 제자리로 돌아간다.

종헌(終獻)의 예를 행함. 찬인이 종헌관을 인솔하여 손을 씻는 위치에 나아가 손을 씻고 수건에 손을 닦고 첫 번째의 준소에 나아가 북쪽을 향하여 서고 사준은 보자기를 들고 술잔에 술을 붓는다. 집사는 술잔을 받아 안으로 들어간다. 찬인은 헌관을 인솔하여 신위 앞에 나아가 무릎을 꿇는다. 집사는 헌관의 오른 쪽에 나아가 술잔을 헌관에게 주면 헌관은 술잔을 받아 향불에 돌리고 다시 술잔을 집사에게 주어 신위 앞에 올리고 (헌관이) 구부렸다가 일어선다. 다음 두 번째의 준소에 나아가 북쪽을 향하여 선다. 사준은 보자기를 들고 술잔에 술을 붓는다. 집사는 술잔을 받아 안으로 들어간다. 찬인은 헌관을 인솔하여 신위 앞에 나아가 무릎을 꿇는다. 집사는 헌관의 오른쪽에 나아가 술잔을 헌관에게 주면 헌관은 술잔을 받아 향불에 돌리고 다시 술잔을 집사에게 주어 신위 앞에 올리고 (헌관이) 구부렸다가 일어나 내려와 제자리로 돌아간다.

음복술을 마시고 안주를 받는 예. 찬인이 초헌관을 인솔하여 올라가 음복의 위치에 나아가 서쪽을 향하여 무릎을 꿇는다. 집사는 첫 번째 신위 앞에 나아가 술잔을 취하여 초헌관의 왼쪽에 나아가 북쪽을 향하여 무릎을 꿇고 집사는 술잔을 헌관에게 준다. 헌관은 술잔을 받아 마신다. 다 마시면 집사는 빈 잔을 받아 첫 번째의 준소(尊所) 탁자 위에 둔다. 축관은 첫 번째 신위 앞에 있는 어포(魚脯)를 취하여 헌관에게 주면 헌관은 받들어 (한 조각을 찢어 먹고) 그릇을 집사에게 준다. 집사는 이를 받아 탁자 위에 두고 동쪽 뜰로 내려와 문밖으로 나간다. 헌관은 엎드렸다가 일어나고 찬인은 헌관을 인솔하여 내려와 제자리에 돌아간다. 세 헌관은 모두 사배(四拜)를 한다.

변(籩)과 두(豆)에 있는 음식을 거둠. 축관은 변과 두 각 하나씩을 취하여 조금 자리에서 옮긴다. 헌관과 여러 학생은 모두 사배를 하고 신을 보낸다. 축관은 서쪽 뜰의 위에서 동쪽을 향해 서서 송신사(送神詞)를 다 부르고 제자리로 돌아간다.

망예(望瘞)[73]의 예를 행함. 찬인이 초헌관을 인솔하고 망예하는 위치에 나아가 북쪽을 향하여 서고 집례는 서쪽을 향하여 선다. 축관은 폐백 그릇에 각 위의 축문과 폐백을 취하여 서쪽 계단으로 내려와 망예하는 위치에 나아가 흙구덩이 위에 놓고 반 줌의 흙으로 묻는다. 찬인이 초헌관의 왼쪽에 나아가 예가 끝난 것을 고한 다음 헌관과 여러 학생을 인솔하여 문밖으

73) 망예(望瘞) : 제사를 지낸 뒤에 축문·폐백지 등을 태우거나 묻는 일.

로 나간다. 집례는 제자리로 돌아가고 찬인도 제자리로 돌아간다. 찬인이 축관과 여러 집사들을 인솔하여 마당의 절하는 자리에 나아가 자리를 정하여 서고 축관 이하는 사배를 한다. 찬인이 차례로 인솔하여 문 밖으로 나간다. 축관은 아직 머물러 있고 찬인은 자기의 위치로 돌아오고 직일(直日)과 집례・찬인・찬창은 함께 마당 가운데의 절하는 위치에 나아가 네 번 절하고 문밖으로 나간다. 축관은 신위의 지방을 받들고 건물의 기둥 밖 작은 탁자 위에서 태운다. 찬을 맡은 사람은 소속된 사람들을 거느리고 찬을 거두어 물러간다.

축문식(祝文式)

維崇禎 幾年 歲次 某年某月某朔某日干支 朝鮮國陪臣 某官姓名 敢昭告于 神宗顯皇帝神位伏以德合天地 化流無彊 三韓大恩 百世難忘 玆値 (春秋)季 式薦芬馨 尙冀降臨 歆我微誠(以上은 第一位)

숭정 몇 년 세차 간지 몇 월 간지삭 며칠 간지 조선국 배신 모관 ○○○는 감히 신종현황제 신위에 삼가 고합니다. 엎드려 생각건대 황제의 덕은 천지와 합하여 교화가 끝없이 흘러갔습니다. 삼한에 베푼 큰 은혜는 백 대를 지나도 잊기 어렵습니다. 이리하여 (봄 또는 가을)의 끝 달을 당하여 향기로운 제수를 올리오니 강림하시어 우리의 작은 정성에 흠향하기를 바랍니다. (이상은 제일위)

維崇禎 幾年 歲次 某年某月某朔某日干支 朝鮮國陪臣 某官姓名 敢昭告于 毅宗烈皇帝 伏以蒙難守正 大義光明 京周之思 最切東氓 今丁 季(春秋)敬陳泂酌 願垂顧享 永世無斁 (以上은 第二位)

숭정 몇 년 세차 간지 몇 월 간지삭 며칠 간지 조선국 배신 모관 ○○○는 감히 의종열황제 신위에 삼가 고합니다. 엎드려 생각건대 황제께서는 난을 당하여 바른 도리를 지켜 대의가 빛납니다. 서울(북경)의 그리움은 우리 동녘의 백성들이 가장 간절합니다. 지금 늦은 (봄 또는 가을)을 당하여 삼가 먼 데서 술을 진열하였으니 원컨대 돌아보시고 흠향하시어 영원한 세상에 싫어하지 마소서. (이상은 제이위) ○배신 권상하 지음

제품(祭品)

매 위에 폐백 18자. 희생은 소의 길이 6자. 제주 2말. 벼는 정한 쌀로 2말. 조는 정한 좁쌀로 2말. 누런 밤 2말. 마른 대추 2말. 마른 생선 포 2마리(길이 3자. 넓이 3자) 마른 꿩고기 2마리. 생선 젓 5되. 고기 젓 5되. 무 김치 2그릇 미나리 김치 2그릇. 황촉 2쌍 (각 무게 12냥.) 향 2봉. 황모 붓 2자루. (붉은 색의 자루를 사용한다.) 참먹 2자루.(금빛으로 글씨를 넣은 것.) 축문의 종이 2장. (장지를 사용) 유둔지 4장.(큰 장지를 사용한다.)

향사 진찬도(享祀陳饌圖)

	변(籩)	어포 육포	대추 밤	촉 잔	
쌀 좁쌀	폐백	희생		잔 잔	향합 향로
	두(豆)	생선 젓 고기 젓	무우 김치 미나리 김치	잔 촉	

영신사(迎神詞)

좋은 때를 가려 나의 정성을 바쳐
엄숙한 마음으로 황령(皇靈)을 기쁘게 하네
혜초(蕙草)로 안주하고 계수나무로 술을 빚으니
변두(籩豆)[74]가 아름답고 질서가 있도다
황령이 아름답게 때때로 오르내림에
위아래의 천지에 가지 않는 곳이 없도다
저 중국 땅을 보건대 머무를 곳 없어
광풍에 멀리 날아 주류(周流)하시네
홀로 우리나라가 망극한 은혜 입어
풀 한 포기 나무 한 그루 남은 혜택 아님이 없네
내 몸을 깨끗이 하고 나의 옷을 아름답게 하여
진심으로 좋아하고 싫어함이 없네
황령은 나는 용을 타고 구름이 수레가 됨에
나는 머뭇거리면서 산의 언덕에서 기다리네
난초 그린 배를 띄우고 향초로 돛을 삼아
조용히 물 중앙에서 머뭇거리니
지성이 이르는 곳에 황제의 신이 보고 임하시어
황령은 나의 공경에 감응하여
우리에게 복을 주고 우리에게 수명을 주도다
우리는 천추만세에
보답하는 제사를 게을리 하지 않으리라

74) 변두(籩豆) : 변은 대로 만든 제기. 두는 나무로 만든 제기. 대추·밤 ·포 등을 담는다.

송신사(送神詞)

화양의 남쪽 파곶의 굽이에
중간에 만동묘 있어 장엄하도다
계수나무 마룻대에 목련으로 만든 문미(門楣)에
향초로 벽을 꾸미고 쑥과 여지의 휘장일세
황령께서 어언 간에 느슨하게 머뭇거리니
짙은 향기 집에 가득히 번지도다
즐거워하시고 기뻐하시니
이 나라를 두고 어디로 가시렵니까
넓은 구주를 그리워하시나
하늘 길이 험하니 어떻게 가시렵니까
옛 도읍을 굽어보시면서 서성이고
우주를 넘어서 더불어 이웃할 만한 곳이 없습니다
우리가 있는 곳을 더럽게 여기지 마소서
우리의 옷은 화려하고 우리의 옥은 광채가 납니다
봄 난초 가을 국화 끝이 없으니
황령은 우리를 떠나지 말고 우리들로 하여금 슬프게 하지 마소서
예를 마치고 음악도 마치니 구름을 타고 갑자기 가셨네
노심초사하였지만 잡을 수 없고
푸른 산만 서 있고 물만 잔잔하게 흐르네(배신 정호(鄭澔) 지음)

제향을 올리는 일은 처음에는 정월의 상정(上丁)에 행하였는데 대보단에서 행하는 제향이 3월에 있으니 사서(士庶)인으로 향례를 먼저 행하는 일은 감히 할 수 없었다. 때문에 3월 9월 상정으로 바꾸어 지냈으니 장남헌(張南軒)의 당우(唐虞) 두 제왕의 사당에도 9월에 행사하는 뜻이 있었기 때문이다. 수암 권공이 정한 것이라고 한다. 『화양구지(華陽舊志)』

화양동의 향사하는 예는 처음에는 정월 상신(上辛)[75]으로 정하였습니다. 엊그제 대신들이 전해온 편지를 보니 대보단의 제사는 2월에 동쪽으로 순수(巡狩)했다는 뜻[76]을 사용하여 장차 중춘에 행한다고 하니 화양동의 예도 여기에 의하여 물려 중춘에 행하여 영원히 준행할 정식으로 삼으려고 합니다. 이런 뜻으로 속히 동지의 여러 사람에게 고하는 것이 어떠합니까? 『한수재집(寒水齋集)』

75) 상신(上辛) : 그 달에서 일진이 첫 번째 드는 신 자(辛字)의 날.

76) 2월에 동쪽으로 순수(巡狩)했다는 뜻 : 순임금은 2월에 동쪽으로 순수하였다는 말이 『서경』 순전(舜典)에 보인다.

이기홍에게 준 편지(與李箕洪書)

화양동 산중의 예를 중춘(仲春)과 중추(仲秋)에 행하려고 한 것은 대체로 은월(殷月)[77]을 취함입니다. 그러나 이는 나의 억측에서 나온 것이라 바야흐로 의심을 하였습니다. 마침 고례(古禮)를 고찰해보니 주공이 계추(季秋)에 명당(明堂)에서 옥황상제에게 제사를 지내고 문왕으로 배향하였으며 장남헌(張南軒)이 우제(虞帝 : 순임금)를 제사지내는 제문에도 이르기를 "이에 늦은 가을에 공경하여 제사의 예를 닦는다"고 하였으니 여기에서 밝은 증거를 얻었습니다. 결코 9월의 상정(上丁)으로 영원히 정식으로 하는 것이 어떠한지요. 명나라가 3월에 망하여 대보단에서 3월에 제사를 올리는 것은 이 때문입니다. 이번에 봄은 3월로 하고 가을은 9월로 하는 것이 온당한 것 같습니다.『한수재집(寒水齋集)』

변동상에게 준 편지(與卞東尙書)

만동묘 제사에 올리는 제품은 처음에 2개의 변(籩)과 2개의 두(豆)로서 정한 것은 적은 것을 귀히 여기는 뜻에서 취한 것입니다. 화양서원을 옮긴 뒤에는 같은 날에 제사를 올리니 선생의 신위 앞에 진설한 것이 도리어 더 성대하니 이것이 심히 미안하였습니다. 때문에 만동묘에 진설하는 것을 4개의 변과 4개의 두로 지금부터 법을 바꾸어 차등을 구별하겠는데 아무튼 처음의 적은 것을 귀히 여기는 뜻과는 다르게 되었습니다. 형의 뜻에는 어떠한지 모르겠습니다.『한수재집(寒水齋集)』

고적 제오(古蹟第五)

명 태조 고황제의 어필 '충효절의(忠孝節義)' 네 자의 큰 글씨는 본을 떠서 인쇄한 것으로 운한각에 보관하였다.『화양구지(華陽舊志)』 인쇄한 판목(板木)은 영남의 순흥부에 있으니 배신 정경세(鄭經世)가 받들고 온 것이다.『화양실기(華陽實記)』

신종황제의 어필 '옥조빙호(玉藻氷壺)' 4자의 큰 글씨는 배신 윤양래(尹陽來)가 받들고 왔으니 모사본(摸寫本)이다. 숙종 정유년(1717)에 배신 권상하가 본을 떠서 첨성대 아래 숭정황제 어필 비례부동(非禮不動)의 왼쪽에 본을 떠서 새기고 서첩(書帖)을 만들어 보관하였다.『화양구지(華陽舊志)』 또 조각돌에 새겨 운한각에 보관하였다.『화양실기(華陽實記)』

배신 권상하의 발문(陪臣權尙夏跋)

신종황제의 끝없는 은혜는 우리나라에 생명이 있는 자들은 만대를 가도 잊어서는 안 된다. 지금 그가 쓴 글씨 4자의 큰 글씨가 우리나라에 흘러 전하니 하늘의 뜻이 어찌 우연한 일인가! 고 배신 송시열의 문인 권상하·이선직(李先稷) 등이 의종의 어필 왼쪽에 새기니 천억 년 동안 아울러 전하기를 바란다. 때는 숭정 90년 8월 일. 배신 권상하 쓰다.『한수재집(寒水齋集)』

---

77) 은월(殷月) : 기운이 성한 달. 곧 봄의 계절이 음력으로 3개월인데 정월은 처음으로 봄기운이 생겨 약하고 2월이 가장 성하고 3월은 늦어가기 때문이다. 7월은 처음으로 가을기운이 생겨 약하고 8월은 가장 성하고 9월은 늦어가는 것으로 보기 때문이다.

신종황제가 쓴 '사무사(思無邪)'의 3글자는 배신 이선(李選)[78]이 강화도의 외규장각에서 본을 떠 와서 돌에 새기고 또 병풍을 만들어 운한각(雲漢閣)에 보관하였다. 『화양구지(華陽舊志)』

신종황제가 원보(元輔)[79]에게 유시(諭示)한 한 폭의 인쇄본. 운한각에 보관하고 정유년(1717)에 표지를 하였다. 『화양구지(華陽舊志)』

원보에게 유시하다(諭元輔)

경은 공정하고 청직하여 짐이 본래 의지하는 바입니다. 지금 추위를 무릅쓰고 달려 서울에 오니 충성스럽고 부지런함이 가상하여 짐의 마음이 기쁘고 위로가 됩니다. 나가서 경을 한 번 보려고 하였는데 엊그제 연일 계속하여 어머님을 시봉하여 조금 피로를 깨달았습니다. 오늘 일찍이 경의 비밀리에 상주한 소첩(疏帖)을 보고 경의 충군위국(忠君爲國)하는 정성을 보았습니다. 짐이 비록 지난해에 칙지(勅旨)를 내려 금년 봄에 책립하는 의전을 행하였으나 또 짐이 어제 황명조훈(皇明祖訓) 내의 한 조목인 '적자를 세우고 서자를 세우면 안 된다.[立適不立庶]'는 훈계를 읽었습니다. 하물며 지금의 황후는 나이가 오히려 젊으니 혹 뒤에라도 출산이 있게 되면 동궁으로 책봉하느냐? 왕으로 봉하느냐? 적실의 왕자를 왕으로 봉하려 하면 이는 조훈에 위배되고 동궁으로 책봉하려 하면 동궁을 둘로 만들려고 하는 것이다. 때문에 짐이 회의를 가져 결정하지 못하였습니다. 이미 경이 상주하여 왔으니 짐이 지금 세 사람의 황자를 가지고 잠시 한결같이 왕으로 봉하였다가 조금 몇 해를 기다려 황후가 출산함이 없어 동궁으로 책립하는 의식을 행하면 위로 조훈(祖訓)에 위배되지 않고 아래로 사체에 두 가지가 편안하겠으니 경은 유시대로 시행하십시오. 만력 21년 정월 24일. (원보는 곧 왕석작(王錫爵)이다. 정월에 고향에 돌아가 부모를 찾아뵙고 조정으로 돌아왔기 때문에 추위를 무릅쓰고 달려왔다는 말이 있다.)

신종황제가 내각에 유시한 두 폭의 인쇄본. 운한각에 보관하고 정유년(1717)에 표지를 하였다. 『화양구지(華陽舊志)』

내각에 유시하다(諭內閣)

짐이 어제 경등의 상주문을 보고 임금을 위하고 나라를 걱정하는 정성을 다 보았다. 하물며 이 비용은 부득이한 것이다. 만약 책립하는 비용으로 말하면 열에 하나도 충당하기 어렵다. 또 책립하는 일은 위로 아름다운 호(號)를 높여 올리고 아래로 의장 기물과 궁에 까는 등의 항목에 비용이 심히 많아 다 충당해 쓰지 못하는 유시한 바를 경등은 알지어다. 만력 21년 12월 초10일 (원보는 곧 신시행(申時行)[80]이다. 아래도 같다)

---

78) 이선(李選) : 조선 후기의 문신. 자는 택지(擇之), 호는 지호(芝湖). 송시열의 문인. 문과에 급제하고 황보인 김종서 등의 신원을 주청하였으며 이조참판이 되었다가 대간의 탄핵을 받고 기장의 배소에서 죽었다.

79) 원보(元輔) : 원보는 중신 또는 대신을 뜻하는 말. 여기서 원보는 명나라 신종 때의 재상 왕석작(王錫爵)을 칭하는 말이다. 이때 신종이 적자가 없고 후궁 소생의 황자 세 사람이 있어 동궁 책봉을 하려고 하는데 왕석작이 간하기를 "황후가 아직 나이가 젊으니 더 기다렸다가 동궁을 책봉하자"고 상주하여 이 말이 받아들여진 것이다. 왕석작은 명나라 소주 사람. 자는 원어(元馭). 호는 형석(荊石). 가정 41년에 회시에 장원하여 국자감 제주가 되고 장거정(張居正)과 알력이 생겨 고향으로 갔다가 거정이 죽은 뒤에 예부상서에 임명되고 뒤 신종 21년에 재상이 되어 동궁 책봉문제로 언관의 탄핵을 받고 물러났다. 『중국인명대사전』

내각에 유시하다(諭內閣)

짐이 오늘 문서를 보고 형과급사중(刑科給事中) 양래명(揚來明)[81]이 그린 기민도설(饑民圖說)을 보고 짐의 마음은 매우 놀라고 걱정하고 두려워하였다. 경등은 이런 말을 전하여 담당 부서와 함께 세금을 면제하고 진휼의 정사를 펼 것이니 속히 의론하여 와서 설명하라. 만력 22년 2월 1일.

신종황제가 원보(元輔)에게 유시한 19폭의 인쇄본. 정유년(1717)에 표지를 만들어 운한각에 보관하였다. 『화양구지(華陽舊志)』

원보에게 유시하다(諭元輔)

짐이 어제 왕사성(王士性)의 상주문을 보니 경에게 근거 없는 말이 파급됨을 소상하게 알았습니다. 경은 청백하고 조심성 있으며 충성스러우니 (6글자 빠짐) 의지함이 어찌 적은가? (6글자 빠짐) 짐을 버리고 물러가기를 요하니 경은 마땅히 나와 정사를 보필하여 나의 몸을 성의껏 인도하여 함께 태평의 치적을 이루어 내가 힘써 머물게 하는 지극한 뜻에 부응하라. 만력 12년 4월 초5일.

원보에게 유시하다(諭元輔)

한발이 재앙이 되어 여러 번 빌어도 정성이 나타나지 않으니 짐의 정성을 다하지 못함이요 경의 과실이 아닙니다. 경은 원로대신으로 공적이 크게 나타났고 조석으로 나에게 좋은 말을 하여 짐의 몸을 성의껏 인도하였으니 어찌 재앙으로 인한 허물을 돌려 물러가기를 구합니까? 경은 곧 나와 정사를 보필하여 짐의 뜻에 부응하시오. 만력 13년 4월 18일.

원보에게 유시하다(諭元輔)

수궁(壽宮)[82]은 길지입니다. 짐이 몸소 두루 보고 직접 택하였고, 대욕산(大峪山)은 아름답고 빼어나 짐의 마음에서 나와 정한 것이요, 또 두 분의 모후를 받들고 살펴 본 것이라 원래 경과 함께 낯을 대고 의논한 적이 없습니다. 이식(李植) 등은 내가 지방을 순시할 때 대열에 서서 따랐을 뿐이요 당초에 한 말도 없었습니다. 지금 길례의 의식이 한창인데 문득 감히 미친 말로 방자하게 상주하고 흔들어 속이고 배척하면서 짐의 마음을 현혹하니 짐의 마음은 이미 정하여져서 별도로 택할 것이 없습니다. 경은 충의가 있고 청렴하며 몸을 바르게 갖고 단속하니 마땅히 안심하고 정사를 도울 것이요 개의할 필요가 없습니다. 만력 13년 8월 초4일.

---

80) 신시행(申時行) : 명나라 사람. 자는 여묵(汝默) 호는 요천(瑤泉). 가정 41년에 진사가 되고 수찬 한림원사를 거쳐 장거정에게 알려졌다. 장거정이 죽고 장사유가 재상이 되자 부모의 상을 만나 고향으로 갔는데 시행이 재상이 되어 관대한 정치를 하고 장거정이 행한 고성법(考成法)을 혁파하였다. 황제의 비위를 잘 맞추고 크게 한 일은 없어 사람들이 태평재상이라고 말하였다.

81) 양래명(揚來明) : 미상.

82) 수궁(壽宮) : 황제가 죽기 전에 미리 만들어 놓은 능침.

원보에게 유시하다(諭元輔)

사방에 수재와 한재가 재앙이 되어 인민이 서로 잡아먹고 부자가 유리하니 이는 짐의 잘못이요 경의 허물이 아닙니다. 경은 청렴하고 공평하며 조심성이 있습니다. 덕이 있는 원로대신으로 짐의 몸을 도와줌을 힘입어 이 시대의 어려움을 바르게 구제하니 짐이 간절히 도움을 받고 의지합니다. 어찌 짐을 버리고 여러 번 상소를 올려 물러가기를 구합니까? 경은 즉시 나와 정사를 도울 것이요 두 번이나 사양할 것이 아니니 짐의 힘써 머물게 하는 지극한 뜻에 부응하시오. 만력 16년 4월 16일.

원보에게 유시하다(諭元輔)

짐이 국가의 중한 일을 생각건대 경의 명망과 충성이 아니면 정무를 바르게 돕고 조정의 의론을 유지시킬 수 없습니다. 지금 오랑캐가 잠시 물러갔으나 변방의 신하들이 무슨 일을 경영해야 할지 모르니 미리 후환을 막아야 합니다. 짐의 마음은 숨은 걱정이 많으니 경이 어찌 한 몸의 비방과 칭찬을 돌아보고 나와 요리를 하지 않습니까? 만약 조정에서 어진 사람을 전적으로 믿지 않고 대신에게 용감하게 일을 맡기지 않으면 정체가 먼저 문란하게 될 것이니 변경이 어찌 편안하겠습니까? 지금 특별히 홍로시(鴻臚寺)의 관원을 보내어 알려 경이 즉일로 내각에 나오기를 재촉하여 짐이 시종 신임하는 지극한 뜻을 보입니다. 경은 마땅히 이점을 체득하여 다시는 부동(浮動)하는 말에 회의를 가져 인피(引避)를 구하지 마십시오. 만력 18년 9월 11일.

원보에게 유시하다(諭元輔)

지금 변방이 편치 못하여 천하의 사람들이 상처를 입고 짐은 근래에 병이 많은데 경등이 나와 함께 나누어 걱정하는 마음을 의지합니다. 경의 청백하고 충근함은 짐이 다 아는 바입니다. 전에 이미 홍로시(鴻臚寺)를 보내어 경이 내각에 들어와 일을 보도록 유시하였습니다. 어찌하여 소인의 말로 인하여 문을 닫고 나오지 않아 뜻을 고집하여 물러가기를 구하십니까? 짐은 어찌하며 천하의 창생은 어찌하렵니까? 또 공자는 지극한 성인이지만 오히려 미구(麛裘)의 비방[83]을 들었습니다. 경이 어찌 망언임을 모르십니까? 마침 짐이 벌을 내렸습니다. 경은 개의할 필요가 없으니 곧 나와 정사를 도와 나의 마음에 부응하십시오. 만력 18년 9월 19일.

원보에게 유시하다(諭元輔)

짐이 각신들에게 의지하여 정사를 다스리는 일이 도움을 받습니다. 의뢰하는 바는 걱정을 나누고 생각을 함께하여 한결같은 덕으로 서로 성공하기를 바랍니다. 요전에 서쪽의 변방이 편치 않아 두렵게 물 끓듯이 일어나니 일체의 경망스러운 말은 짐이 모두 그대로 두고 살피지 않습니다. 어제 이미 정승의 상주문에 따라 조정의 신료들에게 명하여 군국(軍國)의 대계를 회의하도록 하여 경등의 주장하는 바를 나누어 보여주었습니다. 연호를 정하고 동궁을 보필하여

---

83) 미구(麛裘)의 비방 : 미구는 어린 사슴의 가죽옷. 공자가 노나라에 정승이 되었는데 노나라 사람들이 비방하기를 "사슴의 가죽으로 칼집을 만드니 버려도 허물이 없을 것이다."라고 하였다. 정승이 된 지 3개월에 정사가 잘 되고 교화가 행해지자 칭송하기를 "곤룡포와 좋은 예복이 제 자리를 얻었다."고 하였다. (孔叢子)

책봉하는 일에 있어서는 차례를 이미 정하였으니 시일을 기다려 칙지대로 거행하십시오. 경등의 책문도 나누어 보일 것인데 경등이 문을 닫고 나오지 않으면서 상소문을 올려 쉬기를 구하니 자신만을 깨끗이 할 줄 알고 있으나 나는 어찌합니까? 지금 특별히 홍로시(鴻臚寺) 양(良)을 보내어 선유하니 경등은 짐의 고굉(股肱)의 부탁을 생각하고 우익(羽翼)이 되는 공을 도모하여 나라를 위하여 머물러 빨리 나와 일을 맡고 다시는 의심하여 짐의 돌아보는 마음을 저버리지 마십시오. 고로 유시합니다. 만력 18년 10월 23일.

원보에게 유시하다(諭元輔)

경은 몸가짐이 단정하고 믿을 만하며 짐의 교화를 조정하고 도와 조석으로 걱정하고 부지런하며 나라를 위하여 수고하니 짐이 의지하여 급히 일을 맡겼습니다. 이에 1품의 경력으로 9년 동안 공적을 이루었으니 짐이 마음으로 기쁘게 생각합니다. 특별히 정상으로 주는 상품 외에 청홍의 좌망(坐蟒)[84] 각 한 벌과 채단 안팎의 옷감 4벌을 주어 우대하여 잊지 않는 뜻을 보이니 공경하여 받고 사양하지 마십시오. 만력 19년 3월 17일.

원보에게 유시하다(諭元輔)

어제 하늘의 상이 이상한 조짐을 보임으로 인하여 간악한 자들이 역모[不軌]를 꾀하였기 때문에 특별히 내외의 여러 신료들에게 유시합니다. 맡은 직무를 공경하여 행하고 몸을 살피고 공평한 길을 택하여 천변을 그치게 하여 편안한 정사를 도모하시오. 지금 각각 책임진 바를 맡지 않고 원보에게 허물을 돌립니다. 전날에 만국흠(萬國欽)이 헛된 말을 지어내어 헐뜯고 욕을 하니 짐은 언관에 관계됨을 생각하여 이미 경미한 벌을 내렸습니다. 탕현조(湯顯祖)는 남쪽 지방이 소요가 일어남에 자기의 뜻을 이루지 못하자 나랏일을 핑계대어 원보를 공격하니 본래 중하게 다스려야 하는데 우선 경범으로 처리하였습니다. 경등은 원보를 설득시켜 뜬 말로 뜻을 바꾸지 말게 할 것이요 경들도 안심하고 직무를 수행하시오. 홍로시에게 주어 원보에게 전하여 보도록 하니 곧바로 나와 직무를 행하여 짐의 뜻을 저버리지 마십시오. 이부(吏部)는 알아서 행하라. 만력 19년 5월 초3일.

원보에게 유시하다(諭元輔)

정사의 근본이 되는 지위와 짐을 돕는[心膂][85] 신하들이 자취를 이어 떠나가고 억지로 어려운 일을 군부(君父)에게 주니 경의 마음이 어찌 편안합니까? 또 재상이 정사를 총괄함에 은혜와 원망이 돌아가는 바라 이미 번거로운 말이 있지만 어찌 덕망에 누가 되겠습니까? 짐이 노성한 신료를 신임하고 참소하고 비방하는 자를 살핍니다. 비록 경이 백 번을 상소를 올려도 반드시 윤허하지 않을 것입니다. 홍로시의 관료에게 선유문을 주니 빨리 나와 짐을 도와서 의지하는 지극한 뜻에 부응하시오. 이부(吏部)는 알아서 처리하라. 만력 19년 7월 초1일.

---

84) 좌망(坐蟒) : 망의(蟒衣). 망삼(蟒衫). 중국의 고관들이 입는 옷.

85) 짐을 돕는[心膂] : '心膂'는 보좌하는 사람.『書經』君牙. "今命爾予翼 作股肱心膂".

원보에게 유시하다(諭元輔)

짐이 경으로 대신의 우두머리로 삼아 짐을 보필한 지 여러 해가 되고 나라를 위하여 수고하였습니다. 짐은 근년에 많은 병이 불시에 생기고 또 중외에 많은 일을 만났으나 경등의 협심하여 함께 다스림을 힘입었으니 어찌 소신들의 참소하는 말로 인하여 경이 고의로 자신을 위하여 계획을 세워 은거하려는 마음을 갖습니까? 또 이윤이 산야에 있으면서도 훌륭한 임금을 만들고 백성들에게 혜택을 주려는 생각을 품지 않은 적이 없습니다. 지금 짐을 버리고 돌아가려고 하니 경의 마음이 어찌 편하겠습니까? 근래에 들으니 경의 전에 앓던 병도 조금 나았다고 하니 홍로시(鴻臚寺) 당상관을 시켜 짐의 뜻을 알리니 마땅히 내각에 출입하면서 일을 보고 짐을 위하여 일을 나누고 교화를 도와 짐의 마음에 부응하시오. 경은 짐의 뜻을 받으시오. 만력 19년 7월 초5일.

원보에게 유시하다(諭元輔)

짐이 경의 충성과 조심성 있음을 감식하여 여러 번 칙지를 내려 위로하고 머물게 하였지만 경은 고집을 하고 사양하면서 나오지 않으니 어찌 전번의 사직서가 되돌려 내려가지 않았기 때문이 아닙니까? 짐은 사실상 정승에게 후한 예를 하면서 그것이 전파되어 보고 듣는 사람의 귀를 어지럽힐까 두렵습니다. 이는 다른 뜻이 있는 것이 아니라 경이 만약 가기를 결정하면 이는 짐이 현명하지 못함을 드러내어 나라의 체면을 무너뜨리는 것입니다. 이 뒤로부터 소신들이 다투어 활을 쏘면 대신들은 더욱 몸을 둠이 어려울 것입니다. 경은 마땅히 짐의 뜻을 깊이 체득하여 내일 새벽에 곧바로 나와 다시는 의심하지 마십시오. 다시 경망한 말을 하면 반드시 죄를 주어 용서하지 않겠습니다. 만력 19년 7월 22일.

원보에게 유시하다(諭元輔)

짐이 근래 중외의 말재주 있는 자들이 번거롭게 일어나고 높고 낮은 자가 서로 능멸하여 조정의 기강이 문란해지고 체통이 혼란하게 됨을 보았습니다. 이 때문에 이관(李琯)의 상소를 궁중에 두고 그 간사한 말에 현혹되어 귀에 들릴까 두려워 잠재우는 것입니다. 지금 나라의 일이 어려움이 많고 변방이 시끄러우며 사방의 오랑캐가 침범하여 오니 짐은 실제로 조석으로 두렵더니 경등이 협력하여 이 어려움을 구제한 수고에 힘입었습니다. 어찌 차마 간다고 말을 합니까? 또 신자(臣子)가 되어 어찌 군주의 덕을 체념하여 충성의 마음을 다하여 역사에 이름을 남기지 않고 뜻을 굳게 가져가려고 합니까? 경이 비록 여러 번 상소를 올렸으나 의리상 윤허하기 어렵습니다. 다시 홍로시에 의탁하여 짐의 뜻을 보이니 빨리 내각에 출입하면서 짐과 함께 국책(國策)을 나누고 교화를 도와 짐의 사랑하는 뜻에 부응하십시오. 굳이 사양하지 말고 경은 마땅히 짐의 뜻을 받으시오. 만력 19년 7월 24일.

원보에게 유시하다(諭元輔)

짐은 명절을 당하여 경등에게 은냥(銀兩)과 채단을 하사합니다. 이는 명절에 해마다 주기로 정한 법이니 경은 어찌하여 굳게 고집하며 사양하여 짐의 돌아보는 뜻을 저버립니까? 경은 마땅히 공경하여 받으십시오. 내각의 업무가 번잡하며 변방에는 일이 많습니다. 근래 들으니 경의 병이 조금 치료되었다고 하니 경은 곧 내각에 출입하면서 일을 처리하여 짐이 의지하는 지극한 뜻에 부응하고 굳게 사양하지 마십시오. 다시 부탁하여 진술합니다. 만력 19년 8월 12일.

원보에게 유시하다(諭元輔)

경은 어제 짐이 명절에 하사한 것으로 인하여 궁문에 도착하여 절하고 하례를 하였으니 경의 병이 치료된 것을 압니다. 지금 국가에 일이 많고 국내외로 걱정되는 일이 많으니 경은 짐이 돌아보고 의지하는 뜻을 체득하여 빨리 내각에 출입하면서 함께 정무와 교화를 도모하여 짐의 마음을 위로하십시오. 다시 부탁하는 진술을 하지 않겠으니 경은 받아주십시오. 만력 19년 8월 19일.

원보에게 유시하다(諭元輔)

경의 몸을 다하는 충성심을 이미 알고 있습니다. 만약 간사한 소인들의 일 때문에 가신다면 경의 넓은 도량은 어찌 됩니까? 대전(大典)의 동궁을 책립하는 취지에 그릇됨이 명백합니다. 다시 번거롭게 하여 그 일을 지연시켜서는 안 되니 경은 곧바로 나와 정무를 도울 것이요 말재주를 부리고 기만하는 말을 들어 뜻을 바꾸어서는 안 됩니다. 이부(吏部)는 그렇게 알라. 만력 19년 9월 초 5일.

원보에게 유시하다(諭元輔)

짐은 근년 이래로 담화(痰火)의 병이 불시에 생긴 것으로 인하여 조정의 정무에도 오래도록 나가지 못하고 마음과 정신이 번거롭고 어지럽습니다. 엊그제 장유덕(張有德)의 뜻을 거슬러 속을 흔든 것으로 인하여 짐의 노여움을 사게 하였습니다. 경등은 마땅히 재상의 임무를 수행하여 교화를 도우면서 하늘의 일[天工][86]을 공경하고 믿는 것이 재상의 직분입니다. 그런데 도리어 소신들을 따르고 뇌화부동하면서 의심을 하니 짐이 어찌 노하지 않겠습니까? 예부터 재상이 협력하고 화합한 연후에 나라를 보존하는 것인데 경등은 지금 각각 자신을 위하여 도모하고 나라를 위하여 마음을 쓰지 않으며 뜻은 은퇴하여 감추려하고 짐을 고립시키려고 하니 천하 국가와 만민의 많은 정무를 누구를 바라보고 다스립니까? 임금에게 충성을 하는 자가 이와 같습니까? 임금을 섬기는 자가 이와 같습니까? 어제는 내각에서 병풍 앞에 있었는데 오늘 갑자기 병이 생겼으니 동궁을 책립하는 일은 어제 이미 명백하게 전시하였습니다. 부자간의 지극한 정이 어찌 마음에 있지 않겠습니까? 지금 사방에 일이 많고 내각의 업무가 번거로운데 경등은 마땅히 여러 번 내린 칙지(勅旨)에 따라 빨리 내각에 출입하면서 함께 나라를 구제하는 일을 이룰 것이요 다시 두 번 핑계 대는 일이 있어서는 안 됩니다. 경등은 공경하여 이 칙지의 뜻을 받을 것이기 때문에 유시합니다. 이부에 보내어 짐의 뜻을 전하도록 하라. 만력 19년 9월 초6일.

---

86) 하늘의 일[天工] : '天工'은 하늘이 백성을 다스리는 일이란 말로 제왕은 하늘이 백성을 다스리는 일을 대신 맡아서 하는 것으로 생각하였다. 『書經』 皐陶謨. "無曠庶官 天工人其代之".

원보에게 유시하다(諭元輔)

근래 사방에 일이 많아 대소신료들이 마땅히 진정해야 하는데 뜻밖 에 간사한 소인들의 재주를 부리는 말이 번거롭게 일어나 높고 낮은 사람을 멸시하고 국시(國是)를 어지럽게 하여 비방하고 속이는 말이 무리로 나와 대신을 함부로 논박하여 경의 마음을 불안하게 하였습니다. 나라의 비밀의 업무와 중요한 정무는 완전히 충량의 신하에게 의지하였습니다. 경은 짐의 팔다리가 되니 마땅히 수고로운 일을 맡아 나라를 다스려야 합니다. 어찌 비방과 원망의 말로 인하여 몸을 쉬려고 합니까? 하물며 주공도 관숙(管叔)과 채숙(蔡叔)의 유언비어를 면치 못하고[87] 공자는 지극한 성인이지만 오히려 헐뜯고 비방하는 일을 만났습니다. 또 재상의 아량은 백 갈래의 냇물을 수용하여 받아들이는 것이므로 경의 청렴한 도량과 깨끗한 마음은 백관을 거느리고 변경의 어려움을 진압해야 할 것이거늘 어찌 핑계를 대고 물러가기를 구합니까? 홍로시의 관료에게 부탁하여 짐의 뜻을 보였으니 경은 마땅히 내각에 출입하면서 일을 보고 짐이 돌아보는 지극한 뜻을 저버리지 마십시오. 경은 짐의 뜻을 받아들이겠기에 유시합니다. 만력 19년 9월 13일.

원보에게 유시하다(諭元輔)

경은 비밀리에 상주문(上奏文)을 올릴 때를 당하여 여러 번 동궁의 자리가 비어 있음을 말하면서 짐에게 일찍 세워 나라의 근본을 굳게 하기를 권하였습니다. 짐은 오래 전부터 이미 마음에 있었더니 뜻밖에 소신들이 명예를 요하려고 급하게 서둘러 짐의 분노를 이루었습니다. 경등은 소인들의 경망한 말을 보고 분분하게 가기를 구하니 지금은 사방에 일이 많음에 경과 짐이 걱정을 나누어 해야 할 것인데 여러 번 상소를 올려 쉬기를 요구합니다. 짐은 두세 번 위로하고 머물기를 요하는데 경은 더욱 급박하고 간절하게 비니 이에 특별히 병을 조섭하여 낫는 날에 돌아오기를 허락하고 안무하는 관구(官具)를 주어 등용할 사람을 아뢰어 부르게 합니다. 역으로 달려가 관원들에게 명하여 호송하게 하니 해당 부서는 알지어다. 만력 19년 9월 13일.

신용무의 발문(申用懋[88]跋)

엎드려 생각건대 선배의 신 문정(文定)이 정무를 맡아 본 지 9년 동안에 충성과 힘을 다하여 신종 선황제가 의지하는 융성한 예우를 받음에 빛나는 총광이 극진하여 일찍이 선생이라 부르고 이름을 부르지 않았다. 또 말씀하기를 "선생은 짐의 팔다리이니 몸이 팔다리가 아니면 어떻게 운동을 할 수 있습니까?"하니 이런 말들은 소대록(召對錄) 가운데 들어있다. 황제에게 올리는 문서[札子]나 비답(批答)을 쓰는데 이르러서도 가끔 신기한 묘책과 글씨가 있었고 직함

---

87) 주공도 관숙(管叔)과 채숙(蔡叔)의 유언비어를 면치 못하고 : 주공은 무왕을 도와 못된 주왕(紂王)을 정벌하고 주왕의 아들 무경(武庚)을 은의 옛 땅에 봉하여 은나라의 제사를 받들게 하고 관숙과 채숙에게 감시하게 하였다. 무왕이 죽고 어린 성왕이 즉위하자 주공이 섭정을 하였는데 관숙과 채숙·곽숙(霍叔)이 무경과 뜻을 같이 하여 성왕이 불리하게 될 것이라는 유언비어를 만들어 퍼뜨리고 반란을 시도하였다. 주공은 형제이지만 그들을 정벌하여 죽였다. 『書經』 金縢.

88) 신용무(申用懋) : 명나라 사람. 자는 경중(敬中). 호는 원저(元渚). 만력 년간에 진사가 되고 희종 때 도첨의어사가 되어 순천을 순무(巡撫)하였다. 『明史』 二百十八.

을 내리는 조서도 내각에 부치면 묶어 어전으로 갔고 그 외에 아름다운 일을 포상하고 위로하고 머물게 하는 여러 통의 유시문은 보배로서 집의 상자에 싸서 둔것이 모두 22통이 된다. 신이 목욕하고 무릎을 꿇고 읽음에 대가의 글씨와 화려한 문사를 논할 것 없이 일반 사람들보다 초월하고 군신 간의 덕의와 사사로운 은혜는 애연함이 집안에서 부자간에 서로 고하는 말과 같았다.

(1자 결)이때의 관부(官府)가 일체가 되고 어수(魚水)의 기뻐함은[89] 지금까지 오히려 상상할 수 있으니 진실로 하늘이 내신 성인이니(1자 결), 홀로 운한(雲漢) 같은 문장일 뿐이니 많은 신령이 보호하여 천년을 지나도 오히려 새로울 것이다. 신이 오히려 종이와 글씨가 쉽게 변하고 오래가면 참된 모습을 잃어버릴까 두려워 삼가 좋은 돌에 새겨 영원히 썩어 없어지지 않게 하니 옛사람이 말한 오호(烏號)의 활[90]을 안고 있는 것이 이 글씨를 보관하는 것만 같지 못하고(1자 결), 곡부의 공자의 신을 보배로 여기는 것이 이 경전을 전하는 것만 같지 못하다는 것이다.

불초한 신이 이것을 자손들에게 전하여 주되 아름다운 옥에 비교하려고 한다.(3자 결) 임금에게 지극히 사모하는 마음을 갖는 것이니 (1자 결) 이마에서 발끝까지 나라의 은혜에 보답하려고 하는 것이라고 말할 수 있다. 만약 근근이 (5자 결) 신이 어찌 감히 말할 수 있을까? 목매어 왼쪽에 말을 엮는다.(4자 결) ○○년 봄 황제의 정월에 태복시 소경(太僕寺少卿)신 신용무는 절하고 머리를 조아립니다.

신종황제가 쓰시던 금빛의 붓대 한 자루는 그 만든 솜씨가 지극히 묘하고 붓대에 곡구에서 벗에게 준 시 〈谷口寄友〉의 44자를 새겼다.

泉磬帶茅茨	물소리 경쇠소리 초옥에 들어오고
雲霞生薜帷	구름과 안개는 댕댕이 풀 돋는 창에서 생기네
竹憐新雨後	대나무는 새로운 비 내린 뒤에 예쁘고
山愛夕陽時	산은 석양이 비출 때 아름답네
閑鷺棲尙早	한가한 해오라기 일찍 둥지를 틀고
秋花落更遲	가을에 핀 꽃 더디게 떨어지네
家僮掃蘿逕	종 녀석은 댕댕이 뻗은 길 쓰니
昨與故人期	어제 친구와 만나는 약속 하였지
	또 붓대에 새기기를,
離離金粟花	무성한 계수나무 꽃은
深翠糝輕黃	짙게 푸른 벼 알이 조금 노란 빛일세

89) 어수(魚水)의 서로 기뻐함은 : 군신 간에 뜻이 서로 투합 되는 일. 촉한의 유비는 제갈공명을 얻고 말하기를 "내가 공명을 얻은 것은 물고기가 물을 소유한 것 같다"고 하였다. 『三國志』 蜀志 諸葛亮傳.

90) 오호(烏號)의 활 : 회남자에 보면 "오호의 활로 막는다"라고 하였고, 주에 보면 뽕나무는 그 재질이 단단한데 까마귀가 그 가지에 둥지를 틀고 있다가 날아가게 되면 가지가 반드시 아래로 굽는다. 이에 강한 활로 둥지를 무너뜨리면 까마귀가 와서 날아가지 않고 가지 위에서 운다. 그 가지를 베어 활을 만든 것을 오호지궁(烏號之弓)이라고 한다. 곧 좋은 활을 이르는 말이다. 여기서는 아무리 좋은 활을 가지고 있어도 이 글씨를 가지고 있는 것만 못하다는 뜻으로 앞에 나온 유시문의 가치가 중대함을 이른 말이다. 『淮南子』 原道訓.

無人賦招隱	초은조(招隱操)[91]를 읊을 사람 없어
自倚巖穴傍	스스로 바위 곁에 의지하네
要是月中桂	이 달 속에 있는 계수나무는
人間無此香	인간에 이런 향기가 없네
仙槎不得至	신선이 탄 배 오지 않으니
誰爲問吳剛	누가 이를 위하여 오강(吳剛)[92]에게 물을까

위의 시는 계수나무 꽃을 읊은 44자이다. 또 문림편용(文林便用)이라는 4자를 새겼으니 환장암 안에 보관하였다.『화양구지(華陽舊志)』

의종황제의 어필인 비례부동(非禮不動) 네 자의 큰 글씨는 현종 갑인년(1674)에 배신 송시열이 첨성대 아래 바위에 새기고 또 돌조각에 새겨 운한각에 보관하고 또 족자 한 축으로 표구하여 환장암 안에 보관하였다.『화양구지(華陽舊志)』

의종황제의 어필(毅宗皇帝御筆)

陌上堯樽傾北斗	언덕 위 요제(堯帝)의 술통에 북두성 같은 국자를 기울이고
樓前舜樂動南薰	누대 앞 순제(舜帝)의 음악은 남훈가(南薰歌)[93]를 부르네(王維의 시)
非澹泊無以明志	담박함이 아니면 뜻을 밝힐 수 없고
非寧靜無以致遠	침착하지 않으면 먼 것을 이룰 수 없다(諸葛武侯 戒子書)
玉蘊山含暉	옥이 간직됨에 산은 빛이 나고
珠藏澤自媚	주옥이 간직됨에 못이 스스로 아름답네(讀書錄)

위의 38개 큰 글씨는 배신 이선(李選)이 강화도의 국가에서 보관한 8쪽의 돌에 새긴 것을 모사해 와서 운한각에 보관하였다.『화양구지(華陽舊志)』

의종황제가 양사창[94]에게 하사한 한 절의 시(毅宗皇帝賜楊嗣昌一絕)

鹽梅今暫作干城	시종의 신하[鹽梅][95]가 잠시 장수되어 나가니
上將威嚴細柳營	상장의 위엄은 세류영(細柳營)[96]에 빛나네

---

91) 초은조(招隱操) : 주자가 지은 거문고의 곡조. 곧 글자대로 은거한 선비를 부르는 노래이다. 여기서는 초은조를 함께 읊을 사람이 없다는 말이다.『朱子大全』一.

92) 오강(吳剛) : 한나라 때 서하 사람. 선술을 배워 죄를 짓고 달로 귀양 가서 달 속의 계수나무를 베도록 하였다고 한다.『酉陽雜俎』天咫.

93) 남훈가(南薰歌) : 순제가 지었다는 노래.『孔子家語』辯樂解. "舜彈五絃之琴 造南風之時 其詩曰南風之薰兮 可以解吾民之慍兮 南風之時兮 可以阜吾民之財兮".

94) 양사창(楊嗣昌) : 명나라 사람. 만력 연간의 진사. 숭정 연간에 병부우시랑이 되었고 장헌충이 반란하자 독사보신으로 임명하여 싸우게 하였다. 복왕이 이자성에게 살해되자 자결하였다.『明史』二百五十二.

95) 시종의 신하[鹽梅] : 염은 소금이고 매는 조미료이다. 국을 끓이려면 조미료를 적당하게 넣어야 맛이 난다. 이런 뜻으로 제왕의 곁에서 정무를 도와주는 가까운 신하를 이르는 말로 쓰인다.『書經』說命下. "若作和羹 爾惟鹽梅".

96) 세류영(細柳營) : 세류는 지명. 한나라·때 장궁인 주아보(周亞父)가 주둔한 부대 이름. 군기가 매우 엄하였다. 여기서는 부대를 이르는 말이다.『漢書』周亞父傳.

一掃寇氛從此靖	한 번 도적 떼를 쓸어 이로부터 맑아지면
還期敎養遂民生	돌아와 민생을 교화시켜 좋은 사람 만들기를 기대하네

독사보신(督師輔臣) 양사창에게 하사하다. 위 43자는 인쇄본으로 정유년(1717)에 표지를 만들어 환장암 안에 보관하였다.『화양구지(華陽舊志)』

숭정 10년의 대통력(大統曆)[97] 1권은 황조(皇朝 : 명나라) 정축년(1637)에 우리나라에 준 것이다. 인조대왕이 배신 김상헌에게 준 것인데 지금 환장암에 보관중이다.『화양구지(華陽舊志)』

배신 권상하의 발문(陪臣權尙夏跋)

위의 명나라의 대통력은 숭정 정축년에 우리나라에 준 것이고 인조대왕이 이것을 석실(石室) 김문정공(金文正公 尙憲)에게 하사한 것이다. 공이 일찍이 열 번을 보에 싸서 보관하다가 말년에 손수 서손(庶孫) 수징(壽徵)에게 주면서 말하기를, "이것을 잘 지켜 혹시라도 훼손되게 하지 마라. 후일에 반드시 이 책을 알아 사랑하는 자 있을 것이니 너는 그에게 주라."고 하였다. 공이 돌아가신 지 54년 갑신(1704)에 많은 선비들이 화양동 안에 사당을 세우고 만동묘라고 이름을 하고 우리 신종과 의종 두 황제에게 제향을 올리니 이는 대체로 선사 송문정공의 남긴 뜻이다.

이리하여 김수징이 이 책을 가지고 와서 상하(尙夏)에게 주면서 말하기를, "지금 천하가 적의 수중에 들어가 한 조각의 깨끗한 곳이 없는데 공 등이 스승의 말씀을 잊지 않고 명나라를 높이는 성대한 일[尊周盛擧]을 하니 나의 조부의 이른바 '이 책을 알아 사랑하는 자'가 오늘의 여러분들에게 있지 않습니까?"하였다. 나는 삼가 손을 씻고 절하고 받고서 화양동으로 가지고 들어가 의종황제의 어필과 함께 보배처럼 간직하였다. 아! 이것이 어찌 우연한 일인가? 아! 명나라에서 역서(曆書)를 나누어 주는 일이 여기에 이르러 끝나고 말았으니 지금 어떻게 다시 이런 일을 볼 수 있을까? 김문정공이 정성스럽게 부탁한 것은 뜻이 매우 슬프고 간절하다. 혹 선사께서 보신다면 생각건대 여기에 대하여 눈물을 흘리실 것이다. 이것은 아는 사람이나 알 일이요 속세의 사람들과는 말하기 어렵다.『한수재집(寒水齋集)』

배신 이기홍[98]의 발문(陪臣李箕洪跋)

아! 숭정황제의 갑신의 화는 어찌 차마 말할 수 있을까? 갑신년의 화가 있기 전에 우리나라가 먼저 병·정의 난을 겪어 마침내 천지가 무너지는 데 이르자 중국이 이적의 나라가 되고 인류는 금수가 되어 천하에서 다시 명나라가 있는 줄을 몰랐다. 지금으로부터 정축년(1637)에 가기가 이미 70년이 바뀌었는데 오늘에 정축년의 명나라 책력을 얻으니 황홀하기가 명나라의

---

97) 대통력(大統曆) : 명나라에서 사용한 책력. 홍무 17년 갑자를 상원(上元)으로 하여 1년을 365일 2425로 하여 원나라의 수시력(授時曆)과 약간의 차이가 있다. 명나라 말에 서양의 회회력(回回曆)과 함께 사용하였다. 이는 중국 역서(曆書)의 최후의 것이다.『續文獻通考』象緯考.

98) 이기홍(李箕洪) : 조선 중기의 학자. 본관은 전주. 자는 여구(汝九). 호는 진재(眞齋). 송시열의 문인. 학행으로 효릉참봉이 되고 스승인 송시열이 제주도로 유배를 가자 동문 40여명과 함께 이를 변론하다가 죄를 얻어 회령으로 유배를 갔다. 그 뒤 석방되어 벼슬에 임명되었으나 나가지 않고 권상하와 함께 경사를 강론하였다.

해와 달을 보는 것 같아 스스로 감회의 눈물이 흐름을 깨닫지 못하겠다. 화양의 만동묘가 명나라가 망한 지 회갑이 되는 해에 이루어지고 지금 이 명나라의 책력이 이듬해 을유년(1705)에 나와 만동묘로 돌아가니 이상하고 슬픈 일이다. 이 역서가 나온 경로는 수암의 발문에 상세하다.

아! 명나라의 예악문물을 다시 얻어 볼 수 없는데 홀로 이 책력이 다행히 보존되어 인멸되지 않은 것은 우리 인조대왕께서 정승에게 하사함에 정승이 이를 받아가지고 후손에게 전하였는데 어떻게 여기에 이르렀는가? 당시에 사랑하고 간절하였던 뜻을 상상할 수 있다. 아! 천하의 난이 극에 이르렀도다. 난이 극에 달하면 치세(治世)를 그리워함은 이치의 정상이다. 추한 오랑캐가 오래도록 중국에 거처함에 하늘이 더러운 덕을 싫어하면 백수진인(白水眞人)[99]이 용릉(舂陵)[100]에서 일어날 수 없음을 어떻게 알겠으며 이 책력이 후일에 신빙성 있는 증거가 되지 않을까? 삼가 깊이 간직하여 잃어버리지 않아야 한다. 『진재집(眞齋集)』

배신 정호[101]의 발문(陪臣鄭澔跋)

아! 명나라가 망한 지[屋社] 1주갑이 됨에 법도와 문물을 막연하게 증거를 얻을 수 없다. 하물며 그 태평할 때에 하늘을 공경하여 농시(農時)를 주고 달과 날을 맞춘 제도[102] 같은 것은 명나라의 영향을 받은 말단의 나라에서 방불한 것을 찾으려 한들 될 수 있는 일인가? 이는 후대 사람이 비풍하천(匪風下泉)의 생각에 감회를 부쳐 멀어질수록 더욱 간절한 것이다. 어느 날 나는 한수재(寒水齋)로 수암 권공(權公)을 찾으니 수암이 한 책자를 내 보이면서 말하기를, "이것은 숭정 정축년(1637)의 명나라 책력으로 우리나라에 나누어 준 것인데 우연히 청음(淸陰) 김문정공의 후손에게 얻은 것입니다. 나는 일찍이 그대와 함께 우암 노선생의 문하에 놀면서 주나라를 높이는 춘추의 의리를 들었고 또 작년에 만동묘를 세우는 일도 그대가 함께 들었으니 그대는 어찌 한 마디의 말을 써 주지 않겠는가?"하였다.

나는 말하기를 "그렇습니다. 이것이 과연 명나라에서 은혜로 하사한 책입니까? 아! 지금의 세상에서 어떻게 이런 일을 다시 볼 수 있습니까? 옛날에 공자가 노나라에서 초하루를 고하는 양으로 인하여 나는 그 예를 사랑한다는 탄식을 하는데 이르렀으니[103] 이 때에 주나라는 아직

---

99) 백수진인(白水眞人) : 후한(後漢)이 일어날 것을 예언한 비결의 말. 왕망(王莽) 때 화폐에 금도(金刀)라고 썼는데 두 글자를 합하면 유자(劉字)가 됨에 왕망이 이를 꺼려 다시 화천(貨泉)으로 고쳤다. 그러나 다시 이 천자(泉字)를 나누어 보면 '白水'의 글자가 되고 '貨字'를 나누어 보면 진인(眞人)의 글자가 된다. 이는 광무제가 백수향(白水鄕)에서 일어날 조짐이라고 하였다. 여기서는 중국에 다시 명나라가 일어날 조짐이라는 뜻이다. 『後漢書』 光武紀論.

100) 용릉(舂陵) : 호남성 영원현의 서북쪽에 있다. 광무제의 군사가 왕망의 군사를 이곳에서 격파하여 전세를 얻은 곳이다. 『漢書』 地理志 上.

101) 정호(鄭澔) : 조선 후기의 문신. 본관은 연일. 자는 중순(仲淳). 호는 장암(丈巖). 정철의 현손으로 송시열의 문인이다. 1689년 기사환국 때 인현황후가 폐출되고 송시열이 사사 당하자 정언에서 파직되고 문외출송되었다. 1701년에 광주부윤으로 등용되고 뒤에 이조판서에 올랐다. 시호는 문경(文敬)이다.

102) 하늘을 공경하여 농시(農時)를 주고 달과 날을 맞춘 제도는 : 중국에서는 왕이 되면 우선 책력을 만들어 연월을 기록하는데 통일을 기하고 농경생활을 하는데 사용하도록 하였다. 이 일은 멀리 요순의 시대로부터 행해진 일로 역사에 기록되었다.

103) 공자가 노나라에서 초하루를 고하는 양으로 … 탄식을 하는데 이르렀으니 : 중국 고대에 천자가 항상 12월이 되면 이듬해의 달력을 제후들에게 나누어 주었다. 제후들은 이를 받아가지고 가서 사당에 간직하

망하지 않았는데도 공자께서 그 주나라의 이름이 남아있는 것을 사랑하고 그 예가 폐지됨을 아깝게 여겼습니다. 동주(東周)에 대한 간절한 감회가 이와 같았고 또 그 양을 올리는 예를 그대로 보존하여 후세 사람들로 하여금 그 이름으로 인하여 그 실상을 고찰하여 거의 그 예를 회복하려고 한 것입니다. 하물며 이 대통력의 유서(遺書)는 후세에 신빙성 있는 증거가 되고 하늘을 공경하고 농시(農時)를 주며 달과 날을 바로 할 수 있었으니 특별히 희양(餼羊)의 이름으로 인하여 사실을 상고하는 것뿐만이 아니니 그 애석하고 감탄하는 뜻이 어떠합니까? 그렇다면 이 책이 천지가 번복되는 속에서도 없어지지 않고 숨겨졌다가 다시 나타나게 된 것은 아마도 하늘의 뜻이 우리 동쪽의 백성들로 하여금 다시 명나라의 해와 달이 다시 밝을 것을 보게 하려는 것인가? 공은 깊이깊이 간직하여 기다릴지어다."라고 하였다. 『장암집(丈巖集)』

선조대왕의 어필 '만절필동(萬折必東)'의 네 큰 글씨는 첨성대 가에 새겼다. 『화양구지(華陽舊志)』

영조대왕의 어제 어필인 의종황제 어필 비례부동(非禮不動) 네 글씨의 서문 판각본 한축의 두루마리는 운한각에 보관하였다. 『화양구지(華陽舊志)』

어제 서문(御製序)

내가 작년 겨울에 북관(北關) 사람 호두필(胡斗弼)의 상소 중에 만동묘의 일로 승정원에 물어서 비로소 그 사당을 세운 이유를 알았고 일기를 취하여 보니 갑신년(1704) 봄에 고 판서 민진후(閔鎭厚)[104]가 이일을 선왕(숙종)의 조정에 아뢰었으니 그 이유는 무엇인가? 전날 신해년(1671)에 고 정승 민정중이 북경에 사신으로 갔는데 우연히 숭정황제의 어필 넉 자의 큰 글씨를 얻어가지고 와서 고 봉조하(奉朝賀) 송시열에게 주니 송시열은 이를 돌에 새겼다. 그 곁에 사당을 세우고 만동묘라고 이름을 하니 대체로 "일간모옥제소왕(一間茅屋祭昭王)"[105]의 뜻을 취한 것이다. 아! 이는 어찌 우리 선왕의 명나라를 높이던 큰 뜻을 체득함이 아닌가? 그 판각이 영부사 민진원(閔鎭遠)[106]의 집에 있었기 때문에 명하여 다시 살펴보게 하니 조화가

고 매월 초하루가 되면 양을 잡아 사당에 고하고 그 달의 책력을 내서 대부들에게 나누어 주고 그 달의 행사를 알렸다. 노나라 문공 때로부터 이런 예가 행해지지 않았는데 양은 한 마리씩 잡아 올려 공연히 양만 죽이니 이것을 보고 제자 자공이 양을 잡아 올리는 일을 없애자고 공자에게 여쭈었다. 공자는 말씀하기를 "너는 그 양을 아깝게 여겨 그렇게 하는가? 나는 그 예를 사랑한다."고 하였다. 여기서는 명나라의 제도가 없어진 것을 가슴 아파 하고 명나라의 책력을 다시 볼 수 없음을 안타까워 한 말이다. 『論語』 八佾.

104) 민진후(閔鎭厚) : 조선후기의 문신. 본관은 여흥 자는 정순(靜純). 호는 지재(趾齋). 민유중의 아들이고 인현왕후의 오빠이다. 송시열의 문인으로 숙종 12년에 별시 문과에 급제하여 여러 벼슬을 거쳐 의정부 우참찬에 이르렀으며 사문을 지키는 데 힘썼다.

105) 일간모옥제소왕(一間茅屋祭昭王) : 이 시는 한유(韓愈)가 좌천되어 조주자사(潮州刺史)로 가다가 도중에 지은 시다. 소왕은 춘추시대 초나라 왕으로 오나라의 군사를 격퇴시켜 옛날 잃어버린 땅을 되찾은 임금이다. 이시의 전문은 다음과 같다. "丘墳滿目衣冠盡 城闕連雲草樹荒 猶有國人懷舊德 一間茅屋祭昭王".

106) 민진원(閔鎭遠) : 조선 후기의 문신. 본관은 여흥 자는 성유(聖猷) 호는 단암(丹巖). 인현왕후의 오빠이며 민진후의 아우다. 송시열의 문인. 숙종17년에 증광시에 급제하였으며 예문관 검열을 거처 여러 벼슬을 하였고 경종 때 공조판서로 왕세제의 대리청정을 건의하였으며 신임사화 때 성주로 유배되었다가 곧 풀려나 우의정에 올랐다. 노론의 선봉장으로 끝까지 소론을 배격하였다. 시호는 문충이다.

움직이는 것 같고 먹의 자취가 새로운 것 같았다. 두세 번 공경하여 받들고 봄에 눈물이 얼굴을 적셨다. 삼가 이를 본떠 다시 판에 새기고 대략 그 전말을 기록하여 추모하는 정성을 편다. 황명 숭정기원 후 99년 병오 중춘 날에 삼가 기록하다. 『열성어제(列聖御製)』

배신 송시열이 쓴 '대명천지(大明天地) 숭정일월(崇禎日月)'의 여덟 자의 큰 글씨는 일찍이 신만(申曼)에게 써 준 것인데 문인 권상하가 의종황제의 글씨 아래에 본떠 새겼다. 『화양구지(華陽舊志)』

권상하의 발문(權尙夏跋)

이 여덟 자는 배신 송시열이 일찍이 어떤 사람에게 써 준 것이다. 이 산속에 삼가 본떠 새기는 것이 마땅하다. 『화양구지(華陽舊志)』

대로(大老 : 우암)의 필적 '창오운단(蒼梧雲斷) 무이산공(武夷山空)' 여덟 자의 큰 글씨는 암서재 아래의 석벽에 새겼다.

읍궁암비(泣弓巖碑). 열천재(冽泉齋)의 바깥에 있으니 대로께서 효종이 돌아가신 날에 울던 곳이다. 선생의 시 일절(一絶)을 새겼으니,

此日知何日	이날이 무슨 날인 줄 아는가?
孤衷上帝臨	외로운 마음 상제께서 임하여 아시리.
侵晨痛哭後	새벽에 통곡한 뒤에
抱膝更長吟	무릎을 안고 다시 길게 읊었네.

문인 권상하가 그 뒷면에 글을 써 이르기를, "선생께서 효종 임금이 돌아가신 날 새벽에 일어나 바위 위에서 통곡하고 인하여 시 일절(一絶)을 읊었다. 후세 사람이 그 바위를 읍궁암이라고 하니 대체로 형호(荊湖)의 고사[107]를 취한 것이다. 정유년(1717)에 방백 윤헌주(尹憲柱)[108]가 사당에 배알을 마치고 크게 읍궁암 3자를 써서 돌에 새겨 후세 사람들에게 보이니 상하는 삼가 선생의 절구(絶句)를 쓰고 대략 기록하였다".

107) 형호(荊湖)의 고사 : 황제가 형산 아래 호수 가에서 구리로 솥을 주조하다가 용을 타고 하늘로 올라갔는데 그 곳에 그가 사용하던 활과 칼을 떨어뜨렸다고 한다. 여기서 읍궁(泣弓)은 임금의 죽음을 뜻하는 말이다.

108) 윤헌주(尹憲柱) : 본관은 파평(坡平) 자는 길보(吉甫) 호는 이지당(二知堂). 숙종 10년에 23세의 나이로 사마시에 합격하고 1698년에 알성문과에 장원으로 합격하여 전적 황해도 도사 등을 거쳐 뒤에 충청감사가 되고 무신란에 북도 안무사로 기용되었다가 돌아와 곧 죽었다.

채지홍[109]의 화양이적설(蔡之洪華陽洞異蹟說)

사람은 진실로 다른 이물(異物)보다 영이하지만 이물 중에 사람보다 영이한 것도 있으니 하늘이 부여한 이치가 어찌 당초에 이물에 풍부하게 하고 사람에게 인색하게 하였을까? 사람은 욕심에 가리어진 바 되어 가끔 그 천성을 잃고 어두워 지각이 없게 되지만 이물은 욕심에 가리어지지 않기 때문에 하늘에서 부여받은 것이 제대로 간직됨이 있으니 그 중에는 혹 기화(氣化)의 성하고 쇠함을 알아 상서로운 색채를 발산하여 사람에게 보여주는 것도 있다. 이 같은 것은 사람보다 영이하다고 하지 않을 수 없다.

화양동의 초당 아래에 옛날에 홍매 한 그루가 매우 성대하였다. 기사년(1689) 초에 무단히 말라 죽고 갑술년(1694) 봄에 다시 꽃과 잎이 피어 옛날 같았다. 선생이 또 효종의 돌아가신 날에 오언시 일절(一絶)을 지었는데 여러 선비들이 돌에 새겨 비를 만들어 읍궁암 위에 세웠다.(선생이 매년 5월 4일 돌아가신 날에 반드시 서쪽을 바라보고 이 바위에 임하여 울었기 때문에 읍궁암이라고 이름을 지었다.) 신축년(1721)에 갑자기 큰 장마에 떠내려가서 묻혔다가 을사년(1725)에 이르러 나무꾼이 모래 위에서 찾았으니 이상한 일이다. 저 무지한 한 그루의 나무와 돌이 사문(斯文)의 흥폐와 세도(世道)의 번복에 무슨 관계가 있기에 한 번 마르고 한 번 영화로우며 한 번 잠기고 한 번 세상에 나옴이 서로 관계가 있는 것 같은 것은 무엇 때문인가? 이는 천지의 기운과 사람과 이물이 차이가 없음이 아닌가? 때문에 길과 흉이 소멸되고 생장할 때 스스로 서로 감동되는 것이 없지 않아 그런 것인가? 아니면 대현인(大賢人)의 굴신(屈伸)과 영욕(榮辱)은 사실상 음양의 비운과 행운의 한 기회이기 때문에 비록 목석의 무지한 것이라도 따라서 변동이 되는 것인가? 이물에 있어서도 오히려 그런데 하물며 가장 영이한 사람이 선생이 있음을 알지 못하는 자는 어떤 기운을 부여받아 그런 것인가? 아! 매화는 진실로 추울 때 피는 자질을 가지고 있다. 그 정절(貞節)과 특이한 징조는 공자 사당의 회나무와 함께 아울러 무궁하게 전할 것인데 후세 사람들이 삼가 간호하지 못하여 뿌리와 줄기가 오늘날 보존되지 못하였으니 아까운 일이다.

또 그 비가 물에 떠내려간 것도 생각건대 우연한 일이 아닌 듯하다. 계곡이 언덕이 되는 변화를 기다리지 않고 다시 땅 위로 나왔으니 이 무슨 뜻인가? 세월이 흘러가는 사이에 갑작스러운 창상(滄桑)의 변괴가 아닌가? 지금부터 이후로 혼돈의 세계가 몇 번이나 열리고 몇 번이나 닫힐 지 알 수 없다. 나는 조물주를 향하여 묻고자 한다. 화양동의 스님들이 또 말하기를, "매양 시사(時事)의 불길한 때를 당하면 화양동 안의 큰 소나무가 많이 시들어 누렇게 되는 것이 있다." 하였다. 내가 일찍이 여러 번 여기에 와서 목격하였으니 그들의 말이 속이는 것이 아니요 일 또한 이상하다. 때문에 아울러 이것을 써서 기록하였다.

갑신연화(甲申筵話)[110] 일 권. 환장암에 보관하였다.

---

109) 채지홍(蔡之洪) : 조선 후기의 학자. 본관은 인천. 자는 군범(君範) 호는 봉암(鳳巖) 삼환재(三患齋). 권상하의 문인으로 스승으로부터 상당한 총애를 받았으며 벼슬길에 나가지 않고 성리학에 힘썼다. 한원진과 함께 호론(湖論)을 주장하였다.

110) 갑신연화(甲申筵話) : 갑신년은 1704년 숙종 30년이다. 이해는 명나라가 망한 지 만 60년이 되는 해이고 숙종이 이를 되새겨 대보단을 만들었고 이로 인하여 만동묘를 세운 전말을 알게 되었다. 갑신연화는 이 때 경연에서 군신 간에 주고받은 말을 기록한 책이다.

이재의 발문(李縡跋)

위의 글은 갑신년 정월 10일 경연에서 말한 것인데 재(縡)가 사관이 되었을 때 한 통을 기록해 와서 수암(遂菴) 권문순공에게 전한 것이다. 대보단이 이루어진 것이 진실로 이날에 비롯되었고 만동묘의 세운 전말이 이로 인하여 임금에게 들리게 되었다. 우리나라의 군신과 상하 사람들의 명나라를 높이는 일맥의 의리를 여기에서 볼 수 있다. 오늘 우연히 화양동의 환장암에 이르러 암자 속에 예부터 보관된 것을 열람하다가 이 책을 얻어 읽고 눈물이 턱에 이름을 깨닫지 못하였다. 아! 우리 노선생께서 일찍이 사람들에게 전하여 말하기를, "우리나라 사람들은 다만 원통한 마음을 품고 통분함을 참아야 함은 박부득이한 일[含寃忍痛 迫不得已]이라는 여덟 글자를 이마 위에 걸어야 한다."고 하셨다. 선생이 돌아가시자 이런 의리는 가라앉았다. 내가 그 때 직접 임금의 말씀을 들었는데 이르기를, "청나라에 복수하고 치욕을 씻는 일은 쉽게 말할 수 없으나 강개한 말을 하는 자도 또한 듣지 못하였다."고 하셨다.

하물며 지금부터 갑신년까지는 거의 40년이나 되니 세상의 모습과 인심은 더욱 말할 수 없어 거의 이천(伊川)에서 머리를 푸는 탄식[111]을 하게 되었다. 곧바로 선생의 유서(遺書)를 안고 이 산으로 들어와 엎드려 있으려 하였으나 또한 할 수 없으니 장차 어찌해야 할까? 아! 명릉(明陵 : 숙종의 능)의 나무가 이미 한 아름이 되고 수암 선생 같은 어른도 다시 살아날 수 없다. 나는 지루하게 살면서 죽지도 못하고 만 가지의 변괴를 겪으니 오늘과 옛날을 돌아보건대 가슴 아픈 일이 끝이 없다.

오직 이 책이 전함에 오히려 깊은 산 궁벽한 마을의 사람들로 하여금 당일 궁중에서 군신간에 성대하게 한 마음이 된 것을 얻어 듣고 임금이 돌아가셨어도 잊을 수 없는 생각을 자아내게 하니 어찌 작게 여길 수 있는가? 감히 간략하게 책 끝에 기록하여 후세 사람들에게 알도록 한다.

이의철[112]의 발문(李宜哲跋)

위의 글은 한천(寒泉) 선생이 친히 숙묘연화(肅廟筵話)의 뒤에 쓴 것이다. 선왕(숙종)의 말씀을 실었는데 그 말씀에 "청나라에게 복수하고 치욕을 씻는 일은 쉽게 말할 수 없으나 언사를 강개하게 하는 자도 들어보지 못하였다."고 하였으니 아! 춘추의 의리는 명나라를 높이고 이적을 물리치는 일보다 더한 것이 없다. 비록 빈 말이라고 하지만 능히 천하의 의리[大防]를 세워 천하 후세로 하여금 이적과 금수를 면하게 하는 것은 성인의 정의가 된다. 그렇다면 언사를 강개하게 하는 것도 진실로 세상의 교화에 도움이 되지 않는 것은 아닌데 지금 사람들은 가끔씩 이런 의리를 알지 못하고 곧바로 강약과 허실로 말을 하니 이는 춘추의 의리에 밝지 못하고 인심이 빠져 없어졌다는 징험이다. 여기에서 선왕이 쇠퇴한 세상을 위하여 걱정한 것

---

111) 이천(伊川)에서 머리를 푸는 탄식 : 이천은 하남성 이양현(伊陽縣)에 있는 지명. 주나라 평왕(平王) 때 대부 신유(辛有)가 이천에 갔다가 들에서 머리를 풀고 제사를 지내는 자를 보고 탄식하여 말하기를 "백년을 못 가서 이 땅이 오랑캐의 구역이 될 것이다"라고 말을 하였다. 과연 그 뒤 이적의 세력이 점점 더 커졌다. 여기서도 명나라의 유풍은 점점 없어지고 청나라의 새로운 풍조가 성해짐을 뜻한 말이다. 『左傳』 僖公 二十二年.

112) 이의철(李宜哲) : 조선 후기의 문신. 본관은 용인. 자는 원명(原明). 호는 문암(文菴). 영조 3년에 진사가 되고 동왕 24년에 춘당대 문과에 급제하여 이듬해 검열이 되었다. 다시 정언 지평 등 여러 벼슬을 거쳐 승지가 되고 영조의 총애를 받았다.

이 지극히 깊고 멀음을 볼 수 있다. 선왕께서 그 날에 이런 뜻을 나타낸 것이 어찌 그 속에 뜻이 없는 것인가? 아! 탄식할 일이다. 그 16년 뒤 갑술년(1754) 봄에 의철이 심부름을 하는 일로 여기를 지나다가 도암선생이 남긴 글을 받들어 읽고 눈물을 흘리면서 삼가 그 아래에 이와 같이 썼다.

도암 정자(陶菴亭子)는 파곶(巴串)에 있었는데 지금은 없어졌다.

이재가 화양서원의 유생들에게 준 편지(李縡與華陽院儒書)

삼가 봄 날씨가 차가운데 여러 재실에 계신 분들 만안하십니까? 재(縡)는 파곡(巴谷)의 바위와 물의 아름다운 경관을 혹독하게 사랑하고 또 노선생이 소요하시던 곳으로 풍류적인 운치가 많아 후학의 의지하는 바가 되겠기에 작년에 스님들을 모아 바위 사이에 몇 칸의 집을 얽어 선생님을 사모하는 생각을 여기에 부치려 하였습니다. 집을 얽기를 거의 완전하게 하였는데 불행하게도 환난을 만나 설악산 아래에 엎드려 있게 되었으니 이 계획이 틀리게 되었습니다. 가만히 생각건대 주자 무이시(武夷詩) 중에 "변함없는 나의 천석일세[居然我泉石]"라는 시가 있었는데, 곧 또 말하기를, "아 자(我字)가 무한한 병통에서 나왔다"고 하였는데 나는 이 말을 되새기고 감히 평천(平泉)의 초목이란 말을 쓰지 않았습니다. 하물며 남북이 아득히 멀어 천석을 보호할 방법이 없습니다.

가만히 원하건대 이 집을 서원에 돌려주어 스스로 그 작은 정성을 보여주려고 하니 이렇게 하면 구구한 이 뜻이 주자의 법문(法門)에 죄를 얻지 않겠습니까? 인하여 나의 선조께서 영남의 관찰로 계실 때 노선생을 도와준 일이 있었으니 사창(社倉)[113]을 설치한 것은 사실 이로 말미암아 시작된 것입니다. 지금 이 작은 집을 서원을 위하여 내놓아 오래도록 부족한 것을 보완하여 한 시골의 여러 군자와 함께 인지(仁智)의 즐거움을 누린다면 혹 선조의 아름다운 일에 욕되지 않겠습니까? 후일에 다하지 못한 일을 갚게 되면 주자가 남긴 책을 안고 그 속에서 거닐면서 주인이 되는데 방해되지 않겠습니까? 여러 어른들은 재량하소서.

113) 사창(社倉) : 조선 왕조 때 시골의 자치 단체인 사(社)에 창고를 두어 자치적으로 봄에 곡식을 꾸어주고 가을에 받아들이는 창고. 나중에 환곡의 문제가 생겨 폐지되었다.

부록 화양서원(附 華陽書院)

병오년(1666 : 선생 60세)

4월에 청주의 침류정을 빌려 거주하였다. 선생은 시골 마을의 시끄러운 것을 싫어하고 또 속리산 낙양산수의 경관을 사랑하여 그 속에 그림자를 감추려하여 항상 선유동과 파곡(巴谷)의 사이를 왕래하다가 이때에 이르러 황씨의 정자를 빌려 거주하면서 마음에 만족하게 여겼다고 한다. ○ 8월에 화양동으로 이주하였다. 화양동은 속리산의 서쪽 기슭 낙양산 아래에 있는데 선생께서 수석이 기묘한 것을 취하여 터를 닦고 이때에 이르러 작은 집이 새로 이루어지고 드디어 옮겨 살았다. 항상 중국식의 난삼(襴衫)과 평정건(平頂巾)을 쓰고 거처하셨으니 대체로 주 선생이 누대 아래에서 잣나무를 읊는 뜻이었다. ○ 11월에 마암(馬巖)에 이르다.

기유년(1669 : 선생 63세)

10월에 화양동에 들어가다. ○ 12월 소제(蘇堤)로 돌아갔다.

경술년(1670 : 선생 64세)

정월에 화양동에 들어가다. ○ 3월에 청풍으로 행하다가 박화숙(朴和叔 : 世采)이 왔다는 소식을 듣고 말을 재촉하여 화양동으로 돌아왔다.

임자년(1672 : 선생 66세)

3월에 삼산(三山 : 보은)으로 들어가다. ○ 10월에 화양동으로 들어갔다.

계축년(1673 : 선생 67세)

7월에 왕이 부르심에 길을 떠났다. ○ 10월에 화양동에 이르렀다. 선생이 여주에서 돌아올 때 타우 이공(打愚 : 李翔)이 함께 배를 탔고 이초려(李草廬 : 惟泰)와 민노봉(閔老峯 : 鼎重)이 뒤에 따라왔다. 선생이 충주 탄금대 아래에 도착하여 언덕에 내려 화양동으로 돌아올 때 노봉은 그의 시골집으로 돌아가고 초려와 타우는 화양동에 도착하였다가 타우는 먼저 돌아가고 초려가 돌아감에 미쳐 선생이 공림사(空林寺)까지 배웅하고 머물러 잔 뒤에 돌아왔다.

갑인년(1674 : 선생 68세)

2월에 왕대비(효종비)가 승하하였다. 이때 선생이 절사(節祀)를 행하기 위하여 화양동으로부터 회덕을 향하다가 국상의 소식을 듣고 흥농서당(興農書堂)에 이르러 국상의 예를 행하였다. ○ 3월에 국상으로 인하여 집을 떠나 죽산에 이르러 예관이 처음에 자전(慈殿 : 자의대비)의 복제를 기년(朞年)으로 한다는 말을 들었고 곧바로 그릇된 것을 깨달아 대공(大功)으로 고치도록 하였는데 왕의 힐책을 받아 이조에 묻는 데까지 이르렀다. 그 원인은 기해 경자의 예론이 근원이 된 것인데 선생께서 감히 이를 무릅쓰고 궁중에 들어갈 수 없어 드디어 상소를 올리고 물러나와 화양동으로 돌아왔다. ○의종황제의 어필을 화양동 석벽에 새겼다. ○ 5월에 산릉으로 향하다가 대행왕대비의 흠위(歈衛)[114]를 양근(楊根) 백양포에서 맞아 곡하고 용문산으로 들어갔다.

기미년(1679 : 선생 73세)

4월에 거제로 배소를 옮겼다. 이보다 먼저 경술년(1670)에 흉년이 들어 선생께서 화양동에 계시면서 식량이 떨어졌다. 영남의 안찰사 이숙(李翻)[115]이 봉급의 남은 쌀 10석으로 구제하였고 그 때 현종께서도 이미 구제한 은혜가 있어 선생께서 말씀하기를 "이미 나라의 은사미(恩賜米)를 받고 또 이 쌀을 받으면 의리상 미안함이 있다."하시고 여러 번 사양하고 돌려보냈으나 이공이 다시 수송해왔다. 마침 조정에서 외제(畏齋) 이단하(李端夏)가 말하기를 "여러 도로 하여금 주자의 사창법(司倉法)을 시행하자"고 함에 선생께서 드디어 동지들과 이지헌 수언(李持憲 秀彦) 형제와 상의하여 그 쌀을 가지고 청천에 사창을 두고 다시 백성들이 들어오기를 원하는 자를 모집하여 각각 약간의 곡식을 거출하여 보충하도록 하고 수납하고 대여하는 규정은 한결같이 주자가 정한 바에 따르도록 하였다. 또 환장암의 스님들로 하여금 사창(司倉)의 한 사람으로 들어오게 하여 식량이 없어 흩어져 가는 일을 면하도록 하여 영원히 암벽에 새긴 글씨를 수호하도록 하였다. 다시 사우들과 함께 약속하여 계(契)를 만들고 한결같이 숭안(崇安)에서 하던 바[116]와 같이 하니 선생을 질투하는 자들이 이것으로 무함의 빌미로 삼으니 오정위(吳挺緯)·권대재(權大載)·송정렴(宋挺濂)·이명은(李命殷)·조지석(趙祉錫)·배정휘(裵正徽)·이현석(李玄錫) 등이 마음을 합하여 왕래하면서 선동하여 선생을 절해의 외로운 섬으로 배소를 옮겨 엄하게 가시로 울타리를 할 것을 청하였다. 상이 윤허하다.

경신년(1680 : 선생 74세)

6월에 화양동에 들어와 손님들이 오는 자리에 자문하는 문목(問目)을 계시하여 이르기를 "조정의 시비 득실을 말하지 말고 다만 산수를 평하고 농사[桑麻]일을 말할지어다."라고 하고 문을 닫고 청소도 하지 않으면서 시와 글을 읊고 읽으면서 몸을 마칠 것 같이 하였다. ○ 9월에 소제로 돌아왔다.

신유년(1681 : 선생 75세)

4월에 화양동으로 들어가고 냉천으로 돌아왔다. ○ 7월에 판교(板橋)로 돌아갔다가 화양동으로 들어갔다. 8월에 흑암(黑巖)으로 갔다가 화양동으로 도로 들어왔다. ○ 10월에 화양동으로부터 국상(國祥 :인경왕후의 練祥)에 가다가 음죽에 이르러 병이 생겨 상소를 올리고 대죄하였다. ○ 11월에 화양동으로 돌아왔다.

임술년(1682 : 선생 76세)

8월에 화양동에 들어가다. ○ 10월에 임금이 천연두를 앓는다는 소식을 듣고 곧바로 서울

---

114) 흠위(歆衛) : 조선 시대 제왕의 장사 때 행렬에 사용하던 기구.

115) 이숙(李翻) : 조선 후기의 문신. 본관은 우봉. 자는 중우(仲羽). 호는 일휴정(逸休亭). 송시열의 문인. 효종 6년에 춘당대 문과에 급제하고 수찬 응교 등을 거쳐 1669년 광주부윤을 거쳐 1672년에 경상도 관찰사를 역임하고 이듬해 대사간이 되고 다시 이조판서가 되고 우의정에 올랐다. 시호는 충헌공이다.

116) 숭안(崇安)에서 하던 바 : 주자가 숭안에서 사창을 행하였다. 그 시행하는 방법은 『주자대전』 99권의 사창사목(司倉事目)에 자세히 실려 있다.

로 길을 떠났다. 이때에 선생이 권공 상하로 더불어 화양의 서재에서 책을 교정하고 있다가 주상께서 병환이 있다는 소식을 듣고 즉일 저녁에 한 필의 말을 타고 길을 떠나 풍설을 무릅쓰고 달려 서울로 들어갔다. ○ 11월에 화양동으로 돌아왔다. 조금 있다가 마암(馬巖)의 산소 아래로 가니 이때 손자 주석(疇錫)이 급제의 영광을 안고 돌아왔다.

을축년(1685 : 선생 79세)

정월에 화양동으로 돌아왔다. 문인 권상하가 찾아와 선생을 뵙고 함께 주자서(朱子書)를 교정하고 회천(懷川)으로 돌아갔다. ○ 2월에 화양동에서 권상하를 만나 다시 책을 교정하였다. ○ 3월에 판교의 재사(齋舍)로 돌아왔다.

병인년(1686 : 선생 80세)

3월에 화양동에 들어와 손자 주석과 문인 권상하·이희조(李喜朝)·민태중(閔泰重)과 함께 주서차의(朱書箚疑 : 주자대전차의)를 교정하고 인하여 다시 속리산에 오르고자 하여 여러 사람을 거느리고 길을 떠나 파곡과 선유동을 거쳐 공림사에 이르러 선생께서 병환이 생겨 홀로 급히 돌아가니,

諸君正有三湘興	제군은 삼상(三湘)[117]에 노는 흥취가 있는데
老我空慙雙眼昏	늙은 나는 부질없이 두 눈이 어두운 것이 부끄럽네.

라고 읊은 시가 있었다. ○ 4월에 판교의 재사로 돌아왔다. ○ 윤4월에 화양동으로 가고 조금 있다가 판교로 돌아왔다. ○ 8월에 화양동으로 들어갔다. ○ 9월에 판교로 돌아왔다.

정묘년(1687 : 선생 81세)

8월에 화양동으로 가서 권상하와 서로 만났다. ○ 보은으로 가서 가묘(家廟)에 배알하였다.

무진년(1688 : 선생 82세)

4월에 화양동으로 들어갔다. ○ 병천(屛川)에서 놀았다. 이때 선생이 권상하·김창협 등 여러 사람과 함께 산중에 모이기로 약속하고 『주자대전차의』를 교정하였다. 손자 주석이 용담(龍潭)의 임소로부터 와서 모시고 상주와 문경 사이의 병천에 수석이 아주 좋은데 파계(巴溪)에서 거리가 한 번 쉬면 갈 정도라는 말을 듣고 책을 교정하는 여가에 여러 사람과 더불어 말을 타고 찾아 시를 읊고 거닐다가 저녁에 송면(松面)의 산촌에서 자고 이튿날 화양동으로 돌아왔다. ○ 흥암(興巖)으로 돌아갔다.

을해년(1695)

호서의 여러 학생들이 화양동 밖 만경대(萬景臺)에 서원을 세웠다.

---

117) 삼상(三湘) : 세 강 이름. 곧 원상(沅湘)·소상(瀟湘)·증상(烝湘)이다. 모두 중국의 호남성에 있고 명승지로 유명하다. 여기서는 속리산에 놀러가는 흥취가 있다는 말이다.

터를 닦을 때의 제문(開基祭文) _ 황세정(黃世楨)

삼가 생각건대 우리 우암 선생은 고정(考亭)[118]의 정통이요 융중(隆中)[119]중의 대의를 가지셨도다. 국왕의 스승이 되고 사림의 영수가 되어 장차 일을 하려고 하다가 성고(聖考 : 효종)께서 돌아가셨네. 손자(숙종)에게 보답하려 함에 충성의 마음이 더욱 빛났네. 간사하고 참소하는 무리가 많이 일어나 환난이 끝이 없었도다. 어떻게 차마 말할 수 있을까? 이치를 헤아릴 수 없도다. 천도가 순환하여 해와 달이 다시 밝았도다. 민망하게 여기는 왕의 답서가 겹쳐 내려오고 포양(褒揚)의 은전은 더욱 영광이었네. 무릇 선생의 발자취 남은 곳에는 사당에 제향을 올리지 않음이 없네. 하물며 저 화양동은 강학하시던 곳이었네. 마땅히 조두(俎豆)의 예를 올려 사모하는 마음을 간직하려 합니다. 이 땅을 생각하면 산으로 둘러싸이고 내가 깊습니다. 산으로 둘러싸이니 사람들을 용납할 수 없고 내가 깊음에 걷고 건너기 어렵습니다. 사람이 사는 속세가 멀어 학당을 설치하려 해도 어디에 설치합니까? 다시 생각하여 도모한 곳이 만경대(萬景臺)입니다. 만경대는 어떤 곳인가? 물이 둘러 있고 산이 열렸습니다. 빈숲은 계곡에 연하여 있고 푸른 나무로 둘러싸인 현청(縣廳)은 들과 접하였네. 산 위의 구름과 물가의 나무는 앞마을을 가리고 비추네. 화양동에 비교하여 좋은 경관을 논하면 여기는 넓은 터전이 사랑스럽고 또 화양동에 가려면 하나의 푸른 봉우리가 막혀 있네. 여가가 있는 날에 지팡이 짚고 오고 가고 하시면서 문인들에게 이르기를, “나는 항상 이곳에 거처하려 하고 여기에 와서 혼령을 편안하게 하고 싶으니 여기를 버리고 갈 곳이 없다”고 하셨네. 이리하여 길한 날을 가려 띠와 가시를 베어내고 사당은 동쪽을 의지하고 재실은 서쪽에 세우니 위치가 법도에 맞고 큰 편액을 써서 걸어 하여금 영원히 성대하도록 하니 이는 신의 은혜입니다. 이제부터 신을 공경하고 섬겨 중단되는 일이 없게 하겠습니다. 야윈 돼지가 비록 박하지만 맛있는 술은 맑고 깨끗합니다. 엎드려 빌건대 밝은 신께서는 내려와 이 정성에 흠향하소서.

사당의 상량문(祠宇上樑文) _ 군수 임방(任堕)[120]

엎드려 생각건대 대현(大賢)이 백대를 내려가는 혜택을 머물러 둠에 모두 스승[江漢][121]의 생각남이 간절합니다. 이름난 지역에 자그마한 제궁(祭宮)을 세워 비로소 춘추의 향사를 베풀었습니다. 어찌 특별히 가숙(家塾)의 중대한 일 뿐입니까? 사실상 나라에 빛나는 일입니다. 삼가 생각건대 우리 우암 송선생은 세상에 명을 받고 태어난 참된 유학자요 하늘에서 가끔 주는

---

118) 고정(考亭) : 지명. 복건성 건양(建陽縣)현에 있다. 주자가 이곳에 살면서 학문을 강하였기 때문에 주자의 호로 대신하기도 한다. 『宋史』 朱熹傳.

119) 융중(隆中) : 산 이름. 호북성 양양현(襄陽縣)에 있다. 삼국의 말에 제갈공명은 이곳에 숨어 살다가 유비가 세 번이나 찾아와 간절하게 말을 함에 세상에 나와 유비를 도와 중원을 회복하려고 하다가 뜻을 이루지 못하고 죽었다. 여기의 대의란 말은 우암 선생이 효종을 도와 북벌을 하려고 한 뜻을 말한 것이다.

120) 임방(任堕) : 조선 후기의 문신. 본관은 풍천(豊川) 자는 대중(大仲), 허는 수촌(水村). 송시열과 송준길의 문인. 숙종 28년에 알성문과에 합격하여 장령·승지 등을 거쳐 공조판서가 되었으며 연잉군의 세제 책봉에 앞장섰다. 기사환국 때 함종에 유배되었다가 금천으로 옮겨져 그곳에서 죽었다. 시호는 문희공(文僖公).

121) 스승[江漢] : 江漢은 양자강과 한수이다. 공자가 돌아가시자 그의 제자들이 삼년상을 마치고 집으로 돌아가려고 하는데 자하·자장·자유가 유약(有若)의 모습이 공자와 비슷하다고 하여 공자를 섬기던 예로 유약을 섬기자고 하자 증자가 말하기를 “불가하다. 공자로 말하면 강수와 한수로 베를 빨아 가을의 햇볕에 말린 것과 같아 더 이상 깨끗할 수 없다”고 하였다. 공자는 더 이상 훌륭할 수 없다는 말이다. 때문에 후세에 ‘강한’은 스승이란 대명사로 쓰였다. 『孟子』 滕文公上.

기운을 부여받았습니다. 주고받는 학문의 길이 정대하여 곧바로 사계(沙溪) 선생의 학통을 이었고 연원이 멀고 깊어 하나같이 회옹(晦翁 : 주자)의 법도를 따랐습니다. 선생의 조예와 실천하는 일은 천지에 세워놓아도 어긋나지 않고 세상에 나아가고 물러나는 일은 귀신에게 질문하여 규명하여도 부끄러울 것이 없습니다. 위대하도다. 도학의 극치에 이름이여 오래 되었도다. 사림들이 높이 추대하였도다.

한 시대에 태산북두의 명망을 졌으니 서민들은 세상에 나오지 않을까하는 두려워하는 마음이 있었고 천년 만에 풍운(風雲)의 기회[122]를 만나니 임금[효종]께서 어찌 이렇게 늦게 만났는가 하는 탄식이 나왔습니다. 촉한의 제갈공명처럼 삼가고 마음과 힘을 다하여 대의를 펴려고 하였고, 연(燕)나라 악의(樂毅)처럼[123] 눈물을 닦으면서 선왕[효종]에게 상처를 입힐까 두려워하였습니다. 하늘이 나라를 잘 다스리려고 하지 않는가? 선생께서는 마침내 사람들을 기를[陶鑄][124] 뜻을 가졌습니다. 도가 행해지지 않는 것은 운명이라 소장(消長)의 기회가 있는데 어찌합니까? 아! 하나의 그물이 하늘에 가득한데 금앵(金罌)의 화를 받음을 차마 말할 수 있습니까? 남쪽 북쪽으로 유배를 감에 몇 번이나 부릉(涪陵)의 행차[125]를 하였던가? 밝은 해와 같은 충성의 마음은 다시 대나무의 시를 읊는 소리를 들었습니다. 백 사람의 몸으로 속죄하기를 원함에 여러 학생들이 다투어 궐문에 호소하였고 천리 밖에서 슬픈 일을 당함에 사방에서 분주하게 장례의 행차에 참여하였습니다. 다행히 하늘의 해가 다시 비춤을 입어 원통하고 억울함을 신원하는 쾌거를 보았습니다. 임금의 전교[恩綍]가 진실함에 후회하고 아파하는 뜻이 지극하였고 여러 사람의 여론이 감사하게 여김에 슬퍼하고 기뻐하는 마음이 같았습니다. 군자들이 끝내 잊을 수 없음에 선생의 감화가 사람들에게 깊이 들어갔고 시골 선생이 돌아가시자 제사를 받아야 할 사람은[126] 공(우암)이 아니고 누구이겠습니까? 이 화양 한 구역의 사시던 곳을 보건대 일찍이 주자가 창주에서 만년에 사신 것과 같습니다. 세상에서 선생의 도덕을 용납하지 못하니 무엇이 병통이던가? 여러 소인들의 많은 말에 성을 냈습니다. 자기의 몸을 거두어 감추려 함에 오직 숲속에 깊이 들어가지 못할까 두려워하였습니다. 궁벽한 바위와 깊은 계곡은 은자가 거닐만한 곳이요 인지(仁智)의 산수[127]는 어진 사람인 연후에 이를 즐깁니다. 드디어 시냇가에 띠 풀을 베고 구름 가에 서까래를 걸었습니다. 흰 돌 맑은 시내는 어찌 무이(武

122) 풍운(風雲)의 기회 : 훌륭한 군왕과 신하가 서로 만나는 기회. 풍운은 주역 건괘(乾卦)의 운종룡(雲從龍) 풍종호(風從虎)에서 온 말이다. 여기서는 북벌을 하려고 한 효종과 송시열이 서로 만났다는 말이다.

123) 연(燕)나라 악의(樂毅)처럼 : 악의는 조나라 사람이었는데 다시 위나라로 가고 위나라에서 연나라로 가서 연소왕의 장수가 되었다. 여기서는 악의가 눈물을 닦고 연혜왕에게 답서를 쓴 것처럼 우암선생도 눈물을 닦고 군왕에게 정성을 다하면서 선왕[효종]의 하신 일[북벌]에 상처를 입힐까 두려워하였다는 말이다. 『史記』 樂毅列傳.

124) 기를[陶鑄] : 陶鑄는 배양하고 교육시킴을 뜻하는 말이다.

125) 부릉(涪陵)의 행차 : 부릉은 중국 사천성에 있는 지명. 이천선생이 이곳에서 귀양살이를 하였다. 부릉의 행차는 스승이 유배를 가는 행차를 이른다.

126) 시골 선생이 돌아가시자 제사를 받아야 할 사람은 : 당나라 때 양거원(楊巨源)은 국자사업이 되고 하동 소윤이 되어 치사할 때 한유(韓愈)가 송양거원서(送楊巨源序)를 지어주면서 이르기를 "선생이 죽으면 사당에 제사지낼 사람이 이 사람이 아닌가?" 하였다. 여기서는 우암선생이 돌아가시면 사당에 제사지낼 사람이 공이 아닌가? 라고 한 말이다. 『古文眞寶』 送楊巨源少尹序.

127) 인지(仁智)의 산수 : 공자는 말씀하기를 "어진 자는 산을 즐기고 지혜로운 자는 물을 즐긴다"고 하였다. 인지의 산수는 어질고 지혜로운 자가 즐기는 산수란 뜻이다. 『論語』 雍也.

夷)의 구곡만 못하겠으며 푸른 산 밝은 달은 자못 안락와(安樂窩)[128]와 같습니다.

시내 근원의 물은 끝이 없고 뜰 가의 풀은 엉켜 푸르도다. 여기에서 늙어 생을 마치려 함에 여유 있게 몸을 거닐면서 살았고 이튿날 새벽의 일처럼 갑자기 사람의 일이 변하였도다. 기수(沂水)[129]에 목욕하던 길에 이끼가 침범하니 지나는 사람들이 상심하고 책을 보관하던 건물에 쑥만 무성함에 보는 자가 눈물을 흘리도다. 남기신 은택이 없어지지 않음에 지나가면 교화된 자취가 이 시골에 남아 있고 세상에서 돌아가셨어도 잊을 수 없어 추모의 생각은 우리 고장에서 가장 깊습니다. 돌아보고 지극히 사모하는 마음으로 함께 조두를 올리는 마음이 간절하였고 청천에 새로운 기지를 보고 정함에 백록동(白鹿洞)[130]의 옛 제도를 따랐습니다. 오직 동으로 들어감이 너무 험하여 집에서 조금 떨어진 곳으로 옮겼습니다. 이미 여러 사람이 묻고 도모함에 소식을 듣고 함께 흥기하니 어찌 경영하여 세우기를 걱정하겠습니까? 며칠 안 가서 이루어졌습니다. 건물이 으리으리하여 눈앞에 우뚝한 것이 놀랍고 산봉우리는 봉황이 나는 듯하여 머리 위로 솟은 것이 기쁩니다.

편액을 걸어 혼령을 편안히 함에 정중히 선사(先師)를 높이 받들고 선비들이 모여 학업을 닦음에 후학이 의지할 곳을 얻었습니다. 서로 더불어 전날에 들은 것을 강마하고 깨우쳐주고 기침하는 소리를 듣는 것 같습니다. 산천은 옛날 같지만 여가 있는 날에 모시고 놀기가 어렵고 바람과 달이 한이 없음에 양춘의 자리를 상상할 수 있습니다. 대체로 우계(牛溪)·율곡(栗谷)의 여러 선생 이후로 도는 우리 스승보다 높은 스승이 없었고 호서·영남 몇 곳의 주현을 두루 보아도 땅은 이 경내가 가장 훌륭합니다. 이 서원을 짓는 일을 어찌 중단할 수 있는가? 여러 곳에 구해 보아도 비교되기가 드뭅니다. 신이 있어 도와주는 듯함에 하늘이 아낀 것을 내놨고 땅은 감추었던 것을 내놓으며 꾸미기를 기다리지 않아도 환하니 물은 더욱 넓고 산은 더욱 높습니다. 마땅히 파요(巴謠)[131]를 불러 영장(郢匠)[132]을 도울 만합니다.

抛梁東 舊宅前山在眼中	보를 동으로 밀어라. 옛 집의 앞산이 눈 가운데 들어오네.
捲盡浮雲靑髮露	뜬 구름 다 걷히고 푸른 숲 드러나니
吐來朝日照牕紅	아침 해를 토하여 창에 붉게 비추네.
抛梁西 蹇芝山下匼鍾溪	보를 서쪽으로 밀어라. 건지산 아래에 시냇물 모이네.
看他萬折朝宗意	저 물 만 번 꺾여서 바다에 조종하는 뜻을 보니
今古誰人得與齊	고금에 어떤 사람이 이와 같을까?

---

128) 안락와(安樂窩) : 하남성 낙양현의 천진교 남쪽에 있는 거실 이름. 본래는 오대 때 주나라의 안심기(安審琦)의 고택인데 가우 연간에 왕홍진(王洪辰)이 낙양윤(洛陽尹)이 되어 소강절(昭康節)을 청하여 이곳에 살게 하였다. 『宋史』 昭雍傳.

129) 기수(沂水) : 산동성 기수현에서 나오는 내 이름. 공자는 그의 제자들과 함께 봄날 여기에 소풍을 나가 목욕하고 돌아온 일이 있다. 여기서는 선생이 유배 생활을 함에 선생이 거닐던 길에 이끼가 나고 풀만 무성하였다는 말이다. 『論語』 先進.

130) 백록동(白鹿洞) : 강서성 성자현에 있는 계곡 이름. 주자가 서원을 세우고 제자들을 가르쳤다.

131) 파요(巴謠) : 비속한 노래. 곧 육위가(六偉歌)를 저자가 겸양하여 이른 말이다. 어떤 사람이 초나라의 서울 영(郢)땅에서 하리파인(下里巴人)이라는 비속한 노래를 부르니 화답을 하는 자가 수천 명이었다. 다음 양아해로(陽阿薤露)라는 노래를 부르니 화답하는 자가 몇 백 명이었고 양춘백설(陽春白雪)을 부르니 화답하는 자가 겨우 수 십 명이었다.

132) 영장(郢匠) : 능숙한 목공. 여기서는 서원을 세우는 목공이 훌륭함을 가리킨 말이다.

抛梁南 孤雲臺上片雲含	보를 남쪽으로 밀어라. 외로운 구름 첨성대 위에서 조각구름을 삼켰네.
須知名教眞堪樂	모름지기 참된 가르침이 즐거움을 알라
學士昇仙儘妄談	배우는 자가 신선 되어 올라감은 다 허망한 말이라.
抛梁北 天半群山青簇簇	보를 북으로 밀어라. 하늘가에 여러 푸른 산 화살처럼 모여 섰네.
世上一何培塿多	세상에는 어찌하여 한결같이 언덕만 많은가?
無人知道尊東岳	우리 도가 동쪽의 뫼처럼 높음을 아는 사람 없네.
抛梁上 景物古今同一様	보를 위로 밀어라. 사방의 경색은 고금에 같은 모양 하고 있네.
到來玆境尙依然	이 경내에 들어옴에 오히려 전날처럼 아름다워
霽月光風佳氣像	개인 달 시원한 바람 아름다운 기상일세.
抛梁下 靜把陰陽觀物化	보를 아래로 밀어라. 고요히 음양을 잡고 만물의 변화를 보네.
窓外芳草爲誰青	창 밖의 향기로운 풀 누구 위하여 푸른가?
夜院無風花自謝	밤 정원에 바람 없어도 꽃은 스스로 지네.

엎드려 원하건대 상량한 뒤에 도의 운이 크게 형통하고 문예의 바람이 크게 일어나소서. 서쪽 동쪽의 행랑을 하필 넓고 크게 할까? 여름에 거문고 타고 가을에 글을 읽음에 스스로 많은 선비들이 오고 제사 지내는 의식은 봄에 잘못이 없어 영원히 향화를 올리겠습니다. 교훈을 받들어 땅에 떨어뜨리지 않고 더욱 학문의 공을 힘쓰겠습니다.

신주를 봉안할 때의 제문(奉安時祭文) _ 대사헌 이희조(李喜朝)[133]

천지의 사이에 정기가 있으니 혹 사람에게 모여 백 대의 사표가 되나니 우리 선생이 진실로 그 사람입니다. 순수한 강한 품성으로 태어나 일찍이 도의 근원을 탐색하여 사계(沙溪 : 김장생) 선생의 적전(嫡傳)을 이었고 석담(石潭 : 이이) 선생의 정맥(正脉)이 되었습니다. 이미 정해진 법을 따라 실천함이 독실함에 도는 체(體)와 용(用)이 갖추어지고 학문은 박약(博約)의 공[134]이 조성되었습니다. 받아 사용한 것은 자양(紫陽 : 주자)의 법이었습니다. 선생은 가신 성인의 학문을 잇고 새로운 길을 여는 데 있었으니 학문이 사실상 여기에 있었습니다. 자취를 가리려 해도 더욱 드러나 세상에 시구(蓍龜)[135]가 되었습니다. 명나라가 망하고 세상이 어지러운 이래로 구주가 어두워지고 가라앉았습니다.

한 부 춘추의 의리는 공이 홀로 책무를 맡았습니다. 훌륭한 임금을 만나 애써가면서 왕의 자문에 응하였습니다. 왕이 앞자리에 나오게 하여 계획하고 상의하니 다른 사람은 들어 아는 자가 없었습니다. 이 일은 천년 만에 있는 빛나고 위대한 일로 장차 큰일을 하게 되었더니 하늘이 우리나라에 복을 주지 않아 하려던 사업이 중도에 끝났습니다. 지극한 분통이 마음에 있어 세상에서 돌아가셨어도 슬픈 일입니다. 매번 왕이 돌아가신 날을 당하면 깊은 산에서 통곡하였습니다. 홀로 성현의 책을 안고 오래도록 은자의 생활[考槃][136]을 일삼으려 함에 몸은 비

---

133) 이희조(李喜朝) : 조선 중기의 문신. 본관은 연안. 자는 동보(同甫) 호는 지촌(芝村). 송시열의 문인. 벼슬이 해주목사를 거쳐 대사헌 이조참판을 역임하였으며 신임사화 때 철산으로 이배 도중에 죽었다. 시호는 문간공이다.

134) 박약(博約)의 공 : 박문약례(博文約禮)의 준말. 곧 널리 배워 사리를 연구하고 예의로 그 배운 것을 요약하여 실행하는 일. 『論語』雍也.

135) 시구(蓍龜) : 시는 주역의 점을 치는 점대. 구는 거북의 껍질을 태워 점치는 거북. 고대에 점은 의심을 해결하는 기구로 신성시 하였다. 여기서는 덕과 명망이 높은 사람을 가리키는 말이다. 『中庸』二十四章.

록 시골에 있으나 걱정은 군왕에게 있었습니다. 도가 크면 세상에서 용납되기 어려움은 예부터 그러하였습니다.

하물며 말세를 당하여 간사한 말이 횡행하면서 남의 나라와 집에 화를 줌에 그 피해는 홍수보다 심하였습니다. 언사로 그들을 물리치되 칼로 끊은 것 같이 하였습니다. 마음이 우리의 도를 보존하는 데 있으니 몸이 어찌 다른 것을 걱정할 여유가 있습니까? 화망(禍網)에 걸린 참상은 옛날에 비하여 더욱 혹독하였습니다. 조정에서 쫓겨나는 일이 계속됨에 남과 북으로 유배를 갔습니다. 환난을 본분으로 하여 행함에 수염과 머리는 전날보다 낫습니다. 군왕의 마음이 후회되어 다시 대우함이 융성하였습니다. 얼마 가지 않아 참소하는 말이 다시 행해짐에 망망한 바다 속에서 한결같이 풍파에 몸을 맡겼습니다. 망극한 환난의 때이니 하늘인들 어찌 하겠습니까? 슬프고 슬픕니다. 저 초산에서 마침내 사약을 받았습니다. 해와 같은 일편단심을 누가 가슴 아파하지 않겠습니까? 구름이 다시 걷히고 해[黃道][137]가 거듭 밝아짐에 가엾이 여기고 이어 한탄하면서 온화한 전교가 내려와 임금의 신장(宸章)이 빠진 것이 없었습니다. 사기가 바야흐로 펴짐에 다투어 조두(俎豆)를 청하였습니다.

하물며 이 화양동은 선생께서 도를 강한 곳입니다. 산과 물을 즐기기를 여기에서 몇 년이나 하였습니까. 퇴계선생의 도산(陶山)과 같고 주자의 무이산과 같습니다. 저 바위에 갈아 새긴 글씨를 보건대 네 글자가 빛납니다. 홀로 은(殷)나라의 해를 보존함이 어찌 다만 수양산뿐입니까?[138] 명나라를 높이는[尊周] 은미한 뜻을 대체로 여기에 부쳤습니다. 천지가 늙어 황폐할 때까지 영원히 이 말이 전할 것입니다. 돌아보건대 지금 경건한 마음으로 편액을 걸 곳이 여기를 놔두고 어디로 가겠습니까? 그러나 그 지세가 너무 좁아 어려웠습니다. 서원을 세우고 제향을 올리기에 흠이 되는 점이 많았습니다. 이리하여 새로운 터를 찾으니 멀지도 않고 가까웠습니다. 살아 있는 물이 발원지에서 오고 남기신 자취가 시야에 가득합니다. 좋은 경관을 감상하는데 손색이 없고 건물을 세워도 여유가 있습니다.

선생께서 평소에 지팡이 짚고 다니면서 쉬던 곳으로 여기에 세우기로 계획을 세웠습니다. 며칠 안 가서 일이 끝나니 정원도 있고 행랑도 있습니다. 모두 그 규모를 다하고 곁에 작은 방을 열고 유상(遺像)을 편히 받듦에 엄숙하게 와 계신 듯하니 누가 슬픈 한이 없겠습니까? 젊은 선비들이 와서 모심에 황홀함이 엊그제와 같습니다. 이리하여 길한 때를 가려 삼가 희생과 폐백을 올리니 천년이 지나도록 영원히 중단되는 일에 없게 하소서. 밝은 혼령께서는 이 술에 흠향하시어 우리 후인들로 하여금 의지할 곳이 있게 하기를 바랍니다.

---

136) 은자의 생활[考槃] : 考槃은 세상을 피하여 산수를 즐기면서 은둔 생활을 하는 것. 『詩經』 衛風 考槃.

137) 해[黃道] : 하늘에 해가 다니는 궤도. 여기서는 해를 뜻하는 말로 군왕을 상징한 말이다. 『漢書』 天文志.

138) 홀로 은(殷)나라의 해를 보존함이 어찌 다만 수양산뿐입니까? : 수양산은 백이와 숙제가 고사리를 캐먹다가 굶어 죽은 곳. 백이 숙제는 은나라를 정벌하는 주무왕에게 신하로서 군왕을 정벌하는 일이 불가함을 간하다가 무왕이 듣지 않자 수양산에 숨어 뜻을 굽히지 않고 굶어 죽었다. 여기서는 우암선생이 명나라를 회복하기 위하여 북벌을 하려다가 뜻대로 되지 않자 화양동에 들어와 숨어버렸다는 말이다.

향사축문(享祀祝文) _ 참판 이여(李畬)

洛閩正派	낙민(洛閩)[139]의 올바른 계파요
宇宙大義	우주의 정대한 의리를 지녔습니다.
喬嶽巖巖	큰 산악처럼 높고 높아
百世仰止	백 대를 흘러도 우러러 볼 것입니다.

향사진설도(享祀陳說圖)

			촉	
	변(籩)에 녹포(鹿脯)	대추	잔	
		밤	잔	향합
개(簠)에 쌀 궤(簋)에 기장쌀	희생	폐백 그릇		
			잔	향로
	두(豆)에 녹혜(鹿醢)	무우 김치	잔	
		미나리 김치	촉	

영정을 사당에 옮길 때의 고사(影幀移奉祠宇時告辭)

주부자가 말씀하기를, "고례에 사당에 두 신주가 없다"고 하니 대체로 죽어 정신이 흩어진 것을 여기에 모으려고 하기 때문에 두 신주를 할 수 없음입니다. 또 말씀하기를, "두 신주는 항상 서로 의지한다."고 하시니 정신이 나누어지지 않음입니다. 선생께서 일찍이 이 말을 근거로 인용하여 포은 선생의 사당에 별도로 영당을 세움이 옳지 않음을 논파하였습니다. 이 서원을 처음 세울 때 이런 말씀이 있음을 알지 못하고 별도로 작은 집을 세워 영정을 보존하려 하였는데 지금에 와서 여러 선비들의 뜻에 생각하기를 주자의 말씀하신 뜻과 선생님의 말씀이 명백하여 저와 같이 증거가 되니 마땅히 선생님의 말씀에 따라 틀리게 해서는 안 되겠습니다. 곧 이달 며칠 날에 영정을 사당의 안쪽 북벽 위에 옮겨 봉안하려 함에 약간의 수리하는 일이 있어 시끄러움이 미안하기에 삼가 임시로 동재(東齋)에 봉안하기로 하였습니다. 삼가 술과 과일로써 경건하게 고합니다.

병자년(1696)에 여러 유생들이 상소를 올려 사액을 청하니 담당 부서에서는 먼저 매곡(梅谷)·고암(考巖)·용진(龍津) 등의 서원이 있어 이중으로 세우는 일은 금지 되었으니 왕에게 상주함이 어려운 것으로 말하였다. 이에 경연관 이여(李畬)가 아뢰기를, "송시열은 화양동의 수석을 매우 사랑하여 집을 짓고 은거하면서 수양하고 그 속에서 도를 강하였으니 사실상 주자의 무이산(武夷山)과 같습니다. 지금 이미 송모를 위하여 서원을 세웠지만 화양동은 다른 곳에 비하면 더욱 중한 곳이니 마땅히 특별한 은혜가 있어야 합니다." 하였다. 상께서 하교하기를, "비록 이중으로 설치함을 법으로 금함이 있으나 봉조하 송모는 평일에 예우가 특이함에

139) 낙민(洛閩) : 낙은 낙양으로 정자가 사시면서 후학을 기른 곳. 민은 복건(福建)의 지명으로 주자가 복건의 건양(建陽)에서 강학하던 곳. 낙민은 송나라 때의 정주학(程朱學)을 이르는 말이다.

다른 유현과 같지 않고 화양동은 또 다른 곳과 비교할 수 없으니 서원을 세우는 일은 그만둘 수 없다."하시고 특명으로 화양서원에 사액을 하고 예관을 보내어 치제(致祭)하였다.

사액을 청한 상소문(請額疏) _ 소두(疏頭) 채지함(蔡之涵)

(장의(掌議) 송유길(宋有吉) · 이선직(李先稷), 색장(色掌) 홍주형(洪胄亨) · 장주한(張柱韓), 상소문을 지은 사람 이수형(李秀衡)

삼가 생각건대 서원을 세우는 일은 선현을 높이고 보답하는 일임에 그 자취를 남기신 곳에 마땅히 서원을 세우고 위패를 봉안하여 제향을 올려야 합니다. 지금 일언일행(一言一行)이 세상에 이름이 알려진 자도 있고 또 옛 성현을 계승하고 와서 배우는 자를 열어준 공이 있어 백대의 사표가 되어 오래 가더라도 인멸시킬 수 없는 자가 있습니다. 일언일행으로 이름이 알려진 자는 남긴 자취가 있는 곳에 제향을 올리는 일을 다 열거하기는 어렵지만 옛 성현을 계승하고 와서 배우는 자를 열어준 공이 신명에 질문하여도 부끄러움이 없고 백대를 기다려도 의혹이 없는 자는 집집마다 신위를 만들고 축을 읽더라도 지나친 일이 아닙니다. 하물며 그가 일찍이 살고 강학을 하던 곳에 어찌 조두(俎豆)를 올려 높이고 보답하는 도리를 다하지 않겠습니까?

전날의 선정(先正) 신 문정공 송시열의 제향을 올리는 곳은 경기도에는 수원에 있고 호남에는 정읍에 있고 관북에는 덕원(德源)에 있으니 이 세 곳은 이미 주상께 아뢰어 올림에 허락을 얻었습니다. 혼령을 편안히 모신 뒤에 또 은혜의 사액을 주셔서 덕을 높이고 보답하는 법을 보였으니 우리 성상의 유학을 높이고 도를 중히 여기는 법도를 누가 흠앙하지 않겠습니까?

가만히 듣건대 현시의 여론에 이르기를 재력을 쓸데없이 낭비하고 성대하게 진설하고 이중으로 제향을 올리는 것이 잘못된 일임으로 엄하게 도신(道臣)을 타일러 전에 허락한 세 곳 외에는 모두 금지하여 다시 세우지 못하게 한다고 합니다. 그리하여 조정으로 하여금 사문을 숭상하는 덕의를 고루 펴지 못하게 하니 신 등은 가만히 생각건대 지나치다고 하겠습니다. 대저 세 곳에 서원을 설치한 것은 혹 혼령이 묻힌 곳이기 때문이요 (우암선생의 묘가 처음에는 수원 무봉산(舞鳳山)에 있었음.) 혹은 말명(末命)을 받은 곳이기 때문이요 혹은 귀양살이하던 곳이기 때문이니 그 어진 사람을 높이는 의리에 있어 언뜻 잊어버리고 전함이 없게 해서는 안 되는 바가 있습니다. 만일 언뜻 잊어버리고 전함이 없게 해서는 안 될 곳으로 말하면 이 세 곳 보다 더 심한 곳이 있으니 이중으로 제향을 올리는 일에 구애되어 다시 조두의 일을 허락하시지 않겠습니까?

이 청주의 화양동은 곧 송시열이 살면서 강학을 하던 곳이요 많은 선비들이 여기에 따라 배우면서 교양을 쌓고 덕을 닦은 곳이기 때문에 청주의 사람들이 수사(洙泗)의 유풍[140]을 입음이 있었습니다. 비록 신의 어리고 누추한 자라도 점점 학업에 힘쓸 것을 알게 된 까닭은 대체로 시열의 과화(過化)의 공[141]입니다. 또 화양의 산수의 뛰어남은 충청좌도에서 제일입니다. 때문에 송시열이 인과 지의 천성으로 사랑하고 즐겼으니 이는 실로 회옹의 무이산과 더불어

140) 수사(洙泗)의 유풍 : 수와 사는 공자가 사시던 산동성 곡부에 있는 내 이름. 사수는 본류이고 수수는 지류이다. 수사의 유풍은 공자의 유풍을 말한 것으로 곧 유학 또는 공자의 유풍을 뜻하는 말이다.

141) 과화(過化)의 공 : 성인은 지나기만 하여도 그 곳 사람들이 교화되고 마음에 두면 신(神)처럼 통하게 되는 공. 『孟子』 盡心上.

시대는 다르지만 서로 부합됩니다. 지금 만약 화양동에서 시열을 제향하지 못하면 이는 무이산에서 주자를 제향하지 못하는 것과 같으니 가한 일입니까? 하물며 그가 거처하던 재사(齋舍)가 오히려 보존되고 읽던 책이 남아 있으니 오늘날 선비들이 여기를 지나는 자는 그 자취를 더듬고 회포를 일으켜 스승에 대한 생각을 더욱 간절하게 하고 시열의 영혼을 생각하여 여기를 돌아보고 그리워함이 평일과 다름이 없습니다. 또 시열은 일찍이 화양동의 암석에 숭정황제의 글씨를 새겨서 명나라를 높이는 깊은 뜻을 보였으니 이 또한 없어지게 해서는 안 될 것입니다.

아! 혼령이 묻힌 곳과 말명(末命)을 받은 곳과 귀양살이 하던 곳에도 제향을 올리는 일이 없어서는 안 되지만 지금 이 곳의 유적지로 보면 도리어 앞의 세 곳보다 더 중한 점이 있으니 세 곳에는 혹 제향을 지내는 일이 없어도 되지만 여기는 결코 제향이 없어서는 안 됩니다. 이 때문에 신 등이 작년 조정에서 포상한 뒤로부터 상소를 올려 서원을 세우기를 청하기를 세 곳의 유생들처럼 하지는 못하였으나 돌아보건대 조두를 올리는 정성을 모의한 것은 다른 사람들보다 못하지 않았습니다. 이리하여 땅을 가려보고 재목을 모으고 힘을 합쳐 세우기를 시작한 것이 지난 초겨울부터 하였는데 일은 크고 힘이 작아 일이 쉽게 성취되지 못하였습니다. 마침 조정에서 서원을 세우는 일을 금하는 명령이 내려옴을 듣고 다만 사업의 완성이 중지됨을 애석해 할 뿐 아니라 조정의 명령 중에 이미 일이 시작된 것은 철수하지 말라는 말씀이 있기 때문에 감히 일을 독촉하여 만 1년이 된 후에 비로소 공사를 마쳤습니다. 이미 길일을 가려 영혼을 편안하게 하는 의식을 행하였음에 이후에는 시열의 유적이 이곳에 있는 것은 인멸되는 걱정이 없을 것이요 여러 선비들이 사모하는 정성도 부칠 곳이 있을 것입니다. 흠이 되는 것은 오직 조정에 보고하여 표창하는 일이 있지 못한 것입니다.

아! 이 화양동의 송시열 서원이 끝내 표창의 은전을 얻지 못하고 중지된단 말입니까? 시열이 화양동에 대하여 독실하게 아끼고 좋아함이 이와 같았고 학문을 강한 공이 이와 같았으니 지금 천지가 어두워진 날을 당하여 홀로 춘추대의를 잡고 여기에서 밝게 나타냈으니 그렇다면 시열의 제사를 올리는 장소는 온 나라를 들고 보아도 화양동 같은 곳이 없습니다.

조정에서 끝내 여기에 표창하는 은전을 아낀다면 사문에 있어 크게 흠이 되는 일일 뿐만 아니라 온 호중(湖中)의 사림들이 모두 바라는 바에 실망이 될 것입니다. 그렇게 되면 우리 성상의 유학을 높이고 도를 중히 여기는 덕의가 여기에 이르러 끝내 부족한 점이 될까 두렵사오니 어찌 크게 애석한 일이 아닙니까? 신 등은 이에 감히 유생들을 거느리고 궐문에 호소하여 우러러 주상의 총명에 누를 끼치옵니다. 엎드려 원하건대 성상께서는 대현을 높이고 보답하는 예를 생각하여 향현(鄕賢)과는 구별하시고 이곳은 시열의 남긴 유적이 많은 것이 다른 지역과 다름이 있음을 굽어 살피시어 빨리 유사에게 명하여 은혜의 사액을 내려 주셔서 조정의 어진 사람을 돕는 성전(盛典)을 밝히고 사림들이 바라는 지극한 소원을 들어주시면 사문에 있어서도 다행이요 세도(世道)에 있어서도 다행하겠습니다. 신 등은 간절히 비는 지극한 정성을 가누지 못하겠습니다.

사액할 때의 치제문(賜額時致祭文) _ 대제학 김진규(金鎭圭)

도가 하늘에서 나와 사람으로 인하여 밝아지니 사람이 살아 있고 죽는 일은 세도가 중해지고 가벼워지는 것입니다. 고려의 정몽주는 멀리 정자와 주자의 학문을 잇고 본조의 문정공(송시열)과 문순공(이황)·문성공(이이)은 번갈아 정학(正學)을 밝혀 계속 일어나 울렸습니다. 문순공과 문성공에서 두 번 전해져서 경(卿)이 나왔으니 경은 실로 드문 인재로 하늘이 호걸스럽고 영특한 자를 내셨습니다. 그 보는 바가 탁이하고 실행하는 데 힘썼습니다. 경(敬)과 의(義)를 함께 유지하여 속이 충만하고 밖으로 나타났습니다. 훌륭한 덕의 표상은 태산과 형산보다 높았습니다. 더욱 사학(邪學)과 정도(正道)의 구분을 엄하게 하여 물과 흙을 평평하게 하는 듯하였습니다. 경은 사문에 있어 맹자가 다시 태어난 것과 같습니다.142)

성조(聖祖 : 효종)께서 어진 사람을 구함에 이에 신야(莘野)에서 밭 갈던 일143)을 걷어치우고 묘한 계책을 맡아 다스려 의성(義聲)을 널리 폈습니다. 중도에 임금이 돌아가심에 뜻있는 선비들은 눈물이 눈에 가득하였습니다. 돌아가신 아버님[寧考 : 현종]께서 뜻을 이어 가까운 신하[和羹]144)로 일을 맡기니 뒤를 이어 보답하는 정성은 늙을수록 더욱 정하였습니다. 경은 두 조정에서 제갈무후의 충성과 같았습니다. 나는 어려서 임금이 됨에 간사한 무리가 조정에 가득하였습니다. 그들은 국법을 악용하여[媒孽] 나의 귀를 흐리게 하여 경으로 하여금 북쪽의 변방이나 바닷가에서 고생을 하게 하였습니다. 붉은 신[赤舃]145)을 신고 두려워하지도 않고 놀라지도 않았습니다. 나는 올빼미 같은 소인들을 얻어 곤룡포를 입고 새로 그들을 맞았습니다.

경이 유언비어를 만난 것은 원성(元聖)146)이 동쪽으로 정벌을 간 것과 같았습니다. 나라에 달존(達尊)의 인물(송시열)147)이 있으니 예우의 융성함이 늙을수록 더하였습니다. 세속의 어리석은 자들은 지위가 높고 덕이 큰 사람을 단절하여 해와 달을 뛰어넘을 수 있다는 말148)이 가까운 문하에서 나왔습니다. 선생께서는 어찌 사람을 원망하리오. 나의 정직한 마음만 지켰습니다. 용문서당(龍門書堂)149)으로 물러나와 쉬니 몸은 비색한 운을 만났지만 도는 형통하였습니다. 경의 곤경에 처함은 숙자(叔子)150)의 만년과 같았습니다. 세상이 편당(偏黨)으로 나아감

---

142) 맹자가 다시 태어난 것과 같습니다. : 맹자는 당시의 이단인 양주(楊朱)와 묵적(墨翟)을 성토하여 막았고 고자(告子)·허행(許行)과 같은 자를 언변으로 공격하여 유학의 발전에 공로가 가장 큰 사람이다. 여기서는 우암 선생이 허적·허목·윤휴 등과 싸운 것을 이른 말이다.

143) 신야(莘野)에서 갈던 일 : 은나라의 이윤이 신야에서 농사를 짓다가 탕왕의 부름을 받고 나아가 탕왕을 도와 폭군 걸왕을 축출하였다. 여기서는 우암 선생이 시골에 있다가 인조의 부름을 받고 벼슬길에 나간 것을 이르는 말이다. 『孟子』 萬章上.

144) 가까운 신하[和羹] : 和羹은 국을 끓이는 일. 국을 끓일 경우 조미료를 잘 넣어야 하는 것처럼 나라를 다스리려면 훌륭한 신하의 도움이 필요한 것이다. 따라서 훌륭한 신하가 임금을 도와 덕을 이루게 하는 일을 뜻한다. 『書經』 說命 下. "若作和羹 爾惟鹽梅".

145) 붉은 신[赤舃] : 赤舃은 예복에 사용하는 고급의 신. 여기서는 송시열을 이르는 말이다. 『詩經』 豳風 狼跋.

146) 원성(元聖) : 훌륭한 성인. 여기서는 우암 선생의 정적들이 무함을 하여 사방으로 유배 간 것을 이르는 말이다.

147) 달존(達尊)의 인물 : 達尊은 어디를 가도 높은 대우를 받는 것을 말함. 곧 조정에서는 작위, 향당에서는 나이, 세상을 돕고 인재를 양성하는 데는 덕. 이 세 가지를 '삼달덕'이라고 한다. 우암 선생은 이 세 가지를 다 겸한 인물이었다. 『孟子』 公孫丑 下. "天下有達尊三 爵一齒一德一".

148) 해와 달을 뛰어넘을 수 있다는 말 : 공자가 살아계실 때 숙손무숙(叔孫武叔)이란 자가 공자를 비방하니 자공이 말하기를 "그렇게 하지 말라. 비유하자면 다른 사람의 현명함은 언덕과 같아 걸어 넘을 수 있지만 공자의 현명함은 해와 달 같아 뛰어넘을 수 없는 것 같다. 사람들이 비록 해와 달을 상관하려고 하지 않는다 하더라도 일월의 작용에 있어서는 아무런 손상이 없을 것이다."라고 하였다. 여기서 해와 달을 뛰어넘을 수 있다는 말은 곧 우암선생은 일월과 같은데도 별 인물이 아니라고 트집을 잡아 비방함을 이른 말이다. 대표적인 예로 시열의 제자 윤증(尹拯)이 스승을 배반한 것을 이른 말이다. 『論語』 子張.

149) 용문서당(龍門書堂) : 옥천군 이원면 용방리에 있다. 우암 선생의 외가가 있는 마을로 우암 선생이 어릴 때 글을 읽던 곳이다. 효종 원년에 벼슬을 사양하고 이곳에 내려와 강학을 하였다.

에 백육(百六)의 운[151]을 만났습니다. 햇볕[輪輝]을 보는 경사(경신대출척)는 기쁨이 보통사람보다 배나 되었습니다. 한 장의 봉(封)하여 올린 낭간(琅玕)의 문사[152]는 속에 있는 혈성을 바친 것입니다.

꾸며대는 말[萋斐][153]이 끝이 없음에 마침내 화망에 걸렸습니다. 어진 사람이 죽음에 천지가 어두워졌습니다. 비유하자면 보가 꺾어진 것 같고 큰 집이 기운 것 같았으며 지주산(砥柱山)[154]이 무너지고 광분하는 물이 횡류하는 것 같았습니다. 나는 이런 일을 살피지 못하고 오래도록 구중궁궐에 있었습니다. 천도는 선한 자가 이기는 것이니 어찌 사람과 다투겠습니까? 윤리가 다시 바르게 되고 조야가 맑아졌습니다. 나의 어두움을 후회함에 부끄러워 얼굴이 붉어졌습니다. 전교로 고함은 나의 후회하는 말이었습니다.

경의 학문을 생각하면 입지가 매우 큽니다. 명나라를 높이는 본뜻은 인경(麟經 : 춘추)에 근본 하였습니다. 절의를 숭상하니 천박하고 겁 많은 사람은 탄핵하였습니다. 도를 체득한 용기는 고정(考亭 : 주자)을 조종으로 하였습니다. 편파적이고 방탕한 말을 힘써 막음에 황충과 마디충을 제거하듯 하였습니다. 성인을 배우는 길이 넓어짐에 가시밭이 되는 것을 면하게 하였습니다. 저 원수처럼 미워하는 자들이 또한 싹트기 시작하였습니다. 아! 그 공이 이미 큼에 어찌 보답을 충분하게 하지 않겠습니까? 위패를 만들고 축문을 읽는 것이 전형적인 법처럼 되었습니다. 이러므로 사당을 세운 곳이 초산(楚山 : 정읍)과 수성(隋城 : 수원)이었습니다. 저 화양동은 내가 옛날에 이름을 들었습니다. 산천이 아름답고 경이 소요하면서 머물던 곳입니다. 하물며 저 숭정황제의 글씨[非禮不動]를 암벽에 새기고 비풍(匪風)의 남긴 뜻을 이 바위에 부쳤습니다. 이에 많은 선비들이 여기에 슬퍼하고 사모하였습니다. 드디어 이 산의 입구에 사당을 세우고 혼령을 편안히 모시되 영원히 거행하도록 하여 희생과 폐백을 올리고 화려한 편액을 주어 현판과 기둥이 빛나게 하였습니다.

파곡(巴谷)이 깊고 무계(武溪)의 물이 맑고 차가우니 옛날에 노닐던 곳[과축][155]에 지금은 사당이 세워져 변두가 벌려 있고 향불이 향기롭습니다. 경이 돌아봄에 어찌 살고 죽음에 차이가 있겠습니까? 후세 사람으로 하여금 모범이 되는 바를 알게 하였습니다. 크게 유풍(儒風)을 떨치고 우리 학교의 참뜻을 흥기시켜 나의 교화를 도우면 어찌 경의 영광뿐이겠습니까? 경이 이를 알아준다면 이 풍성한 제수에 흠향하소서. (예조좌랑 유격(柳格)이 와서 고하다.)

갑신년(1704)에 문인 권상하가 선생의 부탁한 말씀으로 명나라의 신종과 의종 두 황제의 사당을 화양동에 세우고 '만동묘'라고 이름을 하고 인하여 향사의 예를 행하였다. 권공이 이미

---

150) 숙자(叔子) : 정명도의 아우인 이천 선생을 이르는 말.

151) 백육(百六)의 운 : 나쁜 운. 음양가에서 수리로 따져 이른 말이다. 양구(陽九)라고도 하는데 양액(陽厄)의 다섯 가지와 음액(陰厄)의 네 가지이다. 『漢書』 律曆志 上.

152) 낭간(琅玕)의 문사 : 낭간의 본뜻은 좋은 구슬. 여기서는 훌륭한 문장을 이른 말이다. 우암선생의 기축봉사를 이른 말로 보인다.

153) 꾸며대는 말[萋斐] : 萋斐는 화려하게 꾸미는 말. 『詩經』小雅 巷伯.

154) 지주산(砥柱山) : 황하의 급류 중에 있어 움직이지 않는 산. 여기서 지주산이 무너진다는 말은 세상이 잘못 되어 간다는 말이다. 宋玉 「高唐賦」.

155) 노닐던 곳[薖軸] : '薖'는 속마음이 관대한 모양으로 해석되고 '軸'은 머뭇거리는 모양으로 되어 있다. 시경에는 대인이 마음을 넓게 갖고 노니는 것으로 되어 있다. 『詩經』 衛風 考槃.

선생의 부탁을 받고 동지인 선비들과 함께 경영한 지 몇 해가 되었더니 금년 의종황제가 순국한지 일 주갑이 되는 해를 만나 큰 건물의 제도에 의하여 글씨를 새긴 암벽에서 일 리쯤 떨어진 곳 북향을 한 땅에 사당을 세우고 만동묘라고 이름을 하였다. 정월 상정(上丁)에 지방으로 신종현황제(神宗顯皇帝)·의종열황제(毅鍾烈皇帝)라 쓰고 신위를 만들어 제사를 올렸다. 스스로 축문을 짓고 4개의 변(籩)과 두(豆)로 올리고 희생은 대뢰(大牢)를 쓰고 술 세 잔을 올렸다. 또 "일체의 군신을 함께 제사지낸다.[一體君臣祭祀同][156]"는 뜻으로 선생의 영정을 선생 서재에 받들고 한 개의 변과 두를 올리고 인하여 사당에 제향을 올리는 예를 이룬 뜻을 고하였다.

만동묘를 세운 뒤에 고유한 말(萬東廟營建後告辭) _ 이희조(李喜朝)[157]

춘추의 대의(大義)[158]요 낙민(洛閩)의 정학(正學)입니다. 남긴 영상(影像)은 태산 교악과 같습니다. 이미 두 분의 황제에게 제향을 올리고 인하여 한 잔의 술을 올립니다. 영특한 혼령이 계시면 흠향하기를 바랍니다.

만동묘가 이루어진 뒤에 우암선생의 영정에 고한 고유문(萬東廟成後尤菴先生影幀告文)

권상하(權尚夏)

삼가 아뢰옵건대 신종과 의종 두 황제에게 조두를 올리는 일은 일찍이 선생의 말씀을 받았으나 쉽게 이루지 못하였습니다. 근자에 다행히 동지 여러 사람들의 힘을 입어 사당을 세우는 일이 겨우 완성되었습니다. 지금 갑신년(1704)을 당하여 인심이 명나라를 생각함이 더욱 간절함에 삼가 정월 상정(上丁)에 공경하여 향사를 올렸습니다. 다음 차례의 예는 아직 뒷날을 기다려야 하겠습니다. (정호(鄭澔)의 주석에 다음 차례의 예란 곧 노선생이 사당을 세워 신종 의종 두 황제를 봉향할 것을 의논하고 우리나라의 효종을 배향하려고 하였다. 갑신년에 먼저 두 황제를 봉향하고 효종을 배향하는 일은 아직 뒷날을 기다린다고 한 말이다.) 삼가 생각건대 촉중(蜀中)에서 선주(先主 : 劉備)에게 제사를 지낼 때 일체의 여러 신하를 무후(武侯)의 사당에서 함께 올린다고 한 일이 두공부(杜工部 : 두보)의 시에 증빙할만하기 때문에 영정을 옛 서실에 봉안하고 감히 하나의 변과 두의 예로서 아울러 회포를 펴고 삼가 고하오니 살펴 임하소서.

경인년(1710)에 화양동 안의 만동묘 아래에 서원을 옮겨 세우고 춘추에 석채(釋菜)[159]를 올리되 황묘의 향사하는 날에 행하였다. 서원 아래 몇 바탕쯤 되는 곳에 선생의 서재가 있어 서책·벼루 집·지팡이·족자·선기옥형 등의 물건이 소장되어 있어 처음에는 영정을 서재 안에 봉안하였다가 뒤에 서원에 옮겨 봉안하였다. 선생의 영정은 세 본이 있는데 하나는 화가 한시각(韓時覺)이 그린 것으로 가묘에 봉안하니 이는 선생의 77세 때의 영정이고, 하나는 문인 김상서 진규(尙書 金鎭圭)가 초한 것인데 화가를 시켜 전하여 그린 것이니 화양서원의 최초에 봉안한 화본이다. 선생께서 평일에 눈을 들고 사람을 보지 않았는데 이 화본은 그렇지

---

156) 일체의 군신을 함께 제사지낸다[一體君臣祭祀同] : 두보의 「영회고적(詠懷古蹟)」의 시.

157) 이희조(李喜朝) : 조선 중기의 문신. 송시열의 문인. 본관은 연안. 자는 동보(同甫) 호는 지촌(芝村).

158) 춘추의 대의(大義) : 춘추에서는 존화양이(尊華攘夷)를 주장하였기 때문에 중화의 명나라를 높이고 이적인 청나라를 배척하는 의리란 말이다. 우암 선생은 이 때문에 북벌을 주장한 것이다.

159) 석채(釋菜) : 학교에서 선성·선사에게 제사를 올리는 예. 석전보다는 약식으로 하고 폐백을 올린다.

않다. 대체로 김상서가 갑자기 이르러 기침을 하고 마루에 올라갔는데 선생이 매우 기뻐하시면서 눈을 크게 뜨고 맞이하여 위로하였기 때문에 그 초한 바가 이와 같다고 한다. 그 하나는 진사 김창업(金昌業)이 초한 것인데 화가에게 전하여 그려졌다.

만경대의 서원을 화양동에 옮겨 봉안하기를 청한 고사(萬景臺書院請移安華陽告辭)

전년에 서원을 여기에 세운 것은 다만 수호를 편히 하기 위함이었는데 근일 이래로 마을이 시들해져서 오래도록 수호할 형편이 못됩니다. 또 생각건대 화양동은 사실상 선생께서 은거하시던 장소입니다. 조정에서 이미 '화양'으로 사액을 하였는데 여기서 가기가 자못 멀어 이름과 실제가 어긋납니다. 때문에 여러 선비들이 함께 의론하여 화양동 안 초당의 위에 새집을 지었는데 공사를 겨우 마치고 감히 옮겨 봉안하기를 청합니다.

화양동에 옮겨 봉안할 때 제문(華陽洞移安時祭文) _ 권상하(權尙夏)

이 화양동은 옛날의 무이산과 같습니다. 평소 거하실 때 즐기던 곳으로 혼신도 편안히 여길 것입니다. 저 남쪽의 언덕을 바라보건대 황궁이 가까이 있으니 생각건대 영혼께서 오르고 내리면서 모시겠기에 새 사당을 세우고 건물이 이미 갖추어져서 어느덧 봉안하고 엄숙하게 제사를 올리겠습니다. 파곶의 물이 맑고 차가우며 낙양산이 높이 솟으니 천추만세에 우러러 볼 곳이 여기에 있습니다. 삼가 변두와 맑은 술로 삼가 고하는 정성을 폅니다.

홍주화에게 준 편지(與洪胄華書) _ 권상하(權尙夏)

봄에 향사를 올리는 날은 장경왕후(章敬王后 : 중종 비)의 기제일입니다. 만동묘에서 향사를 올리려 하는데 이 때문에 서원의 향사에 구애될 것 같지는 않으니 혹 불안한 징조가 있지는 않습니까? 다만 서울의 밖에서 석채(釋菜)를 올리는 일은 비록 나라의 기제 날을 당하더라도 본래 행할 수 없는 의리는 없어 우리나라에서 서원에서 종사하는 여러 신위를 모두 일시에 행했습니다. 이것으로 미루어보면 이번의 춘향(春享)에는 중한 바가 만동묘에 있어 또한 석채로 더불어 다를 것이 없습니다. 이 사이에 혹 의문을 갖는 사람이 있다든지 만일 혹 사람들의 이목에 구애되는 바가 있으면 서원의 예를 이튿날로 물려서 행하는 것도 또한 무방하지 않겠습니까? 바라건대 여러 분들과 상의하여 하는 것이 어떠합니까? (그 뒤에는 이 편지에 의하여 준행되었다.)

계문(아우 尙游)에게 답하다(答季文書) 위와 같다

화양동의 일은 내가 의리로 일으킨 것이 아니요 선사(先師)께서 삼신전(三臣傳)에 말하기를, "진사 이중명이란 자가 상소를 올려 신종황제의 사당을 세우기를 청함에 상이 그 일을 조정에 내려 의논하게 하였는데 조정의 의론이 일치하지 않기 때문에 끝내 실행되지 못하였다. 그러나 상의 뜻은 옳게 여겼다. 때문에 그 사람에게 벼슬을 주었다. 나는 일찍이 생각하기를 이 의론이 조만간에 이루어지면 우리 효종을 마땅히 배향하여야 하고 저 세 신하[160]도 만동묘

---

160) 세 신하 : 삼학사(三學士)를 이르는 말. 곧 홍익한(洪翼漢)·윤집(尹集)·오달제(吳達濟). 이 세 사람은 병자호란 때 척화신으로 청나라 심양에 잡혀가 회유를 물리치고 모진 고문 끝에 사형을 당하였다.

의 묘정에 종향하는 것이 마땅하다고 하였다." 여기에 근거를 두면 배신을 묘정에 종향하지 않는다는 일은 나의 생각은 꼭 그렇다고 해야 할지 알 수 없다. 특히 선비들의 사제(私祭)는 나라의 향례와 다르기 때문에 다만 무후(武侯)의 사당에 일체의 군신을 함께 제사지내는 뜻을 모방하였으니 서실에서 별도로 제사를 지내는 것은 당시 무후의 사당에 일체의 군신을 제사지낸 것을 알기를 요하니 같은 날에 제사지내는 것이 죄가 되겠는가? 알 수 없는 일이다.

병신년(1716)에 상이 명하여 윤선거(尹宣擧)[161]의 묘갈문과 신유의서(辛酉擬書)[162]를 들여오게 하고 손수 화양서원의 사액을 써서 승지를 보내어 제사를 지내고 편액을 달게 하였다. 이 해 겨울에 비망기를 내려 이르기를, "내가 생각건대 낭성(琅城 : 청주)에 화양서원이 있고 상산(商山 : 상주)에 흥암서원(興巖書院)이 있으니 두 선정(先正)의 사액서원이다. 편액을 단지가 세월이 오래되었다. 병든 속에 써서 글씨의 획이 졸렬하고 반드시 새기는 판에 써서 내려준 이유는 나의 공경하고 사모하는 마음을 부치는 데서였다. 아! 인주가 어진 사람을 높이는 것이 지극한 정성에서 나온 것은 선비들의 추향을 정하고 간사한 말이 중지되기를 바라는 마음에서이니 내 뜻이 어찌 우연한 일인가? 그 해당 부서로 하여금 곧 현액을 달게 하고 인하여 제사를 올리도록 하라"하였다. 승정원에서 비망기까지 아울러 현판에 새겨 걸어서 후세에 알리기를 청하자 드디어 좌참찬 민진후에게 명하여 비망기를 쓰게 하고 승지 유숭(兪崇)이 받들고 가서 편액을 달고 제사를 올렸다.

치제문(致祭文) 병신년(1716) _ 문학 윤봉조(尹鳳朝)[163]

옥황상제께서 세상을 민망하게 여겨 우리나라를 돌아보시니 효종께서 천명에 응하여 쇠하고 비색한 운세에 대비하였습니다. 영조의 시대에는 갓과 신이 도치되었습니다. 푸른 하늘의 해와 같은 것은 효종의 의리요 불속에 앉아 얼음을 잡은 것은 효종의 뜻이었습니다. 구름이 생겨 서로 감응할 수 있는 자는 누가 나와 같이 뜻을 함께 할까?[164] 내가 옛날에 배운 사람으로 독실한 경을 하늘이 주었습니다. 경은 세상에 명한 사람으로 태어나 도가 온전하고 덕이 갖추어졌습니다. 가슴에 품은 회포는 바다처럼 넓고 기상은 산처럼 높았습니다. 돌을 뚫을 수

---

161) 윤선거(尹宣擧) : 조선 중기의 학자. 본관은 파평. 자는 길보(吉甫) 호는 미촌(美村). 김집의 문인으로 송시열과 동문이다. 시호는 문경공이다.

162) 신유의서(辛酉擬書) : 송시열의 제자 윤증(尹拯)이 스승과의 인연을 끊으려고 작성한 편지. 윤증은 자기 아버지의 묘갈문을 우암 선생에게 부탁하였는데 우암 선생이 강화도의 일을 꺼내 말하고 행장을 쓴 박현석이 잘 알고 있으니 박현석의 행장에 의하여 썼다고 비문을 맺었다. 이에 윤증은 돌아가신 분의 의리에 맞지 않으니 고쳐달라고 간청하였다. 그러나 몇 글자만 고치고 내용은 마찬가지였다. 이리하여 윤증은 스승에 대하여 불만을 품었다. 윤증은 숙종 7년 신유년에 처조카인 권이정(權以鋌)에게 우암 선생은 의리(義利)가 쌍행하고 왕패(王霸)가 병행한다고 헐뜯었다. 권이정은 우암선생의 외손자였다. 그는 곧 외할아버지에게 이 말을 전하였다. 이 말이 사림에게 전해지자 사림들은 윤증이 우암선생과 사제의 인연을 끊었다고 하였다. 이 말을 들은 박세채는 윤증에게 일러 우암 선생에게 사과하도록 권유하였다. 윤증은 박세채에게 우암선생과의 정의를 끊은 것을 편지로 전했으니 이것이 신유의서이다.

163) 윤봉조(尹鳳朝) : 조선 후기의 문신. 본관은 파평. 자는 명숙(明叔). 호는 포암(圃巖). 증광 문과에 급제 지평 사서 정언 등을 역임 1758년에 대제학에 되었다. 문장에 능하였다.

164) 구름이 생겨 서로…누가 나와 같이 뜻을 함께 할까? : 내와 못이 기운을 통하여 산천이 구름을 만들어 낸다고 예기에 말하였다. 곧 임금의 마음과 서로 통하여 감응이 된다는 말이다. 여기서는 효종이 누가 나와 뜻이 감응되어 일을 함께 할 사람이 있을까? 라고 말한 것이다.

있는 공력이 있고 빗질한 실과 같은 의리입니다. 광명정대하며 속마음이 넓고 겉과 속이 통하여 깨끗하였습니다. 연원은 백대를 오면서 오직 주자를 스승으로 하였습니다. 때와 형편이 같았으니 언행이 어찌 다르겠습니까?

효종께서 경을 살펴보시고 경은 나의 지기(知己)라고 하셨습니다. 마음을 같이하고 일을 마칠 사람은 나와 너 뿐이라고 하였습니다. 포벽(蒲璧)[165]으로 예를 하고 빈사(賓師)의 자리에 있었습니다. 경은 감격하여 사생을 돌아보지 않고 마음을 다하였습니다. 유악의 독대에서 계획을 깊이 말하였고 의리는 봉사(封事)에 나타났습니다. 빛나는 한결같은 마음은 귀신에게 물어볼 만합니다. 용의 수염이 땅에 떨어짐에 초구는 눈물에 물들었습니다. 북벌의 사업은 이루지 못하였으나 의리는 실추되지 않았습니다. 훌륭하신 아버님[현종]께서도 유지를 이었습니다. 북두성이 하늘에 있는 것처럼 온 나라가 믿었습니다. 참소하는 간사한 자들은 뜻을 펴지 못함에 마치 개미가 나무를 흔드는 것 같았습니다. 소자가 우러러 대보단을 이룸에 정성이 어찌 풀리겠습니까? 은혜와 예를 마치지 못했으니 지난 일은 부끄러움이 많습니다. 후회가 우뢰와 바람처럼 빠름에 영광은 저승에까지 넘쳤습니다.

경의 굴신(屈伸)을 보면 도와 함께 시종을 하였습니다. 증거가 태양처럼 환함에 더욱 질투하고 싫어함을 당했습니다. 저 성인을 모독하는 자들은 마음과 기세가 더욱 성대하였습니다. 경은 일찍부터 힘써 배척함에 고심하다가 죽는 데 이르렀습니다. 누가 경을 음으로 비호하여 크게 도와주겠습니까? 이리와 같은 형칠(邢七)[166]은 스스로 정자를 배반하였습니다. 처음에는 절의를 굽히는 듯하였지만 끝에는 어깨를 날렸습니다. 예리한 도끼를 잡고 아버지의 묘비문을 핑계 대었습니다. 어진 사람이나 간사한 사람들이 함께 빠져드니 스승의 도가 타버렸습니다. 처음에는 내가 알지 못하였으나 의심이 없지 않았습니다. 때문에 하늘이 나의 마음을 열어주어 오늘을 기다렸습니다. 모든 사실과 그의 문자를 자상하게 보고 나의 취한 것이 깨는 듯하였습니다. 이에 시비를 밝히고 진실과 허위를 정하였습니다. 나의 마음이 이미 굳음에 그들의 원망은 더욱 방자하였습니다. 입과 입을 마주대고 선동하여 어지럽게 괴상한 문자를 던졌습니다. 경을 헐뜯을 뿐 아니라 대의를 훼방하였습니다. 저들이 대의를 훼방하되 하자를 내지 않은 것이 없었습니다. 통렬하게 세상의 변하는 모습을 생각함에 걱정스러워 잠을 잘 수 없었습니다. 추도의 마음이 새로워짐에 높이 받드는 마음 더욱 간절합니다.

저 화양서원을 돌아보면 오로지 경만을 제사지냅니다. 곁에 있는 옛집을 보니 경이 살던 집입니다. 보배처럼 빛나는 의종의 글씨는 구름 같은 가까운 암벽에 있습니다. 계곡이 아름답고 물도 맑습니다. 해와 달이 높이 임함에 명나라의 천지가 있습니다. 여기에 특별히 감동되어 표시할 것을 생각하니 네 글자의 빛나는 편액을 손수 써서 주었습니다. 병든 몸으로 붓을 먹물에 적심에 눈물이 먹을 따라 젖었습니다. 이 정성의 마음으로 써서 걸어 여러 사람들을 깨우쳐주었습니다. 간사하고 음란한 자들을 막아 선비들의 추향을 가르쳐주었습니다. 덕을 함께 하는 신하 있어 도의가 함께 아름다웠습니다. 일체의 여러 사람을 날리고 높여 나의 생각

---

165) 포벽(蒲璧) : 부들 암꽃의 무늬를 조각한 구슬. 작위를 표시하는 표신(標信)의 한 가지.

166) 형칠(邢七) : 중국의 문헌에는 형서(邢恕)로 되어 있다. 자는 화숙(和叔). 이천을 따라 배웠고 철종 때 어사중승이 되어 장돈·채변을 도와 원우당인(元祐黨人)을 배척하여 배사(背師)의 낙인이 찍혔다. 사람됨이 변덕스러워 이리 같은 형칠이라고 하였다. 여기서는 형칠을 윤증(尹拯)에게 비유한 말이다. 『伊洛淵源錄』

을 표하였습니다. 훌륭하신 효종께서는 날로 여기를 보실 것입니다. 경은 혼이 좌우에서 응하여 뜰에 오르고 내릴 것입니다. 이리하여 제사지내는 은전을 내려주어 가까운 신하에게 명하였으니 혼령께서는 오셔서 나의 한 잔 술에 흠향하소서.

을사년(1725)에 관리를 보내어 화양서원에 제향을 올리는데 북관(北關) 사람 호두필(胡斗弼)이 상소하여 스스로 호문정(胡文定)167)의 후손이라 말하고 그의 선조는 중국에서 왔다고 하면서 대대로 만동묘의 수직관이 되기를 청하고 만동묘를 세운 곡절을 대략 진술하였다. 상께서 비로소 숭정황제의 어필을 암벽에 새긴 사실을 알고 또 그 글씨를 모각한 판본이 대신 민진원의 집에 있다는 말을 듣고 가지고 오게 하여 받들어 보셨다. 인하여 비망기를 내려 황은을 추모하는 뜻과 우리나라가 선왕의 대의를 편 것으로 힘을 얻어 명나라를 높이는 뜻을 알게 된 것을 유시(諭示)하고 이로 인하여 남한산성과 강화도에서 사절(死節)한 여러 신하들에게 제사를 올리도록 명하여 충성을 포상하여 세상을 권장하는 뜻을 알렸다.

승지 이준(李準)이 "선생께서 효종의 총애를 받고 명나라를 높이고 이적을 물리치는 일로 책임을 삼았는데 효종께서 중도에 돌아가셔서 대계를 이루지 못한 일을 갖추어 진술하고 또 선생께서는 평생 동안 대의를 잡고 사설(邪說)을 물리치며 효종의 뜻과 일을 밝혀 천하 후세에 이런 말이 있게끔 하였기 때문에 평소 언어와 문자 가운데 발표한 것이 준정하고 삼엄하며 명나라를 높이는 문자는 모두 그의 별집 속에 있고 효종의 어찰과 전해진 상소문과 죽음에 임하여 남긴 상소는 더욱 정대하고 격렬함이 극진하니 만약 상께서 친히 보시면 선정(先正 : 송시열)의 마음을 굽어 이해할 것입니다."라고 하였다. 또 말하기를, "우리나라는 문정공 김상용(金尙容) 형제로부터 삼학사(三學士) 이후로 기개와 절의를 버티면서 선왕의 뜻과 일을 드러낸 것은 오직 송우암 선생의 문집이 신빙성이 있어 믿을 만합니다."하였으니 이는 명나라를 높인 공이 어찌 순절한 여러 신하들만 못하겠습니까? "특별히 글을 짓는 신하에게 명하여 오로지 명나라를 높인 한 가지의 일로 제문을 지어 제사를 올리소서."하니 상이 그대로 따랐다.

을사년 치제문(乙巳致祭文) _ 서종급(徐宗伋)168)

천지의 대의는 일부의 춘추에 있습니다. 시험 삼아 오늘을 보건대 누가 명나라를 높일 줄을 알겠습니까? 경이 홀로 우뚝 서서 자기의 몸에 졌습니다. 효종의 때를 만나 와신상담의 뜻을 도왔습니다. 가슴 아프고 원통함을 참아가면서 마음의 치욕을 씻을 것을 맹세하였습니다. 상소를 올리고 유악(帷幄)에서 서로 대하여 왕을 도와 일을 잘 처리하였습니다. 제갈무후의 정충(貞忠)과 같고 부릉(阜陵)169)의 뜻과 일이었습니다. 하늘이 어찌하여 우리나라에 복을 주지 않았습니까? 효종께서 갑자기 돌아가셨습니다. 숙종 때 이르러 선조의 뜻을 따라 갑신년에 궁중에 대보단을 세웠으니 두 황제의 아름다운 공적은 경이 사실상 드날린 것입니다. 북벌의 공

---

167) 호문정(胡文定) : 북송 사람. 이름은 안국(安國) 자는 강후(康侯) 호는 무이선생(武夷先生) 시호가 문정이다. 벼슬은 태학박사였다가 뒤에 급사중에 올랐다. 저서에 호씨춘추(胡氏春秋)가 유명하다. 『宋史』 四百三十五.

168) 서종급(徐宗伋) : 조선 후기의 문신. 본관은 달성. 자는 여우(汝愚) 호는 퇴헌(退軒). 권상하의 문인이다.

169) 부릉(阜陵) : 남송 효종의 릉. 이름은 신(愼). 여기서는 우리나라의 효종도 북벌을 달성하여 청나라에 대한 치욕을 씻으려 하였다는 말이다. 『宋史』 三十三.

은 비록 마치지 못하였으나 의리는 더욱 나타났습니다. 만동의 한결같은 마음은 어찌(글자가 빠짐) …… 저 화양동을 보건대 경이 사시던 곳이요 의종황제의 유묵은 저 큰 언덕에 새겼습니다. 빛나는 글씨와 사당의 편액은 심히 아름답습니다.

신위를 만들어 제사를 올림에 의리로서 제사지내는 것입니다. 만일 예에 증거가 없다면 옛날에도 비교되는 바 있습니다. 계림(桂林)의 사당[170]에서 순임금을 제향하고 모옥에서 초소왕(楚昭王)을 제사지냈습니다. 이리하여 한 언덕 아래에서 홀로 명나라를 받들고 죽음에 임하여 간절한 말씀은 사당을 세우는 일이었습니다. 이에 문순공[권상하]이 있어 유지를 완성하니 한 계곡의 하늘에 명나라의 해와 달이 밝았습니다. 하늘에 닿는 정당한 윤리가 이로 힘을 얻어 끊어지지 않았습니다.

대체로 경의 도학은 일마다 주자를 따랐습니다. 명나라의 제왕을 높이는 일은 평생 동안 염두에 두었습니다. 뜻과 사업이 빛남에 천하 후세에 영원히 말이 있을 것입니다. 경이 있지 않았다면 영원히 어두운 밤이 되었을 것입니다. 저 뜻을 세운 훌륭한 마음은 우리 선왕을 빛냈습니다. 허세를 부리고 교만한 자들은 감히 사설을 내어 어지럽게 하였습니다. 세도를 무너뜨리고 선비들이 향하는 길을 흐리게 하였습니다. 이러므로 우리 아버님 영왕(寧王 : 숙종)께서 이를 걱정하셨으니 밝고 밝은 아버님의 훈계는 자손을 위한 계책[燕翼]을 주신 것입니다. 빛나는 보배 같은 글씨는 저 화양서원의 편액을 꾸몄습니다.

한 조각의 깨끗한 땅에 만동묘와 서로 이웃하고 있으니 사실상 전에 없는 일이요 내가 처음으로 들었습니다. 중국을 북쪽으로 바라봄에 하천(下泉)의 생각이 다시 생깁니다. 저승에 간 사람을 다시 살아오게 할 수 없으니 경과 한 때에 살지 못한 것이 한이 됩니다. 경의 고심을 포상하고 경의 영령에 술을 올립니다. 경을 포상하는 이유는 어찌 다만 경만을 위해서 입니까? 선왕의 뜻을 추모하면서 쇠퇴한 세상을 권장함입니다. 예관을 보내어 제물을 올리오니 이 술에 흠향하소서.

영조 병자년(1756) 3월에 특별히 의정부 영의정의 직함을 주고 예관을 보내어 치제하고 문묘에 종향하게 하였다. 반교문에 관함(官銜)이 영의정으로 잘못 써져서 대신 유척기(兪拓基) 등이 아뢰었는데 상이 이르기를, "표를 붙이는 것은 미안하니 승정원으로 하여금 반교문을 다시 써서 옥새를 찍어 내려 보내도록 하라" 하시고 인하여 선현들의 증직의 예를 물으시고 전교하기를, "한 칸의 모옥에서 소왕(昭王)에게 제사를 지낸다는[一間茅屋祭昭王] 뜻은 금년에 이르러 더욱 그 충성이 큰 것을 알았으니 특별히 원보(元輔)의 관함을 증직하여 높이 보답하는 뜻을 보이라."고 하였다.

사제문(賜祭文) _ 지제교 이의철(李宜哲)

천지의 기운은 지극히 크고 강합니다. 사람에게 있어서는 양의 덕이 원만하고 방정합니다. 봄에는 만물을 태어나게 하고 가을에는 죽이는 것이 마땅한 바가 있습니다. 군자의 마땅한 도리를 경은 본받았습니다. 경의 자질은 준정하고 장엄합니다. 만 길이나 되는 암벽처럼 우뚝 서서 그 기상이 걸출합니다. 경의 학문은 광대하고 고명하여 널리 배우고 예에 요약되어 두

170) 계림(桂林)의 사당 : 계림은 광서성에 있다. 여기에 순제(舜帝)를 제사하는 사당이 있다. 주자가 우제묘비를 지었다. 『朱子大傳』 卷一 「虞帝廟迎送神樂歌詞」.

가지가 지극함에 집대성하였습니다. 사문의 정맥으로 주자를 스승으로 하였습니다. 땅이 만물을 지고 바다가 만 갈래의 물을 포용하는 것 같아 아득히 세미한 데까지 들어갔습니다. 왕도와 패도와 사정과 시비에 일도양단(一刀兩斷)하여 작은 일에도 삼갔습니다. 유유히 흐르는 강한(江漢)의 물은 뜻이 춘추에 있었습니다.

두 가지를 세운 일(북벌과 만동묘)은 명나라를 높이는 막대한 일이었습니다. 우리 성조(聖祖 : 효종)의 때를 만나 은밀히 큰 계획을 도왔습니다. 봉투에 상소문을 봉하여 올림에 왕의 하교가 있어 왕은 손을 꽂고 법도를 남겼습니다. 해는 저물고 길은 멀어 평탄하지 못한 일이었습니다. 누대 아래에서 그윽하게 읊조린 일은[171] 활과 칼이 영원히 끝났습니다.[172] 고요한 파수의 언덕에 선제(신종과 의종)의 사당이 있습니다. 경이 의리를 내세워 일으킨 일로 그 의리가 작지 않습니다. 경의 공이 아니었으면 백성들은 거의 이적이 되었을 것입니다. 이미 학문이 정대하였고 또 공이 높았습니다. 여러 어진 사람을 선발하여 봄에 경이 사실상 종사(宗師)가 됩니다. 세 조정(효종・현종・숙종)을 바르게 도와줌에 예우를 함에 있어 더욱 공손하였습니다.

시운이 여러 번 바뀌고 도는 굴신(屈伸)이 있었습니다. 사설이 횡행하여 넘침에 바른 길은 잡초가 우거졌습니다. 사악한 자를 사절하고 널리 물리침은 우리 문정공[송시열]에 의하여 하였습니다. 여러 가지 이치가 담겨있는 남기신 책은 여러 몽매한 자들을 깨우쳐 주었습니다. 이치를 밝히고 마음을 바로 하는 일은 대체로 받은 바가 있어 그러합니다. 백 명 천 명의 난폭하고 시끄러운 자들은 누가 감히 조금이라도 뜻을 펼 수 있겠습니까? 백년을 못 가서 의리가 크게 정하여졌습니다. 밝게 모범이 되는 일을 전함에 성인의 가르침이 빛났습니다. 우리의 도가 더욱 무거워지고 세상의 교화가 더욱 새로웠습니다. 내가 보위를 이음에 미쳐 선왕의 뜻을 따랐습니다. 공경하여 사모함이 지극함에 높이고 보답하는 예도 돈독하였습니다. 저 문묘에 올려 제향을 올리게 된 것은 사실상 여론을 따른 것입니다. 학통이 돌아감이 있고 선비들의 추향도 다 같았습니다. 그 교서를 돌아보면 직함을 잘못 썼습니다. 일이 불경스럽게 되어 이에 바르게 하도록 명하였습니다.

마침 금년을 당하여 나의 슬픈 생각 배나 되어 명나라를 그리워하는 생각은 날과 달이 지날수록 더욱 깊습니다. 한 칸의 사당에서 경의 마음을 생각해 보니 무엇으로 주어야 하겠습니까? 상경(上卿)의 높은 직함입니다. 효종의 밀찰이 영광스러워 그 충정을 표하였습니다. 지금의 때를 느껴 할 일을 생각함에 나의 늙은 나이가 한스럽습니다. 황단에 제사를 올리고 돌아옴에 항상 슬픈 생각뿐입니다. 영왕(寧王 : 효종)께서 도모하신 일을 누가 나와 함께 마치겠습니까? 노성(老成)한 신하들은 이미 멀리 갔고 세상은 더욱 말세가 됩니다. 선비들은 글을 읽는 자가 드물고 백성들은 배우는 일에 힘쓰지 않습니다. 아부[脂韋]하는 일[173]이 풍속을 이루고 우리의 도는 의지할 곳이 없습니다. 정학(正學)을 표창하고 대현의 문하임을 명시하였으니 높은 산을 우러러 보는 것 같고 대로를 행하는 것 같음에 백 대를 지나도록 더욱 존내하겠습

---

171) 누대 아래에서 그윽하게 읊조린 일은 : 주자는 수공전(垂拱殿)에서 차자(箚子)를 금나라에 대한 복수를 해야 한다고 주장하였다. 여기서는 우암 선생이 청나라에 복수를 해야 한다고 하는 뜻을 말한 것이다. 『朱子年譜』 孝宗元年.

172) 활과 칼이 영원히 끝났습니다. : 임금이 돌아가심을 뜻하는 말.

173) 아부[脂韋]하는 일 : 脂韋는 유지와 연한 가죽. 아부하는 말로 쓰였다.

니다. 제관을 보내어 고유하고 제사를 올리면서 삼가 먼 곳에서 술을 따르니 영령께서 아시거든 이 제주에 흠향하소서.

정종 병신년(1776) 4월에 이명휘(李明徽)가 상소를 올려 황묘를 세운 일을 배척하자 상이 엄하게 국문하고 유배를 보냈다. 10월에 상이 승지를 보내어 만동묘에 편액을 달게 하고 인하여 어제발문(御製跋文)을 내리고 사당에 치제하였다. 상이 손수 만동묘의 편액을 쓰고 특별히 좌승지 김종수(金鍾秀)를 보내어 황묘에 받들어 걸게 하였다.

사제문(賜祭文) _ 예문관 제학 이의철(李宜哲)

경은 태산과 황하 사이의 기운을 받아 태어나고 이락(伊洛)[174]의 정맥입니다. 그 도는 넓고도 넓고 그 기상은 높고 높습니다. 학문을 널리 하면서 예로 요약하고 공경하여 속마음을 정직하게 하였습니다. 모든 학문을 집대성하여 '주자는 나의 스승'이라고 하였습니다. 의리와 간사하고 정직한 것은 처음에는 차이가 적지만 나중에는 천리의 간격이 생깁니다. 의심나는 일은 힘써 다투었지만 항상 조심하여 못을 임하고 얼음을 밟는 것처럼 하였습니다. 어려운 때를 만나 천지가 기울어져 무너졌습니다. 구오(九五)의 괘를 만나 바람과 구름이 함께 만난 것 같았습니다.[175] 춘추의 의리는 그 뜻이 수천 가지입니다. 오직 경만이 넓혀 명나라를 높이는 것으로 우선을 삼았습니다. 하늘이 그런 임무를 맡을 사람을 내심에 이치를 밝히고 마음을 바르게 하였습니다. 중도에 그만두게 되었으니 하늘도 믿기 어렵습니다. 창오산의 저문 구름에 백발이 된 남은 신하[176]입니다. 세상의 도는 바뀌어 가고 때는 잘 통할 때도 있고 어려울 때도 있는 것입니다.

해와 달이 밝게 비춤에 그늘 속의 도깨비 같은 자들은 모두 숨어버렸습니다. 문묘에 올려 받들자 우리의 도는 더욱 빛났습니다. 천자의 사당을 화양동에 세움에 명나라가 망한 슬픈 생각[風泉]은 빛나는 황제의 글씨에 부쳤습니다. 어린 내가[정조] 처음 왕위에 올라 선왕의 뜻을 이었습니다. 세도의 변함을 막는 제방이 된 것을 표창하여 그 일을 바르게 하였습니다. 선왕의 묘정에 배향하고 황제의 사당에 편액을 써서 걸었습니다. 높은 산을 우러러 보듯 하고 큰 길을 걷는 것처럼 하였습니다. 윤선거(尹宣擧)와 윤증(尹拯) 같은 추한 무리들이 오히려 왕성하였습니다. 간사한 말들이 횡행하여 대의를 어둡게 하였습니다. 사당을 세우는 일에도 헐뜯어 속이는 일이 역사를 쓰는 데까지 미쳤습니다. 그들의 죄를 바르게 다스려 우리의 의리를 밝혔습니다. 계속하여 짧은 말로 발문을 지어 나의 뜻을 밝혔습니다. 평소 오래된 감회가 있었으니 나의 그리워함이 어찌 중단되겠습니까?

아! 오직 경만이 오늘의 주자입니다. 내가 동궁에 있을 때로부터 경을 향한 생각이 본래부터 있었습니다. 글을 읽고 시를 외움에 조석으로 만나는 듯하였습니다. 오늘에 이르러 나의

---

174) 이락(伊洛) : 이천(伊川)과 낙양. 이천은 이천 선생이 강학을 한 곳이고 낙양은 명도 선생이 강학하던 곳이다. 곧 두 정자의 학문을 이르는 말로 쓰인다. 『宋史』 藝文志.

175) 구오(九五)의 괘를 만나 바람과 구름이 함께 만난 것 같았습니다 : 바람이 용을 따르고 구름이 범을 따르는 것 같아 훌륭한 임금과 신하가 서로 만나 큰 일을 할 수 있음을 뜻한 말이다. 여기서는 송시열과 효종이 같이 만남을 이른 말이다.

176) 명나라가 망하여 회복할 때는 늦어 가는데 송시열 만이 명나라를 생각하는 남은 신하란 말이다.

개탄하는 생각은 더해 갑니다. 세월이 멀어짐에 명예도 더욱 쇠해 갑니다. 풍진 속에 은은한 생각은 스승[江漢]에 대한 생각뿐입니다. 어떻게 술을 올릴까요? 술은 배를 띠울 만합니다.[177] 예관을 보내어 제사를 올리니 차례도 없는 보통 제문입니다. 영혼이 만일 어둡지 않으면 이정한 향불에 흠향 하소서.

계묘년(1783) 정월에 각신(閣臣)을 보내어 화양서원에 치제하고 인하여 각신에게 명하여 유학을 높이고 도를 중히 여기는 윤음(綸音)과 전교를 써서 걸게 하였습니다. 이때 선생의 현손 덕상(德相)이 선조를 배반하고 나라를 등지고 적신 홍국영에게 매달려 그가 시키는 말을 받아들여 흉악한 상소문을 올림에 역모의 사실이 다 드러났습니다. 엄히 성토를 하였는데 호서와 해서의 변이 이를 이어 일어남에 내가 유학을 높이고 도를 중히 여기는 윤음을 취소하였습니다. 인하여 전교하기를 먼 관서지방은 서울에서 거리가 떨어져 있으니 토속이 어두움을 이상하게 여길 것 없습니다. 호서와 해서 같은 곳은 모두 선정(先正)의 조두를 올리는 시골이고 선정이 사시던 곳입니다. 불행하게도 근일에 와서 불미한 말이 와전되고 의심스러운 말이 전해져서 정도를 보호하고 사설을 배척하는 효과를 보지 못했습니다. 이는 내가 왕과 스승의 지위에 송구하게 있으면서 교화가 아래까지 믿어지지 않는 탓이니 어찌 도내의 한 두 사람의 죄이겠습니까? 내가 지금 반성하고 탄식합니다. 아마도 선정께서 세상에 살아계신다면 세도가 어찌 이런 지경에 이르겠습니까? 이때에 경과의 멀어진 감회는 더욱 용납할 수 없습니다. 서원(西原 : 청주)의 화양서원과 해주의 석담서원에 각신을 보내어 치제하였습니다. 서원에는 홀로 송문정공을 제향하고 해서에는 조문정(조광조)・이문순(이황)・성문간(성혼)・김문원(김장생)・송문정(송시열) 다섯 사람의 선정과 이문성(이이)으로 배향을 한다하니 제문은 각각 마땅하게 직접 지어 내려 보냈습니다. 마침 연초를 만나 이 십여 줄 되는 전교를 내리니 나의 뜻으로 생각건대 눈앞의 중요한 일이 이보다 큰 것이 없기 때문입니다. 이리하여 각신 김희가 윤음과 전교문 치제문을 받들고 가지고 가서 일을 마치고 써서 판에 새겨 서원의 위에 편액을 걸게 하였다.

어제치제문(御製致祭文) _ 정조

어렴풋이 황제의 혼령은
만동묘의 하늘에 계십니다.
계림(桂林)에서 순임금을 제향하고
초나라의 시골에 초소왕을 제향 하였습니다.
정으로 인하여 의(義)로 일으킴에
백대를 기다려도 의심이 없습니다.
배신을 서원에 배향함에
천자의 사당 이웃에 하였습니다.
공은 세상에 드문 인재로 태어나
동방의 대현이었습니다.

---

177) 술은 배를 띠울 만합니다. : 진(晉)나라 때 필탁(畢卓)은 술을 좋아하여 술 수백 섬을 얻어 그 속에 배를 띠우고 평생을 마쳤으면 좋겠다고 하였다. 곧 술이 많다는 말이다. 『事文類聚』 宴飮部 酒器.

의리는 춘추대의를 주장하고
학문은 주자를 따랐습니다.
무너진 윤리와 끊어진 학문이
공에게 힘입어 실추되지 않았습니다.
실로 내가 사모하는 정을 일으켜
묘정에 배향하고 신도비를 세웠습니다.
덕적(德賊)[178]이 선대의 음덕을 빙자하여
가성(家聲)을 더럽혀 욕되게 하였습니다.
우정(虞旌)을 잘못 꽂아[179]
도리어 적에게 무기를 주는 격이 되었습니다.
권간(權奸)[180]과 표리가 되어
사주를 받고 투서를 하였습니다.
나의 내치(內治)를 방해하고
나의 대계를 저해하였습니다.
도리어 네 글자의 흉언[181]을 지어내어
사람들을 속이고 선동하였습니다.
머리를 맞대고 모의하여 통문을 내니
거의 이 서원을 더럽혔습니다.
흉계를 도모한 괴수를 죽이고 추종자는 용서하였으나
감격하고 두려워하지 않았습니다.
택홍(澤泓)[182]이 흉계를 드러내고
인경(仁京)[183]이 난을 도모하였습니다.
천 갈래 만 갈래로
동일한 자취로 하였으니
만약 공께서 세상에 살았다면
손수 먼저 처단하였을 것입니다.
우산(禹山)[184]이 역모를 도모하였으나

---

178) 덕적(德賊) : 송덕상을 이르는 말. 본관은 은진. 자는 숙함(叔咸) 호는 과암(果菴). 송시열의 현손이다.

179) 우정(虞旌)을 잘못 꽂아 : 우정은 사냥을 할 때 사용하는 기. 여기서는 송덕상을 잘못 천거하여 홍국영의 손발이 되었다는 말이다.

180) 권간(權奸) : 홍국영을 이르는 말.

181) 네 글자의 흉언 : 송덕상이 기해년(1779)에 올린 청광저사소(請廣儲嗣疏)의 내용 중에 모양도리(某樣道理)라고 한 네 글자를 말한다. 이것은 홍국영이 개찬하여 써 넣은 것이라고 한다. 『果菴集』 卷14 年譜.

182) 택홍(澤泓) : 이택징(李澤徵)과 권홍징(權泓徵)을 말함. 정조 6년 5월에 공조참의 이택징이 상소를 올렸는데 송덕상을 비호하였다는 죄로 친국을 당하고 그 후 공주의 유학자인 권홍징이 상소를 올리고 친국을 당하자 이택징과 전후로 호응하였다고 자백하였다. 『正祖實錄』 6年 11月.

183) 인경(仁京) : 문인방(文仁邦)과 이경래(李京來)를 말한다. 문인방은 이택징의 인척이며 송덕상의 제자로 이경래와 함께 귀양간 송덕상을 위하여 역모를 꾸미다가 발각되어 친국을 당하였다. 『正祖實錄』 6年 11月.

184) 우산(禹山) : 한나라 때의 곽우(霍禹)와 곽산(霍山)을 이르는 말. 이들은 뒤에 모반을 꾀하다가 모두 죽

박륙(博陸)[185]은 부끄러울 것이 없습니다.
탁주(侂胄)[186]가 나라를 어지럽혔으니
위공(魏公)[187]에게 어찌 누가 되겠는가?
더구나 내가 존중하고 숭상하는 마음은
시종 변함이 없습니다.
속마음을 다하여 제사를 올리니
밝으신 혼령은 오시기를 바랍니다.

본 서원의 산장(山長)[188]

이수언(李秀彦)(자는 미숙(美叔) 본관은 한산. 호는 취몽헌(醉夢軒). 문과에 올라 벼슬이 판서에 이르렀다. 우암 문하의 선배이며 청주에 살았고 청주 사람들이 서원을 세워 향사하였다. 처음 서원이 만경대에 있을 때 산장이 되었다. ○갑술년으로부터 을축년까지 하였다.) 권상하(權尙夏)(자는 치도(致道) 본관은 안동. 호는 수암(遂菴). 학행이 있어 유일(遺逸)로 벼슬이 영의정에 이르고 시호는 문순공이다. 우암의 도를 전한 제자이다. ○정축년으로부터 신축년까지 하였다.) 정호(鄭澔)(자는 중순(仲淳) 본관은 연일. 호는 장암(丈巖). 우암선생의 문하에서 가장 오래 배웠다. 문과에 올라 벼슬이 영의정에 이르고 시호는 문경공이다. 사림의 영수가 되었으며 선비들이 종주로 삼았다.) 민진원(閔鎭遠)(자는 정능(靜能). 본관은 여주. 호는 단암(丹巖). 노봉(老峯)의 종자이고 동춘의 외손이다. 문과에 올라 벼슬이 영의정에 이르고 시호는 문충공이다. 장암의 말년에 부원장이 되었다.) 이의현(李宜顯)(자는 덕재(德哉) 본관은 용인. 호는 도산(陶山). 문과에 올라 벼슬이 영의정에 이르고 시호는 문간공이다. 선비들의 종주가 되고 문장의 종장(宗匠)이 되었다.) 이재(李縡)(자는 희경(熙卿). 본관은 우봉 호는 도암(陶菴). 젊은 나이에 문과에 올라 만년까지 학문에 독실하였고 동춘의 생질의 아들이다. 유림의 영수가 되고 사문의 종장이 되었다. 벼슬은 참찬에 이르고 도산 말년에 부원장이 되었으며 시호는 문정공이다.) 박필주(朴弼周)(자는 상보(尙甫) 본관은 반남. 호는 여호(藜湖). 현석(玄石)의 종손이다. 젊어서부터 독실하게 배워 유일(遺逸)로 벼슬이 이조판서에 이르렀다. 도암의 만년에 산장이 되었고 시호는 문경공이다.) 민응수(閔應洙)(자는 성보. 노봉의 종손이다. 문과에 올라 벼슬이 영의정에 이르고 시호는 문헌공이다.) 조관빈(趙觀彬)(자는 국보(國甫) 본관은 양주. 호는 회헌(悔軒). 문과에 올라 벼슬이 판서에 이르고 문형(文衡)을 맡았다. 시호는 문간공이다.) 유척기(兪拓基)(자는 전보(展甫) 본관은 기계. 호는 미음(渼陰). 문과에 올라 벼슬이 영의정에 이르고 시호는 문익공이다.) 김원행(金元行)(자는 백춘(伯春) 본관은 안동. 호는 미호(渼湖). 농암(農巖)의 손자이다. 유일로 벼슬이 찬선에 이르고 시호는 문경이다.) 김양행(金亮行)(자는 자정(子靜) 호는 지암(止菴). 농암의 종손이다. 유일로 벼슬이참판에 이르고 시호는 문간공이다.) 김종수(金鍾秀)(자는 정부(定夫) 본관은 청풍. 문과에 올라 벼슬이 영의정에 이르고 문형을 맡았다. 시호는 문충공인데 정묘년에 추탈(追脫)되었다.) 송환기(宋煥箕)(자는 자동(子東) 호는 성담(性潭).

음을 당하였다. 『漢書』 卷68 霍光傳.

185) 박륙(博陸) : 박륙후(博陸侯)로 한나라의 곽광(霍光)을 말한다. 이 말은 송덕상이 가성을 욕되게 하였으나 우암선생은 부끄러울 것이 없다는 말이다. 『漢書』 卷68 霍光傳.

186) 탁주(侂胄) : 송나라 사람 한탁주(韓侂胄)를 말한다. 자는 절부(節夫). 한기(韓琦)의 증손자.

187) 위공(魏公) : 송나라 한기(韓琦)의 봉호. 자는 치규(稚圭). 당시 범중엄(范仲淹)과 함께 훌륭한 재상으로 명망이 있었고 위국공(魏國公)에 봉해졌다. 시호는 충헌(忠獻)이다. 『宋史』 卷312 韓琦列傳.

188) 산장(山長) : 학식이 높고 벼슬하지 않은 선비를 이르는 말. 여기서는 서원장을 이른다.

우암선생의 오세손이다. 유일로 벼슬이 찬성에 이르렀다.)

청주의 선비 유지석(柳祉錫)이 무릉에 살았는데 화양과의 거리가 오리쯤 되었다. 무신년(1728) 3월을 당하여 역적 이인좌가 송면으로부터 일어나 길이 화양동을 거침에 유지석이 황묘와 우암 선생의 화상에 범할 것을 짐작하고 아들 정기(挺箕)와 정두(挺斗) 형제를 거느리고 먼저 서원으로 향하여 영정과 위판을 안고 서원의 뒤 가장 깊은 곳인 미륵암에 이르러 선생의 집 종 허일만(許一萬)과 서원의 종으로 하여금 수호하게 하니 허일만은 곧 선생에게 밥을 지어주던 여종 칠례(七禮)의 외손이었다. 역적 이인좌가 과연 화양동에 이르러 찾다가 없어 그만 두었다. 유지석이 곧바로 화양동에서 나와 의병을 불러 모았다.

이보다 앞서 역적 유해(柳海)란 사람은 큰 도적이었다. 남충장공 연년(南忠壯公 延年)에게 체포되어 형을 받은 바 있었는데 유해가 여기에 유감을 품어 이인좌를 도와 충장공과 이충민 봉상(李忠愍 鳳祥)을 죽였다. 유지석이 그의 모습을 알고 있었더니 싸움에 미쳐 지석이 충장공의 아들 덕하(德夏)에게 지시하여 그를 찢어 죽이게 하였다. 소모사(召募使) 유숭(兪崇)이 조정에 보고하였는데 안장과 말을 하사하고 또 녹권(錄卷)을 하사하였다. 이 일은 감난록(勘亂錄)에 기재되었다. 유지석이 이미 유해(柳海)를 죽이고 화양동에 다시 들어가 우암선생의 화상을 받들고 서원에 봉안하였다.

화양동지 이(華陽洞志 二)

詩文 上

화양동(華陽洞)[1] _ 송시열(宋時烈)

화양산과 수양산
만고의 강산이 이곳에 세워졌네
나그네 찾아와 천길 절벽을 바라본다면
티끌 세상에 별천지 인간 세상이리

암서재(巖棲齋)[2]

시냇가 바위 벼랑 열렸으니
그 사이에 집을 지었노라
조용히 앉아 경서의 가르침 찾아
조금이라도 따르려 애쓴다네

또 짓다(又)[3]

한 봉우리 구름 밖에서 솟았으니
가물가물 있는 듯 없는 듯
눈 내린 후 분명히 보이니
고고하여 오를 수 없구나

---

1) 초간본 『화양지』 권3 애각사실에 소개되어 있고, 협주에 의하면 이 시는 '비례부동'이 새겨져 있는 석벽에 새긴 절구라고 한다. 또한 윤봉구가 편찬한 『華陽尊周錄』 필사본(복사본)에도 송시열이 지은 것으로 첫머리에 실려 있다. 그러나 증수본 『화양지』에는 "此詩屛溪亦以爲先生所作而至有所和並刻板揭煥章菴. 而今不載於先生大全. 且深究句語似是後人贊歎之詞, 而未見其必爲先生所自題, 姑以傳疑之. 例存之舊, 本載於崖刻條, 而今移錄於此"라 하여 송시열의 작품이라는 사실에 의심을 하고 있으며, 초간본에서와는 달리 환장암사실 맨 끝에 옮겨 실었다.

2) 『송자대전』에는 제목이 「華陽洞巖上精舍吟」이다.

3) 『송자대전』에는 제목이 「草堂南望一石峯 則若有若無 雲霞過之 則全不見 白雪冒之 則分明突兀 諸峯莫敢望焉 晦孫請賦之 用前韻 爲書一絶」이다.

후운옹의 환장암 시 칠십이 운을 차하다(次後雲翁煥章菴七十二韻)

하늘이 백성을 내심에 이 몸이 있으니
인과 의는 바로 고유한 것이네
[仁義가] 막힌 사람이나 잘 거느리는 사람을 아울러 포용하니
하늘과 땅은 큰 부모이어라
게으르지 않고 욕됨이 없게 하여라
그 높고 두터움을 닮을 수 있으리라
예악이 절로 펼쳐져 밝으니
용이 하도(河圖)를 지고 나오기를 기다릴 것 없네
삼가 정일(精一)을 전해옴을 생각하니[4)]
옛날 세 성군[5)]부터였고
대경대법 밝아짐은
노나라의 서쪽 사냥에서 연유했네[6)]
이어 중용이 저술되었으니
계왕개래(繼往開來) 하늘이 실상 도왔네
먼저 도가 사람을 멀리하지 않음을 밝혀서[7)]
연어와 부부를 말하였지[8)]
인하여 제왕의 계통까지 서술하니
모두 뛰어난 가운데의 뛰어남이었네
크도다, 애공이 물은 것을
문왕 무왕의 뒤에 접속시켰네
달도(達道)와 달덕(達德)[9)]이여!
헌장을 구법대로 따르는 것은
이것이 모두 하늘이 펴낸 것이니
누구를 버리고 다시 누구를 취하리오
패도를 하는 악한 자들이
선악을 빌어다 섞었구나
멸하려 해도 진 나라가 불사르지 못하였고
나와도 한 나라에서 사들임 기다리겠나
오직 구경의 조목은

---

4) 삼가 정일을~ : 『서경』 大禹謨에 “요(堯)가 순(舜)에게 나라를 물려주며 ‘진실하게 그 중을 잡아라. [允執厥中]’ 했다. 그후 순이 우(禹)에게 물려주며 ‘인욕의 마음은 위태롭고 도의 마음은 미약하니 오직 정밀하고 오직 한결되어 진실하게 그 중을 잡아라. [人心惟危道心惟微惟精惟一允執厥中]’고 하였다.”

5) 세 聖君 : 요・순・우(堯舜禹)의 세 임금.

6) 대경대법~ : 요・순・우의 큰 법도가 공자의 『춘추』로 인해 후세에 알려졌다는 뜻이다.

7) 도가~ : 『中庸』 13장. 道不遠人.

8) 연어와~ : 도의 크고 작음과 보이고 안 보임을 모두 말했다는 뜻이다.

9) 達道와 達德 : 달도는 오륜(五倫)을 말하고 달덕은 지・인・용(知仁勇)을 말한다. 『中庸』 20章.

천성이 받고 준 것으로
큰 법 밝게 내걸었으니
뭇별 중에 북두성 같구나
이 속에 수신(修身)하라는 말이
가장 절하고 받을 만하니
몸을 닦는 방도가 무엇인가를
일찍이 안자에게 고하셨네
예가 아니면 움직이지 말라 했으니
이것을 버리고 무엇을 지킬 것인가
외물이 아무리 유혹해도
이 뜻은 달아나지 않고
뭇 욕심 아무리 어지럽혀도
이 마음 현혹되어 팔리지 않으면
일상생활이
어찌 조금이라도 어긋나겠나
온갖 간사한 것이
넘본들 끝내 어찌할 수 없으리
이 때문에 자사자(子思子)께서
표출해서 구경의 첫머리를 삼았네
옛날 우리 의종황제께서는
어느 곳에 먼저 손대셨던가
손수 이 한 말씀 써가지고
밤낮 없이 늘 보셨도다
성상의 학문 날로 새로워
표리가 모두 심원했도다
늘 공경과 태만 사이에
요(堯)임금과 주왕(紂王)을 분변하였고
이미 옛 습관에서 나와
벗어나서 높은 산꼭대기에 오른 듯
도가 순수하자 다스림도 훌륭했으니
사해에서 만수무강을 빌었네
어찌하여 조정에 있는 신하들이
돌과 구슬이 섞여 있었나
방자한 욕심 기탄이 없어
황국의 기강 드디어 해이해졌네
상벌이 고르지 못하여
큰 죄역도 다스리지 못하였네
어지러움 심하자 갈영[10]이 일어났으니
난리의 시작은 정수[11]가 아니었네

갑신년 삼월의 일
생각하면 마음이 찢어지는 듯
나라가 망하면 임금이 죽는 것은
예와 이제에 말뿐이었지
우리 황제 홀로 이 일 판단했으니
천지가 무너져도 영원하리
만방은 아버지 잃은 듯 슬퍼하는데
스스로는 오히려 스스로 천우(天祐)라고 하셨네
수부는 바닷가에서 보호하였고[12)]
주자는 영부릉에서 통곡하였네[13)]
혹시라도 예(禮) 아닌 행동이 있었다면
성인의 덕 어찌 이처럼 훌륭했을까
아름다운 노봉공 있었구나
은혜를 치우치게 입었고
강개한 마음은 있었지만
사세가 다만 방해만 했네
높고 높으신 우리 효종께서
일찍이 홀로 정원에 앉아
나를 오라 부르셨네
궁전은 깊고 어두웠지만
모두 화답하여 속마음을 다 털어 놓았으며
목마름에 물을 구하듯 하였네
전교하시기를, 세도가 무너져
고래들이 함부로 부르짖고 있다하셨네
내가 대의를 밝히려 하는데
이 뜻을 누구와 성취해 볼 것인가
문왕과 탕은 백 리와 칠십 리였으니[14)]
항상 옛사람에게 부끄럽노라
지금 사람들은 두려워 말 못하고
아교와 옻칠을 삼켰으나 양치질을 못하네

---

10) 葛榮 : 육조(六朝) 원위(元魏) 때 유적(流賊)으로 나라 이름을 제(齊)라 했다.

11) 鄭袖 : 정수(鄭袖)는 전국 시대 초 회왕(楚懷王)의 부인이다. 여기서는 명나라가 멸망한 것은 여자에게 연유된 것이 아니라는 뜻으로 인용하였다. 『史記』 張儀傳.

12) 수부는~ : 수부는 육수부(陸秀夫)를 말한다. 그는 송 나라 최후 황제인 상흥제(祥興帝)를 모시고 애산(崖山)에 숨어 있다가 원병(元兵)이 이르자 황제를 업고 바다에 빠져 죽었다.

13) 주자는~ : 영부릉(永阜陵)은 송 효종(宋孝宗)의 능이다. 명 나라를 생각하는 우암의 심정이 그와 같다는 뜻이다.

14) 문왕과~ : 덕으로 인(仁)을 행하는 자는 왕(王)이 되는 것이니 탕(湯)은 70리로 일어났고 문왕(文王)은 1백 리로 일어났다는 말이 있다. 『맹자』 公孫丑 上.

내 마음속으로 답답하기 그지없어서
밤낮으로 구름이 머무르는 것 같노라 하셨네
노봉이 머리 조아려 사례하기를
이 의리 우주에 뻗칠 만한데
임금의 뜻 오래 도와드리지 못하면
신하들의 죄요 허물입니다
나와서 하는 말이, 우리 임금님 도량은
운몽택 구백 리 이상이시네
정신이 이미 지극히 이르셨으니
금석도 장차 뚫을 것이며
구토[九州 : 中原]의 이리 같은 마음을
하늘이 혹시라도 달랠 수 있으리라
이리하여 어수지계 되었으니
은밀한 계획 깊이 맺어 얽었구나
임금님 마음은 이미 뛰어났지만
다른 사람들은 [오랑캐의] 침구를 두려워했네
갑자기 임금님 승하하시어
피눈물 흘리며 가슴 두드렸네
지난번 연도(燕都)에 들어갔더니
개와 염소 속에 원숭이도 섞였는지
거리마다 비린내 나고
황제의 글씨로 창문을 부쳤는데
다행히도 슬피 노래하는 사람 만났더니
얼굴을 대하자 마음도 맞았네
이는 선황제의 글씨라고 하고
일찍이 전쟁터 말발굽에 유린되었던 것인데
그대는 꼭 이것을 가지고 가시오
그대 나라는 참으로 비루하지 않은 곳이오
찬란히 빛나는 네 글자를
감히 함부로 대할 수 없었는데
더구나 지극한 요체의 가르침이
공자의 말씀에서 나왔음에랴 하고는
값을 주려 했으나 거절하였으니
그 의기 또한 높고 성대하구나
가지고 돌아와 유인(幽人)에게 부탁하여
푸른 바위 구멍에 새겼네
또한 효종의 뜻도 기술했으니
그 인과 의는 짐승의 심장도 놀라게 하겠네
화양동 한 동천에

만고의 밝은 별 빛나누나
단계(丹溪)에 한 선비 있어
세상에서 나그네 같은 몸이지만
시를 지어 그 일 노래하니
노봉과 맥락을 같이하리라

후운옹의 환장암가에 차하다(次後雲翁煥章菴歌)

검단산[15] 울창하고 우뚝 높은데
후운옹의 시구 어이 그리 당당한가
제・양의 여러 사람 기운이 허약했으니
큰 배에서 옛글을 본 것처럼 황홀하네[16]
더구나 앞뒤 몇 백의 운자가
하나하나 모두 중국의 왕을 높였네
옛날 오랑캐 원이 건부[17]를 훔쳐서
제왕들의 예악을 천광에 돌렸네[18]
고황제(高皇帝) 칼 집고 초야에서 일어나
구주를 숙청하니 사나운 짐승 없어졌네
교화와 문물 크게 펼치니
백성들 눈을 닦고 성왕(聖王) 시대 보았네
성자신손이 십오 세를 이어서
우주도 맑고 해와 달도 밝았네
우리나라 영토를 전력으로 지켜주셔서
악와의 용종에 수창도 겸하였네[19]
수레와 글이 같고 우로도 고루 젖었기에
밭 갈고 우물 파며 태평하게 지냈건만
어찌하여 만력 임진년에
해적의 요기 왕궁에 이르렀나
종묘사직 풍진 쓰고 만민이 희생되니
임금님 서쪽으로 파천하여 봉황성 향했네
신종황제 크게 노하여 급히 위태로움 구하시니
백만 군사의 깃발 얼마나 성대하였던가

---

15) 檢丹山 : 충북 괴산군에 있는 산. 黔丹山이라고도 한다.

16) 큰 배에서~ : "제(齊) 나라 소란(蕭鸞) 건무(建武) 4년에 요방흥(姚方興)이 큰 배에서 고문 순전(古文舜典)을 얻어 나라에 올렸다."는 고사에서 유래된 말이다. 『서경』 舜典.

17) 乾符 : 황제가 되는 비결을 말한다.

18) 제왕들의~ : 오랑캐인 원(元) 나라가 중국의 예악(禮樂)을 모욕했다는 뜻으로, 옳지 못한 이가 옳은 이를 비방한다는 말이다. 『南史』 表粲傳.

19) 渥洼龍種~ : 상서로운 물건이 나왔다는 뜻이다.

존망과 생사가 순식간에 달렸더니
큰 덕이 하늘같아 무엇으로 갚을손가
표문(表文)을 올리시기를
신 아무개는 나라 보전 못했다고
간절하게 천자[武帳]에게 청하여 병부[牙璋]을 나누게 하였네
들판에 거처하기를 처음에는 위나라 포의와 같았는데[20]
나라가 편안하니 지금은 주나라 때 월상과 같이 되었습니다[21]
신의 몸은 별들이 북극에 조아리듯 하니
신의 정성이 어찌 해바라기가 해를 향하는 것에 그치겠습니까?
표문 올리자 황제께서 여러 차례 끄덕이시고
그대 정치 오래 전부터 향기를 맡았노라
지금 다시 일어남도 그대의 현명함 때문이라
장려 조칙 은근하여 바쁘게도 써 주셨네
선조께서 이때부터 더욱 경건하여
황제의 위령 가까운 듯 늘 엄숙하였지
그 후 오륙십 년에 쇠망해져서
명나라 조정에서도 뭇 소인이 강한 나라를 해코지 하였네
갑신년 삼월 의종황제 순절하시니
오랑캐 들어와 심장을 도륙하였네
우리 동방 특별한 은혜 입었으니
불공대천 이 원수 어찌 잊을손가
효종대왕은 하물며 하늘이 내신 분
하늘의 순리 사람의 윤리 늘 주장하셨네
노봉과 가장 어수지계 있었으나
큰 의리 펴지 못하고 승하하셨으니
노봉은 죽으려 했으나 죽지 못하고
두 눈에 눈물만 늘 흘러내렸네
지난해 사신으로 연경에 이르렀더니
참담한 심정 무엇으로 흥망을 조문할까
다행히도 황제께서 남긴 필적 얻으니
하늘 향기 젖어 있고 봉황새 나는 듯
돌아와 화양동 바위에 새기고
호위함은 삼승의 스님들에게 부탁했네
효종의 영령도 여기에 내리실 것이니

---

20) 들판에~ : 선조의 파천(播遷)을 뜻한다.

21) 나라가~ : 임진왜란이 평정됨을 말한다. 주 나라 때 주공이 섭정하여 예악을 제정하고 천하가 화평하니 월상(越裳)에서 흰 꿩을 바치면서 "바다에 파도가 일지 않으니 중국에 성인이 있음을 압니다."고 했다는 말이 있다. 『後漢書』 南蠻傳.

유명이 다르므로 감동 없다 말지어다
슬프다, 이 의리 아는 자 누구인가?
세상사람 마음은 어둡기가 웅덩이 같네
후운(後雲)이 시 지어 이 의리 노래하니
글 기운 날카로워 별같이 빛나네
원하노니 이 시를 노봉에게 드리시오
읽고 나서 서쪽을 바라보면 더욱 상심하리라

파곡에서 송구봉의 시운을 가지고 이후망에게 화운해서 보이다(巴谷用宋龜峯韻和示李生後望)

사람들 말하길 파곡이 좋아서
한가한 날 놀이를 즐길 만하다네
내 수레 메웠으니 때 마침 좋고
그대 만난 곳 가장 그윽하여라
시냇물 소리 맑아 비파 같고
솔바람 서늘하여 가을인 듯
골짝에서 나와도 일 없으니
오직 낮밥 먹는 소를 볼 뿐이네

파곡(巴谷)

물은 청룡처럼 흘러가고
사람은 푸른 벼랑으로 다닌다
무이산 천년 전 일이
오늘도 이처럼 분명하여라

파곡에서 김중화의 시에 화운하다(巴谷和金仲和)

여울 바라보며 노래 부르니
물가에 삼간 집 지었구나
손님 사절하니 다른 일 없고
글 읽으니 문득 한가롭지 않네
파계의 물소리 옥이 부서지는 듯
속리산 돌 깎아서 산 되었나
흥 이르면 벗님 불러 나갔다가
시 읊으며 말 타고 돌아오네

선유동(仙遊洞)

파곡이 여기보다 좋다는 것은
그 평론 공정치 못한 것 같네

그윽하고도 쇄락하니
도리어 석당옹(石塘翁)을 생각하노라[22)]

침류정(枕流亭)

옛날 번화하던 곳에
외로이 깃드니 한도 깊어라
여기에 온 후 풍진 이르지 않으니
어찌 찾아오는 손님 있을까보냐
도랑에는 새소리 들려오고
뜰에는 좋은 나무 그늘지네
글을 읽다가 정신 피곤하면
때로는 시도 읊는다네

또 짓다(又)[23)]

작은 정자 숲 끝에 있고
앞 시내는 밤낮으로 우는구나
내 와서 경서 사기 읽고 지내니
남쪽 소식에 놀랄 것 없네

무량촌에서 이자구의 시운에 화운하다(無量村和李生子久韻)

무릉 거사 있으니
오솔길에 푸른 이끼 둘렀네
나와의 이웃 기뻐하며
뭇 사람들의 헐뜯음 안타까워하네
저문 봄놀이 좋아하고
함께 세한심 어루만지네
지기가 어쩌면 이렇듯 늙었는가
머리 빗질하며 너희 어린이를 웃노라

또 짓다(又)

흐르는 물에 복숭아꽃 뜨고
뽕나무 삼밭에 우로가 많으니
무량이라 전하는 마을 이름
무릉도원의 잘못인가 의심하노라

---

22) 석당(石塘)은 여산(廬山) 북쪽에 있는데 주염계(周濂溪)의 고택(故宅)으로 주자가 심방했던 곳이다.
23) 『송자대전』에는 제목이 「枕流亭咏懷」로 되어 있다.

공림사 절구(空林寺絕句)

공림은 불가의 칭호인데
우리들 이 속에 찾아왔네
위의에 대한 명도의 설에 대해서는
모름지기 주자의 평론도 알아야 하리

회포를 읊다(詠懷)

골짝의 연하 개려 하는데
깊은 밤 별빛 아래 잠깐 배회했네
시냇물에 가을 달빛 밝음 생각하니
이 인생 어느 날 다시 찾아올까

두시의 운에 화운하여 산에서 노는 친구들에게 보이다(和杜韻示遊山諸友)

사자암의 네 문을 활짝 열면
호수 같은 바다 조그마한 동이 같으리
제군은 참으로 삼상의 흥 있으련만
늙은 나는 두 눈 어두워 슬프기만 하다네
백발에도 친구들은 오직 그대들뿐
책을 보며 담론할 이 몇이나 되나
여가 내어 글 모임 이루려 하니
평평한 모래 물 가까운 마을 점령하게나

또 짓다(又)

산속의 늙은이 말이 없고자 하니
화복을 따지는 일 하늘에 맡긴 지 오래이네
조용함 좋아하니 샘물 소리도 싫고
한가함 사랑하니 자못 선승 같구려
얽히고 설킨 세상살이 말하지 마오
바람과 달은 돈도 필요 없어라
스스로 웃노니 당년에 분수를 모르던 일
도만 밝힐 줄 알았지 몸 보전할 줄 몰랐네

또 짓다(又)

산속에 만발한 꽃 아랑곳없이
한가롭게 옛 책만 가까이하네
밤 처마 조용하니 꽃 사이 달 비치고
낮 책상 개인 빛에 부엌 연기 들어오네
일은 뉘우치게 되면 미칠 수 없고

마음 평평하면 바로 유유해지네
이제라도 유한을 남겨서는 안 되지
잘못을 안 거백옥 그 나이를 기억하네

화양산사에서 읊어 제생에게 보이다(華陽山寺吟示諸生)

여름 밤 깊은 산에 두견새 우니
생각노니 이불도 엷고 잠 못 이룬 일
밝고 슬기로움 생지에 가까운데
기연과 소이연에 어찌 고혹당했던가
(자주(自注)에 이르기를, 주 선생이 일찍이 산사로 가다가 말 위에서 정자(程子)가 '그러한가, 그렇지 않은가?[其然不然]' 한 몇 조항을 사색하다 통하지 못한 채 절에 이르렀는데, 두견새 울고 이불도 엷어 잠을 이루지 못하고 밤새도록 사색하느라 매우 괴로웠었다. 그 후 매번 두견새 소리만 들리면 별안간 그날의 괴로웠던 일이 생각난다고 하였다)

비온 뒤에(雨後)

골짝에 괴로운 비도 많아
시냇물 흩어진 돌 사이 달린다
우레 같아 도깨비 도망치겠고
사자 소리치듯 바위 봉우리 울리네
비록 용문산 어구를 뚫을지언정
지주산을 넘어뜨리긴 어려우리
이윽고 거센 물결 급하더니
예와 같이 잔잔한 소리 들려오네

홍원구의 운에 화운하다(和洪元九韻)

계당에 하루 종일 기운 차갑고
숲 안개 아지랑이 사방이 희미하네
유연히 거문고와 책 대하여 앉았으니
종일토록 그윽한 새 날 향해 우짖는 듯

조억망의 운에 화운하다(和趙嶷望韻)

낙양산 바위 깎은 듯 병풍 같고
산 아래 맑은 시내 밤낮으로 우는구나
초당에 일이 없어 사립문 늘 닫으니
때로 순전 아사 행차가 있을 뿐이네

감회를 써서 제생에게 보이다(書懷示諸生)

낙양의 푸른 절벽 천길 우뚝 서 있으니

서생과 함께 웅지를 다투고자 하노라
취한 후 수공의 아름 길게 읊으니
간담이 솟아오름 견디기 어렵구나

국화를 읊다(詠菊)

고인이 심은 동쪽 울타리 국화
옮겨다가 돌담 옆에 심었노라
마을에 좋은 술 익거든
가을 꽃잎 술잔에 가득 띄우리라

매화를 읊다(詠梅)

수락당 앞의 나무를
백석탄으로 옮겨 왔네
산속에서 빙설의 자태 일찍 피니
맑은 그림자 한없이 차가워라
(자주에 이르길, 신백구(申伯久[24]), 영식(永植))가 매화 한 그루를 보냈으므로 시로 사례하다.)

주자의 글을 교정하고 제생에게 보이다(校朱子書示諸生)

눈은 창살 치고 바람은 문을 치는데
만사 가만히 생각하니 고금 이루더라
등 앞에 두어 권 책을 교정하였으니
양공의 마음 홀로 괴로웠음을 깨닫네

환장암행(煥章菴行) _ 김수항(金壽恒)

형산(荊山) 정호(鼎湖)에서 용을 타고 오르는데 미칠 수 없자
지상의 모든 신하들 활만 안고 울었네
선화천자[25]께서 막북(漠北)에서 늙어가며
꽃 피고 새 우는 봄 근심을 시문에 부치셨네
천추에 우뚝한 의열은 전궤(前軌)와 다르시니
우리 황제께서 사대자[26]를 남겼구나
성인의 문장은 하늘로부터 이루어진 것이니
밝게 빛나 은하수가 되고 해와 별이 되었네
향안(香案)에서 붓을 휘두르셨을 때를 생각하니

---

24) 『宋子大全隨箚』에 '申伯固'라 하였고, 『高靈申氏世譜』에도 신영식의 자는 '伯固'로 되어 있다. 그러므로 여기서 '伯久'는 '伯固'로 고쳐야 한다.

25) 宣和 : 송 휘종의 연호. 선화천자는 송 휘종을 지칭함.

26) 四大字 : 의종이 쓴 '非禮不動'의 네 자.

청연(淸燕)에서 조용히 연지(硯池)에 임하셨네
분명한 심법은 극기복례(克己復禮)에 있으니
온 천하가 인(仁)으로 돌아옴을 점칠 수 있으리
하늘이 무너지고 땅이 갈라지는 지경을 다시 감히 말하랴
바다가 뽕나무 밭이 됨은 진실로 눈 깜짝할 사이었네
여산(驪山)의 사변은 유왕(幽王)의 화[27]이었고
왕이 죽은 슬픔은 창오산의 수레에 심하였네
질주하는 말 구름 같은 수레 이미 아득하거늘
아름다운 상자와 금피리는 모두 영락하였네
소릉(昭陵)의 어필[28]은 순장하여 얻을 수 없을 줄 알았더니
한번 전장에 버려져 힘겹게 보존되었네
삼한의 사신이 연경 거리에 묵다가
슬픈 노래 부르는 강개한 선비 우연히 만났지
손 끌어다 내어주니 그 곧은 마음 따질 필요 없었고
꼭꼭 싸매 돌아와 동방에 자랑하였네
동방의 백성들도 엎어져 있기는 매 한가지라
고심하며 홀로 화양옹이 계셨네
화양동 안 만 길 바위는
어느 해에 좋은 일로 귀부(鬼斧)로 쪼개었나
지금 삼가 끌로 새기기를 기다린듯하여
애각(厓刻)한 일이 하늘의 뜻임을 알겠네
놀란 난새와 도는 봉황은 푸른 석벽에 비치는데
황제의 위의[29] 엄연히 지척 간에 임하셨네
바위가에 모옥이 있어 옆으로 시내가 굽이치는데
모옥의 처마에는 환장암(煥章菴)의 이름 새로 걸었네
중들도 슬퍼하니 또한 의기가 있고
마음을 정갈하게 하여 발원하고 삼가며 지켜보는구나
소뿔에 닿아 긁히고 떨어짐을 어찌 용납하리오
어루만지며 이끼조차 끼지 못하게 하네
상서로운 구름은 둘러 호위하며 채색 무지개 토해내고
산과 골짜기 귀신들 함께 지키네
밤에 귀촉도는 울어 바위조차 갈라지려는 듯
난정[30]에 닿지 못한 계곡물 또한 오열하는구나

---

27) 여산의~ : 犬戎이 驪山에서 주나라 幽王을 시해한 일을 말한다.

28) 소릉의 어필 : 의종의 '非禮不動'.

29) 日表 : 제왕의 위의(威儀)를 말한다.

30) 蘭亭 : 절강성 소흥현(紹興縣)에 있는 정자. 이 말은 난정에만 청류격천(淸流激湍)이 있어 우는 것이 아니라 화양의 물도 오열한다는 말이다.

천하를 돌아보니 관과 신발이 거꾸로 되었으나
대명천지가 이 골짜기에 있구나
존주(尊周)의 은미한 뜻을 여기에 기탁하니
그 빛나는 마음 뉘라서 다시 알리오
응당 저 천수산 위 달만이
외로운 신하의 가슴 속 맺힌 한을 비추리라

환장암 병서(煥章菴 并序) _ 홍석기(洪錫箕)

내가 단구에 있을 때, 우암이 봉산에 있을 때 별지에 글을 쓴 것을 얻어 보았는데 이르기를, "전에 노봉 민공이 사신으로 연경에 갔을 적에 숭정황제의 어필을 구하려고, '만약 어필을 파는 자가 있으면 만금이라도 아끼지 않겠다.'라고 하였더니, 어떤 명나라 사람이 와서'비례부동(非禮不動)' 큰 넉자를 보여 주기에 값을 주려 하였으나 그 사람은 받지 않고 돌아갔으니, 이는 아마도 민공의 정성에 감동해서 일 것입니다. 일찍이 나는 민공과 이 어필을 영원히 보존할 계획을 하여 화양동 석벽에 이 어필을 모각했는데 위는 덮였고 옆은 가려져 비바람을 막을 수 있었습니다. 당초의 계획은 그 모각 옆에 집을 짓고 산승으로 지키게 하고, '환장(煥章)'이라 이름하니 대저 『논어』의 '환호문장(煥乎文章)'의 뜻을 취한 것입니다. 일이 시작되기도 전에 이 재앙의 그물에 걸렸으니 사세가 장차 아침저녁 사이에 끝장이 날 듯하였습니다. 생각건대 옛날 효종대왕께서는 지금 이 오랑캐와는 한 하늘을 할 수 없다고 생각하고 통분하고 원망하시어 기필코 대의를 펴려 하셨더니, 하늘이 돕지 않아서 갑자기 승하하셨습니다. 민공이 마침내 그 뜻을 따라 이 일에 임금을 향한 충성을 붙이려 하였으니, 그 뜻이 비장하다고 할 수 있습니다. 그러나 집이 끝내 이루어지지 못하면 도리어 이러한 뜻마저 매몰될 것을 염려하여, 마침내 그 이름을 동편에 있는 절에 붙였으나, 이에 드러내 밝히는 글이 없을 수 없으니 집사께서 그 일을 먼저 서두르시기 바랍니다. 옛날에 주봉사가 냉산(冷山)에 외롭게 갇혀 있을 적에 읊은 '반룡막급(攀龍莫及)'이란 구절이 휘종(徽宗)을 제사지내는 글[31]에 드러나 지금까지 천하에 유전되고 있으니, 비록 오늘날에 있어서도 또한 혹 그 뜻을 반겨 들으려는 사람이 있을 것입니다. 잊지 마십시오, 잊지 마십시오." 하였다. 아, 숭정 이후에 하늘과 땅이 없어지고 해와 달이 없어졌도다. 만력 부모의 은혜가 아니라면 우리 사직이 제사를 받지 못하였을 것이며, 우리 백성이 하나도 남을 이가 없었을 것이며, 우리 아버지 할아버지가 없었을 것이며, 이 몸도 없었을 것이다. 숭정 황제는 이에 神宗의 神孫이라. 명나라가 四字가 전함에 망하지 않았다는 것이 노봉의 뜻이니, 우암의 뜻과 더불어 시작과 끝이 같은 것이다. 우암은 나를 비천하다 여기지 않고 드러내는 가르침에 지극히 힘쓰시니 못났으나 감히 사양할 수가 없다. 오언장편 710자로 오히려 뜻을 다하지 못함이 있어 율시 세 수를 이어서 짓다.

---

31) 朱奉使~ : 남송(南宋) 고종(高宗) 때 봉사(奉使) 주변(朱弁)이 자청하여 금나라로 사신 갔다가 16년 동안 억류되었는데, 그가 갇혀 있는 중에 휘종의 승하 소식을 듣고 지은 글에 "임금 따라 죽으려도 죽지 못하고 눈물만 흘리노라. (攀龍鱗而莫及淚灑氷天)"라는 말이 있다. 도군(道君)은 송나라 휘종(徽宗)을 말한다.

천하가 옛날에 문자를 동일하게 함에[32]
황주(皇朱)[33]가 구주를 가지었다
우리 조선은 작으매 큰 나라를 섬기니
여러 황제는 대대로 부모였다
널리 생각하건대 우리 신종황제께서
성명(聖明)이 천지에 짝할 만큼 두터웠다
우리나라의 사직이 망하지 않으려 함에
그 큰 덕[34]을 어찌 저버릴 수 있을까
신손[毅宗]이 그 할아버지를 이었더니
만방이 밝은 임금을 떠받들었도다
더벅머리 역적[이자성]이 단극(丹極)[35]을 핍박하여
천자가 승하[36]하시니 하신 것 같지 않았네
화정(火井)[37]은 차가와 타오르지 않으니
아, 하늘이 돕지 않으시도다
숭정의 참극을 어찌 차마 말하랴
피눈물을 어리석은 부로(婦老)에게서도 보도다
노봉 민상서는
날이 추운 후에 고송(孤松)처럼 빼어나도다
중국으로 가서 수양산을 조문하고
우리나라로 돌아온 뒤 눈물을 뿌렸네
금대(金臺)에서 소왕(昭王)[38]을 곡했으니
물색은 이미 옛날 명나라의 것이 아닐세
옥새는 필경 어디로 돌아갔나
요도[39]는 누가 가졌는가
용안은 다시 볼 수 없으니
제왕의 기운은 아직 있는가 없는가
황제의 활은 찾을 곳이 없으나
천필[40]은 만날 수가 있었네

---

32) 천하가~ : '今天下 車同軌 書同文 行同倫'. 『中庸』 28章.
33) 皇朱 : 명나라 태조인 주원장(朱元璋)을 말한다.
34) 洪造 : 천지의 조물주와 같은 큰 덕.
35) 丹極 : 궁궐의 붉은 전각으로, 여기서는 명나라 황실을 지칭한다.
36) 陟方 : 하늘에 오른다는 뜻으로 천자의 죽음을 말한다.
37) 火井 : 연소하기 쉬운 가스가 나오는 우물을 말한다. 여기서는 의종의 죽음은 천지의 변이란 말이다.
38) 昭王 : 周의 4대 왕. 재위 중에 나라가 쇠약해져서 남방을 순수하고 돌아오다가 물에 빠져 죽었다. 여기서는 민정중이 의종황제를 조문하고 왔다는 뜻임.
39) 瑤圖 : 제왕의 세계(世系)나 족보.
40) 天筆 : 황제가 쓴 글씨.

빛나도다! 큰 네 글자여
그것을 얻어 누구에게 주랴
지극한 보배라 값을 논할 수 없으니
만금도 아깝게 여기지 않았네
값을 주고자 전대를 기울이고자 하였더니
머리를 흔들고 사양하여 받지 않았네
슬피 노래하는 선비가 아니던가
이름과 성씨가 무엇인지 알지 못하였네
한(漢)나라 백성은 마땅히 한을 생각하니
필부도 지키는 바가 있네
노중련(魯仲連)이 만일 때를 같이 하였다면
어찌 일찍이 홀로 동쪽으로 달아났겠는가
또한 상서공의 정성된 뜻을 알아보고
깊이 느꺼워 해서일세
가슴속에는 서산[41]을 생각하고 있으나
이제는 시대가 잘못되었구나
동쪽으로 돌아옴에 열 겹을 싸서 간직하여
방해가 두려우니 누구에게 주리오
우암 노선생께서는
뜻은 있으나 부질없이 머리가 희었다네
이에 의종을 뵌듯하여
눈물을 흘리며 손잡고 절하였네
대명이 유묵(遺墨)에 있으니
해와 달이 다시 밝은 듯하네
글자마다 소중하여 백벽(白璧)과 같으니
어찌해야 영구히 전할 수 있을까
화산(華山)[42]의 산 남쪽으로
말을 돌려보내니 주왕(紂王)을 벤 일 생각나네
높은 대가 천 길이나 되고
흰 돌에 옥 같은 뫼 부리가 비치네
바위를 갈고 글씨를 본떠서 새기니
돌과 더불어 오래도록 가리라
빛나는 것이 규벽(圭璧)과 같고
환한 것이 옥돌을 머금은 듯하네
이끼도 감히 침식하지 못하리니

41) 서산 : 백이의 수양산. 가슴 속에는 명나라를 생각하고 있다는 말이다.

42) 화산 : 섬서성 화음현(華陰縣)에 있다. 무왕(武王)이 주왕(紂王)을 정벌하고 다시 전쟁을 하지 않을 뜻을 보여 말을 화산의 남쪽으로 돌려 보냈다. 『서경』 武成.

금줄을 하여 무엇하랴
귀신이 보호하고 신명 또한 숨기리니
산신령인들 어찌 누설하겠는가
나 또한 죽지 못한 신하[43]이니
글자를 어루만지며 눈물로 옷소매를 적신다네
하늘을 이고 도리어 하늘을 부끄러워 하니
신의 단심(丹心)을 갈라 보이지 못하네
신이 옛 천자께 절하여
차탄하며 마음속의 말을 입에 올리네
비단 휘장은 오래되면 혹 헤지지만
돌에 새긴 것은 오래도록 썩지 않으리
명나라는 망했어도 아직 망하지 않았으니
하늘에 계신 영령이 반드시 보우하리라
산의 돌이[44] 비록 모질다고는 하나
이를 얻어서는[45] 뭇 언덕과는 다르리라
거듭 천자께서 다스리던 때를 생각하니
요 임금의 덕이 무성대하지 않은 것이 아니었네
말을 사슴이라 하여[46] 감히 일을 하였으니
여러 흉적들은 하늘이 덮음[47]을 능멸하였네
어찌 비례부동(非禮不動)이 있었던가
어찌하여 화가 팔꿈치에서[48] 생기었나
푸른 고래[49]가 황하를 들이마시고[50]
백조가 영유[51]를 잃었도다[52]
문명이 긴 밤으로 들어가니
하늘과 땅이 슬퍼서 어둡고 검푸르도다
애산[53]에 아직 배가 엎어지지 아니하였으나[54]

---

43) 죽지 못한 신하 : 임금이 욕을 당하면 죽어야(主辱臣死) 하는데 죽지 못한 신하.
44) 雲根 : 구름이 일어나는 근본으로, 구름은 산중에서 일어난다고 하여 산을 지칭한다.
45) 이를 얻어서는 : '非禮不動' 넉 자를 새겨서는.
46) 말을~ : 진말(秦末) 간신 조고(趙高)의 지록위마(指鹿爲馬)의 고사. 폭압(暴壓)으로 여론을 조작하여 정치를 함.
47) 天覆 : 하늘이 땅을 덮어 다스림. 임금의 권능(權能)
48) 화가~ : 화가 가까운데서 생김. 명이 청과의 싸움에 겨를이 없는 사이에 북경 근처에서 이자성이 난을 일으켜 북경이 함락되고 의종이 자결하였음을 말함.
49) 푸른 고래[靑鯨] : 여기서는 여진이 세운 청(淸)을 지칭한다. 靑은 淸을 빗댄 것이다.
50) 황하를 들이마시고 : 한족의 명나라를 멸망하게 하고.
51) 靈囿 : 주나라의 문왕이 설치한 동물원.
52) 백조가~ : 백성들이 나라를 잃었음을 말함.
53) 厓山 : 광동성(廣東省) 신회현(新會縣) 앞의 섬. 송(宋) 말 원(元)의 침공을 막던 최후의 거점인 애산채(厓

아마도 구원할 한 손도 없을 것 같네
초라한 대문 또한 적막하고
남만(南蠻)의 바다에 바람과 물결이 사납구나
경월(卿月 : 百官)은 궁궐을 떠나버렸고
성조(聖朝)는 거취가 아득하도다
한편으로는 도깨비들의 이웃이 되었고
또 한편으로는 원숭이와 학의 벗이 되었다네
영릉에서 문득 한번 부르짖고 울었으나
날카로운 뜻을 일찍이 다하지 못하였네
구의산[55]에 봉황새가 날지만
중원 땅에 용과 범이 싸우도다
사랑스러운 시냇가의 돌 위에서
부질없이 여울의 물결만 보내네
오채기[56]가 따름을 보지 못하니
차가운 구름만 머무는구나
울울한 늙은 영웅[57]이
남은 빛을 우주에 비추네
두 군자가 있으니
주역에 곧으면 허물이 없다는 말일세
임금에 충성하는 마음을 은구[58]에 부치니
어찌 양구(陽九)[59]에서 돌아설까
그것[60]을 높이고 덮개로 덮어서
바람과 비가 새어 들지 않게 하려 하였네
또 절벽에 집을 얽고자 생각하고
지키면서 어찌 세속의 유혹에 달려갈까
쳐다보기를 황극전의 궁전 같이 함에
하늘의 구름 가에 지은 듯이 보이네
목동과 초부는
미리 대비하여 도적을 막는 듯하였네

山(巢)가 있다. 육수부(陸秀夫)가 황제를 업고 투신한 곳임.

54) 아직~ : 명나라가 아지 완전히 망한 것은 아니나 당시까지 명나라의 망명 정권의 영력제(永曆帝)가 중국 남부를 전전하며 명맥을 유지하고 있었다.

55) 九疑山 : 순(舜) 임금을 장사지낸 곳.

56) 五彩旗 : 다섯 가지 채색의 깃발. 군기. 여기서는 북벌의 군대.

57) 龍蛇 : 용과 뱀으로 비상한 인물 곧 성현이나 영웅을 지칭한다.

58) 銀鉤 : 은으로 만든 갈고리로, 잘 쓴 글씨를 말한다.

59) 陽九 : 재앙. 양의 재앙 다섯과 음의 재앙 넷을 합하여 九로 함.

60) 그것 : '非禮不動' 의 글씨

이 계획은 맑은 상강(湘江)의 물에 떨어짐에[61]
천문(天門)[62]은 멀어서 두드리기 어렵네
가시나무를 둘러막아 교룡과 악어와 대하고
바위 문에는 원숭이들만 붙어사네
의기가 천축에 솟으니
어찌 다만 이 가라지라고 말하겠는가[63]
이웃의 스님이 아끼고 보호할 줄을 아니
유(儒)와 불(佛)이 다른 취지가 없도다
미물에도 반드시 느낌이 있으니
사슴과 멧돼지가 피하여 밟지를 않네
암자의 이름을 환장(煥章)이라 하니
부처는 비록 오랑캐이나 비루하지 않네
북쪽을 향하여 이에 자리하니
제왕의 위용[64]에 합치되는 듯하네
손으로 만짐에 찬탄이 절로 나니
세상에는 융중(隆中)[65]의 노인이 없다네
옥좌는 재가 되어 이미 차갑고
교산[66]에는 저절로 풀이 이미 우거졌도다
돌은 회계[67]의 빛을 띠었고
그윽한 샘물은 바위 구멍에 흐느끼네
나는 상공의 뜻을 슬퍼하노니
동쪽 삼한의 나라가 어찌 금수와 같겠는가
상공의 뜻을 이루고자 하여
공력(功力)을 모아 노숙[68]한 사람의 의표(儀表)가 되게 하였다
원컨대 몸으로써 솜씨를 대신하려하나
감히 바라는 대로 이루지 못함을 한하노라
댕댕이 난 오솔길에서 내가 먼저 기다리리

皇朱의 神器가 누구의 집에 속하였나

---

61) 상강의~ : 우암이 제주도에 귀양갔음을 말함.
62) 하늘로 들어간다는 문을 말한다.
63) 어찌~ : 작은 것이라고 하겠는가?
64) 天表 : 제왕이 위용을 드러냄을 말한다.
65) 隆中 : 호북성 양양현(襄陽縣) 서쪽의 산 이름으로, 한나라 말 제갈량이 이 산에 숨어 초려를 짓고 살았다. 융중노인은 제갈량이며 여기서는 우암에 빗대었다.
66) 喬山 : 황제를 장사 지낸 곳.
67) 會稽 : 절강성에 있는 산 이름. 하의 우임금이 제후들을 모이게 하여 공로를 논정한데서 이름이 지어졌다고 한다.
68) 老宿 : 불도의 수행을 마친 승려로, 나이를 먹어 경험이 많은 사람을 말한다.

글자마다 천금인데 외상으로 할 필요 없다네
고국의 산하가 개돼지가 되는 것이 슬퍼
화양동의 풍우에 龍蛇[69]가 흐느끼네
바위 위 서늘한 기운에 구름이 오히려 빛을 내고
玉手에 남은 향기 먹이 절로 꽃이 되어 피었네
이곳이 어찌 말을 돌려보낸 곳이 아니겠는가[70]
세한에 외로운 절개 또한 하늘가에 있네

절벽을 갈아 돌에 새기니 누가 모각한 것인가
신이 天章에 절하니 눈물이 흘러내리네
연경 저자에서 누가 어필을 전하였나
오랑캐 조정에서 황제 돌아가심에 큰 소리로 울 곳이 없네
두견새 피울음 우는 것은 황제가 슬퍼함이요
어부가 깨어있는 것을 기롱함은 삼려대부에게 묻는 것이다
묵적이 비록 있으나 부끄러움 씻지 못하였으니
화산은 부질없이 우뚝하고 노봉[민정중]이 외롭도다

이때에 누가 명나라에 충성하나
성스런 황제가 전하는 마음 幢子 속에 있도다
글을 써서 경계를 삼으니 오직 넉 자라
움직임에 예에 어김이 없으니 어찌 三風[71]이 있으랴.
죽으매 순임금의 슬퍼함이 아니더라도 천하를 슬퍼하고
감추어도 또한 요 임금의 빛이 해동을 비추네
산새는 흥망의 일을 우는 것 같고
채색 놀은 오히려 상서로운 구름 가두기를 배우네

환장암가(煥章菴歌)

대명의 태조께서 등극하시어
옷을 드리우고 남면하여 명당(明堂)[72]을 열었도다
지극하신 성인이 서로 이어 열다섯 황제요
사방팔방의 오랑캐들 육로와 수로로 귀부하였네
동쪽의 나라에서 사대한 지가 삼백 년
집양의 전례[73]를 우리 강헌왕[太祖]으로부터 했네

---

69) 잘 쓴 글씨

70) 歸馬于華山之陽 : 주 무왕이 은을 멸한 뒤 전쟁에 쓰인 말을 화산의 남쪽에 보내 천하에 다시 전쟁이 없을 것을 알린 고사인데, 공교롭게도 화양동의 화양은 화산의 남쪽과 뜻이 같기도 하다.

71) 세 가지 나쁜 풍습

72) 明堂 : 천자가 제후를 인견하고 정사를 보는 궁전을 말한다.

공경하여 생각하노니 선조께서 백육(百六)[74]을 당하시매
오랑캐가 쳐들어와[75]가 얼마나 미쳐 날뛰었는가
신종황제께서 칼을 어루만지며 노하시어
십만 군사를 내어 승냥이 이리들을 내몰았네
종묘에는 다시 제사를 지내고 나라가 망하지 않게 되었으니
천지 부모 같은 우리 신종황제라
신종황제로부터 삼대가 바뀌어 숭정에 이르니
역적 아이가 궁궐을 핍박하고 궁전을 에워쌌네
갑신년 봄을 차마 말하지 못하니
하늘을 불러 목 놓아 우나 하늘은 아득하네
변발(辮髮)한 이적이 와서 황극전에 오르니
중원이 어찌 여우와 토끼의 마당이 되어버렸나
서산(西山)의 뜻이 민노봉에게 있으니
어찌 송의 주소장[76]에게 사양하랴
물에 빠져 죽지 않고 서쪽으로 사신 가서
구의산을 향하여 봉황거(鳳凰車)를 따르고자 하노라
천금을 아까워하지 아니하고 어필을 구하니
네 큰 글자가 있어 글씨가 빛나네
누가 연경의 저자에 의인이 없다 이르는가
주머니를 털어 주려는 값을 물리치고 받지 아니하였네
노봉이 그것을 얻은 것을 황제가 내리신 것처럼 하니
열 겹을 쌌을 뿐만 아니라 규장(圭璋)처럼 간직했네
동쪽으로 돌아와 받들어 노선생[우암]께 보였더니
손으로 쓰다듬고 소매로 털며 눈물이 옷을 적시었네
만고에 전하여 영원히 없어지지 않게 할 것을 꾀하여
화산의 남쪽에 모각하였네
천 길 벼랑이 은구(銀鉤)를 띠니
구름과 높은 하늘의 향기를 토하려는 듯하네
용사 같은 글씨는 기가 성하여 두터운 땅을 헤치려는 것 같고
큰 신령이 달려서 항아에게 자랑하기 바쁘네
문득 조화옹이 천자의 글씨를 사랑하여
번개와 우레를 시켜 와서 가져갈까 두렵네

---

73) 執壤奠 : 자기 나라의 흙을 가져다 바치는 것. 옛날에는 새 임금에게 배알 할 때 자기나라를 전부 바친다는 상징적 의미로 자기나라의 흙을 가지고 와서 바치는 예가 있었다.

74) 百六 : 고대에는 액운으로 여겼다.

75) 涅齒 : 이적은 이를 검게 칠을 한다.

76) 朱少章 : 송나라 주변(朱弁)으로 字가 少章이다. 왕명을 받들고 점한(粘罕)을 설득하다가 이루지 못했으나, 금나라가 침공하자 국호(國號)를 대제(大齊)라 하고 황제가 된 유예(劉豫)를 섬기라는 강압에 굴하지 아니하였다.

망한 나라를 가지고 성제(聖帝)를 기롱하지 말라
나라가 망함에 함께 죽음이 제왕의 기강일세
하물며 우리가 아직 재조(再造)의 은혜를 갚지도 못하였는데
만력을 말하고자 하니 심장이 꺾어지는 것 같네
천하가 문장을 같이 함은 이미 옛날이니
치우쳐 있는 우리나라가 어찌 잊을 수 있으랴
신손(神孫)이 이어받아 어찌 조상을 욕되게 하랴
운이 비색하여 앉아서 위엄 있는 그물[77]을 잃었으나[78]
이 글씨가 숨겨짐에 신의 보살핌이 있었음을 나는 알겠네
이적의 난이 궁성을 태우는데 누가 간직할 수 있었는가
마침내 노봉이 가짐에 반드시 화산(華山)이어야 한다 하니
화산은 우뚝 서서 강상(綱常)을 붙들었네
움직임에 예를 어김이 없음은 황제의 잠언이니
황제가 오랑캐를 부른 것이 아니라 하늘이 망하게 하였네
돌에 새겨 기다림이 있으니 모름지기 아껴 지킬 것이라
동남[79]에 말이 용이 되어 큰 덕화를 입어 왕기가 날아오르네
환장암은 높아 북두성이 가깝고
계곡의 새들은 원항[80]인가 의심하네
빈산에 두견새 달밤에 우니
고국이 어디인가 티끌이 아득하네
영릉에 채색 구름 또한 날아오고
일찍이 치욕을 씻으려고 은하를 끌어오려 했네
의로운 깃발이 서쪽으로 강을 건널 것 같으니
화양의 칼은 갈아서 서리처럼 날이 서네
글자마다 눈물이 신이 절하는 손에 떨어지고
슬픈 바람도 참담하여 슬픔을 더합니다

환장암시(煥章菴詩)

크도다, 사해 안은
왕 노릇하는 자의 소유하는 바라
하늘에 짝하니 백성의 어버이요
땅에 짝하면 백성의 어미로다
그 보는 것은 멀고 가까움이 따로 없고

---

77) 弧張 : 짐승을 사로잡는 도구로, 호(弧)는 활을 말하며, 장(張)은 그물을 말한다.
78) 운이 비색하여~ : 명나라가 이자성에게 어이없이 망한 것을 말한다.
79) 동남 : 동남은 기호(畿湖) 지방을 지칭하며 여기서는 그 중에서도 괴산의 화양동을 말한다.
80) 鵷行 : 조정에 늘어선 관리의 행렬을 말한다.

그 어진 것은 얇고 두터움이 따로 없네
천지는 어길 수 없는 것이요
부모는 저버릴 수 없는 것이라
고황제 주원장(朱元璋)이 옛날에 남면하였고
대대로 밝은 임금이 이었네
차마 갑신년(1644) 봄의 일을 말하랴
천자의 붕어는 멀리 순수함과 다르네
선왕을 이어감은 진실로 허물이었는데
조종이 어찌 돕지 않는가
당시의 장수와 재상 신하들은
많이 머리장식을 한 부인네들 같음을 보았네
황하는 성인을 기다리고
백수향(白水鄕)에서는 광무제를 바라보았네
숭정 전의 일에 머리를 돌려보며
숭정 후의 일에 눈물을 흘린다네
공경하노니 오직 넉자의 글
황제가 쓰신 글씨는 새로움이 예와 같네
지극한 보배는 귀신이 감춘 바니
너 이적이 취할 바 아니다
노봉공(老峯公)에게 묻고자 하노니
그것을 얻음은 연경의 저자가 아닌가?
그는 의로써 천금을 물리치고
천금의 글씨를 의로써 사들인 것이네
천금은 가벼우니 마땅히 할만 하였고
의가 무거우니 마땅히 그냥 줄만도 하였네
글자마다 응당 하늘의 모양을 닮았고
빛은 북두성을 가리지 아니하네
노봉이 옛 황제를 생각하여 울면서
받들기를 마치 머리 조아리며 받았네
이적이 된 명나라 사람이니
상을 주려 하나 누구임을 알랴
전대에 넣고 돌아와 중히 여기니
한나라의 절개를 죽음으로써 지켰네
화산의 남쪽에 그것을 새기니
돌 위에 늙은 용이 달리는 듯하네
오랑캐의 티끌이 감히 더럽혀지지 아니하니
천자의 글씨를 어찌 재화로 바꾸겠는가
돌을 어루만지며 탄식하니
천하의 일이 이미 어긋났도다

아 슬프다 우리의 영왕(寧王 : 효종)이여
뜻을 가졌으나 일찍이 이루지 못하였네
은인자중하여 소의 꼬리가 되는 것을 부끄러워 하고
상투를 갖는 것을 으뜸으로 삼았네
창을 잡고 맹세하였으나
玉帛은 오히려 손에 들고 저들에게 바쳤네
여우 토끼[청나라]는 華夏에 구멍을 파고
올빼미가 한낮에 춤을 추었네
오랑캐의 운은 백년을 가는 일이 없으니
비둘기의 집 또한 이미 오래 되었네
대 명나라에 어찌 이렇게 사람이 없는가
백성을 몰아대니 저들은 주왕(紂王)과 같네
吳起와 孫武 같은 장수는 아직 강을 건너오지 못하고
봉화불은 연경의 산에 타오르네
성스런 宋 나라는 하늘이 운(運)을 빼앗고
오랑캐 元 나라는 나라의 국운이 수(壽)를 늘이네
우공(禹貢 :중국)은 구렁텅이에 빠지니
바다 속의 진주요 산 속의 옥돌과 같네
명 태조께서 기강을 세우시니
한번 무너진 운이 다시 이어졌네
벌과 나나니벌이 제멋대로 쏘아도
암고래 수고래[政敵]가 끝내 새어나갈 수 있나
돌에 새김은 마치 기다림이 있는 듯하니
신은 절하고 소매로 훔쳐 씻었네
정신은 산의 골수에 들어가고
심혈을 가히 가를 만하네
이때의 일에 감개하노니
말을 하고자 하나 도리어 입이 두려워하네
글자와 돌이 함께 전할 것이니
돌에 새긴 글자가 이지러지지 않을 것일세
돌의 글자를 귀신 또한 보호하니
명나라의 사직을 하늘이 혹 돕는 것인가
아득한 땅의 한 구석에
높고 높은 산의 한쪽 언덕이라네
필적에는 기상이 드러나 보이니
이에 황제의 덕이 성대함을 생각하게 하네
비와 이슬 같은 은혜를 아직 사사로이 갚지 못하고
작은 나라 치우친 곳에 남아있네
선대의 임금님 천자를 제대로 받들지 못하고

외로운 신하 누가 북벌을 방해할까
검은 요기가 중원에 가득하고
승냥이와 이리가 나라의 동산에 있네
누가 백만 대병을 이끌고서
한번 쓸어서 검푸른 어둠을 열까
말이 혹 변하여 용이 되면
애산(崖山)[81]의 배를 구제할 수 있을까?
장한 마음은 늙어도 아직 그치지 아니하고
청평검은 이때에 한번 울부짖네
용안을 꿈에라도 뵙기를 원하고
호구에 즐겨 나감이 아니네
동해에 죽는다는 노중련(魯仲連)은
천 년을 두고 거슬러 벗을 하리라
음양이 서로 뒤집어지니
이 이치는 쉽게 궁구하지 못하겠네
제왕의 글씨를 하늘이 필시 애석히 여기리니
도리어 천둥 번개가 싸울까 두려워하네
돌이 우니 빗물이 줄줄 흐르고
산이 슬퍼하니 바람이 흔들며 스쳐가네
새는 천자의 거동인가 의심하고
구름은 붉은 일산이 멈춘 것 같네
은구(銀鉤)와 같은 힘찬 글씨는
우주를 비추는 듯하네
성스러운 황제는 움직임에 예(禮) 아님이 없었으니
나라가 망한 것이 이 누구의 허물인가
바로 순 임금께 호소하고자 하나
어느 곳이 구의산인가?
상수에 죽은 굴원은 억울함을 펼 수 없어
한낮의 햇빛도 환하지 않았네
개와 양떼가 굴속으로 들어가니
하늘은 어찌하여 유혹하여 끌어내지 않는가
왕기가 만일 끊어지지 않는다면
명당(明堂)을 거듭 다시 세우리라
그 공은 연산에 새길 만하니
문득 운중에 도적이 사라지려나
명나라 十五帝에게 하소연하려고

---

81) 崖山 : 광동성 新會縣의 大海 중에 있다. 宋의 陸秀夫가 元兵을 피하여 이곳에 와서 궁지에 몰리자 처자를 물에 넣고 자신도 祥興帝를 업고 빠져 죽었다. 『續文獻通考』.

하늘 관문을 피어린 눈물로 두드리노라
노봉은 또한 무슨 죄인가
청나라의 시대에 날다람쥐 원숭이와 짝이 되었나?
아! 나는 빈궁의 속에 살지만
어찌 옹유[82]에서 살다 죽을까
대군자에게 부치기를 생각하니
비록 비루하지만 같은 취지라
한번 격문을 띄워 서쪽으로 가서
요동과 계주에 들어가 크게 짓밟으리라
요임금의 옷이 대궐에 빛나게 하고
다시는 털가죽 옷을 입는 더러움이 없게 하리라
나라가 이와 같이 반석에 오르면
중흥을 눈으로 볼 수 있겠네
그렇지 아니하면 머리를 풀고가서
뗏목을 타고 공자님을 따르고
노선생께 인사하리니
송백은 날씨가 추워도 다시 무성하다네
무슨 허물로 조정을 떠나서
저문 길에 유배지에서 몸을 용납하였나
대의는 강상을 지킴에 있으니
슬프다, 사람이 어찌 짐승이 되겠는가
돌이 존엄하니 산이 높고
북두성은 뭇별의 중심이 되네
높도다, 환장암이여
조화옹이 세냄을 논하지 않네
중정의 도가 여기에 있으니
어찌 돌아가 내 기다리지 않으리

또 짓다(又)

時龍이 납실 곳을 잃었으니 탄식한들 무엇하나?
서쪽으로 연경을 바라보며 가슴 어루만지며 울 뿐이라
천자의 친필이 전해옴에 천지도 함께 늙으니
신이 드날리려하지만 문장 솜씨가 없네
노래를 지어 우리나라[同軌]에 펴니
朱氏의 皇統은 이 네자에 망하지 않았네
필법은 조화가 이루어진 것이 아닌가

82) 甕牖 : 항아리 주둥이로 만든 창. 가난한 집의 형용.

규성의 빛이 치우성(蚩尤星)을 빼앗고자 하네
생각건대 금을 입힌 종이에 붓을 두를 때
용이 풍우에 놀라 검은 못에서 오르는 듯하였네
듣건대 神孫이 있어 명나라를 회복할 뜻이 있다 하니
중흥은 붉은 부절(符節)을 받는 것을 기다릴 것 없으리라
지난 상란(喪亂)을 어찌 차마 말하겠는가
하늘과 땅이 뒤집어짐이 눈 한번 깜짝할 사이라
비운의 운수라 하여도 백년을 가는 재앙은 없다고 하나
헌원씨의 수레를 따라가지 못함이 한이 되네
슬피 울며 하늘을 불러도 하늘은 아득히 머니
명나라는 어느 곳에서 해가 지는가
강물에 갑옷을 씻으려 해도 할 수 없기에
부질없이 제후국의 신하로 하여금 유묵에 절하게 하네
文山[83])이 柴市에서 죽은 것을 보지 못하였나
노봉은 서쪽으로 가서 의인을 만났다네
그것을 던져줌에 어찌 만금의 가치를 논하겠는가
황제가 내리신 것이 동쪽 땅에 온 것 같네
감개함이 누가 노봉과 더불어 같겠는가
주자의 뜻을 가진 우재(尤齋)의 노인이라
서린 규룡 변화하여 큰 돌에 들어가니
힘찬 기세는 夸娥가 쪼개려 해도 되지 않으리라
말이 돌아간 화양에서 어찌 기다리지 않았나?
벼랑 사이에 마치 용의 무늬가 있는 듯하네
두 재상의 시편들은 가히 벽에 새길 만하니
華岳이 높이를 더함이 몇 천 척인가
번쩍이는 구슬이 시내를 비추고
하물며 다시 산속 암자가 아름다운 이름을 얻었네
구름이 일어나는 곳에 어슴푸레 천자의 기를 띠니
숭정을 향해 꿇어앉아 눈물을 씻으며 보노라
바위머리에 뿜는 샘물 노한 듯이 솟으니
천고에 이끼조차 감히 끼지 못하네
오색 구름은 글자를 따라 나오는 듯하고
구름 안개 글씨를 가리고 우레 번개가 지켜주네
두견이 밤에 소리쳐 움에 산이 찢어질 듯하고
파수 또한 오열하며 소리 내네
이적의 풍속되니 이제는 옛날의 두건과 신발이 아니요

---

83) 남송 말의 충신 文天祥의 호. 문천상은 元兵에 포로가 되었으나 굴하지 않고 正氣의 노래를 지어 충절을 보이고 죽었다. 柴市는 그가 죽은 곳.

북조에는 어찌 庾開府[84]가 같은 자가 많을까
천하의 문명이 오히려 여기[화양동]에 있으니
위로는 열성제가 계시어 정령이 아시리라
아아 갑신년 삼월 명나라가 망할 때
山龍(황제)의 옷에 侍中의 피는 없었다네[85]

또 짓다(又)

황제가 돌아가셔 슬퍼하면서 차탄해도 미칠 수 없고
연산에 비 내려 어두우매 만방이 울었도다
남쪽으로 건너가도 갈 곳 없음에 용 또한 늙었고
明에 조회함은 회복되지 아니함에 魚藻[86]를 노래하네
예부터 文을 같이함에 어찌 수레의 궤도가 다를까?
하늘이 동쪽으로 四大字를 보내었네
글자마다 龍蛇처럼 변화를 이루었고
천자의 친필은 위로 文明星을 비추었도다
洪武이래 가장 성한 때에는
恒山과 岱山을 성으로 삼고 바다를 못으로 삼았도다
夏나라를 少康이 한 부대로 중국을 회복시켰단 말을 들으니
다시 金臺[北京]를 쓰는 일 거북으로 점쳤네
흥망의 시종을 말하면
이백 오십 오년이 눈 깜짝할 사이일세
오늘날 皇天은 의당 재앙을 후회할 것이니
어느 때에 남쪽의 다스려진 나라에서 어가를 돌릴까
외로운 배 사직이 비록 아득하다고 하나
애산(崖山)의 바다에 남은 빛이 오히려 지지 않았네
장차 田單[87] 같은 장수를 쉽게 얻을 수 없으니
누가 외로운 성을 지켜 유묵을 보존할까
어필이 어찌 일찍이 저자에서 재물이 될 것인가
천금을 받지 아니하니 천하의 선비일세
형산의 벽옥, 수후의 구슬은[88] 값있는 보배가 되지 못하니
절벽에 새겨진 글씨가 삼한의 지역을 진압할 수 있네
노봉[민정중]의 뜻이 우재[송시열]와 더불어 같아
일을 좋아하여 나 丹邱의 늙은이를 일으켰네

---

84) 庾信.
85) 국왕만 있고 신하가 없었다는 뜻.
86) 魚藻 : 『詩經』편명. 幽王을 풍자하고 武王을 그리워한 시다.
87) 전국시대 齊 나라의 장수. 火牛를 계교로 써서 燕軍을 격파하여 빼앗겼던 70여성을 수복하였다.
88) 隋珠 : 隋侯之珠. 수후가 도마뱀을 도와준 덕으로 얻었다는 보배로운 구슬.

화산의 남쪽에 돌을 열고
쇠로 새기기를 경전과 같이하여 우의 도끼로 쪼았네
그것을 천고에 전하여 기다리는 바가 무엇인가
너른 바다가 상전(桑田)이 되어도 글자는 오히려 남을 것이네
장하도다, 높고 높은 천길 벽이여
명나라에 몇 자의 땅이 없다고 말하지 말라
천자의 남은 빛이 골짜기 굽이에 있으니
이 암자는 숭정이라 불러 합당하리라
머리 숙여 절하고 어루만지며 제왕의 기상을 떠 보니
공경스럽기가 지존께서 남면하여 모시는 듯하네
삼엄하기는 병사가 호위하듯 한데 돌을 범할 수 있나
무늬가 비단무늬 같으니 이끼가 어찌 끼겠는가
붉은 구름 채색 노을 반씩 삼키고 토하는 듯
구외산 구슬 머금은 봉황이 응당 와서 호위하리
중원에 머리 돌려보니 땅은 찢겨지고
황하는 거세게 흐르고 위수가 흐느껴 우네
땅이 갓이 되고 하늘이 신발 되니
한(漢)을 돕는 무리는 누가 하나의 조정을 세울까
북극성이 자리함에 이에 있는 듯하니
두 신하[노봉과 우암]의 충의를 하늘은 응당 알리라
암자 앞의 두견은 달밤에 우니
갑신년 남긴 한이 소리마다 피로구나

화양서원의 어필 편액을 내릴 때 이 수원부사 교악의 운을 차하다(華陽御筆宣額時次李水原喬岳韻) _ 김창집(金昌集)

우리 임금의 성스러운 덕은 어진 사람을 깊이 사모하여
두 서원[89]의 은혜와 칭송을 누가 흠모하지 않을까
난새와 봉황[90]이 옴에 임금의 글씨가 내려오고
제사를 올림에 임금 모시는 신하들이 임하였네
악록서원(岳麓書院)[91]과 일이 같음에 영화가 사치하고
의림(儀林)[92]에 감격의 마음 생겨 눈물이 흐르려 하네
의리는 크게 밝아지고 사설(邪說)은 그치니
백년이 가도 높이 우러러 볼 인물은 두 높은 산일세[93]

---

89) 두 서원 : 화양서원과 흥암서원. 흥암서원은 상주에 있으며 동춘 선생을 모신 서원이다.
90) 난새와 봉황(鸞鳳) : 모두 상서로운 새. 여기서는 덕이 있는 군자를 뜻하는 말이다.
91) 악록서원(岳麓書院) : 호남성 장사시의 서쪽에 있다. 송나라 때 담주(潭州) 태수 주동(朱洞)이 세웠으며 주자를 제향하는 곳이다.
92) 의림(儀林) : 미상.

또 짓다(又)

높은 산은 막막하고 물은 깊은데
선생의 기상과 연원을 항상 흠모하였네
남긴 한은 돌아가는 말을 따라 가지 않았고[94)]
먼 생각은 채지조(採芝操)[95)]를 상상하면서 임하였네
하늘이 어찌 사문을 실추시킬까
성군의 시대에는 사설(邪說)이 음란케 함을 용서할 수 없네
빛나는 글씨 새로 내린 편액은 상서로운 빛이 먼 산을 비추네

우암 선생을 모시고 파곡에서 놀며(陪尤翁遊芭谷) _ 김창협(金昌協)

지팡이 짚고 삼신 신고 그윽한 곳으로 따라갔더니
길이 숲 사이로 가는구나
늦게 개자 구름은 섞이어 풀어지고
늦은 햇살에 새소리가 한가롭다
갓끈을 연화수(蓮花水)에 빨고
계수산(桂樹山)에서 노래를 흥얼거린다
고즈넉한 소년의 흥으로
스스로 무우에서처럼[96)] 돌아온다

서구(叙九)[97)]가 나를 파곡 위에 있는 선유동으로 품평하기에 뜻이 자못 좋지 않았다. 시를 지어 풍자하여 다음에 싣다(叙九以余品第仙洞在葩谷上意頗不悅 有詩爲諷次之)

파곡과 관평의 선유동이 뛰어나니
진실로 온화하고 은혜로우며 평화롭다네
모름지기 대도를 알아 만물을 포용할 수 있는 것이
훌륭한 인품으로 몸가짐을 바로 하는 것만 못하리

---

93) 두 높은 산일세 : 여기서 두 높은 산은 우암 선생과 동춘 선생을 이른 말로 보인다.

94) 돌아가는 말을 따라 가지 않았고 : 주무왕이 은나라를 이기고 돌아와 행한 조치로 화산의 남쪽에서 말을 돌려보내고 도림의 들에서 소를 놓아 주어 전쟁이 종식되었으니 다시는 군대를 동원하지 않는다는 뜻이었다. 여기서는 효종이 돌아가시어 북벌의 계획은 중지되었지만 우암 선생의 남은 한은 없어지지 않았다는 말이다. 『書經』 武成.

95) 채지조(採芝操) : 상산사호가 지었다는 악부 이름. 한고조 유방은 만년에 척부인(戚夫人)의 말을 듣고 척부인이 낳은 아들로 태자를 바꾸려 하였다. 여러 신하들이 부당함을 간하였으나 되지 않자 장량의 계책으로 사호의 노인을 불러 고조의 뜻을 돌려 혜제가 왕위에 오르게 되었다. 여기서는 청나라가 명나라의 뒤를 이음에 사호처럼 정통으로 잇지 못하게 함을 애석해 하면서 상상한다는 말이다. 『樂府詩集』 採芝操.

96) 舞雩에서처럼 : 舞雩歸詠 무우에서 놀고 시를 읊으며 돌아옴. 자연과 풍류를 즐김을 이르는 말.

97) 宋敍九 疇錫 : 우암의 손자.

선유동(仙遊洞)

흥으로 도원[98]길에 들어
벼 이랑 길을 따라갔다
마을은 응달이나 꽃과 나무가 어우러지고
시내가 향기로우니 약 눈이 살찌네
맑은 여울 가에서 밥을 먹고
잔을 잡고 취미[99]를 바라본다
선생은 지금 잔치 자리에 앉았거늘
제자가 돌아가자고 재촉할 수 없네

또 짓다(又)

돌문이 처음 기이하게 열리니
학소대가 높이 솟아 있구나
이를 보고 뜻이 이미 기울었거늘
깊이 들어감에 더욱 까마득하구나
절경에서 울적한 마음을 푸니
놀라운 조화를 헤아리기 어려워라
서리 같은 낭떠러지는 아래가 갈라졌고
구름 같은 절벽은 두루 높기도 하구나
옆게 뿜어 여울로 쏟아지니
수정처럼 맑고 옥같이 흩어지네
바위로 흐르는 물은 한 방울이 아니고
시냇가 꽃들은 천 가지가 아름답네
들리는 것 보이는 것이 높고 깊으니
천지를 부앙하여 마음이 밝고 고요하네
선생님은 기호[100]가 아니시지만
세상을 피해 은둔하려는 뜻[101]을 품고 있었다네
깊이 맡긴 일[102] 어찌 쉽게 헤아리랴
회오리바람이 바야흐로 크게 일어났네
바위에 오래 앉아서
내에 임하여 여러 번 노래를 불렀네

---

98) 桃源 : 현재 괴산군 청천면 도원리. 화양동 입구에 있는 마을.

99) 翠微 : 햇볕을 받아 푸르게 드러나 보이는 산허리의 깊은 곳. 산 속

100) 綺皓 : 기리계(綺里季). 한초(漢初)의 은사(隱士)인 상산사호(商山四皓)의 한 사람. 또는 은사를 두루 이르는 말.

101) 세상을~ : 채지(採芝). 세상을 피하여 은둔함. 진(秦) 나라의 학정을 피하여 상락(商雒)으로 은둔한 사호(四皓)가 자지(紫芝)를 캐며 살았다는 고사에서 유래한 말.

102) 깊이 맡긴 일 : 효종이 우암에게 부탁하여 맡긴 일.

신은 만물에 오묘함을 엉기게 하였으나
도를 터득할 기약은 멀리 천 년일세
나로 하여 시끄러우니 나의 부족함이 부끄러울 뿐
뜻을 하늘의 구름처럼 높게 가지려네
벼슬은 다만 욕되게 할 뿐
산림이 부른지 오래일세
바라기는 궤장을 받들고 머물며
해를 마칠 때까지 세상의 시끄러움을 피하고 싶네

화양동(華陽洞) _ 김창흡(金昌翕)

높으시도다 숭정황제여
온 세상 슬퍼하며 사모하네
사직을 위해 목숨을 버리니
어찌 마음에 원망이 없겠는가
유묵(遺墨)은 네 글자에 빛나니
크신 가르침 이 시구에 응축되었네
조용히 청연(淸硯) 벼루에
방울방울 임금의 마음 떨어뜨렸네
일이 기이하니 새와 꽃도 탄식하는데
어찌하면 막힌 하늘 걸을까
중국이 또한 크다고 말하지만
거기엔 머무실 수 없으리
연경 거리 해매시면
삭풍은 휘몰아칠 것입니다
화양의 한 노신(老臣) 곁에
길이 금석 같이 굳게 의탁하소서
바위 처마 하늘로부터 이루어졌으니
영원히 바람과 이슬도 없으리
조선이 대명(大明)의 은혜 입었으니
지극한 은혜는 초목에까지 미쳤다네
누구인들 효종임금의 사람이 아니랴
노신은 스스로 폐부(肺腑)가 되었네
긴 계곡에서 조종(朝宗)으로 나아갔다가
깊은 동천에서 엄연히 만났네
대의에 감격하여
산승(山僧)도 부지런히 지키는구나
눈물 머금고 화양동 주인에게 말하니
일찍이 이곳에서 자주 절하고 무릎 꿇었다네
조심조심 사나운 돌 징검다리 건너는데

안내되는 나그네 다시 옛 나루를 건너네
높이 솟은 어필 우러르니
깨끗한 기운은 안개 낀 숲에 맺혀 있네
온갖 신이 빽빽이 호위하니
아득히 세속의 티끌이 더럽히지 못하리
저승도 지극한 정은 통하는지
이 일에 분부가 있었다지
산속에서 홀로 이런 생각하자니
세상의 일이 지는 해처럼 저무네
지나는 이 다시 뉘 있으리
내 지팡이도 또한 잠시 머물 뿐

화양동에 들어가며(入華陽洞)

골짜기에 들어서자 옷깃을 여미고
말에서 내려 동쪽으로 들어갔네
백 길 되는 높고 험준한 낭떠러지
분류(奔流)하는 물거품 사이로 죽 솟아있네
단청은 산자락 끝에 정갈하고
꼿꼿한 삼나무 소나무 빼어나구나
놀라느라 겨를이 없는데
발걸음 옮기는 곳마다 바위 모양 바뀌는구나
샘물은 한층 푸르고 차가워
연화봉에서 발원한 듯하구나
깨끗한 이 경계에 있으니
함부로 밟고 걸음에 속세의 자취 부끄럽네
수많은 바위 골짜기에서 학업을 닦으신 분
바로 우옹이로다
혼백이 여기 있을 것을 생각하여
제사를 마침내 들판 가운데에서 받드네
어허, 너희 선비들은
받들어 숭상할 바를 모르는구나

서원(書院)[103]

사문(斯文)이 말운을 당함에
거인(鉅人)[104]이 비로소 감당하였네

---

103) 서원이 산문 밖 만경대에 있을 때에 지은 것이다.
104) 거인 : 대인(大人). 여기서는 우암을 지칭함.

한없이 넓고 큰 기가 모여
편방에 하강하였네
산처럼 우뚝함에 우러를수록 더욱 높고
사자의 포효처럼 소리 또한 장구하구나
높디높은 사로(沙老)[105]의 문하이며
넓고 넓은 율옹(栗翁)[106]을 사사했네
깊은 조예 어찌 얕게 헤아릴 수 있으리오
용처(用處)에 문장을 볼 수 있네
큰 목표 높이 세우고
거센 파도에도 격양(激揚[107]))을 책임졌네
용문(龍門)[108]에 풍격이 정리되었고
초려에 출처가 빛났네
은거하여 반은 나오고 물러났으나
나아가고 물러남에 법도가 있었네
하늘이 열리자 실룡(實龍)[109]이 일어났으나
도가 사라지자 마침내 기린도 사라졌네
아, 어찌 이러한 일이 있는가
기울어진 큰 집에 무지개 들보[110] 찌혔구나
어둑어둑 영릉에 구름 끼고
서걱서걱 초산(楚山)에 서리 내리네
이 사람 없어서는 안 되리니
이 세상 날로 기강 무너지는구나
회진(繪眞)[111]의 묵채 담박한데
횡우(黌宇)[112]의 들빛 거칠어졌구나
기상은 비슷할 수가 없지만
다만 전형(典刑)은 잊기 어렵도다
깊은 골짜기에서 나아갈 것을 생각하다가
물을 돌아 이리저리 서성이노라

---

105) 沙老 : 사계(沙溪) 김장생(金長生)을 가리킨다.

106) 栗翁 : 율곡(栗谷) 이이(李珥)를 말한다.

107) 激揚 : 악을 제거하고 선을 내세우는 것.

108) 龍門 : 용문은 곧 성망(聲望)이 높은 사람을 비유한 것으로, 후한(後漢) 때 이응(李膺)의 명성이 대단히 높아서 선비들 중에 그의 접견을 한번 받은 사람을 가리켜 등용문(登龍門)이라고 했던 데서 온 말이다.

109) 實龍 : 효종을 빗대어 말한 것.

110) 虹樑 : 무지개처럼 굽어 모양이 용(龍)과 같은 들보를 말한다.

111) 繪眞 : 영정(影幀)을 말한다.

112) 黌宇 : 태학의 교사(校舍).

초당서실(草堂書室)

빈산에 토담집 허물어지고
두어 칸 서까래만이 글방이네
푸른 이끼 자물쇠 위에 돋아났으나
소장한 책 엿보지 마라
처마를 돌며 기침소리 생각하니
느꺼운 눈물이 이미 소매에 가득하구나
와서 보고 나의 나태함을 한탄하노니
장자(長者)께서 처음 머문 곳이었네
바위 샘물 참으로 아름다운데
분에 따라 어찌 이러한 곳에 거하셨나
좋은 시절 어긋났으나
어루만지며 음풍농월 하였다네
서성이며 물어보고 싶건만
만나는 이들 모두 나무꾼 어부구나
바람결에 샘 소리 쉴 새 없이 들리고
바위는 하얗고 서리 내린 나무 성글구나
늙은 매화만이 헌걸차
엄연히 사립문을 보호하는 듯하네
외로운 방초는 해가 저물었다고 말하고
쓸쓸한 푸른 병풍은 공허하구나
아득하여라, 선생의 풍모여
맞이하여 완상하는 경치 넉넉하구나

파곶(葩串)

내를 따라 쉬지 않고 가노라니
지나는 곳이 모두 맑고 그윽하다
파곶에 이르기 전에는
내 지팡이를 멈추지 않으리
부지런히 헤치고 들어가니
널찍한 바위 위에서 놀게 되었네
산은 수 백 보로 트였고
흰 바위는 온통 두루 깔렸구나
호상[113]은 십 중 팔구요
넓이와 길이를 알 수가 없네
평평하고 비탈진 것에도 등급이 있고

---

113) 胡牀 : 걸상.

멈추고 쏟아지는 것은 물 제멋이라네
발이 드리운듯하나 맑게 비치기도 하며
물줄기가 흩어졌다가 다시 돌아 잔잔하구나
돌아와 못이 되어 고요한 거울이거니
천태만상으로 물길이 바뀐다
양치질도 하며 즐기노라니
흥이 멀어지고 근심이 시작된다
옛적 동네 어르신이 다니며 노실 적에
우리 형[114]이 우연히 모시고 놀았지
품제[115]를 하였다고 하니
기리고 폐한 지가 몇 년이 되었던가
옛날을 생각하니 크신 풍모가 그리워
유유히 흐르는 물을 내려다보노라
바위 위에서 밥을 먹었으나
잔 하나도 뜨지 않는구나
아름다운 경치를 만나보니
가을 경치는 어떠할까
산속에 날이 저무니 말은 가자하고
바람은 우수수 숲 모퉁이로 부는구나

암서재(巖棲齋)[116]

높은 산과 깊은 못은
보는 자 이르기 어려움을 안다
다시 높은 절벽이 있어
허공에 의지하여 계단이 있네
절벽은 굳게 한 몸으로 서 있고
구덩이에 깐 자리도 익숙하다
이윽고 그 기상을 보니
멀어서 잡을 수가 없네
산이 언제 무너질지 모르니
서까래와 난간을 수리하지 않았구나
지금까지 빈터 그대로이니
새들만 슬피 우는구나
오르기도 전에 발과 마음이 내키지를 않네

---

114) 우리 형 : 이 시를 쓴 삼연 김창흡의 형 김창협.
115) 品題 : 인물을 논평하여 우열을 매김. 감상함.
116) 이 시는 김삼연이 암서재가 무너져 폐허가 되었을 때 지은 것이다.

날개 달린 사람이라면 오를 수 있을까
신선이 되면 자취를 남길 수 있을까
꼿꼿이 앉아 심의[117]를 생각하며
삼가 만 길 절벽에 다가 선다
못에 비친 달은 새벽 장막을 걷고
솔바람은 밤에 들리는 거문고 소리라
언덕마다 모두 운치가 있어
구름 낀 골짜기에 숨결을 통하네
세상에는 눈에놀이[118]만 가득하나
윙윙 날아도 여기에는 미치지 못하리

환장암(煥章菴)

여러 승경을 모두 부르고 끌어서
처마며 바라지문에서 보면 깨끗하게 빛나네
그윽한 석벽 조용한 곳 등지고
아름다운 바위 아래에 늘어 있네
위대하도다! 도가 있는 숲의 기슭이여
눈을 들어 푸른 산기운 마주하네
가을 햇살 서리 내린 석벽에 내리쬐는데
흰 구름은 계곡을 날아 건너네
다니며 쉬다가 마음에 맞는 곳 만나면
일어서려다 다시 서성이네
이름난 산이라 대나무도 흔한데
이는 실로 보기 드문 것이라
불제자는 우아하고 순결한데
시가 뛰어나 배고픔도 잊을 만하네
선생께서 이곳을 얻으시고
인부 시켜 담장을 둘러쳤네
나그네 오면 매번 평상을 내어주니
고요한 밤에도 더러 문 두드리는 이 있었지
산속이라 닭 한 마리 없었지만[119]
깨끗이 재계하고 좁쌀과 미나리를 바치셨네
주자의 글을 밝히시고
잔 주로 천기(天機)를 드러내셨지

---

117) 深衣 : 위아래가 한데 이어진 옷. 제후·대부·선비의 평상복이며, 서민의 예복으로 쓰였다.
118) 눈에놀이 : 사람의 눈가에 덤비며 성가시게 하는 작은 파리의 일종.
119) 산 속이라~ : 시간을 알리는 닭이 없었다는 뜻이다.

환장(煥章)이라 아름다운 이름을
어찌하면 영원히 전하리오

만동사(萬東祠) _ 이기홍(李箕洪)

갑신년 정월 정미일에
화양 만동사에 이르러
삼가 제수를 두 황상께 올리오니
황령께서는 오르내리심이 이곳에 계시는 듯하구나
이에 전상에 촛불을 밝혀 예를 마치고
우러러 하늘에 별이 찬란함을 보니
누가 이 일을 들어 참람하고 불경스럽다고 말하리
돌아가신 임금의 신묘(神廟)를 이곳에서 볼 수가 있구나
하물며 갑신년의 회갑을 맞으니
우리나라 슬픔과 그리움이 의당 어떠하리
번방을 다시 세운 것 누구의 힘인가
생각하면 만력[신종황제]의 은혜 끝이 없네
나라 망하자 사직 위해 돌아가심으로 도리를 얻었으니
숭정을 생각하면 담이 떨어지려 하네
아, 우리나라 병자・정묘년 일은
차마 어찌 당시 성 아래의 부끄러움[120] 차마 말하랴
밝으신 효종 임금의 뜻 원수를 갚는 것이었으니
현인을 얻어 큰일을 판별할 것을 생각하시었네
오직 같은 덕으로 깊이 합심하여
은밀히 계획하여 독대하였네
하늘이 돕지 않아 돌아가셨으니
홍제 원릉(園陵)의 송백이 슬퍼했도다
지금 이 사우를 건립한 것이 어찌 우연일 뿐이랴
이를 위한 선사(先師)의 밝은 가르침이 있었네
푸른 바윗돌에 네 큰 글자를 새기니
만고에 빛나 우러르며 높이네
누가 이 산 한 구역의 땅을 알아
홀로 명나라 옛 하늘과 땅을 있게 하였나
유생들과 제사를 마치고 골짜기를 나오며
돌아보니 산 빛이 빽빽이 푸르구나
이 일을 누가 장차 임금님께 아뢸까
들으시면 또한 응당 임금님의 마음도 감격하시리

---

120) 성 아래의 부끄러움 : 인조가 남한산성에서 내려와 삼전도에서 청 태종에게 항복한 일.

화양서원의 어필 편액을 내릴 때 이 수원부사 교악의 운을 차하다(華陽御筆宣額時次李水原喬岳韻) _ 권상하(權尙夏)

성주의 은혜 물결 하해처럼 깊으니
사대부들 환호하며 요순의 덕 칭송하네
심향 내려 은대에게 특별히 사르게 했고
친필은 진정으로 어좌가 임한 듯하네
그리하여 온 지방이 교화를 받게 했으니
이는 바로 전성들의 방피음과 같고말고[121]
백 대의 종사[122]로서 모두 우러러보니
드높아 우뚝하기 북두성과 태산일레

만동사시(萬東祠詩) _ 정호(鄭澔)

아! 만력의 은혜
세상 마치도록 잊지 못하네
참혹한 갑신년의 일
말하고자 해도 차마 상세히 하지 못하겠구나
소국을 사랑하는 덕이 지극히 컸으니
우임금과 탕임금과 나란하네
임금이 죽되 사직을 위해 죽은 이를
한·당에서 들어보지 못했네
온 천하가 신하 아님이 없으니
누가 서리지탄[123]의 아픔이 크지 않으리
우리 백성들 비분이 절실하여
홀로 삼호망(三戶亡)[124]을 노래하네
오늘날 강역을 보니
누가 주인이고 누구의 영토인가
옛날 문명의 지역이
오랑캐의 나라로 변하였구나
어느 해에 현송(絃誦)의 나라[125]가 되려나
바로 궁마장이 되었으니
우리 성군이 지은 것이니

---

121) 전성들은 옛날 성인들이란 뜻으로 하우(夏禹)·주공(周公)·공자(孔子)·맹자(孟子) 등을 가리키고 방피음은 편파적인 행위와 예법에 맞지 않는 논조를 배격한다는 뜻으로 『孟子』 滕文公下의 "편파적인 행위를 거절하고 예법에 맞지 않는 논조를 몰아낸다.[距詖行 放淫辭]"에서 나온 것이다.

122) 송시열과 송준길을 가리킨다.

123) 黍離之歎 : 나라가 망하여 궁궐터가 수수밭으로 변한 것을 보고 탄식함. 망국지탄(亡國之歎).

124) 삼호의 노래 : 자기 나라를 멸망시킨 적국을 원망하는 뜻으로 몇 명만 있어도 복수할 수 있음을 말한다.

125) 현송 : 음악과 글 읽는 소리 나는 태평시대.

사업이 얼마나 빛났겠는가
부끄러움을 씻으려 뜻을 날카롭게 하니
존주의 의리 더욱 드러났네
아픔을 참고 우러러 하늘에 맹세하였더니
달과 별이 어두워 빛이 희미하였네
어찌하여 중도에 돌아가셨나
만백성이 창천에 부르짖었네
같은 덕을 지닌 신하 있었으니
상나라의 부열(傅說)을 초빙함과 같았네
중요한 일에 물과 고기처럼 계합하니
중국을 다시 부흥시킬 것을 기약하였네
문득 영안[126]의 조서를 곡하고
초구를 어루만지니 눈물이 마구 흘렀네
천운이 바야흐로 뒤집히니
장차 한 손으로 막기 어려워라
인필(麟筆 : 春秋) 한 부를 품에 안고
깊은 산에 들어가 보관하였네
연경에서 유묵을 얻어오니
빛나는 운한(雲漢) 시와 같네
의로운 선비가 천금을 사양했다니
돈주머니 닮지 않았네[127]
배신[민정중]이 받들고 돌아와
화산의 양지에 부치니
주옹(主翁)[송시열]이 그것을 안고 눈물 흘렸으니
황홀하게 선안(仙案)의 향기[128]를 맡았음에랴
서로 더불어 사라지지 않기를 도모하여
높은 산에 있는 돌을 쪼아 새기니
누가 한 동천에
대명의 시대가 연장되었음을 알랴
한 줄기 서산이 푸르니
천고와 더불어 겨루리라
두 분의 사당에
6,7왕을 배향한다는 것을 듣지 못하였네
구름 산 빽빽이 푸르고

---

126) 永安 : 유비가 죽은 성. 임금이 죽었다는 말.

127) 의사가~ : 민정중이 북경에서 어떤 사람에게 명나라 의종이 쓴 '非禮不動'의 글씨를 구할 때, 그 사람이 돈을 요구하지 않았던 사실을 말한 것이다.

128) 선안의 향기 : 의종의 유묵(遺墨).

강물은 넓고 깊게 흐르는데 높구나
높고 높은 명궁 있으니
소목(昭穆)[129]을 어그러뜨리지 않네
명나라 없어진 날이 돌아오니
육십 일 년의 세월이라
성사(盛事)는 기다림이 있는 듯
그 덕이 어찌 그리 양양한가
봄과 가을에
제사 곧고 엄숙히 올리리
선비들이 분주히 달리고
패옥 소리 쟁쟁하네
사녀(士女)들이 복을 비니
말소리 듣기에 낭랑하네
산초와 계수나무로 술을 빚고
경장(瓊漿)으로 장(粻)을 만들었네
안주로 채소, 파초, 염교가 섞여
현황[禮幣]을 진설하였구나
세세로 흠향하소서
보은의 일을 게을리 함이 없을 것입니다
온 산 두견새 소리에
사람들이 갑절로 창자가 끊어지네
만 번 꺾이어도 반드시 동쪽으로 흐른다는 뜻[130]으로
아득히 서쪽을 바라보네.

> 화양서원에 어필의 편액을 내린 것은 천고에 사문의 경사이다. 이리하여 잔치하는 말로 시를 지어 높은 산을 우러러 보는 생각을 부쳐 인하여 태학사의 책상에 기록하여 올립니다. 만약 고쳐주신다면 다행이겠습니다. 이는 다른 시와 다르기 때문에 감히 졸렬함을 잊고 받들어 누를 끼칩니다.(華陽御額之宣是千古斯文慶也玆搆燕語以寓高山仰景之思仍錄呈太學士詞案若蒙斤敎則幸甚幸甚此與他吟詠有異輒敢忘拙奉塵)

이교악(李喬岳)

성현의 가르침이 분명하고도 깊이 치의(致意)[131]하여서
청명한 시대에 욕전(縟典)[132] 거행함에 사림이 공경하였네

---

129) 소목 : 사당에 조상의 신주를 모시는 차례로 왼쪽 줄을 '昭' 오른쪽 줄을 '穆'이라 한다.

130) 만 번~ : 이는 선조가 중국에 보낸 〈被誣辨明奏〉에 "일편단심 북신(北辰)을 향하는 정성은 만 번 굽이쳐도 반드시 동으로 흐르는 물과 같습니다. [惟其一心拱北之誠有似萬折必東之水]" 한 데서 온 말이다. 이 주문(奏文)은 이정귀가 지었다. 『月沙集』卷22 被誣辨明奏.

131) 致意 : 자신의 뜻을 남에게 알림.

132) 縟典 : 성대한 전례.

느닷없이 성상의 편액을 보았는가 했더니 임금님 글씨 내려지고
다시 유궁(儒宮)에 보고하여 법종(法從)[133]이 임하였네
오도(吾道)가 지금처럼 기맥(氣脈)을 더하면
사문엔 이제부터 사음(邪淫)이 종식될 것이리
문하의 소자들이 의지하는 곳에 머리 들어 보니
파산(巴山)과 만잠(萬岑)[134]이 있도다

또 짓다(又)

시냇물 깨끗이 흐르고 계곡은 깊은데
선생의 유적을 후세 사람이 흠모하네
서원에는 거문고와 책이 남아 있음을 보겠는데
시내와 산에는 선생의 발자취 임할 수 없네
성대한 일 만났지만 선생을 모실 수 없고
감회는 더욱 격렬하여 눈물만 흐르네
먼 곳에서도 아십시오, 이날 어필의 편액 내림은
사당의 모습 더욱 빛나고 푸른 산은 둘러 있네

또 짓다(又)

문하의 여생에 감개한 마음 깊으니
사문의 성대한 의식 세상에서 흠모하네
빛나는 사당 편액 어필을 걸었고
지척의 사당 남쪽에 황제의 자리 임하였네
사기(士氣)는 일시에 바른 길로 나아가고
임금의 말씀은 천년 만에 음탕한 말을 배격했네
동춘당의 서원도 항상 이웃에 있으니
파곡(葩谷)과 흥암(興巖)[135] 두 봉우리 높아라

---

133) 法從 : 천자의 거가(車駕)를 가리킨다.

134) 萬岑 : 명나라 신종과 의종의 제사를 지낸 만동묘가 있는 화양동을 말한다.

135) 파곡(葩谷)과 흥암(興巖) : 파곡은 화양동 아래에 있는 계곡. 흥암은 상주에 있는 흥암서원. 이곳은 우암선생과 동춘선생을 모신 서원이다.

화양을 떠남에 임하여 몽와(夢窩)[136] 상공(相公)이 어필 사액의 기쁨을 뜻하는 주고 받은 시를 보내오니 이는 진실로 사문의 성대한 일이다. 삼가 그 운자에 따라 지어 은대(銀臺 : 승정원의 별칭)학사의 책상에 올리고 가르침을 구하다.(臨發夢窩相公送示御額志喜唱和詩此誠斯文盛事也謹步其韻錄呈銀臺僉伯仙案求敎) _ 유숭(兪崇)

덕을 숭상하는 임금 인자하여 감회가 깊으니
은혜로 하사한 두 편액[137] 사림이 흠모하네
은하수 빛나게 돈다[昭回]는 글자[138]를 우러러 보았고
황홀함은 임금이 지척에 임한 듯하네
백 대를 지나도록 도의가 밝아지기를 기대하고
어찌 일시에 피음(詖淫)[139]을 막을 수 있으리
다행히 가까운 대열에서 임금의 말씀 들을 수 있으니
낙수(洛水)[140]와 화양의 먼 산만 아득하네

또 짓다(又)

파산(巴山)의 계곡 깊고 낙수(洛水)의 근원 깊음에
도학은 오래도록 성세(聖世)에 흠모를 받았네.
궁중에서 은혜의 편액 내리니 임금이 손수 쓰시고
사문은 우리 문로(門路)의 바른 방향을 얻었으니
사기(士氣)는 저 사설(邪說)을 걱정할 일 없네
황궁의 의식을 행함에 절하고 우러러 보는 날에
남긴 자취를 생각하며 높은 산처럼 우러러 보았네

이 수원부사 교악의 운을 차하다(次李水原喬岳韻) _ 송상기(宋相琦)

두 현인의 유택이 인심에 깊이 새겨져
사묘는 오히려 성주께서도 공경하시네
임금의 보묵 새로 편액으로 내려지니
어두운 거리에 해와 달 높이 떠 있는 듯하구나
오도(吾道)를 보니 다시 태평성대로 돌아가리니
감히 어느 누가 다시 음란한 짓을 하리오

---

136) 몽와(夢窩) : 김창집의 호.

137) 두 편액 : 화양서원과 흥암서원의 편액. 모두 숙종대왕이 친필로 써서 하사하였다.

138) 은하수 빛나게 돈다[昭回]는 글자 : "밝은 은하수는 빛나게 하늘에서 돈다."라고 하였다. 여기서 은하수는 임금을 상징한 말로 임금의 뜻이 우암 선생에게 돌아왔다는 뜻으로 보인다. 『시경』 대아 운한. "倬彼雲漢 昭回于天 王曰於乎 何辜今之人".

139) 피음(詖淫) : 피사(詖辭)와 음사(淫辭). 피사는 편벽된 말. 음사는 방탕의 말. 여기서는 만동묘를 세우는 일에 반기를 드는 말을 가리킨 것이다. 『孟子』公孫丑 上.

140) 낙수(洛水) : 낙동강을 이르는 말. 낙동강의 상류에 상주가 있고 상주에 흥암서원(興巖書院)이 있다. 흥암서원은 동춘선생을 모신 서원이다. 두 사람은 뜻이 서로 같았기 때문에 이른 말이다.

천년에 이어진 연원 참 기상이니
낙천(洛川)은 응당 화잠(華岑)과 짝을 하리

또 짓다(又)

화양의 구름 있는 계곡 일반으로 깊고
낙수의 아름다운 이름 후세에도 흠모하리
금판의 글씨는 궁중으로부터 내려왔고
은대(銀臺)의 사람은 군왕의 곁에 임하였네
음과 양이 서로 소장된다고 말할 수 있는가
아악과 정성(鄭聲)[141]은 정도와 음설(淫說)이 판별됨을 보겠네
먼 곳에서 생각건대 사림들은 기운을 토하여
봄빛을 돌아오게 하여 차가운 산에 두루 미치게 하리라

또 짓다(又)

강한(江漢)과 추양(秋陽)[142]에 감회가 얼마나 깊었던가
생각하면 스승을 함께 공경하였지
높은 산도 봄바람이 불어옴을 입었고
파곡에는 부질없이 개인 달만 머물러 비추네
하늘의 뜻은 짐짓 두 어진 사람을 낳고
성상의 마음은 단연코 붕당을 없애려 하였네
남기신 사당 어필의 현액 높이 달린 곳에
만고의 사문은 태산보다 무거우리

또 짓다(又) _ 민진후(閔鎭厚)

오도(吾道)가 쇠미하여 성상의 염려가 깊더니
돌이켜 선생을 회상하여 추모하고 흠양하시네
빛나는 큰 글씨 친히 써서 내리시고
엄숙한 유사(遺祠)에 승지가 임하였네
역사에 유전할 특별한 임금의 은혜에
선비들 모두 기뻐서 눈물 줄줄 흘리네
천고에 이어질 높은 이름 누가 비슷하랴
두 서원의 중간에 높은 산봉우리 있구나

---

141) 아악과 정성(鄭聲) : 아악은 궁중의 음악으로 고급스러운 음악. 정성(鄭聲)은 비천한 음악. 곧 아악과 속악으로 정도와 음설이 구별됨을 볼 수 있다는 말이다. 『論語』 衛靈公. "放鄭聲 遠佞人 鄭聲淫 佞人殆".

142) 강한(江漢)과 추양(秋陽) : 강한은 중국의 양자강과 한강. 공자는 양자강의 물과 한강의 물에 씻은 것과 같아 한 점의 오점도 없다는 말. 추양은 가을 볕. 역시 공자는 가을볕에 말린 물건과 같아 미진한 점이 없다는 말. 모두 스승을 가리키는 말로 쓰였다. 여기서는 우암 송시열을 가리킨 말이다. 『孟子』 滕文公上.

또 짓다(又)

파산 우뚝 솟아 있고 낙강은 깊은데
남긴 자취 유전하여 세상이 모두 공경하네
억울한 죄를 능히 명주(明主)께서 알아주시게 되어
은혜와 영예 지금 드러나고 승지도 임하였네
선비의 나아갈 바 하나로 정해졌으니 어찌 향할 곳이 혼미하랴
성현의 가르침 길이 드리워져 음사(淫事)가 종식되리
다행히 천신(賤臣)이 성사(盛事)를 만나
외람되이 어명을 써서 처마 끝에 거네

또 짓다(又) _ 민진원(閔鎭遠)

화양의 산 높이 솟고 낙수의 물 깊으니
두 어진 선생 남긴 자취 후인이 공경하네
깊은 산에 범이 가니 여우 너구리 춤추고
긴 밤에 하늘 개이니 해와 달이 임하였네
보배의 글씨 편액으로 거니 더욱 빛나고
임금의 말씀은 파부(破斧)[143]를 대신해서 음사한 말을 물리쳤네
이제부터 성스러운 세상에 명나라를 높이는 의리는
영원히 버티는 기둥 되어 만 길의 산과 같으리라

또 짓다(又)

조회 중에 탄식하면서 성상의 근심 깊으시니
선현을 생각하고 멀리 흠모 하셨네
마음에 정성을 부쳐 눈물이 글씨 쓸 때 젖었고
승지[喉官]들은 명을 받고 엄연히 와서 임했네
사방이 이로부터 함께 바른 곳으로 향할 것이요
한 번 다스려지는 일은[144] 사설(邪說)을 배격함에 있음을 알겠네
두 노인[우암과 동춘]의 유풍은 백 대의 스승이 되니
저 낙수와 화양의 산을 다투어 우러러 보겠네

---

143) 파부(破斧) : 시경의 편명. 주공이 관(管)・채(蔡)・상(商)・엄(奄) 네 나라의 반란을 다스리고 백성을 구제한 일을 찬미한 노래다. 여기서는 숙종이 남인과 소론[음사한 말]을 제거하고 노론을 등용한 일을 찬미한 말이다.

144) 한 번 다스려지는 일은 : 옛날 사람들은 이 세상이 어떤 운명에 의하여 한 번 다스려지고 한 번 어지러워지는 일이 반복되는 것으로 알았다. 『孟子』 滕文公 下. "天下之生 久矣 一治一亂".

또 짓다(又) _ 조도빈(趙道彬)

두 어진 노인의 조예는 높고도 깊으니
도덕은 오래도록 백 대에 흠모하리
풍운(風雲)과 어수(魚水)의 모임[145]을 만났고
충성은 천지 귀신이 임하여 알고 있네
사당에 새 편액을 다니 어필이 빛나고
사문에 운수가 성하여 저 사설을 물리쳤네
말단에서 배운 내가 우러러 볼 곳이 있으니
높은 화양의 산과 상산(商山) 뿐이네

또 짓다(又) _ 유명홍(兪命弘)

용과 봉이 간지 세월이 오래 되었는데
남기신 사당에서 오히려 성조(聖朝)의 흠모함을 일으켰네
성상이 친히 쓴 글자는 은구(銀鉤)를 띠어 내려오고
가까이 모시는 신하는 성상의 제문을 가지고 임하였네
세상에서 서울로 가는 길이 곧은 것을 보았고
천년이 가도 영원히 정성(鄭聲)의 음란함을 끊어버렸네
고려(菰廬)[146]의 옛 일 어찌 홀로 아름다울까
화양과 상산(商山 : 흥암서원)의 두 산이 높구나

또 짓다(又)

이 때에 효종의 신임이 깊었으니
당시의 사적을 후인이 흠모하네
두 시골의 제향은 유풍이 오래 되었고
춘추의 대의는 밝은 해가 임하였네
성상의 편액을 특별히 내리심에 오래도록 전할 것이요
임금의 말씀 한 번 내림에 사설이 시들었네
연원과 기상을 어느 곳에서 구할까
만고의 두 서원은 태산과 화산 같네

또 짓다(又) _ 이민영(李敏英)

파산과 낙수가 함께 높고 깊으니
성상의 현철(賢哲)을 사모함은 오래도록 공경하였네
은혜의 편액 손수 쓰니 금빛의 글씨 내려오고
모시는 신하는 몸소 임금의 제문 가지고 임하였네

---

145) 모두 훌륭한 임금과 신하가 만남을 이른 말이다. 여기서는 효종과 송시열을 두고 한 말이다.
146) 고려(菰廬) : 여기서 노려(蘆廬)의 '蘆'는 '菰'의 오자로 보인다. 여기서는 우암과 동춘을 칭찬한 말이다.

선비들의 추향은 이로부터 안정됨을 알겠고
간사한 여론이 옛날의 음탕한 말 같음을 무엇 때문에 걱정할까
궁중의 의식으로 섬기는 곳에
맑은 새벽 은은한 우레 소리 산 위에서 들림을 생각하네

또 짓다(又)

원류와 연원이 스스로 함께 하였으니
덕을 숭상하는 성상의 마음 멀리서 흠모함이 있었네
두 사당의 편액 친히 써서 사당에 걸었고
열 줄의 임금 말씀 재촉하여 내리니 근신이 임하였네
하늘은 반드시 우리의 도를 잡으려 하였고
이 세상에 어찌 저 음탕한 말을 물리침이 어려울까
이로부터 천년동안 우러러 보는 곳은
상산과 파산이 높이 솟아 있네

또 짓다(又)

화양에 산은 높고 상산에 낙수 깊어
선현의 유택을 성상께서 흠모하네
친히 보배로운 편액 쓰니 우연한 일 아니요
은혜의 제문 밝게 거니 엄연히 임한 듯하네
천추를 내려가도록 두 노인을 높일 것이니
어찌 다만 오늘에 여러 음탕한 자를 물리칠 뿐인가
의식을 행하는 사당 이제부터 더욱 빛날 것이니
하늘이 돌아보기를 만 길의 봉우리처럼 하리라

또 짓다(又) _ 허윤(許玧)

산은 더욱 높고 물이 더욱 깊은 듯하니
두 어진 사람의 덕을 조정에서 흠모하네
성상께서 친히 편액을 씀에 아름다움을 더하고
승지의 신하 공경하여 제사를 올림에 멀리서 임하였네
임금의 제문 열 줄은 바른 의론으로 지었고
사림은 천년 만에 음탕한 사설을 탄식했네
스승의 지팡이 짚고 거닐던 곳에
누각이 공중에 몇 길의 산처럼 높은가

또 짓다(又) _ 정필동(鄭必東)

사문과 세도를 위하여 성상의 근심 깊으시니
높은 의식의 한 생각은 온 나라가 흠모하네

임금의 글씨 걸어옴에 봉황과 난새가 춤추는 듯 하고
많은 음기가 사라짐에 해와 별이 임하였네
모시는 신하 왕명을 받들고 와서 보고 듣기에 기운 솟고
여러 선비들은 은혜를 받음에 눈물이 흐르네
악록서원의 하사한 편액 어찌 홀로 아름다울까
지금에 상산의 흥암서원과 화양의 산을 보겠네

두 현철의 서원 편액은 특별히 성상께서 써 주시니 사림이 더욱 빛났다. 근래 들으니 여러 선비들이 시를 지어 기쁜 뜻을 기록한다기에 삼가 원운을 따서 흠모하고 찬양하는 뜻을 표한다(兩賢院額特宣士林增光近聞諸公詩以志喜謹步原韻用寓欽頌之意)

이만성(李晩成)

영남과 호서의 선비들 어진 사람 사모함이 깊어
두 서원의 남은 향기 오래도록 흠모하였네
태평성대에 우리 도가 성대해짐을 보겠고
가까운 신하는 친히 어제문을 가지고 임하였네
임금의 말씀은 어찌 부월(鈇鉞)보다 엄할 뿐인가
이단의 말은 간사한 일을 다 하기 어려웠네
천년이 가도 높은 품격 다투어 우러러 보는 곳은
저 높은 화양의 산과 상주의 산일세

또 짓다(又) _ 조태채(趙泰采)

당년에 고기와 물이 만난 듯 정분이 깊었으니
두 어진 스승의 아름다운 자취 들어가 추모하였네
남긴 사당에 특별히 어필을 내려 보내고
근신은 멀리서 보배의 편액을 받들고 임하였네
사문은 나라의 태평을 만남이 다행이요
어찌 이단의 말 함부로 음탕함을 수용할까
화양의 산은 높고 흥암의 산 솟았으니
천추를 가도록 도맥(道脈)은 두 산을 접하리라

또 짓다(又)

조두의 의식 있고 사당은 깊으니
선생의 바른 학문 후인이 흠모하네
유풍은 노나라의 거문고 소리 있고
대의는 숭정의 해와 달이 임하였네
세상이 험함에 몇 번이나 사도가 위축됨을 탄식했나
시대가 맑아짐에 저 음란한 붕당이 종식되었네
우리 임금 병중에 어진 사람 높이는 뜻은
어필의 편액 빛나서 두 산을 비추리라

또 짓다(又) _ 이재(李縡)

세 번 치의(緇衣)[147]를 반복하면서 깊이 영탄하니
임금의 학문은 독실하고 정성스러워 흠모할 만하네
강연(講筵)에서는 봄바람 속에 앉아 있음을[148] 생각하고
배우는 자리에서는 마치 태산이 임한 것을 우러러 보는 것 같네
긴 밤은 이제야 해와 달이 와서 비추고
바른 음악은 이로부터 음탕한 음악을 격퇴시키리라
어필은 영원히 사당에 걸려 있어
보배로운 기세가 옥을 저장한 산과 같으리

또 짓다(又) _ 허호(許浩)

성상께서 어진 사람 높여 사모함이 깊으니
사림은 기뻐하며 나라 사람 흠모하네
편액의 액자 걸고 제문이 내려오고
향을 드리는 승지[喉官]는 두 서원에 임하였네
양(陽)이 자라는 요즈음 도의 태운(泰運)이 돌아오고[149]
음사(陰邪)한 무리들은 이로부터 음탕한 말을 그치리라
높고 높은 기상을 어디에서 볼까
벽처럼 서 있는 상산과 파곡을 우러러 보리라

삼가 우암선생의 환장암 시운을 따서 만동사를 읊고 여러 친구들에게 화운하기를 요구하다.(敬次尤菴先生煥章詩韻詠萬東祠求和諸友) _ 이간(李柬)

하늘이 만물을 명하여 낼 때
르게 통하는 일은 내가 가지고 있네
아름다운 덕[150]은 어릴 때부터 가지고 있으니
누가 부모를 사랑하지 않을까
정직하게 가진 도덕의 마음을 기르면
하늘처럼 고명(高明)해지고 땅처럼 박후(博厚)해 진다
털끝만치라도 어질지 못하면

---

147) 치의(緇衣) : 『시경』 정풍(鄭風)의 편명. 이 시는 정무공(鄭武公)을 아름답게 여긴 시니 부자가 함께 주나라의 사도(司徒)가 되어 직무를 잘 수행함을 찬양한 시다. 때문에 어진 사람을 좋아하는 시라고 하였다.

148) 봄바람 속에 앉아 있음 : 봄바람은 만물을 생장시키기 때문에 선생의 지도력을 이르는 말로 비유하였다. 명도선생의 제자 주광정(朱光庭)이 여주에서 명도선생을 뵙고 돌아와 사람들에게 이르기를 "마치 봄바람 속에 앉아 있는 것 같았다"고 하였다. 『近思錄』 觀聖賢.

149) 양(陽)이 자라는 요즈음 도의 태운(泰運)이 돌아오고 : 주역에서 양은 정도·군자 등을 상징하고 태괘(泰卦)는 천지가 잘 조화되어 좋은 운세가 오는 것으로 여겼다. 여기서는 사악한 무리들이 물러가고 정도가 행해지는 세월이 옴을 이른 말이다.

150) 아름다운 덕[懿德] : 윤리와 도덕. 『詩經』 大雅 蒸民. "民之秉彝 好是懿德".

하늘에서 받은 도덕을 저버리는 것이다
인류의 문명을 처음으로 거슬러 올라가면
두 분의 제왕과 삼왕일세
크도다! 집대성한 사람[공자]은
명하고 토벌하는 일을 노나라의 수렵에서 끝냈도다[151]
하락(河洛)[152]이 맹자의 적전(嫡傳)을 이어
우리 도를 다시 일으키니 하늘이 도움이라
전민(全閩)[153]의 큰 영웅[주자]은
백 대에 와서 염부(髥婦)[154]를 진작시켰네
공자가 요순의 도를 계승하고 문왕 무왕의 도를 본받을 때
여러 성인 중에서 뛰어났었네
잠사우모(蠶絲牛毛)의 세밀한 분석은 바다처럼 넓었는데
박문약례(博文約禮)의 도는 공자가 죽은 뒤에도 이어졌다
송나라의 도읍을 강남으로 옮긴 것은 주나라의 동천(東遷) 같지는 않지만
시대의 형편은 지금이 옛날 같네
걱정스러워 경사 속에서
대의 수십 가지를 취하였네
공자만 태어나고 주자가 태어나지 않았으면
세상에서 요와 순을 알 수 있었을까
경서를 어그러뜨리고 성인을 모욕하는 무리들은
하늘 끝까지 가더라도 죄를 용서하기 어렵네
석담(石潭 : 율곡 선생)에게 원기가 모여
중국에서 바다를 건너 친히 주고받았네
명성(明誠)과 계개(繼開)의 업은[155]
만고에 북두성처럼 빛났네
위대하도다! 추나라의 맹자는
사숙(私淑)을 하여 도를 전수받았네
동방에서 주회암(朱晦庵)을 얻으니

---

151) 명하고 토벌하는 일을 노나라의 수렵에서 끝냈도다 : 죄가 있는 제후를 명을 내려 토벌하게 하는 일은 천자가 하는 일인데 공자 당시에는 이런 일이 행해지지 않자 공자가 대신 이런 일을 붓으로 하니 이것이 곧 춘추라는 책이다. 춘추는 노나라에서 사냥을 하다가 기린을 잡자 공자가 춘추를 기록하던 일을 중단하였다. 곧 천자가 해야 할 일을 공자가 대신한 셈이 된다. 이로서 이제 삼왕(二帝三王)의 도는 공자에 와서 끝났다.

152) 하락(河洛) : 하는 황하. 낙은 낙양. 정자가 낙양 사람이기 때문에 정자를 이르는 말로 쓰였다.

153) 전민(全閩) : 민은 지금의 복건성의 별칭으로 주자가 이곳에서 태어났다. 전민은 역시 복건성을 이르는 말이다.

154) 염부(髥婦) : 수염이 있는 부인. 곧 연약한 남자를 이르는 말. 주자는 맹자가 죽은 지 오래되어 사문을 진작시켜 연약한 남자들을 깨우쳐주었다는 말이다.

155) 명성(明誠)과 계개(繼開)의 업은 : 명성은 지혜가 밝아짐으로 인하여 마음이 성실해짐. 계개는 옛날 성현의 도를 계승하고 앞으로의 학문을 개척하는 일. 『中庸』 二十一章.

성은 송씨(宋氏)이고 이름은 모(某 : 곧 시열)였네
영원히 변할 수 없는 의리를
천지와 귀신의 신념으로 확고하게 지켰네
오전(五典 : 天倫)을 펴 확장시키고
많은 자들이 이단으로 감을 물리쳤도다
세상은 점점 결함의 세계로 들어가고
인심은 날로 험하고 어두워졌도다
백왕 가운데 으뜸가는 임금을 얻어
천하가 잘못됨을 고하고 맹서하였도다
영릉(寧陵 : 효종)이 멀리 감을 통곡하니
큰 계획은 끝내 이룰 수 없었네
행사할 일은 빈 말이 됨에
해내에서 백발만이 남았네
쓸쓸한 천자의 글씨[非禮不動]가
배신의 손에서 나오니
빛나는 네 글씨는
하늘의 해가 다시 밝아지는 듯하였네
백 겹으로 싸서 늙은 몸을 놀라게 함에
눈물을 닦으면서 오래도록 울었네
어찌 숭정황제의 마음을 볼 뿐인가
지극한 훈계는 순임금과 주왕(紂王)을 판가름하였네[156]
더욱 더 황제의 학문이 높은 것을 탄식함에
우러러보기를 높은 산처럼 하였네
철과 같은 언덕에 글씨를 새김에
산이 오래가지 못할까 두려워하였네
쓸개를 드러내고[157] 이 뜻[글씨의 뜻]을 크게 공포하니
산과 바다에는 옥돌이 고갈되었네[158]
이 일은[글씨를 새긴 일] 세소한 일이 아니라
사실상 강상(綱常)을 이끄는 끈이 되었네
이런 유를 확충하여 의리를 다하는데 이르면
옥루(屋漏)[159]에 있어도 욕되지 않으리라
마음이 무너지는 갑신년의 일은

156) 지극한 훈계는 순임금과 주왕(紂王)을 판가름하였네 : 비례부동 4자의 훈계는 잘 지키면 순임금처럼 선한 사람이 되고 지키지 않으면 못된 주왕처럼 나쁜 사람이 된다는 말이다.

157) 쓸개를 드러내고[瀝膽] : 역담피간(瀝膽披肝)의 준말. 쓸개와 간을 드러냄. 곧 충성을 다함을 이르는 말.

158) 산과 바다에는 옥돌이 고갈되었네 : 산과 바다는 이 세상을 뜻한 말. 곧 이 세상에는 인재가 없다는 말이다.

159) 옥루(屋漏) : 중국식 집에서 가장 깊숙하고 은밀한 곳. 여기서는 남이 알지 못하는 깊은 곳에 있어도 부끄럽거나 욕되지 않는다는 말이다.

피를 소매에 뿌릴 수도 없구나
통분의 마음을 가진 지 수십 년에
하늘에 글을 올려 호소하여도 일편단심 풀리지 않았네
황제의 글씨가 인간에 나옴에
원통한 기운을 품고 입을 가리고 있었네
이 의리는 비록 펼 수 없으나
이 뜻은 끝내 소멸되지 않았네
늘과 땅에 맹세를 하니
이 이치는 신이 혹 도와주리라
아! 그 뜻이 애처로워
분한 기운이 산과 언덕에 쌓였도다
위로 만력 황제에 감축을 올리니
지극하도다. 제덕(帝德)을 힘썼습니다
임진년[橫艾][160]에 우리를 다시 살려준 은혜는
이마에서 발치까지 모두 황제께서 덮어 주셨네
도덕의 마음이 함께 있는 자라면
누군들 두 주먹을 쥐고 일어서지 않을까
어찌하여 옛날 인의의 나라가
지금에 와서 반은 이리와 호랑이의 소굴이 되었나
갓과 신이 거꾸로 된 것을 달게 여기고[161]
흰 색과 검은 색이 혼돈됨을 무무(貿貿)하게 보고 있네
천 길 되는 은하수가 솟구쳐 흐름에
일촌(一寸)의 손가락으로 구제하기 어렵네
칼을 잡고 외롭게 탄식하니
푸른 바다에는 교룡이 울어대네
슬프다 초산의 이별은
뜻을 오히려 이루지 못함이었네
아득히 바라보면서 우제(虞帝)[162]를 노래하고
정중하게 친구에게 만동묘를 세우는 일을 부탁하였네
상전벽해가 여러 번 변한 뒤에
이를 계승하는 일은 끝내 성공을 보았네

---

160) 임진년[橫艾] : 태세가 임자(壬字) 드는 해를 이르는 말. 『史記』 曆書. "橫艾淹茂 太始元年 索隱 橫艾 壬也".

161) 갓과 신이 거꾸로 된 것을 달게 여기고 : 옛 사람은 갓은 머리에 씀에 고귀하고 신은 발에 신기 때문에 천한 것으로 여겼다. 거꾸로 된 것은 고귀한 것이 천해지고 천한 것이 고귀해졌다는 말이다. 이 말은 천한 여진족의 나라인 청나라가 고귀해지고 고귀한 명나라가 망한 것이 억울한 줄 모르고 당연한 것으로 안다는 말이다.

162) 우제(虞帝) : 우제는 순임금. 주자는 우제묘에서 신을 영송(迎送)하는 악가를 지었다. 우암선생이 이 글을 즐겨 읽은 것으로 보인다.

천지간의 한 칸 신궁으로
하늘을 우러러 봄에 구름과 무지개가 다투어 호위하네
예를 행하는 사면동(事面洞)에
황제를 대함에 삼가 세수하고 양치질 하였네
황제의 신이 오르고 내림에 소목(昭穆)이 엄격하고
만동묘의 주위에는 상서로운 구름 머무네
방치하여도 우리나라의 표준이 되고
후세에 전하면 우주에 빛나리라
삼한이 이로 인하여 이적이 되지 것이니
잘못이 있으면 한수(寒水 : 권상하)가 잘못을 잡고 책하리라
하늘이 운수에 핍박되게 됨에
고금에 십중팔구는
동포끼리 한 막(膜)속에 있으면서
의에 투철하지 못하네
하물며 저 누린내 나는 되놈[여진족]의 종자는
짐승이기에 이치로 달래기 어렵네
통분한 마음 품고 참으면서 만 대에 예를 지킴은
다만 이 작은 집일세
아! 의를 해치는 무리들은
어찌 홀로 경외(境外)의 도적뿐인가
천추의 전날 정나라·위나라(鄭衛)의 교외에서
화살을 빼어 수레바퀴에 두드린 말[163]을 듣지 못했나
미치고 떠들기는 모기떼와 흡사하고
원숭이나 날다람쥐에게 달라붙어 섞이네
온 세상이 모두 담장으로 둘러있으니
뉘라서 창문을 내어 밝게 할 수 있을까
의관을 차린 선비가 이적들과 마주 대하니
함께 심사를 논하기 어렵네
저 동산 속의 해바라기는
이웃 말이 들어와 짓이길까 두렵네
말세의 천지를 위아래로 봄에
아! 나는 누추한 세상에 태어났도다
고개를 들어 하늘에 노는 자리에 올려 보아도
옛 어른들은 만날 수 없네
전년에 화양동을 지날 때
비로소 영주(瀛洲)의 노인을 알현하였네

163) 수레바퀴에 두드린 말 : 이 말은 과거에 은혜를 입은 자를 차마 잊지 않는 것이 의리에 맞는다는 것을 뜻한 말이다.

엄숙한 산악의 인품은
유상(遺像)이 극히 삼엄하였네
세상일은 하나의 시내가 막혀
마침내 암혈의 글씨[非禮不動]를 보지 못하였고
왕기(王氣)는 명궁(明宮)164)에 자물쇠가 잠겨 있어
미처 열쇠로 열지 못하였네
한 점의 밝은 마음은
반짝이는 별과도 같았네
얼마 후에 다시 행차를 꾸며
적은 식량[宿舂]으로 수고를 따지지 않으리라
감개의 마음으로 시운에 맞게 지으니
깊고 얕은 곳이 한 운치일세

우암 선생이 일찍 말씀하시기를 "하늘이 주자를 태어나게 함은 사실상 다시 공자를 태어나게 하는 마음이다"라고 하셨다. 아! 삼왕(三王)165)이 세상에 나오지 않으니 질서와 죄 있는 제후를 명하여 토벌하는 일이 다시 천하에 행해지지 않고 요순의 도가 거의 종식되게 되었다. 하늘이 성인[공자]을 태어나게 하여 인문(人文)이 땅에 떨어지지 않으니 공언(空言)166)의 교화가 도리어 요순보다 현명하였고 춘추의 한 책자는 행사하는 일을 잘 나타냈다. 그 내용은 군부(君父)를 높이고 난신적자를 토벌하고 사설(邪說)을 물리치고 인심을 바로하고 중화의 제도를 써서 이적을 변화시키고 난리를 안정시켜 바른 데로 돌아오게 하였으니 성인의 마음 씀이 크도다. 염락(濂洛)의 무리167)가 태어난 이후로 시대가 동주(東周)의 때만도 못하고 세변(世變)은 춘추시대보다 심해졌다. 이리하여 또 한 사람[주자]을 태어나게 하여 그 책임을 주니 그는 육경(六經)의 주를 내어 화려하게 하여 백 대에 내려온 책을 정돈하고 씻었다. 이에 천경지의(天經地義)와 민이물칙(民彝物則)168)이 우주에 밝게 걸리고 해와 별처럼 빛나서 돈독하지 못한 자는 독실해지고 법도를 지키지 않은 자는 질서를 갖게 되고 선왕의 법도를 따르지 않는 자는 명령하여 다스리고 선왕의 제도를 사용하지 않는 자는 토벌하였다. 이렇게 되니 천리가 밝아지고 인심이 선하게 되며 중국의 지위가 높아지고 이적이 물러가게 되니 하늘이 백성을 돌아보고 도우심은 옛 역사를 대조해보아도 한 날과 같다고 말할 수 있다. 이러므로 우리 우암 선생께서는 수사(洙泗)의 연원169)을 우러러보고 회옹(晦翁 : 주자)의 잣대를 얻었는데 불행히 병자·정축의 뒤를 만나 칠팔년 사이에 다시 사람의 도리를 찾아

164) 명궁(明宮) : 신(神)을 모시는 궁. 만동묘를 지칭한 말이다.

165) 삼왕(三王) : 우왕·탕왕·문왕과 무왕. 이들은 유교에서 이상적인 군주로 모든 통치 방법을 이들로 표준을 삼았다.

166) 공언(空言) : 포폄(褒貶)만을 따질 뿐 당대에 쓸모없는 말이나 주장.

167) 염락(濂洛)의 무리 : 염은 송나라의 주돈이(周敦頤), 낙은 정이(程頤)를 이르는 말. 모두 성리학을 일으킨 사람이다.

168) 민이물칙(民彝物則) : 민이는 백성들이 지켜야 할 도리, 물칙은 사물의 법칙.

169) 수사(洙泗)의 연원 : 수수(洙水)는 산동성 태안현에 있는 내 이름, 사수(泗水)는 산동성 사수현에 있는 내 이름. 공자가 이 두 내의 사이에서 태어남에 수사의 연원은 곧 공자의 학통을 이르는 말이다.

볼 수 없게 되었다. 이렇게 되니 소위 천경지의와 민이물칙(民彛物則)을 눈을 밝게 떠 장담하지 않을 수 없게 되었다. 이에 힘을 다하여 의리를 세워 공언(空言)의 교화에 부쳐 행사하는데 나타나게 하고 이 뜻을 밝혀 발휘한 것이 온 세상에 가득하고 기강을 지탱하게 함이 마치 높은 지주산(砥柱山)과 같으니 춘추대일통(春秋大一統)의 의리가 장차 천하 만 대에 빛남이 있을 것이므로 만동묘는 더욱 중대한 것이다. 사람이 이적 금수와 다른 점은 바로 여기에 있지 않을까? 선생께서는 세상을 바꾸어 깨끗하게 하려는 뜻[浴日旋乾]과 끝없이 통분함을 참고 원통한 마음을 간직한 아픈 마음을 당시에 조금도 펴보지 못하고 몇 칸의 정성 드려 제사 지내는 사당과 만세가 지나도 신하되는 의리를 겨우 선생의 유명(遺命)에 의하여 이루었으니 아! 그 또한 슬픈 일이다. 그러나 좋은 교훈을 세우고 짐승 같은 사람의 마음을 깨우쳐 벙어리・귀머거리・절름발이・앉은뱅이 같은 자로 하여금 백배의 기운을 더하게 할 것을 알게 한 것은 천지와 함께 피곤한 일이라고 할 수 있다. 혹 천도(天道)가 스스로 여러 음괘(陰卦)의 밑에서 거슬러 올라와 양을 회복할 기미가 있으면 동해를 기울여 천지를 씻는 기회가 꼭 여기에서 시작되지 않는다고 할 수도 없을 것이다. 이것이 후세 사람들의 마음을 조금이나마 위로하는 것이요 하늘이 백성을 돌아보고 돕는 뜻을 징험하는 것인가. 아! 한심한 일이다. 어찌 속세 사람들과 쉽게 말할 수 있을까? 지난 해 만경(萬景)으로 행할 때 사고가 있어 암혈에 새긴 글씨[非禮不動]와 시내 위의 집[巖棲齋]을 두루 보지 못하고 지금은 병이 들어 또 행차를 할 수 없다. 선생의 환장암 시운으로 인하여 외로운 신하의 분통과 강개한 마음을 만분의 일이라도 펴보려 하니 바라건대 이 뜻을 함께 한 사람은 참람한 일이라고 꾸짖지 말고 특별히 바로잡아 주시면 저에게 있어서는 극히 영광스러움이 되고 또 이어 화운하여 확대시키면 어찌 당시에 노래하고 읊으면서 찬탄하는 남긴 뜻이 아니겠습니까? 엎드려 빌건대 여러 군자들은 말씀해 주십시오.

감사의 시를 지어 회보에게 보여 화운을 구하다(感事示晦甫求和)

남쪽에 잘 다스려진 만동묘요
하늘에 솟은 백 척의 제단일세
대명의 밝은 달 어두운 밤에 걸렸고
회갑은 군탄(涒灘)을 만났네
우리 성상의 조정에서 빛나는 업적이요
어진 스승[송시열]의 빛나는 일편단심일세
임금과 신하가 각각 힘쓰니
오는 세상에는 민간에 도덕이 충만하리라

화양동 감회(華陽感懷)

인간의 많은 먼지 씻지를 못하니
정이 쏠린 어느 곳에 정신이 상했던가?
바위 벼랑에 크게 새긴 것은 천자의 글씨요
높은 사당에 정한 광채는 대로(大老)의 영정일세.
초묘(楚廟)와 우사(虞祠)에는 산과 바다 넓고

민이물칙(民彛物則)은 다 같이 성품을 받았네.
지금의 한 세상에 누가 높은 지식인가?
길이 먼 한계(寒溪 金子益)에게 가지 못함이 한스럽네.

만력황제와 숭정황제의 제사는 노선생(老先生 : 우암)의 뜻이었으니 진실로 슬픈 일이다. 그 의리의 마땅함과 부당함은 백 대를 지나도록 지식인을 기다림이 마땅하고 세상의 저속 한 사람으로 더불어 논할 필요는 없다. 근래 듣건대 한계(寒溪) 김자익(金子益 昌翕)장이 혹 여기에 의심을 품는 일이 없지 않다. 비록 그 지적함이 무엇인지는 알지 못하나 다만 이 어른의 높고 독특한 지식은 반드시 정수한 데까지 이르러 바꿀 수 없는 정론(定論)이 있을 것이다. 길이 멀어 책을 끼고 몸소 찾아 그 말씀을 들을 수 없으니 이루 탄식하면 무엇할까? 저 저속한 논의는 대체로 생각하기를 우리 조선은 중국 해외의 작은 나라로 초 묘(楚廟)・우사(虞祠)와는 다른 점이 있다고 여긴다. 아! 하늘이 만물을 덮은 곳과 땅이 실은 곳과 해와 달이 비춘 곳과 서리와 이슬이 내리는 곳과 배와 수레가 이르는 곳과 사람이 통행하는 곳에 생명이 있는 삼라만상은 명나라를 높이고 친근하게 하는 이치를 어찌 끝내 산천의 멀고 가까움과 중국과 이적 또는 중국의 국내와 국외로 구구하게 차이가 있다고 한계를 지울 수 있을까? 이른 바 천경지의(天經地義)와 민이물칙(民彛物則)이 어찌 저 반대당과 우리에게 후하고 박한 차이가 있을까? 이것은 비루한 풍속에 국한되어 보고 들은 바가 너무 누추하기 때문이니 아마도 깊이 논의할 것이 못되고 다만 저들(반대당)은 어른들[우암선생]의 정의(精義)가 있는 것을 자세히 터득하지 못하고 그냥 자기들의 의견을 중하게 여겨 그 불만의 구실을 장황하게 말을 하니 이치와 의리에 어그러짐이 심히 민망스럽다. 지난번에 화양동에 들어갔는데 근체시 한 수가 있어 느낀 바를 읊었지만 시의 내용이 몹시 누추하고 졸렬하여 진실로 새로 나타낸 것이 없지만 나의 풀리지 않는 의심은 한계장(寒溪丈 : 김창흡)의 자리에서 질문을 못한 것이 한이 된다. 우선 이것을 기록하여 나의 불민함을 자책하려 한다.

화양동에 들어가 노선생(우암)의 서실에 앉아 감회가 있어 입으로 부르다.(入華陽洞坐老先生書室有感口占) _ 윤봉구(尹鳳九)

선생의 피눈물은 당년의 뜻이요
한노(寒老 : 寒水齋)는 마침내 두 황제의 사당을 이루었네
옛 자취는 오히려 궐리(闕里)[170]의 집에 있고
한 줄의 변두(籩豆)는 깊이 금관성(錦官城)[171]의 법을 취하였네
저승에서는 선생의 영령이 위로 될 것이요
이 일은 효종이 알아줌이 될 것이다
초목도 원래 뿌리는 하나인데

170) 궐리(闕里) : 공자가 살던 옛 마을. 곡부현에 있고 수수(洙水)를 등졌으며 사수(泗水)를 향하였다. 우암 선생은 공자의 춘추대의를 받들었다는 말이다.

171) 금관성(錦官城) : 사천성 성도 남쪽에 있는 작은 성. 여기에 무후사(武侯祠)가 있고 촉주 유비(劉備)를 제사지낸다. 만동묘에서 두 황제를 제사 올리는 법례는 성도의 민간에서 촉주를 제사지내는 의식을 따른 것이란 말이다.

작은 매화나무의 생사도 관계된 일일세
(뜰 앞에 한 구루의 빨간 매화나무가 있었으니 이는 노 선생께서 손수 심으신 것이다. 기사환국 뒤에 매화나무는 말라 죽었다. 갑신년(1704)에 선생을 향사할 때에 이르러 자연히 다시 살아나 해마다 꽃이 환하게 핀다고 하니 진실로 이상한 일이다)

만동사(萬東祠)

무슨 일로 명나라 숭정황제는
중국의 백성으로 하여금 슬프게 하였나
만력 연간에 은혜가 깊었는데
갑신년 봄부터 제향을 올렸네

숭정황제 어필을 새긴 석감(崇情皇帝御筆所刻石龕)

효종이 갑자기 돌아가시니
경영하던 일은 허공에 떨어졌네
한 사람의 신하 있어
피눈물로 울고 슬퍼함이 끝이 없었네
당시에 군신의 만남이 성대하여
계획한 일을 곁에서 도와주었네
차라리 명나라를 위하여 죽을지언정
차마 오랑캐에게 굽힐 수 없네
통곡하면서 사대하러 가니
가슴에는 속마음이 들끓고 있네
민공(閔公 : 민정중)이 옛날에 연경으로 사신 가서
의종 황제의 어필을 받들고 돌아왔네
이 글씨 가지고 강개한 마음으로 울면서
영원히 오래도록 전하기를 생각했네
예쁜 바위에 귀신이 감실을 설치하였으니
빛나도록 새긴 글씨에 붉은 칠 하였네
(선생께서) 원통한 마음을 간직하고 통분을 참는 뜻은
부득이한 데서 나온 것일세
비린내 나는 싸움은 사해에 가득한데
한 곳의 계곡이 명나라의 대지일세
황제의 영혼은 어디에 의탁하고 있나
돌아오기를 바랄 뿐일세
스님이 말하기를 밤이 고요할 때는
그 위에서 자규새 운다네

읍궁암에 앉다(坐泣弓巖)

한 밤중에 피나는 눈물 하늘에 부르짖으니
황제의 혼이 오르내리면서 나의 충심을 보리라
당일 군신 간의 큰 뜻을 품은 일은
가련하도다! 한 칸의 영궁(靈宮)에 그치고 말았네

문곡[金壽恒]의 환장암 운을 차하다(次文谷煥章菴韻) _ 윤봉오(尹鳳五)

성상의 교화를 노래하려 하여도 미처 하지 못했는데
감개한 마음 매양 숭정제를 생각해서 울었네
글씨가 흘러 온 지 세월이 오래됨에
네 번 절함에 엄숙함이 천자[玉藻][172]를 뵙는 듯하네
획은 쇠를 구부린 듯 범용의 글씨를 초월하고
산악이 움직이는 듯 말[斗]처럼 큰 글자일세
하늘의 동쪽에 이런 기상 있음을 알고
규성(奎星)의 광채는 멀리 기미성(箕尾星)[173]을 눌렀네
생각건대 사물(四勿)[174]을 힘써 행할 때
마음은 해가 함지(咸池)에서 나오는 듯 했으리라
요순의 치세를 회복하려 했으니
태평의 세상은 시구(蓍龜)[175]를 가지고 점치지 않았네
황지(潢池)의 재앙[176]을 일찍이 말하면 무엇하리
수산(壽山)[177]의 아름다운 기운 잠시 뿐이었네
나라의 임금이 종사를 위하여 순국한 화는
그 의와 열(義烈)은 백왕(百王)이 누가 이와 같을까
하늘 위에서 꽃구경 하겠지만 구름 길 아득하고
빛나는 문물은 모두 추색하기만 하네
이 글씨는 도리어 어디서 얻었던가
비린내 나는 백년 전쟁 칠흑 같이 어두운데
사신 간 사람이 연경의 거리에서 얻어오니

---

172) 천자[玉藻] : 옥조는 천자를 이르는 말.

173) 기미성(箕尾星) : 28개 별 자리의 이름. 중국의 북경에서 볼 때 우리나라는 기성(箕星)과 미성(尾星)의 아래라고 하였다. 곧 문운이 우리나라를 진압했다는 말이다.

174) 사물(四勿) : 비례물시(非禮勿視) 비례물청(非禮勿聽) 비례물언(非禮勿言) 비례물동(非禮勿動)의 네 가지. 숭정제의 글씨가 비례부동(非禮不動)을 썼기 때문에 숭정제가 이를 행한 것으로 본 것이다.

175) 시구(蓍龜) : 점치는 기구. 시는 주역으로 치는 점. 구는 거북의 등을 태워 치는 점.

176) 황지(潢池)의 재앙 : 황지는 황지농병(潢池弄兵)의 준말. 곧 반란을 이르는 말로 여기서는 유적 이자성(李自成)의 반란을 이르는 말이다. 『漢書』 循吏傳 龔遂.

177) 수산(壽山) : 북경 자금성 뒤의 경산(景山)으로 보인다. 숭정제는 이자성의 반란군이 쳐들어오자 경산에 올라가 목을 매고 죽으니 황제의 자리도 잠시 뿐이란 말로 보인다.

그 사람의 뜻은 당나라의 의사(義士)[178]와도 같네
금은의 값을 받기를 원하지 않으면서
다만 깨끗한 곳으로 보내기를 원한다 하네
동쪽으로 돌아옴에 누구와 충의를 함께 할까
누대 아래에 괴롭게 읊은 사람은 파계의 노인일세
파계에 귀신이 태고의 돌을 간직하여
천정을 보수한 남은 흔적 신의 도끼로 다듬었네
황제의 어필 돌에 새김에 돌이 기다린 듯하니
진(晉)나라의 갑자(甲子)가 이 벽에 있네
국화의 이슬로 씻어 냄에 천 길이나 빛나니
지키는 암자가 작은 시냇가에 있네
노수(魯叟 : 공자)의 끼친 말로 좋은 이름 하였으니[179]
스님은 말하기를 이 암벽 사이에서 서기가 나온다고 하네
은구(銀鉤)는 감히 머리를 들고 보지 못하겠고
고상한 파임은 어떻게 용문(龍門)을 범할 수 있나
맑고 선명하여 달팽이 침에 부식되지 않고
난과 봉황이 날아 채색의 무지개를 토한 듯하네
천신도 이를 위하여 가만히 (훼방하는 자를) 꾸짖어 보호할 것이요
하늘의 액운도 찢어져 사라질 것일세
홀로 여기에 조종하는 파수의 오열이 있으니
속세의 사람과는 아득한 하늘과 땅 같네
이 산도 참된 공신부(功臣府)에 오를 만하니
황령은 빛나게 꼭 여기에 임하리라
두견새 울 때 원한을 알겠으니
아래에 사당 있어 저문 봄 달밤에
옛 백성들은 정성을 바쳐 희생을 올리리라

화양서원에 어필로 편액을 하사할 때 수원부사 이교악의 운에 차하다(華陽御筆宣額時次李水原喬岳[180]韻) _ 채지홍(蔡之洪)

조정의 신하가 오색의 깊은 구름 속에서 와서
선사에게 예로 제사 올려 크게 공경함을 표하였네

---

178) 당(唐)나라의 의사 : 장순(張巡)과 허원(許遠). 이들은 안록산의 난에 수양성을 지키다가 중과부적으로 적장에게 포로가 되어 갖은 악형을 받았으나 끝내 굴하지 않고 무참하게 살해되었다.

179) 노수(魯叟 : 공자)의 끼친 말로 좋은 이름 하였네 : 숭정제의 글씨는 처음에 환장암이라는 암자에 보관하였다. 이 글씨는 천자의 글씨이기 때문에 논어에 공자가 요임금을 칭찬한 "煥乎其有文章"이라는 문장에서 줄여 인용하여 환장암이라고 이름을 지었다. 『論語』 太伯.

180) 李喬岳(1653~1728) : 조선 후기의 문신. 본관은 용인(龍仁). 자는 백첨(伯瞻), 호는 석음와(惜陰窩). 후망(後望)의 아들이며, 송시열(宋時烈)의 문인이다.

네 글자의 어필은 난과 봉이 나는 듯 하고
열 줄의 전교는 해와 별이 임한 듯 하네
백년간의 공식 사안(事案) 이제야 판단되고
한 세상의 홍수는 다시 음탕하지 않으리라
많은 선비들이 제사를 올리는 곳에
화산의 아름다운 기운 상산과 접하리라

또 장암 정공 호의 운에 차하다(又次丈巖鄭公澔韻)

우리 왕의 성대한 덕 아름답고 아름다워
음침한 구름이 해 아래에 뜬 것을 다 쓸어 버렸네
어찌 다만 도덕이 한 세상에 밝을 뿐인가
응당 성대한 일이 천추에 빛나리라
어필의 편액 내리고 전교를 겸하였고
예를 돕는 선비들은 옥돌을 섞어 찾네
하늘 뜻도 정녕 정도(正道)를 도우리니
맑은 근원은 어찌 청류(淸流) 아닐까

삼가 수원부사 김진옥(金鎭玉)이 화양구곡을 그릴 때의 운에 차하다(謹次金水原鎭玉華陽九曲畵出時韻)

화양의 수석이 그림 속에 새로우니
그 옛날 선생께서 완상하심이 새롭네
굽이마다 맑은 시내 수사(洙泗)의 물줄기 같고
봉우리마다 빼어난 경색 무이산의 봄과 같네
상공(相公 : 정호)은 풍류를 아는 선비에게 손을 빌렸고
조물주는 그림 그리는 사람에게 공을 돌렸네
이제부터 누워 유람하는 오랜 계획 이루니
꿈속에 번거롭게 이 경내 자주 찾지 않으리라

화양동에서 동지의 사우들에게 지어 보이다(華陽示同志士友)

두 황제를 높이 받드는 곳
팔방에서 슬퍼하면서 함께 사모하네
가파른 암벽은 천 길이나 푸르고
신령스러운 구름은 한 조각 붉구나
산은 중화 국토의 나머지요
백성들은 대명의 풍속을 지키고 있네
조종의 의리를 알려고 할진대
모름지기 만 번 꺾여도 동으로 흐르는 물을 보라

화양동에서 제향를 마치고 단암 민상공 진원과 함께 춘추를 읽다. 3수(華陽享禮同丹巖閔相公鎭遠謹春秋三首)

일치당 앞에 차가운 물 흐르는데
선비들과 임금께서[赤舃][181] 함께 주선하였네
춘추의 대의를 쇠한 세상에 들으니
하늘이 뜻이 있어 그런 것이 아닌가

우암 선생의 성덕은 깊은 샘과도 같아
이 세상의 도균(陶勻)[182]을 한번 돌렸네
상전벽해가 백 번 변해도 사문은 망하지 않아
일부 춘추의 의리가 삼엄하네

국풍(國風) 끝에 하천장(下泉章)[183]을 달아 놓으니
순곤(純坤)[184]의 세상에 도리어 일양(一陽)이 돌고 있네
사해에는 모두 비린내 나는 세상인데
천리와 인심이 없어지지 않음을 알겠네

정성서 의하가 만동묘의 제향을 마친 뒤에 남긴 운에 차하다(次鄭聖瑞義河萬東廟享禮後留題韻)

선인이 사는 구역에 개와 양의 무리[185] 들어가지 못하니
벽처럼 선 천 길의 바위는 하늘에 의지했네
거문고 소리는 우암 선생의 교화를 전하고
의관은 명나라의 풍속을 계승하였네
사람들은 기를 세워 밤낮으로 북쪽 서울을 바라보고
봄가을 조두의 예는 동쪽 나라에 있네
황제의 영혼을 맞고 보내는 곳에
그대의 시 뜻이 장공(張公)과 방불함에 감동하였네

---

181) 임금께서[赤舃] : 적석은 임금이 신는 신발. 화양서원의 건립은 숙종께서 편액을 하사하시고 선비들이 주선하여 세웠기 때문에 선비들과 임금께서 주선했다는 것으로 보인다.

182) 도균(陶勻) : 도자기를 만드는데 쓰는 돌림판. 전의되어 나라를 다스림을 이르는 말로 쓰인다.

183) 하천장(下泉章) : 『시경』 조풍(曹風)의 편명. 세상이 어지러우면 사람들이 잘 다스려지는 세상을 그리워한 뜻으로 해석되었다.

184) 순곤(純坤) : 음만 있는 세상. 동양철학에서 양은 선치의 세상을 상징하고 음은 난세의 세상을 상징한 말로 쓰였다. 따라서 일양(一陽)은 아직 왕성하지 못한 양. 장차 좋은 세상이 오는 징조를 말한다. 여기서는 장차 좋은 세상이 올 것임을 뜻하는 말로 쓰였다.

185) 개와 양의 무리 : 청나라를 지지하는 무리.

화양동의 상서로운 구름(華陽瑞雲)

높고 넓은 화양 하늘에 봉황처럼 나니
상전벽해의 한 세상이 잠시 지나가네
그 옛날 천자의 수레[翠華][186]를 상상하니
어느 곳에서 오색구름을 긴 바람이 끄는가

상당성에서 자고 가는 구름(上黨宿雲)

산의 신령이 구름 만들어 옛 성을 덮으면서
바람 타고 변화하며 종횡으로 오고 가네
어느 때 중원으로 가서 비를 만들어
사해의 비린내 나는 전쟁 씻어 깨끗이 할까

김참의진옥을 만하다(金參議鎭玉挽)

황강(黃岡) 옹[187]이 가신 뒤에 어진 사람 많아
한 깃털로 오색의 고운 빛 알겠네
시와 예는 사계(沙溪 : 김장생)를 따라 얻었고
법도는 신재(愼齋 : 김집)의 곁에서 전하여 받았네
강유(剛柔)가 서로 조화되니 마음의 근원이 바르고
벼슬과 학문이 우수함에 덕기가 온전하네
긍경(肯綮)[188]은 넓고 넓어 칼이 노는 듯하고
시비는 엄숙하여 못을 박은 듯하네
노둔한 자질로 담대멸명(澹臺滅明)[189]의 명예는 없고
유학의 교화는 언(偃)이 집에서 맞음을 보았네[190]
가슴의 회포는 가을 물에 비춘 달을 연상하고
마음은 차가운 겨울날의 깨끗한 하늘 같네
암서재를 중건한 날을 회상하니
백록동의 서원을 중수함과 흡사하네

---

186) 천자의 수레[翠華] : 취화는 화려한 천자의 수레.

187) 황강(黃岡) 옹 : 권상하를 이르는 말. 제천의 황강서원에서 제향을 올린다.

188) 긍경(肯綮) : 긍은 뼈에 붙은 살. 경은 뼈와 살이 이어진 곳. 백정이 소를 잡을 때 뼈와 살이 밀착된 곳에는 칼의 이가 빠지기 쉬운데 도를 통한 백정은 이런 곳에도 넓은 것 같아 칼이 노는 듯이 잘 다루어 솜씨가 뛰어남을 이르는 말이다. 여기서는 김진옥의 학문과 벼슬살이가 여유 있고 잘했음을 비유한 말이다. 『莊子』 養生主.

189) 담대멸명(澹臺滅明) : 공자의 제자. 자는 자우(子羽). 공자의 제자 자유가 무성(武城)의 수령이 되었는데 공자가 그를 보고 너는 인재를 얻었는가? 하고 물으니 답하기를 "담대멸명이란 자가 있는데 길을 다닐 때는 지름길로 가지 않고 공적인 일이 아니면 저의 집에 찾아오지 않습니다."라고 하였다. 『論語』 雍也.

190) 언(偃)이 집에서 맞음을 보겠네. : 언은 공자의 제가 자유(子游)의 이름. 성은 언(言)이다. 자유가 무성의 수령이 되었을 때 담대멸명이란 사람이 공사가 있어야 자유의 처소를 찾았다. 여기서는 작자 채지홍이 공사로 김진옥을 찾아간 일을 말한 것으로 보인다.

암서재의 이름을 비로소 준 것은 근원이 있는데
공의 성대한 뜻을 드날리려 해도 기회 없음이 한스럽네
인간의 액운은 진세(辰歲)에 놀랐고
하늘 위의 별빛은 수성(壽星)이 어두워졌네
꿈틀거리는 괴상한 동물 공은 알지 못하니
떨어진 사문과 세도는 누가 있어 바로잡나
(화양동의 암서재는 처음에는 정한 이름이 없었다. 공이 서원현감으로 부임하여 무너진 것을 일으켜 다시 옛 모습대로 복원하고 일찍이 선생에게 들은 바대로 처음으로 암서재라고 이름을 하였다. 한수재(권상하) 선생이 그 편액을 쓰고 사실을 기록하였다. 그러나 기문(記文) 중에 우연히 암서재라고 이름을 지은 사적이 빠져 있었다. 공이 여러 번 나에게 편지를 주어 한 말을 기록하여 누락된 것을 보충하기를 청하였으나 감히 그 일을 하지 못하였으니 그 뜻을 저버린 것이 부끄럽고 한이 된다. 아무튼 이 일은 홀로 우리만 알고 있으니 뒤에 아는 자가 없을 것이다. 때문에 일곱째의 연구(聯句)에 썼다)

읍궁암비(泣弓巖碑)

한 조각 시냇가에 돌은
외로운 신하 슬픔을 다하지 못하였네
귀신도 응당 감동하여 울 것이고
태양은 오히려 밝게 돌아오네
일찍이 경자년에 떠내려갔다가
을사년에 다시 나왔네
사문과 함께 나오고 묻히니
이 일은 기이할 뿐일세

화양행(華陽行)

하늘이 우리 사람에게 부여했으니
그 성(性)은 인(仁)과 의(義)일세
사람이면서 이 성이 없으면
또한 한낱 금수일 뿐이지
인은 사랑을 주로 삼고
의는 마땅함을 말하는 것
행하여 그 이치를 얻으면
만수(萬殊)가 하나의 이치로 귀착된다네
생족[191]에 셋이 있다고 하니
임금과 부모가 그 둘이라네
깊고 두터운 은택은
어찌 호천[昊天罔極] 뿐이겠는가

191) 생족 : 그 은공과 의리가 나를 낳아 준 자와 같다고 해서 생족이라 함.

돌아가시고 섬김을 살아서 섬김 같이 하고
낳은 은공 갚기를 죽음으로 해야 하네
충효는 본래 사이가 없는 것
지정(至情)에 어찌 차이가 있으랴
선왕이 예법을 지음에
품절(品節)에 각각 차이가 있도다
서자가 적자와 맞선 혐의가 있으면
부모의 제사에 참여할 수가 없고
신하가 임금을 범한 혐의가 있으면
임금의 제사를 감히 함부로 할 수가 없으니
대방(大防)[192]은 진실로 넘을 수가 없는 것
모든 성인의 법도는 한가지로다
일은 때에 따라 차이가 있고
예는 정에 따라 일어나기도 한다
오직 성인이라야 권도를 쓰나니
오르내림을 반드시 저울추로 한다
이대기(二戴記)[193]를 살펴보면
단청처럼 분명하게 갖추어져 있네
지손과 서자가 부모를 제사지내는 것은
필부가 천자를 제사지내는 것과 같다
경변(經變)[194]이 한결같지 않더라도
일을 규정함은 고르고 마땅해야 하는 것
슬퍼함과 성의는 같고
의를 다함은 인(仁)의 지극함이라네
인성(人性)과 천리(天理)는
진실로 어쩔 수 없는 것
하물며 불세출의 임금이 있으면
신공(神功)은 사람의 골수에 드는 것
창상(滄桑)이 비록 백 번 바뀌더라도
원대한 생각은 오히려 다하지 않네
금화(金火)는 비록 갊아 들어 옮기나[195]
상도(常道)는 추락할 때가 없다
보효(報效)[196]의 도리는

---

192) 대방 : 넘어서는 안 되는 원칙적인 한계.
193) 이대기 : 한대(漢代) 경학가인 대덕(戴德)과 그의 조카인 대성(戴聖)이 지은 글.
194) 경변 : 상도(常道)와 변용(變用).
195) 금화는~ : 『周易』에서 하도(河圖)가 낙서(洛書)로 바뀜에 금화교역(金火交易)이 됨. 선천세계에서 후천세계로 바뀜.

그 뜻을 다하지 않음이 없는 것
내가 옛 성왕을 살피니
대가 끊어졌어도 제사는 그치지 않는다
저 요순 같은 임금은
천 년의 묘향(廟享)을 지냈고
오월(吳越)은 우임금의 사당을 세웠고
상구(商丘)[197]에서는 은나라의 제사를 모셨다
홍호(洪皓)[198]는 도군(道君 :徽宗)을 제사하였으니
충곤편(忠悃篇) 속에 부쳤으며
서나라 백성들은 언왕(偃王)을 제사하여
석실이 산 위에 우뚝하고
한고조의 광묘(光廟)가 있어
뚜렷이 모두 가리킬 수 있네
초나라 사람들 초왕을 생각하여
띠 집에 음식을 진설하였고
시골 늙은이 촉왕을 사모하여
여름 복과 섣달 납향에 제사를 올렸네
남헌(南軒)과 회옹[朱子]
창려[韓愈]와 자미[杜甫]는
번갈아 밝게 세상을 감화하는
시를 후세에 드리워 보여주었네
퇴계[李滉]와 탁영[金馹孫]은
입언(立言)이 또한 정치(精緻)하니
모두 작은 정성에 머물렀으나
실로 사랑의 이치에서 나왔노라
비록 상전(常典)[199]에 기록되지 아니했으나
진실로 금기를 넘는 참람함은 없는 것일세
웅장한 우리 황묘가
또한 화양 땅에 있으니
성스러운 일을 누가 시작했는가
열렬한 문정[宋時烈]의 뜻이었네
대의가 그 속에 있어

---

196) 보효 : 은혜를 갚기 위하여 힘을 다함.

197) 상구 : 도당(陶唐) 때 알백(閼伯 : 高辛氏-帝嚳의 손자)의 유허(遺墟). 주대(周代) 송(宋)의 도읍지. 은의 탕왕(湯王)은 고신씨의 후손이라 함. 주대의 송나라는 은나라의 후손으로 봉하였다.

198) 홍호 : 송나라 사람. 금나라에 15년이나 머물렀으나 지조를 굽히지 않았고 금나라와 싸우기를 주장하였다. 진회(秦檜)의 뜻에 그슬려 귀양 가다가 죽었다. 시호는 충선(忠宣). 『宋史』 132.

199) 상전 : 상례(常例). 고정적인 법전이나 제도.

내가 자초지종을 말하려네
옛날 우리 강헌왕[太祖]은
충의로 천지에 참예하여
고황제를 만났으니
지극한 덕은 순임금과 우임금을 짝하였네
위화도에서 의로운 깃발을 돌리어
마침내 윤상(倫常)을 무너지지 않게 했네
제항(梯航)[200]을 오래 바꾸지 않았고
직분을 부지런히 하였기에
연모[201]가 후사에 드리워
대우를 받음이 자못 이례(異禮)로 하여
한결같이 심복으로 보았네.
마침내 용사의 해[202]에 미쳐
우리나라는 정녕 국운이 비색하였네
중원의 의범은 오히려 정숙하였거늘
섬 오랑캐들이 홀연히 넘겨다보아
흉악한 모의로 굳게 속여서[203]
살기가 우리나라를 감았도다
모진 칼끝을 힘으로 제어하기 어려워
왕사(王師)[204]가 문득 허물어졌구나
삼경(三京)[205]을 이미 지키지 못하여
팔로(八路)가 끓는 솥 같았으니
관서의 길을 돌아보며
옥지(玉趾)가 얼마나 넘어지고 엎어지셨는지
이릉(二陵)[206]의 화가 참담하고
칠묘(七廟)[207]가 타는 것을 통곡하였네
내와 도랑에는 피가 흐르고
언덕과 동산에는 뼈가 쌓였고

---

200) 제항 : 외국의 조공. 먼 데 있는 나라들이 중국에 조공할 때 험한 산길에서는 사다리를, 강에서는 배를 타고 감.

201) 연모 : 연익지모(燕翼之謨)를 줄인 것. 『詩經』大雅에 "詒厥孫謨 以燕翼子"라 하여, 자손을 위한 좋은 계책을 말한다

202) 용사의 해. 임진년과 계사년의 왜란이므로 용(龍 辰)과 사(蛇 巳)의 해라 하였다.

203) 흉악한~ : 당시 일본이 조선에 대하여 "명을 칠 것이니 길을 빌리라[征明假道]"는 술책을 부린 일을 말한다.

204) 왕사 : 왕의 군사. 이일(李鎰), 신립(申砬)이 임진왜란 초전에 패한 일을 말함.

205) 삼경 : 서울・평양・개성.

206) 이릉 : 하후고(夏后皋)의 무덤인 남릉과 문왕이 비바람을 피하던 북릉. 국조(國祖)의 능.

207) 칠묘 : 천자의 사당. 한 나라의 왕조를 이르는 말.

사람 사는 자취가 도무지 쓸쓸하기만 하였으니
신민(神民)이 함께 분하게 여겼네
때는 만력(萬曆) 시대라
병이 몸에 있는 것 같이 슬퍼하시어
아픔을 호소하며 급히 부르니
부모가 매우 가까이 있음이 기쁘네
황제의 넓은 은혜 소국을 사랑하여
크게 노하여 동국으로 군사를 출병하니
사졸들이 바람과 번개처럼 달려
두터운 은혜 구름과 비처럼 베풀었네
선열들은 무기를 가진 창해역사를 사모하고[208)]
선조의 훈계는 꿈속에도 위무기[209)]를 따르라 하였네
공동의 원수를 칠 계획을 이루었으니
나라의 힘과 비용을 꺼리지 않았네
장군은 누가 가장 영웅이었던가
혁혁할 손 양(楊)과 이(李)[210)] 였다네
동국에서 위엄을 펴니
적장은 심담(心膽)을 떨었다네
육년을 경영하는 동안에
해대[211)]의 요사스런 기운이 그치고
흉한 무리의 소굴을 쓸어버렸더니
사방 들녘에 벽루(壁壘)가 없구나
위력으로 천하를 복종시킬 뿐 형벌로 죽이지 않으니
천자는 진실로 총지(聰智)하시다
번방(藩邦)은 다시 번창함에 기뻐하고
무너졌던 종묘사직 다시 일어섰도다
봄볕이 썩은 나무 그루터기에 미치고
우로(雨露)가 마르고 썩은 살을 적셨네
변경에 조두(刁斗)[212)]는 누워 있고
이어진 산에 봉화는 끊어지니
밭 갈고 베 짜는 일로 비로소 편안한 업을 삼아

---

208) 鐔海 : 鐔은 무기, 海는 滄海力士. 張良은 창해역사를 얻어 무기를 주어 박랑사(博浪沙)에서 시황을 저격하였으나 실패하였다. 여기서는 왜군을 저격하는 사람을 추모한다는 뜻이다.

209) 魏無忌 : 魏公子 信陵君이다. 조나라 平原君은 신릉군의 姊兄. 조나라 수도가 진나라에 포위되어 위급하게 되자 평원군은 위나라에 구원을 청하였다. 신릉군은 후영(侯嬴)의 도움을 얻어 진비(晉鄙)의 군사를 빼앗아 진나라 군대를 격퇴시켰다. 『史記』 魏公子列傳.

210) 양과 이 : 明의 장수 楊鎬와 李如松.

211) 海岱 : 옛날 靑·徐 두 州의 지역으로 지금의 산동성 지방이다.

212) 조두 : 구리로 만든 솥으로, 낮에는 음식을 하는 데 쓰고 밤에는 두드려 경계용으로 썼다.

사녀(士女)들이 서로 기뻐했네
크도다! 생성(生成)·화육(化育)의 은혜여
곤충·초목에 미치고
덕이 천지와 합하니
은택을 강(江)·하(河)에 견주리로다
모든 생물 다 어버이처럼 존경하여
즐겁게 한 것은 즐겁게 여기고, 이롭게 한 것은 이롭게 여겨
죽을 때까지 폐부에 새기고
감히 은혜를 잊지 아니하여
그 뒤 50년에
제후의 법도 더욱 삼가고 지극히 하였네
슬프다! 숭정의 병화여
흉적[213]이 멋대로 날뛰어
중화가 오랑캐에 들어가고
치우(蚩尤)[214]가 기주(冀州)[215]를 핍박했구나
나라가 망하자 임금은 목숨을 바쳤으니
삶을 버린 것이 신을 벗은 것과 같았구려
몸은 사직을 위해 순국하였으니
의리에 피할 길이 아니었네
의열(毅烈)함은 가을 하늘과 견주리니
만고에 사람의 도리 세웠네
신하들의 전략이 필경 좋지 않아서
요동성이 도리어 스스로 무너지고
군주의 대권이 다 사라져
갈구(羯狗)[216] 오랑캐가 옥새를 마음대로 하네
중화의 기운 몹시 거슬러지니
하늘을 봄에 늘 어찌 이다지 취한 듯한가
의관은 모두 더렵혀지고
백성들은 쑥을 깎은 듯[217] 하구나
쇠퇴하여 남으로 건너 도모한 일[218]이
도리어 고래먹이가 되려고 달려간 것이 되었구나

---

213) 흉적 : 명을 망하게 한 이자성(李自成).

214) 치우 : 고대 제후의 이름. 황제(黃帝) 때에 반란을 일으켰다가 패망하였다.

215) 기주 : 하북성 산서성 대부분과 하남성 일부. 중원.

216) 갈구 : 청(淸)을 세운 여진(女眞)을 지칭함.

217) 쑥을 깎은 듯 : 청나라 식의 변발(辮髮)을 말함.

218) 도모한 일 : 1644년 숭정제가 자살한 뒤에 복왕(福王) 유숭(由崧)이 남경에서 즉위하였으나 이듬해 청나라 군사에게 궤멸되었다.

사황(嗣皇)의 한스런 피는 푸르렀고
제주(帝胄)가 도망간 자취는 파리했네[219)]
온 우주가 오랑캐 세상이라
아! 갓과 신이 거꾸로 되었구나
적막한 천수산에
송백만 부질없이 푸르고
온 천하가 고루 아픔을 머금었으니
동해의 물가에 가장 치우친 조선도 그렇구나
적서(赤鼠)[220)]의 겨울을 생각하니
오랑캐 기마가 홀연 멋대로 날뛰었네
샘물이 가라지풀을 적셨더니[221)]
수레바퀴를 버마재비의 어깨로 받드는 것과 같았구나
큰 뜻을 가지지 않은 것이 아니나
욕됨을 참음은 진실로 까닭이 있어서였다
효묘(孝廟)께서 큰 계책을 떨쳐
모두 회복하기를 손에 침을 뱉고 맹세하였으니
임금께서는 소간(宵旰)[222)]을 잊으시고
하늘을 이고 땅을 디디는 것을 부끄럽게 여겼노라
한나라에 제갈량이 있는 것 같았으나
하나라에 남은 신하가 없었던 것 같았네
무기를 들고서 송나라 임금을 따르고[223)]
측간을 발랐던 예양(豫讓)의 비수를 들었으니[224)]
신하가 됨에 이르러서는 모두가 한가지라
국궁진췌(鞠躬盡瘁)를 기약했네
임금과 신하가 뜻이 부합하여
밤중에 비책을 상의했네
여러분은 이때를 위해 나서서

---

219) 사황의~ : 명나라 멸망 후의 명나라 황손에 의한 명나라 회복의 시도가 모두 실패한 것을 이르는 말.

220) 적서 : 병자(丙子)년. 적색은 병방(丙方 :南方)을, 쥐(鼠)는 12지의 자(子)를 상징하기에 이르는 말.

221) 샘물이~ : 주(周)나라가 왕성했을 때 그 은덕이 제후국을 적셨다. 『詩經』曹風, 下泉. 명나라의 은덕을 입었음을 말함.

222) 소간 : 소간우식(宵衣旰食), 날이 새기 전에 일어나 옷을 입고 해가 진 뒤에 늦게 저녁을 먹는다는 뜻으로 임금이 정사에 부지런함을 이름

223) 무기를~ : 송나라 때 악비(岳飛)가 금(金)에 대한 주전론으로 진회(秦檜)와 맞서다가 투옥되자, 다른 신하들은 진회가 두려워 감히 입을 열지 못했으나 한세충(韓世忠)이 홀로 무기를 잡고 나서서 악비에 동조하고 "오늘 화가 두려워서 금과 화의를 했다가 죽어서 어떻게 태조의 꾸중을 받겠느냐?"고 하였다. 『御定騈字類編』 74.

224) 측간을 : 변소를 수리한다는 뜻으로, 예양(豫讓)이 변소에 숨어 조양자(趙襄子)를 살해하려 했던 고사를 가리킨다.

서로 추천하여 이끌어주도록 하라[225)]
십 년 동안 부지런히 모아 훈련하여
북쪽을 바라보며 항상 절치부심했고
금폐(金幣)[226)]가 오고가는 사이에도
늘 와신상담의 뜻을 가졌었네
천하를 깨끗하게 쓸어 맑게 하기를 기다려서
더러운 기운을 모두 쓸어버리리라
성패를 어찌 미리 헤아리겠는가
저 하늘을 믿을 수 있겠는가
신선이 되어 가시는 수레를 잡을 수가 없고[227)]
대업이 중도에 꺾이었으니
큰 집을 버티던 거목을 잃고
산을 이루는데 삼태기가 망가졌네
하늘이 만약 수(壽)를 빌려 주셨더라면
공열이 어찌 저와 같았겠는가
늙고 외로운 신하가
한을 품고 궁벽한 산 속에 있어
해마다 오월 모일에
하늘에 닿는 눈물을 흘렸으니
길게 출사표를 읊으며
홀로 엎질러진 물이 되었음을 안타까워하였네
슬프다 비풍(匪風)[228)]이여
그리울사 효종 임금이시어
가파른 저 천 길 벼랑에
빛나는 네 큰 글자는
석감(石龕)의 기세 높기도 하니
비바람이 보호하네
창오 임금의 수레는 멀고
정호에는 칼을 남겨두었네
난새는 날아 반벽에서 춤추어
귀신을 놀라게 하네
어디에서 구했는지 공에게 여쭈었더니
노봉(老峯)이 연경에서 구한 것으로

225) 서로~ : 발모연여기휘(拔茅連茹其彙). 띠를 하나 뽑으면 이어진 다른 뿌리들도 뽑혀 나옴.

226) 금폐 : 청나라에 대한 조공물(朝貢物)

227) 신선이~ : 임금의 죽음을 말한다. 중국의 황제가 신선이 되어 하늘로 오르자 여러 신하들이 함께 가려고 수레를 잡으려 했으나 미칠 수 없었다는 고사에서 유래된 말이다.

228) 비풍 : 여기서는 효종을 사모하는 뜻으로 사용하였다.

누군가가 주었는데
슬피 노래하는 강개한 선비였다네
지극한 보물을 값을 따지지 않고
천금의 보물을 초개처럼 버렸다 하네
조선으로 돌아와 자랑을 하되
황제에게 손수 받은 것처럼 받들다가
수신의 요체로 전할 것을 생각하고
분명 이곳에 게재하는 것이 옳다고 여겼으니
편안하게 하여 따르게 하고자 한 까닭이니
크도다! 이름 붙이기 어렵구나
본떠 새김에 기다림이 있었는 듯
하늘의 뜻이 우연이 아닐세
승도들에게 부탁하여 지키게 하였으니
그 절 이름은 환장(煥章)이라 하였네
여러 산신령들이 빙 둘러싸고
여러 골짜기 도깨비들이 보호하였네
손으로 문지르니 절로 감격하여
슬픈 눈물이 펑펑 세차게 쏟아지네
옛날 황제의 영령을 생각하니
향화를 올리지 못한 지가 오래 되었구나
중국에는 맡길 수가 없으니
답답함을 장차 어디에 기대리
한 작은 집을 꾸려
신종과 의종 황제를 제사하여
견마와 같이 보답하여
작은 정성을 본받고자 했네
옛날 끼친 덕을 잊지 못함을 표하면
영령이 조금이라도 위로가 될 것이네
시운이 갑자기 그릇됨에
아! 좋은 일을 이룰 수가 없었구나
떠돌아다니다가 돌아가실 때에도
한마음으로 잊지 않고 늦추지 않았네
뒷일을 힘써 부탁하였으니
문하의 어진 이에게 힘입은 바 있었네
뜻을 이어 애써 삼가 받들었으나
예의 의미를 어리석게도 헤아리지 못해
사람들의 의견이 혹 둘로 나누어지기도 했으나
공의가 오래되어 정해졌구나
사류에 의지하여 계획하고

백성들이 자식처럼 오니
장대한 건물에 마침내 해 그림자 지지 않고
규모와 제도는 전옥(殿屋)을 본떠 지으니
결구(結構)가 사치스럽지 않고
본채와 행랑이 의젓하게 벌려있네
동서에 두 황위를 모셨는데
고례(古禮)를 상고하기 어려웠고
당시 형편에 꺼리는 것이 많은지라
빈산에 텅 빈 전각이 잠겨 있었네
신패(神牌)는 깨끗한 종이를 쓰고
봄가을에 조정에서 곡식을 보내었네
부지런히 제향을 드렸더니
원근에서 소문을 듣고 모여
많은 선비들이 와서
법도에 맞추어 소박하게 왕사(王祀)를 받드네
창주(滄洲)의 일[229]을 짐작하여
전헌례(奠獻禮)는 세 번으로 그치고
제기는 네 줄로 벌려 놓고
관복은 명나라 유생을 따랐네
희생은 수퇘지를 올리니
누가 "예는 풍요로운데 있는 것이 아니라, 작은 것으로 귀하게 함이 있으면 된다."고 하였네
끝이 없도다! 만세의 은택
만물에 비겨 의심할 것이 없네
제사 비용은 산자들의 녹봉으로 하라는
성인의 말씀은 진실로 까닭이 있거늘
하물며 선비는 또 황제에 있어
본래 스스로 혐의가 없음에랴
한 기가 상하로 통하니
지극한 정성으로 받들 뿐이라
사람이 미미해서가 아니며
사물이 보잘 것 없어서가 아니고
훈호(焄蒿)[230]가 좌우에 있어
어렴풋이 가까이 임하노라
밤에는 두견새 우는 소리 들리고
꽃 위의 원통한 피는 붉은데
공부(工部)[231]는 한 번 눈물 훔치고

---

229) 창주 : 창주사(滄洲祠), 宋朝의 현인들을 모신 사당으로 주희가 세움
230) 훈호 : 제수에서 나는 냄새. 제사.

북면하여 삼가 무릎 꿇고 절하였네
길을 따라 구곡이 흐르는데
이는 모두 조종(朝宗)의 물[232]이거늘
정이 있는 듯 오열하면서
밤낮으로 벌창하게 흘러가네
사당의 이름을 '만동(萬東)'이라 하니
지나는 자들 반드시 공경하고 한탄하네
원우(院宇) 옆 가까운 곳에
한 폭의 비단을 가운데 내리고
대로(大老)의 엄연한 유상(遺像)을
천자 계신 곳에 조촐하게 모셨네
황사(皇嗣)의 예를 겨우 마치고
엄숙히 재계하고 주식을 갖추어 제사 올리니
인멸되지 않은 넋이 있어
위아래를 풍기(風騎)[233]로 모시리라
제사를 모시는 저녁 때에
다시 공망구의 잔[234]을 올리고
빈주가 번갈아 헌작하여
이남(二南)[235]이 함께 잘 어울렸네
오르고 내리고 공손히 읍하는 가운데
왕도가 간단하고 쉬움을 알겠네
택궁[236] 천년 후에
뜻하지 않게 지금 다시 보게 되니
애달프다! 저 대통력
정삭(正朔)[冊曆]이 끝내 여기서 마치네
선왕의 십 년 감추어진 뜻이
요임금 뜰의 상서로움을 얻어[237]
백번 새겨 남긴 법에 있으니
안으로 『흠천지(欽天誌)』에 기록하여

231) 공부 : 당나라 시인 두보(杜甫)의 별호.

232) 조종의 물 : 화양계곡의 물이 박대천으로 흘러 괴강과 합류하고 달천으로 합수하여 남한강이 되어 한양으로 흐르는 것을 말한다.

233) 風騎 : 어풍기기(御風騎氣). 바람을 거느리고 기를 몰다.

234) 공망구(公罔裘의 잔) : 『禮記』射義.

235) 이남 : 『시경』 국풍의 주남(周南)·소남(小南)

236) 澤宮 : 주대에 활쏘기를 익히고 인재를 선발하던 곳.

237) 요임금 뜰의~ : 요임금의 뜰에 명협(蓂莢)이라는 서초(瑞草)가 자라는 것을 보고 요임금이 일력(日曆)을 만들었다고 한다.

책을 펼치니 흠모하는 감회가 새롭고
예를 폐하여도 오히려 희생은 남아 있구나[238)]
다시 중산(中山)[239)]에서 나는 붓이 있어
천향으로 적시어
소라에 새기면 징험이 충분하리니
세상에 전하게 한들 어디에서 물을까
지극한 정성이 있으면 응당 감응이 있으리니
칭찬과 비난은 신이 판단할 일일세
슬피 사모하여 간절히 그리워 하니[240)]
이 의리 아는 자가 얼마나 되겠는가
존주(尊周) 일부 책은
아름다운 뜻 다시 음미하도록 보관하였으나
인서(麟書)[春秋]는 둘 곳이 없어
골짜기 구름이 상자가 되었네
산 이름 또한 '화양'이라 칭하니
이름이 실로 거짓이 아닐세
훗날 말 타고 돌아갈 곳에
상서로운 징조 이미 먼저 모여
산은 맑고 수려한 기운 띠었고
물은 더러운 기운 씻어내어
모든 골짜기가 모두 눈빛이거니
돌 표면이 모두 숫돌 같구나
아득히 멀리 흰 벽이 늘어서 있어
깨끗하여 한 점 때가 없고
혹은 삿자리 같이 펴 있고
어떤 구덩이는 바리와 손대야 같네
기묘한 모습 각기 천 가지
곳에 따라 마음 두근거리니
아마도 왕도(王都)를 따라 노니는 듯
완연히 요지에서 모시고 노는 듯
높도다! 낙영산 멧부리
만 길을 오를 수가 없네
어느 해에 중화에 그림자 비쳐
옛 자취를 몰래 감춰 전할까

---

238) 예를 폐하여도~ : 전래하던 의식은 없어졌는데 일부 관습만 남아 있음.

239) 중산 : 붓의 명산지.

240) 羹墻 : 堯임금이 죽은 후에 舜임금이 3년을 사모하여 식사 때에는 국에서 요임금을 보는 듯하고, 앉을 때에는 담장에서 요임금을 보는 듯하였다. 죽은 사람을 간절히 그리워하는 마음.

용 바위[241] 다시 꿈틀거리니
몇 날이나 맑은 물가에 누워있을까
바람과 구름도 모이는 때가 있으니
신통한 변화를 한번 시험해 보려나
파곡(巴谷) 경치 그윽하고
돌길은 얼마나 구불구불한지
감탕나무는 두루 숲을 이루고
빽빽하게 소나무 비자나무 섞이어 있네
매화는 공자 사당의 노송나무와 견주고
국화는 동쪽 울타리에 더부룩이 피었네
물은 무릉의 시내에서 나뉘고
마을은 도원리에 닿으니[242]
중국의 한 구역 땅을
황홀히 여기에 옮긴 듯하네
왕가의 옛 세월을
이 산 속에 머물러 비치니
문물은 다만 황명의 것이니
오히려 주자를 읊조리네
머리를 견양(犬羊)의 하늘에 돌림에
9년 동안[243] 오랑캐와 전쟁이 치열했구나
열사의 기운 격앙되었고
충신은 피눈물 흘렸으니
마침 군탄(涒灘)의 해이니
갑자가 한 번 돌았구나
황업(皇業)[244]이 아직도 회복되지 않았으니
벼슬자리에 있는 것이 부끄럽네
사람의 마음에 슬픔이 배가 되니
당시 일에 탄식이 더해지네
아, 훌륭하신 우리 임금님
경연에 임해 또한 분한 마음이 일어
서둘러 대보단(大報壇)[245] 세우시니
지업(志業)이 앞 수레바퀴를 따름이라
헌작(獻酌)함이 시의에 마땅하다고 여기셔서

241) 용바위 : 화양구곡 가운데의 하나인 와룡암(臥龍巖).
242) 무릉, 도원 : 화양동 계류가 박대천의 가무내(玄川)와 합수하는 곳이 도원리이고 그 너머가 무릉리이다.
243) 9년 동안 : 정묘호란(1627)에서부터 병자호란(1636)까지의 9년.
244) 황업 : 황실 회복의 과업. 우암이 주장했던 북벌은 청을 쳐서 명나라 황실을 회복하자는 것이었다.
245) 대보단 : 창덕궁 안에 설치하여 명의 태조・태조・의종을 제사하던 곳으로 일명 황단이라 한다.

뭇 신하의 의론을 결단하셨네
임금이 몸소 제사하시고
눈물이 병풍[黼扆][246]을 적시니
붉은 구름 엄연히 오르내리고
사마(駟馬)가 땅에서 도는 것과 방불하였네
포모[247]로 축주[248]하고
뜰에서 작은 규모의 일무(佾舞)[249]를 보네
별들이 북극성을 향하여 조아리는 듯
임금이 동쪽을 순수하는 듯
우정[250]이 비록 사수에 잠겼어도
하(夏)나라의 예는 오히려 기(杞)나라[251]에 있어
높이 죽백(竹帛)[252]에 드리워져
위대한 자취 관현에 미치니
군민이 협력할 것을 꾀하지 않아도
기이한 사적 빛나게 임하네
다만 상도(常道)가 같아서가 아니라
시운이 그렇게 시킨 것이니
인심은 아직 끊어지지 않았고
하늘의 운수도 헤아릴 수 있을 것이라
오랑캐의 명은 백 년이 못가는 지라
광복의 날 손꼽아 기다리리니
강의(絳衣 : 軍服)는 언제나 볼까
눈을 닦고 길게 발돋움하네
음이 성하면 반드시 양이 있으니
난(亂)이 극에 달하매 치(治)를 생각함이 마땅하네
공자께서 시(詩)와 역(易)을 지어
쇠퇴하는 시대에 경계의 뜻을 의탁하니
봉봉서묘구[253]는

---

246) 보의 : 천자가 있는 자리의 뒤에 치는 병풍이다.

247) 包茅 : 싸서 묶은 청모(菁茅). 청모는 제삿술을 걸러 낼 때 쓰는 풀이다.

248) 縮酒 : 제사의 헌작(獻酌) 때 모사(茅沙) 그릇에 약간 붓는 술.

249) 팔일 : 종묘와 문묘의 큰 제사에 樂生 64명이 8열로 벌여서 추는 文舞와 武舞이다.

250) 禹鼎 : 우 임금이 구주(九州)의 쇠로 만든 솥. 솥 위에 만물의 상을 새겨 사람들에게 물건의 좋고 나쁨을 알게 하였다.

251) 기나라 : 주나라 무왕이 하의 후손인 동루공(東樓公)을 봉한 나라.

252) 죽백 : 역사책. 고대 종이가 생기기 전 죽간과 비단에 글을 써서 전함.

253) 芃芃黍苗句 : 芃芃은 『詩經』 鄘風, 載馳에 있다. 이 시는 하나라에 시집간 목공의 부인이 위나라의 멸망을 가슴 아파하며 지은 시라고 한다. 黍苗는 『詩經』 小雅, 黍苗에 있다. 이 시는 오랜 행역을 마치고 돌아가는 모습을 노래한 것이다.

변풍(變風)[254]의 끝에 엮어져 있고
큰 과일은 먹지 않는 상이니
깎아서 다하는 바닥에 드러나 있도다
천도가 예부터 그러한 것이니
임금의 가르침 어찌 아름답지 않으리
노력하기를 지사와 같이하나
세월의 빠름이 애석하다
우리나라 수천 리가
거의 버러지나 짐승이 됨을 면하고
백성의 성품이 이로 말미암아 밝으니
예속은 이제부터 바르리라
강상(綱常)이 다행히 떨어지지 않아
가파르고 우뚝한 것이 산과 같으니
저 의리를 잊은 무리들이
무슨 마음으로 망령되이 헐뜯을까
세상에 노중련이 없으니
누가 소의 꼬리 됨을 풍자할까
다른 날 옥하길[255]에
이마에 응당 땀이 날 것이니
부족한 나는 일개 서생
전혀 다른 재주가 없네
옛날을 그리워하니 마음은 맺힌 듯하고
시세를 한탄하여 손바닥을 자주 치게 되네
평생 천검(天劍)[256]을 써서
긴 독사를 벨 길 없음이 부끄럽네
온갖 감회가 마음에 엉기니
한밤중에도 잠들지 못하고
마침내 새로운 글을 엮어
애오라지 사악하고 편벽된 것을 막고자 하네
이 말이 믿기지 않는다면
다시 경사(經史)를 상고하기를 바라노라

만동사시(萬東祠詩) _ 강석하(姜錫夏)

우러러 생각건대 신종황제는

254) 변풍 : 『시경』 시체의 일종. 국풍(國風) 중의 패풍(邶風)에서 빈풍(豳風)까지 13개국의 작품을 이른다.

255) 옥하길 : 옥하(玉河)는 북경 근처를 흐르는 강. 옥하 길은 조선의 사신이 청나라의 북경에 들어 갈 때 거쳐야 되는 길.

256) 천검 : 하늘이 죄진 자를 베는 칼.

만대를 가도 은혜를 잊지 못하겠네
그 옛날 임진왜란의 일
옛 노인은 자세히 전하네
섬의 오랑캐 방자하게 우리를 삼켜
우리나라가 끓는 물 같았네
황제의 덕이 요순과 같아
수당(隋唐) 때처럼 병력이 옮겨 왔네
선조대왕께서 지원병을 청함에
황제의 마음은 더욱 슬퍼하고 속이 아팠네
구벌(九伐)[257]의 위세를 드날리면서
삼경(三京)이 망한 것을 회복하였네
우리 남은 백성들은 살려준 은혜에 감사하여
명나라의 운세가 무궁하기를 빌었네
아! 의종황제의 세상에
요사한 독기가 황제의 마음을 혼란에 빠뜨렸네
중화는 모두 무너지고 말았으니
홍각(紅閣)[258]은 전쟁 속에 빠졌도다
황제께서는 사직을 위하여 순국하시니
대의가 홀로 환하게 빛났네
효종께서 명나라를 높일 뜻을 밝히셔
빛나는 업적은 더욱 드러나기를 기대하였네
임금이 탄 수레 갑자기 하늘로 올라가니
저 원흉들의 독기를 없애지 못하였네
비록 큰 공을 이루지 못했으나
가히 하느님에게 규명할 수 있네
명나라를 높이는 신하가 북경에 들어가
황제의 글씨를 중국 상인에게 얻어 왔네
오랫동안 전화(戰火) 속에 묻혀 있으면서
다행히 불에 타기를 면하였네
가지고 와서 화양의 노인에게 기탁하니
화양의 노인은 눈물을 스스로 흘렸네
춘추의 의리를 홀로 밝히면서
세상의 거센 파도를 손으로 막았네
이 선황제의 어필을 받들어
감히 궤 속에 감추어 두지 않았네

---

257) 구벌(九伐) : 죄악을 징계하는 아홉 가지의 토벌. 정벌을 뜻하는 말이다.

258) 홍각(紅閣) : 중국의 대궐이나 관아는 붉은 색으로 단장하여 관아를 이르는 말. 여기서는 북경의 자금성을 이르는 말이다.

계획하되 돌에 새겨
영원토록 천자의 글씨로 전하려 하였네
선군(先君)께서 스님을 보내시고
아울러 식량을 지고 가게 하였네
가파른 암벽 구름이 이는 곳에 새기게 하니
거대한 일을 화양동에서 마쳤네
화양 노인이 일본(一本)을 나누어 가짐에
황홀함은 좋은 향내가 엄습함과 같네
높은 환장암을
저 구름과 눈이 내리는 산 위에 세웠네
해와 달은 계곡에 밝게 비추고
천지와 함께 오래 지탱하리
강상(綱常)이 여기에 힘입어 유지되니
의와 열(義烈)은 누가 이에 견줄 수 있을까
나는 알겠네, 이 산 노인의
남기신 말씀 선왕(효종)의 의리를 따르라고 하심을
사람(우암)은 죽었어도 도는 망하지 않았고
산은 높고 물은 넓게 흐르네
수암(遂菴 : 권상하)과 장암(丈巖 : 정호)이
제자의 항렬에서 가장 빼어났네
(명이 망한)회갑의 갑신년을 만나
세월이 변함을 감탄하였네
신을 모신 궁에 두 황제를 제사 지내니
혼령이 여기저기에 계신 듯하네
선생의 뜻을 계승하기 위하여
재계 목욕하고 변두(籩豆)를 진설했네
새로운 시를 지어 이 일을 기록하니
그 운치는 낭랑하고 아름다우네
개인 창에서 매양 반복하여 읽음에
낭랑한 말소리를 듣는 듯하네
성대한 의식에 참여하지 못함이 한스러움에
몸소 스스로 깨끗한 제물을 바칩니다
다행한 일은 좋은 시를 얻으니
금이 상자에 가득할 뿐이 아니네
장암(丈巖)이 나에게 화운을 요청함에
늙은 나의 시는 졸렬함이 부끄럽네
오직 분개한 말로
붓을 들어 속마음을 썼네
만동묘 어느 곳에 있나
하늘의 남쪽으로 머리를 돌렸네

환장암가(煥章菴歌)

옛날 명나라가 전성할 때에
천자는 조용히 명당(明堂)에 임하였네
하늘 아래 흙을 다루는 사람 모두가 신하로
사방 만국이 사다리와 배로 통하네[259)]
황제의 돌아보심은 편벽되게 우리나라를 깊이함에
우리 선왕은 제후의 법도를 더욱 삼갔네
검은 용의 해(임진)에 양구(陽九)의 액을 만나
왜놈 수길(秀吉)이 방자하고 미쳐서
우리 기자의 나라를 침입하여 백성을 죽이니
포악함은 맹호와 같고 탐함은 이리와 같았네
참담하게 임금의 의장이 서울을 버리던 날에
서쪽으로 천자의 조정에 가서 신종황제에게 호소했네
신종황제 칼을 집고 갑자기 화를 내었고
상장(上將)은 군사를 거느리고[受脤][260)] 명광궁(明光宮)[261)]을 사직했네
많은 군사가 번개가 내려치듯 대동강을 건너오니
만개의 북소리 큰 우뢰처럼 하늘을 흔드네
황제의 위세가 미치는 곳에 요기(妖氣)를 쓸어 없애고
우리나라의 옛 강토를 즉시에 회복했네
선왕은 이 나라를 다시 세운 공에 감격하여
절을 하고 머리를 조아려 감사의 글월을 올렸네
만 리의 강산에 옥백을 가지고 달려가고
사신들은 해마다 봉황성을 지났네
중국 사신의 사절이 여러 번 내려오니
십여 줄의 천자의 조서는 어찌 이렇게 빛이 나나
우리나라가 이제까지 살아남은 것은
신종황제의 공덕을 누가 당할 수 있나
황제의 자손이 크게 그 공을 이음에
오후(五侯)와 구백(九伯)[262)]이 함께 제후의 예를 잡았네
하늘과 땅이 무너진 해가 어느 해인가

---

259) 사다리와 배로 통하네 : 산이 험한 곳에는 사다리를 사용하고 바다에는 배를 이용하여 왕래를 통함. 곧 멀고 험한 곳에 사는 사람들이 사다리와 배를 이용하여 중국에 조공을 바치러 왔다는 말이다. 『宋書』 明帝紀.

260) 군사를 거느리고[受脤] : 고대에 전쟁을 하러 나갈 때 사직에 제사를 지내고 그 고기를 대중들에게 나누어 주었다. 때문에 후세에 군사를 거느리고 전쟁에 나감을 수신(受脤)이라 하였다. 『左傳』 閔公 二年.

261) 명광궁(明光宮) : 한무제가 지은 궁 이름. 후세에 궁전을 이르는 말로 쓰였다.

262) 오후(五侯)와 구백(九伯) : 오후는 공・후・백・자・남(公侯伯子男)의 오등 급의 제후. 구백은 구주(九州)의 장. 곧 여러 제후국을 이르는 말이다.

말이 갑신년(1644)에 이름에 눈물이 옷깃을 적시네
틈적(闖賊)[263]이 성을 범함에 성을 지키지 못하니
계미년(昭陽 : 1643) 대낮에 화살이 비 내리듯 하였네
의종황제가 의리에 죽어 대경(大經)을 세우니
청사에 밝게 빛나 꽃다운 향기가 흘렀네
어느덧 60년이 지나 회갑이 돌아오니
인간의 세월은 바쁘게 지나가네
수산(壽山)은 적막하고 끌린 전각은 재가 되니
고국에는 제향을 올릴 사람이 없었네
우리 임금이 명나라를 높이는 뜻을 펴려고 하여
제사 지내는 날을 친히 강일(剛日)로 택하였네
구름 같은 수레와 바람처럼 달리는 말 어렴풋이 생각나니
모시는 신하는 누구인들 창자가 끊어지지 않을까
중국[神州]을 돌아봄에 전쟁의 냄새 암울하니
우리 임금의 남긴 뜻 어찌 감히 잊을까
가만히 듣건대 밝은 전교를 유사에게 전했다 하니
신민은 눈을 씻고 다시 펴 보리라
화양동 속의 주인 노인이
이미 선황제의 어필을 찍어 보관하였네
집을 세우고 혼령을 모실 기대가 있음에
군신은 전후로 강상(綱常)을 잡았네
청명의 세상에서 이런 의식을 홀로 보지 못했으니
가석한 일은 이 노인이 지금은 돌아가셨다는 것이네
오히려 이 노인의 환장가(煥章歌)가 전하니
구구(句句)마다 난새가 놀라 나는 듯 하네
사람은 죽고 시만 남아 시가 더욱 귀하니
한 번 와서 읊어 봄에 두 눈물이 흐르네
나의 썩은 선비도 쇠했지만 더욱 기운이 솟으니
천리가 어찌 묘연하게 땅에 떨어질까
사람들은 각각 도덕의 마음 있으니
이 마음은 응당 황료(潢潦)처럼 흐리지 않으리라
기뻐하실 우리 임금의 대의를 밝혔으니
일월로 더불어 광명을 다투리라
내가 이 시를 지어 남긴 시에 화운하니
한 곡조 긴 노래에 마음이 아프고 상하네

---

263) 틈적(闖賊) : 명말 유적 이자성을 이르는 말.

만동사시(萬東祠詩)_ 유명뢰(兪命賚)

낙양산은 높고 시냇물 맑으니
그 가운데 명나라 두 황제의 사당이 있네
중화와 이적의 땅이 다르고 후대의 세상인데
제왕 종묘의 남은 모습 어찌 여기에 있나
중화의 의관도 이미 비린내 나는 세상에 묻혔는데
홀로 우리나라에 문물이 빛나네
곁에 있는 사람들은 이 무슨 예(禮)냐고 말하지 마라
초지(楚地)에 모옥(茅屋)을 오히려 보라
당년의 군탄(涒灘)이 다시 돌아오니
때에 감동을 느껴 추모하는데 어찌 하겠는가
신종황제의 성덕을 잊을 수 없으니
우리나라에 베푼 은혜 어찌 끝이 있는가
의종황제가 당일에 사직을 위하여 죽으니
정의(正義)는 천년이 가도 땅에 떨어지지 않으리라.
삼전도(三田渡)의 우리 일 어찌 차마 말할 수 있나
초나라가 정나라의 수도를 멸한 일[264]은 진실로 부끄러운 일일세
선문(宣文 : 효종) 대왕께서 이 부끄러움을 한 번 씻기를 원하니
임금의 곁에서 애쓴 일은 오직 이 일이었네
감반(甘盤)[265]의 옛 학문과 같은 덕이 있었으니
임금의 곁에서 자상하게 대하니 천재일우의 기회였네
일의 계획은 반을 이루지 못하고 중도에 돌아가시니
팔도강산은 마치 부모를 잃은 듯 슬퍼하였네
홀로 인경(麟經 : 춘추)을 안고 깊은 산에 들어가
신궁(神宮)을 세우려 하니 깊은 뜻이 있었네
문도들이 뜻을 이어 일을 성취하니
비로소 성대한 제례[殷禮][266]를 행함에 체모가 높았네
하물며 가파른 암벽에 글씨를 새기니
이 계곡은 오히려 명나라 천지를 보전하였네
많은 선비들이 엄숙하게 제례를 행할 때
새벽하늘 아득한데 구름과 나무만 총총하게 들어섰네
공부(工部)가 남긴 시[267] 지금도 오히려 있어
한 번 와서 읊음에 나의 마음 전하였네

---

264) 초나라가 정나라의 수도를 멸한 일 : 초나라가 정나라에 쳐들어가 정나라 임금에게 항복을 받으니 정나라 임금은 웃옷을 벗고 양을 끌고 신복의 예를 하였다. 『左傳』 宣公 十二年.

265) 감반(甘盤) : 은나라 고종의 스승이며 정승을 지냈다. 『書經』 說命下.

266) 성대한 제례[殷禮] : 은례는 성대한 제례를 이르는 말.

267) 공부(工部)의 남긴 시 : 그의 촉상(蜀相) 시에 싸움에 나아가 이기지 못하고 몸이 먼저 죽으니 길이 영웅으로 하여금 눈물이 옷깃에 가득하게 하네. (出師未捷身先死 長使英雄淚滿襟)라고 하여 제갈량이 북벌(조비의 魏를 정벌하는 일)을 이루지 못한 것을 안타까워한 시다. 여기서는 우암이 효종을 도와 북벌을 이루지 못한 것을 한탄하고 있는 것이다.

또 짓다(又)

생각건대 옛날 임진년의 일은
가슴 아파 그 어찌 잊으리
왜적[萊夷][268]이 감히 달려와 거스르니
말을 하려해도 자세히 하기 어렵네
구묘(九廟)는 잿더미 속에 들어가고
백성들은 끓는 물을 밟게 되었네
용만으로 행궁이 멀리 갔고
매우 위태함에 중국에 이를 알렸네
이때 우리 신종황제는
돌아보시고 더욱 한탄하며 가슴 아파하였네
군사를 모으고 다시 군량을 운반하여
힘을 다하여 망한 나라를 보존하게 하였네
천자의 위세는 바람과 우뢰보다 빨라
우리나라 문무의 문화와 강토를 회복하였네
도탄에 빠진 나라를 구제하여
편안한 자리에 놓아 살게 하였네
우리나라의 수천 리가
다 노래하고 춤추는 마당이 되었네
번방을 다시 살려준 업적은
천년 이래로 얼마나 빛나는 일인가
사대의 정성은 더욱 돈독하였고
작은 나라를 감싸주는 덕은 더욱 드러났네
거연히 하늘의 운세가 변하여
모두(旄頭)[269]가 빛을 움직였네
의종이 비록 신성한 황제이나
저 하늘의 운세에 어찌하나
임금이 죽고 나라도 따라 망하였으나
백성들은 오히려 상(商 : 明)나라를 추대하였네[270]
만방이 옷을 왼쪽으로 여미는 오랑캐가 되었는데
누가 차가운 기운을 불어내고 따뜻하게 할까
선문(宣文 : 효종)의 우리 임금이

---

268) 왜적[萊夷] : 내이는 본래 산동반도의 북쪽에 거주하던 미개인. 여기서는 일본 사람을 멸시하는 말로 쓰였다. 『書經』 禹貢. "萊夷作牧".

269) 모두(旄頭) : 황제의 의장의 첫 번째 서는 기병. 여기서는 천자의 의장이 동요하기 시작했다는 말이다.

270) 오히려 상(商 : 明)나라를 추대하였습니다 : 하나라의 걸왕이 폭정을 행하자 상나라의 탕왕이 이를 정벌할 때 좌상 중훼(仲虺)가 탕왕에게 고한 말로 백성들이 상나라를 추대함이 오래되었다고 하였다. 여기서는 명나라가 망하였으나 백성들이 명나라를 추대한다는 말이다. 『書經』 仲虺之告.

아픈 마음을 참고 슬픈 눈물을 흘렸네
홍수의 물결이 천지를 뒤집을 듯한데
지주산처럼 버티려고 하였네
이리하여 옛날 감반(甘盤)[271]을 일으켜 세워
속마음에 있는 말을 다 하였네
희정당에서 독대를 할 때
멀리 송나라 황제의 시문에까지 섭렵하였네
어찌하여 임금(효종)의 붕어를 곡하게 되었나
일을 걷어치우고 주머니 끈을 묶듯 하였네[272]
늙은 신하의 가장 가슴 아픈 일은
박괘(剝卦)가 다하고 양을 보지 못함일세[273]
효종께서 하사하신 초구만 부질없이 남아
부둥켜안고 하늘을 향하여 울었네
장차 존화양이의 뜻을 가져
화양동의 산에 던져두었네
누가 숭정제의 글씨가
인간에 오래도록 묻혀 있는 줄 알았나
나는 듯한 네 글자는
찬연함을 누가 대항할까
비례부동(非禮不動)의 뜻은
생각건대 우리 황제를 보는 듯하네
돌에 새겨 영원히 사모하는 뜻을 부치니
글씨의 조종으로 물이 깊고 넓은 듯하네
다행히 지금 사당을 세워
변두(籩豆)가 엄숙하게 열을 이루었네
수정(壽亭)[274]의 일을 돌이켜 생각하면
지난 세월이 얼마나 되었나
영령(英靈)이 멀리 있지 않고
아름답게 사당 위에 와 있는 듯하네
연기가 엉기는 듯함에 처창한 마음 새기고
사당[太室]에는 신이 내리는 듯하네

---

271) 감반(甘盤) : 탕왕의 좌상. 여기서는 우암 선생을 지칭한 말이다.

272) 주머니 끈을 묶듯하였네 : 입을 다물고 하던 일을 중단함.

273) 박괘(剝卦)가 다하고 양을 보지 못함일세. : 박괘는 모두 음이고 가장 위에 있는 한 효만 양효가 남았다. 이것마저 다하면 순음의 곤괘가 된다. 주역에서 음은 소인·이적·사도(邪道) 등 나쁜 사물로 상징하고 양은 군자·중화·정도 등의 정당한 사물로 상징하였다. 여기서는 우암 선생이 청나라를 물리쳐 명나라를 회복하는 일을 보지 못하였다는 말이다.

274) 수정(壽亭) : 자금성 뒤 경산(景山)에 있는 정자 이름. 수황정(壽皇亭)의 준말. 의종이 이곳에서 목을 매었다.

완연히 제후[辟公]들이 제사를 돕는 듯하니[275)]
종과 북의 음악 소리는 어찌 이렇게 깨끗한가
예가 이루어짐에 의식을 파하고
옛일을 생각함에 구슬 같은 눈물이 흐르네
물가에는 두약초(杜若草)가 자라니
가히 식량을 대신할 만하네
제사에 올린 음식은 깨끗하고 향기로우며
희생과 폐백이 대바구니에 가득하네
천년이 가도 보답하는 일을 부지런히 하여
하늘이 끝날 때까지 이어지리라
천지가 갑신년이 다시 돌아옴에
때에 감동하여 더욱 창자가 끊어지는 듯하네
오래도록 비풍(匪風)의 시를 읊으면서
서방으로 가면 좋은 목소리로 위로하리라

또 짓다(又) _ 박계삼(朴啓三)

땅은 주무왕(周武王)이 말을 돌려보낸 산으로
산 아래는 맑은 시내요 시내 위는 사당일세
명나라의 두 황제에게 조두(俎豆)의 예를 행하니
황제의 정령(精靈)이 여기에 임한 듯 방불하네
비록 기송(杞宋)의 문헌[276)] 자료는 없으나
한유(韓愈)와 두보(杜甫)가 오히려 빛나는 시를 전하였네
신궁(神宮)의 사당 모옥(茅屋)이라는 글귀를
그대는 시험 삼아 책 속에 찾아보라
세상 사람들은 혹 예가 아니라고 말하지만
그 마음은 홀로 무엇인지 묻고 싶네
신종황제는 임진 난 때에 우리를 구제하니
그 덕을 갚으려면 하늘도 끝이 없네
의종황제는 갑신의 변에 바른 의리로 죽으니
사직은 비록 망했으나 의리는 땅에 떨어지지 않았네
진(秦)나라를 황제로 하면 노중련(魯仲連)은 동해로 들어간다 하고
은나라가 망하자 백이(伯夷)는 서산에 오르는 부끄러움이 있었네
우리 성조(聖祖 : 효종)께서는 존화양이에 뜻을 둠에

---

275) 제후[辟公]들이 제사를 돕는 듯하니 : 벽공은 제후를 이르는 말. 곧 만동묘에서 황제에게 제사를 올림에 제후들이 와서 돕는 듯함을 가상적으로 생각한 말이다.

276) 기송(杞宋)의 문헌 : 기는 하나라의 후손. 송은 은나라의 후손. 공자는 하나라와 은나라의 예를 후세에 전하고 싶었다. 그러나 그 후손들의 나라가 증빙을 할 수 있는 문헌이 없다고 탄식하였다. 여기서는 중국이 아닌 우리나라에서 중국의 천자에게 제사를 지낸다는 문헌을 찾아 볼 수 없다는 말이다.

우암께서 임금을 도와 큰일을 계획하였네
찬 물결 정호(鼎湖)에 남긴 활을 울었고
끝났구나! 대의를 어느 때나 펼까
원로(元老 : 우암)께서는 효종과 덕을 함께한 신하로
홀로 인경[춘추]을 안고 무한히 슬퍼했네
인경을 싸가지고 깊은 산에 들어가 명나라를 잊지 않으니
영궁(靈宮)을 지을 계획을 어언간 간직하였네
남긴 뜻은 진실하게 문하에게 부탁하여
옥동(玉洞 : 화양동)에서 존엄한 청묘(淸廟)[277]를 보겠네
만력 연중의 옛 일월과 같고
낙영산 속의 새로운 천지일세
북두성은 빛나고 벽의 글씨 환함에
붉은 언덕 서기(瑞氣) 속에 구름만 빽빽하네
향화를 올리는 일 천 년이 가도 영원히 이어지리니
신민의 속마음 만분의 일이라도 펴지려나

또 짓다(又)

우리나라에 환난이 많지만
임진년의 일은 가장 잊기 어렵네
일이 지난 지 백여 년에
옛 노인들은 오히려 자상하게 이야기 하네
섬의 오랑캐가 바다를 건너 침범함에
금성탕지(金城湯池)[278]를 함께 가지고 있었네
금나라 오랑캐는 망하려 하지 않았던가
안록산은 당나라가 없어지기를 생각했네
천지가 참혹하게 무너지니
국토[金甌][279]의 상처를 구제할 방법 없네
발끈 성을 낸 우리 신종황제는
장수를 명하여 위망의 우리를 붙잡아 주었네
천리의 탁한 대기를 쓸어내니
산하는 다시 옛 나라를 회복하였네
온 나라가 성천자(聖天子)의 교화에 젖으니
제향(帝鄉)[280]이 먼 것을 깨닫지 못하겠네

---

277) 청묘(淸廟) : 엄숙한 사당. 본래는 주문왕을 제사지내는 사당이다. 『詩經』 周頌 淸廟.

278) 금성탕지(金城湯池) : 쇠로 만든 성곽과 끓는 물이 흐르는 해자. 곧 험하고 견고한 성을 말한다. 곧 이렇게 견고한 성을 우리와 왜적이 함께 가지고 있었다는 말이다. 『漢書』 蒯通傳.

279) 국토[金甌] : 금구는 본래 금으로 만든 주발. 후세에 영토를 견고한 주발에 비유하여 썼다.

280) 제향(帝鄉) : 황제가 사는 마을. 곧 북경을 말함.

숭정황제의 연대에
황실의 기강이 병화에 묻힐 줄을 어찌 알았나
천자가 정의에 죽음에
더운 햇볕과 빛을 다투게 되었네
우리 영왕께서 명나라를 높이는데 뜻을 두어
가만히 대의를 빛낼 일을 도모하였네
그 계획을 우암 선생에게 부탁하여
일을 털끝만치도 빠뜨리지 않았네
아! 그 사업은 성공도 못하고
대왕께서 많은 백성을 버리고 가셨네
원량(元亮)281)은 진나라를 잊지 않았고
백이(伯夷)는 상나라를 위하여 죽기를 기대하였네
한쪽에 춘추가 있어
다행히 진시황의 불길에 들어가지 않았네
(선생이) 깊은 산 속으로 안고 들어가니
감회의 눈물이 솟아남을 금할 수 없었네
몸소 쓰러져가는 큰 집을 바치기를 생각하고
손수 홍수의 물을 막으려고 하였네
노봉이 마침 부쳐준 것이 있으니
열 겹으로 싸서 감춘 보물이었네
펴봄에 의종황제의 어필로
네 자로 된 문장이었네
연경으로부터 얻었다고 말하면서
의리로 취함에 주머니의 돈을 허비하지 않았네
용이 서려 있어 서기가 뭉친 듯
봉황이 아침 햇빛 아래 나는 듯
하물며 성천자의 모습을 보는 듯
두 번 절하고 임금의 체취를 받드는 듯하였네
인하여 썩히지 않기를 생각하여 도모하고
화양동의 환장암 있는 산에 새겨 놓았네
사람(우암 선생)은 가고 화양동은 주인이 없으니
시냇물이 한과 함께 오래도록 흐를 뿐이네
쓸쓸하게 조두 올릴 계획만 세우니
산새만 부질없이 날아다니네
수암(遂庵 : 권상하) 노인이 남긴 뜻을 계승하여

281) 원량(元亮) : 진나라 사람 도연명의 자. 또는 이름이라고도 한다. 그는 진나라가 망한 뒤에도 진나라의 연호를 사용하면서 진나라를 잊지 않았다. 여기서는 우암 선생이 명나라를 잊지 않은 일이 도연명과 같다는 말이다. 『晉書』 九十四.

한 사당에 두 임금을 제사지냈네
만동(萬東)은 무슨 뜻을 취하였나
물의 조종은 동으로 흘러감일세
비유하자면 모든 별이 북극성을 향하는 듯
푸른 도포의 선비들이 엄숙하게 항과 열을 이루었네
슬픔 속에서 회갑을 만나니
차마 새벽 서리를 밟을 수 없네[282)]
황제의 영혼이 어렴풋이 생각나니
혼의 오르고 내림이 여기저기에 충만하리라
사람들은 모두 달려와 제사에 참여함에
누가 감히 공경하지 않을까
제사 지내는 위엄과 의식은 볼수록 엄숙하고
옥 소리는 맑고 깨끗하게 들리네
장암(丈巖)이 그 일을 시로 엮으니
한 글자가 천 개의 옥보다 무겁네
지성은 반드시 하늘을 감동시킴이 있으니
진실로 혹 이 제수에 흠향하려나
이로부터 해마다 봄과 가을에
시골 노인이 폐백의 바구니를 올리리라
영혼을 보호하여 (3자가 결실됨)
거의 소채가 흉년드는 일 없으리라
사람들은 혹 예가 아니라고 하지만
이는 무슨 속인지 알 수 없네
당년에 황제의 덕이 아니었으면
누가 우리나라를 구제하였을까

또 병서(又并序)[283)]

무릇 사면으로 빙 둘러싼 뭇별은 북극성을 향하여 조아리며, 만 번 꺾이어 나뉘어 흐르는 모든 내는 바다에 조회하니, 작은 것은 진실로 큰 것을 따르고 낮은 것은 반드시 높은 것을 우러르네. 우리나라에서는 태조께서 큰 터를 창업하여 대의를 창명(倡明)하시고, 열성조들이 크게 이어 받아 훌륭한 단서를 잘 받들어 전대의 미덕 지극히 돈독하네. 중화에 신복(臣服)하니 땅은 작으나 동쪽의 노(魯)나라일세. 산하의 대려(帶礪)[284)]로 맹세하고 왕실의 번국이 되어 천자의 조정에 집양전(執壤奠)을 하였고 3년 5년에 천사를 배알하였도다. 황로(皇路)를 자주

---

282) 차마 새벽 서리를 밟을 수 없네 : 효자가 가을에 서리가 내리면 모든 초목의 잎이 말라 꽃이나 잎을 보지 못하게 되니 부모를 잃는 생각이 드는 것 같다는 말이다. 여기서는 서리를 밟음에 두 황제의 영혼을 잃어 다시 보지 못할 듯함을 이르는 말이다.

283) 배신 박계삼(朴啓三)의 황묘시(皇廟詩) 병서(并序)이다.

284) 산하의~ : 한고조가 공신들과 맹세하기를, "황하가 말라 띠만큼 좁아지고 태산이 닳아 숫돌만큼 되도록 길이 자손에게까지 封國을 전하자."고 하였다.

밟았으나 천 리 만 리를 멀게 여기지 않았구나. 아! 그 임진년과 계사년에 섬 오랑캐들이 난을 일으켰으니, 음우(陰雨)에 대한 대비[285]를 소홀히 하여 성을 굳게 지키지 못해서 연기가 허공에 벌창하고 창과 방패가 땅에 가득하여, 동래부가 옥신(玉燼)[286]하여 송자사[宋象賢]가 살신성인했고, 금주(錦州)에서 옥쇄(玉碎)하여 조선생[趙憲]이 의를 취했으나 이미 강회(江淮)[287]의 보장(保障)를 잃고[288] 마침내 이락(伊洛)[289]이 오랑캐들에게 얽혀 임금의 발길이 천신만고를 겪고 용만에까지 고생으로 행차하셨구나. 새벽달 아래 일이 장차 급하였으나 아무도 와서 돕는 사람이 없었다. 이에 원신(遠臣)이 진(秦)나라 왕궁에서 7일을 통곡하여[290] 초나라를 보존했던 정성을 본받았더니, 주후(周后)[291]가 크게 노하여 6월에 오랑캐[왜]를 칠 계획을 결정했네. 이에 여섯 장수에게 명하여 강을 건너게 하여 한 번 싸워 오랑캐를 물리칠 것을 기약하였더니, 원수(元帥)[292]가 부월(斧鉞)을 잡고 무위(武威)를 떨치니 바람과 우박이 저절로 일어나는 듯하였고, 큰 도적이 넋을 잃고 위무(威武)를 두려워하여 벌과 전갈이 독기를 거두었네. 어두운 밤에 소를 놓는 일은 번거롭지 않았으며,[293] 청구(靑丘)에 개를 묻은 것을 이미 보았노라.[294] 꼭 망하게 되었다가 종묘사직을 보존하였으니, 공은 두 번 창업한 것같이 빛나네. 백성을 이미 빠진 곳에서 건졌고, 은택이 한 방면[조선]에 흐르게 하였으니, 어찌 다만 그것을 아는 사람만 성덕에 감사하랴! 또한 무지한 초목도 황은을 자랑하리. 이로써 작은 우리나라가 백세토록 조공을 공손히 닦을 것을 생각하니 정삭[曆書]을 받은 것이 몇 해이던가? 이를 힘입어 산 사람은 나라를 위하여 죽기를 바라는구나. 나라의 운이 홀연 병자·정유년에 비색하여 산융(山戎)[295]이 독기를 부리니 병력이 중과부적이라. 조정의 신하 화의를 의논을 한 것이 부득이한 것이었지만 실로 마음의 고통 절실함이 어찌 이와 같은가? 가만히 성 아래에서의 맹세[296]를 부끄러워하고, 와신상담 속에서 날카로운 비수를 베고,[297] 천상에서 묘성(昴星)[298]이 빛을 잃고 우두커니 있으니 그 정상이 슬프다. 푸른 하늘에 몰래 축수하며 이 마음

---

285) 음우~ : 천재지변이나 전쟁을 미리 대비하다. "하늘에 구름이 끼고 비가 내리기에 앞서, 저 뽕나무 뿌리를 캐어다가, 살창과 지게문을 단단히 얽었나니"(迨天之未陰雨 徹彼桑土 綢繆牖戶). 『孟子』 公孫丑 上.

286) 옥신 : 옥이 탔다는 뜻으로 옥쇄(玉碎)와 유사한 말. 중요한 사람이나 사물이 죽거나 망가짐을 말한다.

287) 강회 : 본래는 중국의 장강(長江)과 회수(淮水),

288) 강회의~ : 남송 때 금나라에 강회 사이의 국토를 빼앗김. 여기서는 경상도와 충청도를 왜군에게 빼앗김.

289) 이락 : 이수(伊水)와 낙수(洛水). 중국의 수도 낙양. 여기서는 우리나라의 서울.

290) 이에~ : 춘추시대 오자서(伍子胥)가 吳 나라 군사로 초나라를 쳐서 영(郢)에 들어오니 초나라의 대부 신포서(申包胥)가 진나라 왕정에 들어가 구원을 청하여 7일을 통곡하자 진왕이 장수를 보내어 난을 평정하여 주었다는 고사.

291) 주후 : 주(周)나라의 왕. 여기서는 명나라의 황제 신종(神宗).

292) 원수 : 명장(明將) 이여송(李如松).

293) 어두운 밤에~ : 전국시대에 제(齊)나라의 전단(田單)이 밤에 소들의 꼬리에 불을 달아 연(燕)나라 군사를 공격하여 제나라를 회복하였다.

294) 청구에~ : 황제(黃帝)가 청구에 알유(猰貐 : 사람을 잡아먹는다는 전설상의 맹수, 미친개)를 묻었다.

295) 산융 : 중국 춘추시대에 지금의 하북성 북방 천안현 산간에 살던 번족(蕃族). 여기서는 청의 여진족.

296) 성 아래~ : 병자호란 때에 인조가 남한산성을 내려가 삼전도에서 청군에게 항복한 일을 말한다.

297) 땔나무 속의~ : 와신상담하며 복수를 노린다는 말이다.

298) 묘성 : 28수의 하나. 모두(旄頭). 서방의 별이다. 여기서는 한족이 세웠던 명나라를 지칭한 듯하다.

밝은 태양에게 묻고자 하네. 어허, 황제의 기강이 땅에 떨어진 갑신년의 소식이 전해졌구나! 어허, 황제의 덕은 하늘과 같으니 임진년의 일 보답을 어디에 하랴! 나라가 망하자 임금이 순국함은 의리로써 일을 바르게 하여 백성에게 상도(常道)를 밝힘이니 울음을 삼키며 피눈물을 뿌리지 않겠는가? 선비들은 적개심을 품고 죽을힘을 다하여 몸을 바치기를 다투어 바랐네. 우리 효종대왕께서는 존왕의 의리를 밝히어 정성을 간절히 하여 부끄러움을 씻으려 하였더니, 원구(元龜)[299]가 응하여 조짐을 보였는데 주문왕이 어진 이를 점치자 상제께서 어진이를 주셨던[300], 은나라 무정(武丁)[301]의 꿈에 감응한 것 같았다. 우암 선생은 두 조정의 원로요 한 시대의 종유(宗儒)이며, 도덕과 문장은 주자의 빼어난 학문을 다시 이었으며 경륜과 지업(志業)은 아마도 적현(赤縣)이 물에 빠지는 것을 건질 수가 있을 분이다. 그리하여 고기가 물을 만난 것처럼 깊이 반기었고 편전에서 독대의 은전을 입었으니, 훌륭한 임금과 신하의 만남이라 몇 번이나 원대한 시무책(時務策)을 아뢰었다. 백성들은 열 번이라도 정벌할 수 있는 장수를 기다렸으니 나라에 어찌 백 년의 운이 없었는가? 진실로 장차 한 군사가 하(夏)나라를 일으켰고,[302] 세 집이 진나라를 망치리니, 중원을 깨끗하게 쓸어 사해의 여망을 어루만져 대업을 찬양한다면 만고에 의로운 소리를 떨칠 것이니 어찌 저 월왕(越王)이 회계산(會稽山)에서의 치욕을 씻지 못하고, 무후[제갈량]가 갑자기 영안(永安)의 조서(詔書)에 곡[303]할 줄을 알았으리요. 대의를 천하에 펼칠 수가 없었으니 곧은 마음을 홀로 산속에서 간직하였다. 율리에 진 나라 동산의 소나무와 대나무를 심어 원량(元亮 :陶潛)처럼 절의를 숭상하고, 수양산에서 고사리를 캐 먹으며 백이는 배고픔을 참았다. 이에 노봉 민상공이 명을 받들고 북관에 사신으로 갔다가 사람들에게 전조(前朝)의 유사(遺事)를 높은 값으로 사겠다고 하였더니, 연경의 한 선비가 의종황제가 네 자로 쓴 것을 몰래 주었으니 빛나는 글이었다. 황제의 필적을 받들어 취하는 데 돈을 받지 않아 의인의 마음을 공경하였다. 이에 보배를 열 겹으로 싸니 만금 기이한 보배에 비할 것이 아니었다. 조선에 가지고 돌아와 높은 한 곳에서 보게 하려고 화양동에 맡겼으니, 대로[우암]의 감격이 더하였구나. 붓 아래에 용이 서리고 봉황이 나는 듯하였던 것이다. [어필을] 우러르니 황제의 근엄함이 있어 벽성(壁星)과 규성(奎星)이 찬란히 빛나는 것 같으니 화양계곡의 돌에 새겨 영원하도록 하였다. 촉주를 제사하는 촌옹들은 촉주(蜀州)의 종묘를 생각하고,[304] 야인이 왕[義帝]을 제사지내니 침향(郴鄉)의 모옥(茅屋)을 생각하네.[305] 그리하여 제사를 받들 것을 계획하였으니 몹시 그리워하는 생각을 부친 것일세. 재물이 다함에 구애되고 힘이 (부쳐) 몇 번이나 탄식하고 눈물을 가렸던가? 북으로 귀양 갔다가 이어서 남쪽으로 유배되

---

299) 원구 : 큰 거북인데, 옛날에 국가에서 큰 일이 있으면 종묘에 감추어 둔 큰 거북의 껍질로 점을 쳐 물어서 결정하였다.

300) 어진이~ : 문왕이 점을 통하여 얻은 인재는 태공망 여상(呂尙)이었다.

301) 무정 : 은나라 20대 임금인 고종(高宗). 현신 부열(傅說)을 얻어 재위 59년 동안 천하에 왕도정치를 구현하였다.

302) 진실로~ : 소강(少康 : 하나라 6대 임금, 중흥주)이 한 무리의 군사로 하나라를 부흥시켰다.

303) 영안의~ : 삼국시대 유비가 오나라를 치다가 패전하고 백제성에 임시로 영안궁을 세우고 주둔하던 중 거기서 죽었다, 제갈량은 이곳에서 유비의 유서(조서)를 받았다. 여기서는 효종의 갑작스런 죽음을 말한다.

304) 촉주의~ : 『續文獻通考』에 당 건녕 4년에 소열묘를 세웠으니 탁주 누상촌에 있다.

305) 야인이~ : 『湘州記』에 침현의 남쪽에 의제묘(義帝廟)가 있으며 백성이 제사를 지낸다고 하였다.

었다가 마침내 일이 어긋남이 한이니 초산에서 돌아가실 때의 유명(遺命)이 슬프다. 듣는 사람 지금도 눈물을 가리고 파수의 찬 물결이 오열하니, 유자(遊子)는 옛날 일을 생각하며 상심하네. 수암 어른은 우암의 의발(衣鉢)을 전한 영재(英材)요, 당에 오른 고제자라. 일을 맡고 이미 근심되었으나 스승을 따르는 것으로 그 직분을 다하고자 하였네. 사당을 창건할 것을 도모하자 동문의 선비들이 소리에 향응하여 정성스런 마음으로 본받으니 바람이 의를 사모하는 무리들에게 불어 다투어 공역에 달려와 드디어 오량(五梁)의 집을 지었으니 만동사(萬東祀)라 이름하고 아울러 두 황제를 제사하여 길이 천 년을 기약하였으니 명명한 것은 무슨 뜻이던가? 대개 강한(江漢)의 조종을 취하여 이에 사모함을 의탁하여 천지에 망극한 은혜에 보답하고자 하였는데, 마침 세성(歲星)[306]이 회갑을 만나 이에 정월 초순에 점을 쳐서 그 해를 생각해보니 종사가 불길에 던져졌음을 차마 말하랴. 거듭 이 날을 만나 명궁(明宮)의 신주를 섬겨 모심에 모두 하례하고, 희생과 폐백을 마침내 진설하고 제기를 가지런히 놓고 엄숙히 장보(章甫)[307]를 썼다. 들창과 문을 잡으며 빠른 걸음으로 달음질쳐 차례대로 나뉘어 가서 건물을 바라보고 곡립(鵠立)[308]하니, 위의(威儀)가 게으르지 않아 성의를 볼 만하네. 처창(悽愴)한 제수의 향기는 엄연히 황령(皇靈)이 오르내리는 듯하고, 굴신흥부(屈伸興俯)[309]하니 신선이 어거(馭車)하여 송영(送迎)하는 것 같았다. 푸른 골짜기가 주씨[310]의 천지가 되니 만력이 오히려 붉은 벼랑에 비치어 있구나. 명나라 하늘의 해와 달 비치고 숭정이 사라지지 않아, 이날 저녁에 성두(星斗)가 밝게 비치고 구름과 놀이 푸른빛으로 자욱한데, 사당의 모습 반공에 높이 솟아 천자 계신 궁궐을 향하니, 촛불 그림자 중당에 밝게 비치고 붉은 구름의 아름다운 자리 빛나네. 치우친 조선 땅에서 중원의 임금을 제사하니, 의리가 생명 있는 것을 격동하고 먼 곳에 계신 선사[우암]의 넋을 위로하니 품은 뜻이 풀릴 것이라. 그것은 천성에 본래 있는 것이거니 비록 부녀자나 어린 아이라도 또한 기뻐하는 것은 이 본성이 다 같기 때문이리니, 멀고 가까이에서 모두 감복하는 것이 마땅하다. 인심이 깨끗하지 못하고 세도(世道)가 좋지 않아, 이단이 간혹 많아서 눈 먼 개가 짖는 것이 견식이 없고, 이르는 곳에 어지럽게 지저귀는 까마귀라. 그러나 어떠랴! 저 또한 망령될 뿐이다. 세 번 충의를 여쭈었으나 신세가 진실로 궁하다고 자처하고, 처사라는 큰 말을 부끄러워하였으며 감히 오랑캐에 대한 대책을 올렸다. 성인의 엄격한 글을 모아 일찍이 사문난적을 벌하는 책을 읽었더니, 애매하게도 정읍(井邑)의 죄수가 되어 신정(新亭)의 슬픔이 있었고,[311] 봉화를 붙이고자 하였으나[312] 초려(草廬)의 꾀[313]가 없었네. 남은 생을 도모하지 못하고 성대한 예식을 뵈오니 정성스럽게 하면 반드시 흠향하는 것이라. 뭇 백성들이 일찍이 전왕의 은혜에 답하니 일이 어찌 전하지 않으리. 긴요한 편장은 후인

---

306) 세성 : 목성(木星).

307) 장보 : 은나라 때의 冠. 유학자의 冠

308) 곡립; 고니와 같이 고개를 쳐들고 발돋움하여 바라봄

309) 굴신흥부 : 제사 때 절하는 동작. 몸을 굽혔다가 펴고 일어났다가 구부리는 동작.

310) 주씨 : 명나라의 국성.

311) 신정의 슬픔 : 서진(西晉)이 망하고 동진(東晋)으로 옮겨온 진의 명사가 동진의 새 정자에서 옛 서진을 생각하며 읊은 시구.

312) 봉화를~ : 북벌의 전쟁을 시작하고자 하나.

313) 초려의~ : 제갈량 같은 모사가 없음을 한탄함.

의 저술에 맡긴다. 시에 이르기를,

대명 황제는 선경에 가 계시고
한나라 종신(宗臣) 제갈량은 금성(錦城)[314]에 있네[315]
만력 황제가 끼친 은혜를 길이 갚지 못하고
숭정황제의 원수를 씻지 못함을 깊이 부끄러워하노라
천추의 향화를 오늘부터 모시리니
한 골짜기 천지에 대명을 열었네
황천에서도 분명히 넋이나마 모르지 않으실 터이니
우암께서 수암의 정성에 느껴 우실 것이라

또 짓다(又) _ 우치구(禹致龜)

사람은 천성의 도덕심이 있어
큰 덕은 끝내 잊기 어렵네
내가 듣건대 임진년의 일을
자세히 말할 수 있을까
왜적[漆齒][316]이 남쪽으로부터 와서
향하는 곳에 견고한 성곽이 없었네
위태하기는 호랑이 입에 있는 진나라 같았고
군색하기는 노새 등의 당나라 같았네
명철한 우리 신종황제는
작은 나라를 감싸주되 다칠 것 같이 하였네
중국을 싹 쓸어 군사를 동원하여
반드시 망한 나라를 보존하려 하였네
위세를 드날리고 큰 창을 들어
왜적[猰貐][317]을 우리 강토에 묻어버렸네
지금까지 백성들은 신종의 은택을 받아
오랑캐의 나라[左衽][318]가 됨을 면하였네
숭정황제의 일은 어찌 차마 말할 수 있나
황제의 자리는 한 꿈이 되었네
정의를 지켜 사직을 위하여 죽으니

---

314) 成都 : 蜀漢의 수도.

315) 한나라~ : 촉한의 제갈량을 우암에 빗대었으며, 우암 역시 죽어서 저승에 있다는 말이다.

316) 왜적[漆齒] : 칠치는 오랑캐를 이르는 말. 이적들은 이에 검은 칠을 한 자가 있었다. 여기서는 왜적을 이른 말이다. 『新唐書』 南蠻傳上.

317) 왜적[猰貐] : 사람을 잡아먹는다는 전설상의 동물. 여기서는 왜적을 비유하는 말로 썼다. 『淮南子』 本經訓.

318) 오랑캐의 나라[左衽] : 좌임은 이적의 옷. 그들은 옷을 왼쪽이 올라오게 여민다. 『論語』 憲問. "微管仲吾其被髮左衽矣".

대의가 어찌 이렇게 빛나는가
효종께서 대의를 바르게 할 뜻을 가져
명나라로 향하는 정성[拱北][319]이 더욱 드러났네
같은 시대에 참된 선비가 태어나니
덕성(德星)[320]이 더욱 빛났네
임금과 신하 협력하여 한 마음 되어
의리에 분발하면서 저 하늘에 맹세하였네
노중련(魯仲連)이 어찌 진(秦)나라를 황제로 받들겠나
고죽(孤竹)의 백이숙제가 홀로 상나라의 신하되었네
참혹하게 갓과 신이 거꾸로 되니
근심되고 분한 마음 속이 탈 듯하네
갑자기 영안궁(永安宮)의 조서[321]를 받고
임금이 죽은 슬픔[泣弓]에 눈물이 앞을 가렸네
말리라! 우리의 도는 펼 수 없게 되니
홍수의 물결을 막을 수 없는데 어찌하나
울면서 인경(麟經 : 춘추)을
안개 끼고 표범이 다니는 산으로 들어가 간직하였네
노봉(老峯 : 민정중)이 연경에 놀면서
주(周)나라 때의 비풍(匪風) 시를 읊었네
의종의 어필을 구하여 얻으니
주머니의 돈을 소비하지 않았네
빛나는 네 큰 글자는 마침내 화양동으로 돌아왔네
절을 하고 받음에 두 손에 가득하니
은은한 향기가 나는 듯하네
암벽에 새긴 글씨 항상 빛나니
옥돌의 빛은 곤륜산을 비추네
평생 동안 두 황제에게 제향을 올릴 계획은
저승길만 멀고멀었네
지금 비로소 신궁(神宮)을 세우니
축하하는 제비가 다투어 지저귀네
파촉 사람들은 선주(先主 : 劉備)를 제사하고
초나라 풍속은 소왕(昭王)을 제사지내네
황강(黃江)이 파계(巴溪)와 접하니

---

319) 명나라로 향하는 정성[拱北] : 공북은 여러 별이 북극성을 향하여 움직이는 일. 본래는 왕의 덕정을 이르는 말인데 여기서는 명나라에 대한 정성을 뜻하는 말로 쓰였다.

320) 덕성(德星) : 어진 사람을 비유하는 말.

321) 영안궁(永安宮)의 조서. 영안궁은 한나라의 궁 이름. 여기서는 우리나라의 궁을 이른 말이다. 영안궁의 조서는 효종의 부음을 이르는 말이다.

한 줄기로 이어 흐르네
명나라가 망함에 명나라를 잊지 못하여
소매로 얼굴 가리고 눈물 흘리네
명나라의 책력으로 봄에 큰 제사를 올리니
세월은 60년의 회갑이 되었네
해바라기는 해를 향하여 피고
강수와 한수는 동쪽의 바다로 조회하네
도포를 입은 선비들이 구름 모이듯 하니
누가 공경하여 제사를 행하지 않을까
몸을 구부려 나아가 절을 하니
옥 소리는 맑게 울리네
우암 선생께서 만약 곁에 계시면
완연히 낭랑한 덕음(德音)을 들으리라
일체가 되어 제사를 올리니
안주와 나물 쌀을 함께 올렸네
폐백을 공손하게 드리니
바구니에 공물을 바치는 것 같네
하늘에 계신 두 황제의 혼령은
응당 이 작은 나라에 내려오시리라
송강(松江 : 정철)의 어진 손자 있어
시를 지어 속마음을 폈네
만동(萬東)의 뜻을 취하여 보고
사람들의 추향을 보여주었네

또 짓다(又) _ 이장형(李長馨)

일찍 오랑캐 남에서 침범하는 날을 당하여
나라의 형세는 압록강 가에서 창황하였네
명나라 황제로 하여금 군사를 정돈하게 함에
송나라 제비들이 숲에 둥지를 마련함을 보겠네
우리 동해의 많은 생명은
황제의 은택이 백대를 가도록 깊으리라
속세에 있는 몇 칸에 어떻게 의리를 펴나
강하의 흐름은 만 번 섞여도 동쪽으로 향하는 마음일세

또 짓다(又)

사해가 전쟁 속인데
화양동 황제의 사당은 새롭기만 하네
인심은 명나라를 그리워하는 날이요
세월은 60년이 된 해일세

속세 사람이 제사를 올림에 주인은 없지만
암벽의 비에는 신이 임한 듯하네
우암의 평생 뜻은
수암(遂庵)에 부탁하여 폈도다

장암의 운에 차하다(次丈巖韻) _ 김정삼(金鼎三)

작은 나라를 감싸줌에 덕이 하늘 같아
사대의 마음을 잊지 않았네
가슴 아프도다! 임진년의 일은
자세히 말하지 못하겠네
남쪽의 도적떼가 우리를 능멸하여
우리나라는 끓는 가마와 같았네
참혹하게 서진(西晉)이 어육이 된 것 같고
위태하기는 노새 등의 당나라 같네
우리 황제께서 인(仁)과 서(恕)를 체득하여
우리를 사랑하면서 다칠 것 같이 하였네
크게 노하여 많은 군사를 명하여
난을 구제하고 망한 나라를 보존하였네
만 리에 황제의 위세가 떨쳐
한번 일어나 우리 강토를 깨끗이 하였네
삼한의 예의의 나라가
이적이 됨을 면하게 되었네
숭정황제의 일을 어떻게 말하나
황제의 업적은 한 마당 꿈이었네
나라가 파괴되고 임금이 죽었지만
정도는 어찌 이렇게 빛나나
우리나라에 성군이 태어나
명나라를 높이는 대의를 나타냈네
호걸스러운 인재가 당시에 나오니
언론과 덕이 빛나고 빛났네
이런 임금에 이런 신하 있어
명나라 회복하기를 하늘에 맹세했네
제갈공명은 촉한과 어수의 친함이 있었고
부열(傅說)은 상나라에 있어 가뭄의 장맛비였네
천하는 갓과 신이 거꾸로 되니
분하고 원통한 마음 가슴이 타는 듯하네
갑자기 효종의 부음을 받고
하늘을 우러러 통곡함에 눈물이 앞을 가렸네
머리를 돌려 중국을 보니

천지는 전쟁의 먼지에 막혔네
천명이 크게 잘못 되어감에
개탄하면서 스스로 물러 나왔네
(민정중이) 사신으로 연경에 갔는데
어느 의사(義士)가 숭정의 어필을 주면서
속마음에서 우러나 주는 것이니
"어찌 값이 필요한가?" 하였네
열 겹으로 싸서 공경하여 가지고
돌아와 화양노인에게 주었네
마치 엄숙하게 해를 보는 듯하였고
천향(天香)을 맡는 듯이 황홀하였네
주인은 암벽에 새기니
은하수가 높은 산을 비추는 듯하였네
하늘의 뜻을 돌릴 수 없어
캄캄한 속에 한탄만 길었네
수암이 선생의 뜻을 계승하고
장암(丈巖 : 정호)이 함께 일을 도왔네
사당의 모습이 며칠 안가서 이루어짐에
경건하게 두 황제에게 제향을 올렸네
산색은 푸르기만 하고
물도 더욱 슬프게 흐르네
푸른 도포의 선비들이 좌우에 열을 지음에
완연히 벼슬아치들의 항오와 같네
마침 60년의 갑자가 다시 돌아오니
시대의 감회가 얼마나 되었나
황강(黃江)과 파계(巴溪)가 서로 접함에
만 번 꺾이는 물은 동해에서 조종이 되네
성대한 일도 때가 있음에
정성을 가지고 예를 올렸네
여기에 나와서 많은 선비들을 보니
옥 소리는 더욱 맑기만 하네
선정(先正 : 우암)의 뜻을 생각하니
일을 닥치면 눈물이 절로 나오네
황제의 수레가 황홀하게 내려옴에
이 제수에 흠향하실까
여지(荔枝)와 파초를 변두(籩豆)에 올리고
희생과 폐백을 바구니에 올렸네
향화는 천년을 이어가서
보답하는 일 게을리 함이 없으리라

천수산의 한 조각 달
응당 의로운 신하의 창자를 비추리라
감회의 슬픈 노래를 하면서
길게 탄식하고 사방을 바라보았네

화양동 사실을 읊다(詠華陽洞事實) _ 송상윤(宋相允)

낙영산 아래 파수의 가에
선생은 이곳에서 만년에 사셨네
중간에 세상일은 상전벽해 됨에
금고(今古)의 인심은 무이(武夷 : 주자)를 우러러 보네
기상은 오히려 천 길의 암벽처럼 우뚝하고
강상은 만동묘에 걸려 있네
해마다 제향을 올림에 선비들이 달려오니
화양의 한 구역을 백대가 지나도 알리라

송상윤의 시를 차하다(次宋相允詩) _ 이조해(李朝海)

명나라를 높이는 일이 이 시냇가에 있으니
천심이 화(禍)를 후회함이 더딘 것을 한하였네
북벌의 대업은 성상의 돌아가심을 탄식하였고
중원은 오히려 이적의 세상임을 보겠네
우리나라를 살려준 은택을 어찌 잊을까
슬픔이 간절한 우리 백성 황제의 사당 세웠네
봄가을 제사를 받드는 곳에
두 사람[우암・수암]의 충의를 후생은 알리라

화양서원시(華陽書院詩) _ 황경원(黃景源)

파계의 옛 신령한 곳에
서원이 절벽에 임하였네
드러난 샘은 하나의 맑은 시내 되고
구름은 멈추고 바위는 깎여 섰네
공경스러운 송 선생은
도를 강하면서 숲속에 머물렀네
금으로 장식한 붓대는 정사에 간직하고
암벽에 새긴 글씨는 높은 집에 보관하였네
대의를 비록 펴지 못하였으나
천석 속에서 스스로 즐겼네
지주산처럼 우뚝 서서
고금 없이 기세가 드높았네
강장(絳帳)[322]을 내리고 황묘와 이웃하고

흰 무릎가리개를 앞에 띠고 신위 앞에 시저를 드렸네
무이정사의 가르침이 아직 남아서
거문고 소리 적막하지 않네
(송선생의 화양동 시에는, "지주산을 기울게 하기 어렵다"고 하였다)

환장암시(煥章菴詩)

환장암이 산 위에 있어 깊숙한데
안개를 헤치고 홀로 찾았네
멀리 있어 저문 산 적적하고
맑은 시내 널리 봄날에 흐르네
금으로 장식한 붓대는 구름이 나는 방에 있고
어필을 새긴 붉은 벽 환하게 보이네
(어필은) 용사(龍蛇)가 서린 듯 나는 가 의심했고
번개가 번쩍이듯 우뢰가 나는 듯
신령스러운 모습 받들기 어렵지만
황제의 글씨는 상상이 가네
문명의 생각은 백 대에 걸려 있고
황제의 빛난 자취 만 길이나 우뚝하네
누가 대통력이 끊어졌다 말하는가
드러난 의리는 천지의 끝까지 전하리라

운한각시(雲漢閣詩)

나는 듯한 운한각 높이 솟아 은하수와 닿은 듯
파계 가에 일천 봉우리 그림자도 얽혀 있네
난간에 들어오는 그윽한 향기 들꽃이 가까이 피고
새로 내린 비 땅에 축축함에 시냇물이 불었네
달빛 고요한 바위 아래 집에 글 읽는 소리 나고
황묘에는 향을 피우는 냄새 연기와 함께 오르네
어필이 흘러와서 깊은 산에 멈춰 있으니
옛 노인은 방황하면서 죽을 때까지 슬퍼하네

신종황제 금관가(神宗皇帝金管歌)

금관이여 만력의 연대로부터 만들어지니
천자가 옥궤(玉几)에서 쓰던 붓일세
침향(沈香)으로 대를 만들고 반죽을 겉에 그려

---

322) 강장(絳帳) : 붉은 휘장. 후한의 마융(馬融)이 학생들을 가르칠 때 붉은 휘장을 치고 그 앞에서 강을 하였다. 우암 선생이 많은 제자를 길렀다는 말이다. 『後漢書』 馬融傳.

삭방의 돈피 털 색깔은 황색 일세
긴 털은 늘어져 천하에 아름다운 붓이니
공교로운 솜씨로 붓을 만들어 귀신도 묘하다 하네
양(梁)나라 황제의 은관(銀管)은 비교도 안 되고
위에는 곡구(谷口)의 시를 새겼네
가는 아지랑이 흐르는 듯 연자(緣字)로 시작하고
아래에는 계화(桂花) 시를 써 넣었네
얇은 구름이 춤을 추며 그림 속에 생기는 듯
신이 만든 붓처럼 진실로 기이하네
황제께서 항상 깊은 궁 안에 두고
조서를 처음 쓸 때 자기를 죄스럽게 썼네
구련 보살이 속마음으로 기뻐함에
봄과 가을에 만세산(萬歲山)에 행행하네
매양 봉연(鳳硯)을 가지고 학사들을 불러
징상정(澄祥亭) 북쪽에서 흰 비단에 썼네
집성전(集成殿) 서쪽에서 문채 있는 비단에 쓸 때
선인이 탄 수레 먼 구름 밖에 날아가네
구주의 산천에 전쟁이 어찌 이렇게 많은가
그 글씨는 백여 년을 가리어졌네
화양에서 다행히 송부자(宋夫子)를 만나니
사관의 기록은 비록 전하지 않았으나
궁중의 붓이 오히려 여기에 있네
정릉(定陵 : 신종의 릉)의 송백은 이미 쓸쓸함에
빈 계곡에 천자의 향이 있음을 뉘라서 알리
한 가지의 모색(毛色)은 사신의 부절에 비추었으니
신리의 꽃이 핌에 가장 서로 유사했네
충신 효자 지금도 응당 있으면
이 붓을 잡고 종이에 쓰기를 청하리
(양사(梁史)에 충효가 온전한 사람은 금관의 붓으로 썼다고 하였다.)

화양동 감부(華陽洞感賦) _ 송석경(宋錫儆)

명나라는 당당하게 천하를 차지하고
연경에 도읍을 정하여 조선과 가까웠네
조선은 본래 기자의 풍속과 법도가 있어
예와 악을 받아 봄에 중화와 차이 없었네
나라를 세움에 정대하여 한나라와 비교되고
가정에서 행하는 일은 깨끗하여 송나라의 명현과 비교되었네
금나라·원나라의 흐린 풍속 쓸어서 없애고
공자와 주자의 일월 같은 빛을 드러나게 하였네

천지가 개벽하면서 만국의 조종이 되니
천고의 영광은 동방 나라의 자리를 지킴일세
우리나라는 국토와 하늘이 중국과 접하여
인민과 산천을 분발하게 하였네
노나라는 주례(周禮)를 가지고 사람들의 기강을 잡았고
위나라는 무공(武公)을 이어 군자가 많았네
조정에서 홍무(洪武)의 제도를 어기지 않고
사림들은 주자의 학통을 이었네
우리의 신료들은 옥하관(玉河關 : 북경)의 법도를 따르니
중국 사신은 맑은 한강의 물을 비추어 보았네
문장과 글씨를 잔치 자리에 빛내고
의관과 춤추는 일 명나라의 자취일세
문물이 태평한 지 이백 년 만에
긴 뱀과 돼지 같은 이적에게 놀랐네
우리나라의 백성[含靈]들이 뜨거운 불에 놀라
용만에서 생사를 피눈물로 호소했네
실로 황제의 성스러운 인덕을 힘입어
구중궁궐의 참혹한 화는 가을 하늘이 열렸네
급한 바람 떨치는 우뢰처럼 두 번이나 군사를 동원함에
용감한 장수는 구름같이 위세를 날렸네
세 도읍(개성·서울·경주)이 회복되고 팔도에 평화오니
천리의 끝까지 전쟁의 먼지 없어졌네
중원에서 7년 동안 진기(眞氣)를 뽑아내어
우리나라에 쏟아 부어 새 나라를 만들었네
군신과 부자는 천지를 편안히 여기면서
지금까지 누가 명나라 사람이라 아니하나
만력의 큰 은혜 미처 갚지도 못하여
삼전도(三田渡)의 비석은 저 무슨 이유인가
소가 받고 말이 차듯 악운이 닥쳐오니
외로운 성에 바람과 눈 하늘이 무너졌네
차라리 의리에 죽을지언정 화친은 불가하다 하고
다섯 신하는 머리를 깨고 임금은 눈물 흘렸네
예부터 망하지 않는 나라 없으니
하루아침에 어떻게 황은을 저버리나
학사들은 요 땅에 침을 뱉고 죽기를 자청하고
장수들은 바다로 달려가 부질없는 계획만 세우네
온 천지가 수황정(壽皇亭)을 둘러 울기만 하니
용의 수염은 아득하여 슬퍼한들 소용없네
옥백[사신의 폐백]은 처량하게 어디로 갈까

숭정의 갑신년은 천지가 막힌 날일세
옛 나라의 끝 왕은 매양 음탕하고 혼미하여
앉아서 속박됨이 외로운 돼지와 같은데
혁혁한 이 천지에 정의로 죽으니
존망은 요순에게도 부끄러움이 없네
온 사해가 슬피 울며 애통해 사모하니
하물며 우리 문명의 번국(藩國)이랴
영왕께서 장차 복수를 하려함에
화양의 선생이 시골에서 일어났네
중화를 높이고 이적을 물리치는 춘추를 강하면서
복수하고 치욕을 씻으려고 천지에 맹세했네
정한 대포 십만을 해로로 오기를 의론하니
본국과 번국은 백 대에 문손(文孫)[323]을 구하였네
철창과 목마로는 적을 막기가 어려움에
부신(符信)을 가지고 행하기를 허락했네
마음은 한나라의 해와 달을 가리키고
칼은 오랑캐를 막는데 참담하였네
분한 마음 감격함이 만전의 계책 아니라
교훈은 오히려 십년을 기다렸네
임금의 수레가 놀랍게도 갑자기 하늘로 올라감에
천하는 의거를 할 수 없음이 판단되었네
절해의 궁벽한 산에 빈척을 당함에
충언과 피눈물의 주언(奏言)은 거절을 당하였네
영릉(寧陵)의 서리와 이슬 이미 아름이 되고
초산(楚山)의 모진 바람 말하기 어려워라
슬픈 노래 원통한 곡성 오래도록 금할 길 없으니
우리나라 선비들이 누구인들 무심할까
화양동 안에 눈물을 참고 들어가니
만동묘 앞에서 눈물이 저절로 젖었네
가을 풍경 길가에 물과 돌이 밝고
지는 해 일천 바위에 구름과 나무만 깊었네
두 황제 하늘에 계셔 깨끗한 땅에 임하시니
참된 선비들은 그림자만 있어 많은 음[소인]을 깨뜨렸네
어필이 빛남에 늙은 돌 우러러보니
밤비는 처량한데 우는 새소리만 들리네
읍궁암 차가움에 풍운을 생각하고

323) 문손(文孫) : 문왕의 손자 성왕. 중국이나 우리나라에서 명나라의 훌륭한 후계자가 나오기를 기대한단 말이다.

일치당 멀리 있어 고금의 슬픈 마음 생기네
샐녘에 엎드려 산중기를 읽으니
한 칸의 모옥은 유래를 알 수 있네
이와 동시에 상림원(上林苑)의 대보단은
임금의 슬픈 마음 선비들과 부합했네
중국의 망망한 국토에 이적의 냄새만 가득하고
동한(東韓)의 많은 선비들은 관대를 꾸민 사람일세
빛을 멀리 보다가 끊어져 비로소 이렇게 하니
선왕과 선정(先正)의 죽은 후의 일일세
우리가 올리는 향화를 감히 보답이라 말할까마는
대대로 자손들은 영원히 떨어뜨리지 마라
유민들은 여기에 슬픈 마음 간절하고
온 나라는 중화를 빛내려 함일세
중화가 여기 있어 제향을 올리면서
상제를 대하여 알림에 신이 좌우에 있는 듯하네
이 예는 안하는 것 보다는 나을 뿐이니
차마 남을 향하여 자랑할 것인가
옛날에 들으니 선생이 막 늙어 병석에 계실 때
목욕하고 백 번 절하고 상소문을 올렸는데
아! 영력제(永曆帝)에게 혹 능히 전해졌는가
하늘가에 떠돌며 다님에 자세히 알 수 없네
선왕의 조정에서 북벌의 계획 계속되기는 어려웠지만
여러 천자의 동쪽을 살핀 일, 아! 잊을 수 있나
풍파의 만 리 길 황상의 명령 기대하면서
명나라의 유서를 아득히 구할 뿐일세

절로 흥이 일어 화양구곡을 읊다(漫興詠華陽九曲) _ 임상주(任相周)

경천벽 우뚝 높이 솟아
푸른 창공을 떠받치네
어찌 중국보다 못하리
이곳 화양동의 승경이

그 가운데 두 분 황제 모신 사당 있으니
이 또한 하나의 중국이 아닌가
하늘이시여, 기울어 무너지지 않게 하소서
이 벼랑이 오랜 세월 서 있도록(擎天壁)

운영담 맑고 깨끗하니
출렁이는 물은 발원지로부터 오네

흰 구름 뭉게뭉게 피어오르고
못 가운데 그림자 일렁이네

비유하노니, 저 군자의 마음이여
한 점 티 없이 맑구나
온 종일 거울처럼 열려 있어
물은 조종의 의리를 감싸는 듯하네(雲影潭)

아! 널찍하고 평평한 바위
어찌하여 泣弓이라 하였나
효종의 제삿날이면
창공 향해 울부짖는 신하 있었네

해마다 이 바위 위에
눈물 자국 닳아 없어지지 않았으니
새벽에 통곡하셨다는 말씀
귀신을 울리겠네(泣弓巖)

환장암 가의 물이
암서재 아래로 비껴 흐르네
햇빛은 금빛으로 반짝반짝 빛나고
잔잔한 물결은 흰 모래를 쓸고 가네

늘 텅 빈 산속에 있으니
어느 곳이 너른 바다인가
텅 빈 산이여 텅 빈 산,
산 속에 황제의 혼령 계시다네(金沙潭)

삐죽 솟은 암석이 층층이 쌓여
높고 높은 능운대 되었어라
늠름히 풍운 뚫고 솟아
아득히 속세의 티끌에서 벗어났네

아지랑이 반공에 감도는데
위엄 있게 하늘 가운데 솟아있네
호걸스런 선비가
한가로운 그름 가운데 늠름하게 서 있는 듯(凌雲臺)

북극성이 자리 잡고 있으면

뭇별들은 그 아래서 안고 도네
아! 저 旄星의 빛이
어찌 중국 땅을 가릴 수 있겠나

하늘의 형상을 보고 싶다 하니
사방 산이 빼곡히 뾰족뾰족
어언 높은 대에 오르니
또렷이 은하수 볼 수 있네(瞻星臺)

오직 저 와룡암
풍운 타고 오르는 듯
완연히 물 가운데 있고
푸른 흔적은 등에 무늬 되었네

알겠도다, 제갈공명이
변해 이 바위가 된 줄을
평생 나라 부흥의 뜻
꿈틀꿈틀 예전 같아라(臥龍巖)

학이 깃든지 얼마나 되었을꼬
지금은 오히려 대만 남아 있네
신선을 볼 수 없으니
서글픔에 부질없이 배회하노라

어찌하면 안기생을 만나
한번 장수의 비결을 물어 볼까
무엇 하고자 장수의 비결 찾나
오랑캐를 쓸어버리고 싶어서라네(鶴巢臺)

그 옛날 촉한의 유비를 생각하니
도읍은 서쪽의 파촉이었지
높고 높은 저 劍閣[324]
탄탄히 중국을 이루었다네

아! 이곳 파곶과
지명이 어쩌면 서로 같은가
희끗희끗한 흰 돌 위로
천년 세월 부질없이 물만 흐르네(巴串)

---

324) 長安에서 촉으로 가는 길인 大劍과 小劍 두 산의 要害.

화양구곡을 무이도가 10수에 화운하다(華陽九曲和武夷棹歌十首) _ 권진응(權震應)

일곡이라 한 구비 비단 물결 배 띄울 만한데
하늘을 떠받든 우뚝한 절벽 멀리 개울가에 있네
무지개다리 북쪽으로 명 황제 모신 사당이 가깝고
소나무 회나무는 자욱이 푸른 안개에 싸여있네(擎天壁)

이곡이라 맑은 못 푸른 봉우리 감싸 안고
하늘 구름 시원한 자태 언제나 거꾸로 비쳐있네
높은 산은 아득하고 영험한 발원지는 감추어져 있는데
흐르는 물에 복사꽃 아득히 떠내려가네(雲影潭)

삼곡이라 골짜기에 떠 있는 배 같은데
담비 갖옷 입고 피눈물 흘리기 몇 년인가
임금과 백성 위한 큰 계획 부질없이 만동묘에 남았으니
사우에 울리는 소리마다 가련하구나(泣弓巖)

사곡이라 금사담에 푸른 절벽 비치고
바위 소나무 물가 버들 빽빽이 어우러졌네
서재는 적막하나 향기 오래 남았고
가을 달 어렴풋이 푸른 못을 비추네(金沙潭)

오곡이라 푸른 절벽 높고도 깊으니
맑은 구름 단비가 빈숲을 감싸네
빛나는 황제의 글씨 속세 밖에 있어
오래도록 동쪽 백성 공북심(拱北心) 갖게 하네(瞻星臺)

육곡이라 기이한 바위 푸른 물굽이 베고 눕고
겹겹이 구름 감도는 나무는 속세와 떨어져 있네
날씨는 쨍쨍 짙은 녹음 늘어졌고
웅덩이에 잠룡은 절로 한가로이 누워있네(臥龍巖)

칠곡이라 맑은 물 빨리 흘러 여울 되었고
학소대의 가을빛은 비단 병풍 보는 듯하네
종일 노닐다 돌아가는 것도 잊었는데
학은 울지 않고 부질없이 푸른빛만 차네(鶴巢臺)

팔곡이라 넓적하고 평평한 것이 눈앞에 열리니
하얀 반석 널찍하고 물은 빙빙 도네
푸른 이끼 오솔길에 옛날 같아도

아직도 음풍영월하던 일 상상할 수 있네(巴串)

구곡이라 선유동 다시 아득한데
높고 높은 봉우리 긴 냇물 쏟아내네
노는 사람 누가 끝없는 근원을 알리
이곳도 화양동의 한 구역이라네(仙游洞)

암서재(巖棲齋) _ 이사질(李思質)

어지럽게 흐르는 물 석벽 위에 올라오니
그 위에는 편안한 한 칸의 정자일세
험한 길 밟고 나서 바야흐로 평지 되고
깊은 못에 임한 작은 난간일세
받들고 오르니 조금이라도 배우는 길이요
스승과 제자는 시종이 완전하네
시내와 산의 경관은 고사하고
유람 온 사람들이 볼만하네

파곶에서 감회가 있어(葩串有懷)

도암(陶菴 : 李縡)이 끊어진 학통을 이음에
선비들의 기망이 흡연히 돌아갔네
지난번에 파곶에 와서
산언덕에 사립문을 부쳤네
강독의 목소리 혀에서 나옴에
슬픈 마음 품고 말을 돌려 왔네
황제의 사당과 중신의 서원은
빈 문에 스스로 기댔네

화양동 제영(華陽洞諸詠) _ 김상정(金相定)

소나무 병풍 한 첩은 그리기 어려운데
홀로 앉아 차가운 못 속까지 맑은 물 사랑했네
지는 해 잔잔한 물결 오래도록 구슬픈데
오는 구름 가는 새 모두 정에 쏠리네(雲影潭)

두견새 우는 산 두 황제의 사당 깊은데
푸른 이끼는 만년의 비를 흐리게 하지 못하네
우리나라 사람들 오히려 명나라 높이는 의리 알아
천수산 앞에 찬비만 내리네(萬東祠)

한 길은 구불구불 시내를 끼고 가니

기이한 바위 다 지남에 작은 다리 비껴 있네
외롭고 높지만 봉우리 위에 있지 않아
말을 타고 유유히 감에 문득 평지에 이르렀네(華陽書院)

선생의 유상 엄숙한데 사당에 절하고 돌아오니
가시 사립 궤장(几杖)에 옷을 들고 공경했네
화양동 속의 서책 천권은
인간에 내려와서 반은 시비(是非)되었네(書堂)

물이 바위 앞을 안고 감에 임금의 가심을 생각하며
흰 구름 속에 창오산 바라보고 울었네
소나무 소리 냇물 소리 언제나 오열하니
돌아가 화양동에 만동묘 있다고 고하리라(泣弓巖)

몇 리 길 높고 낮아 한 시내 흐르는데
금모래 폭포를 만나 맑은 못 이루었네
바위 사이에 짧은 돛대 한가히 놓였는데
어부는 오백년 동안 길을 잃고 헤매었네(金沙潭)

금빛의 연화요 푸른 솔 병풍 되니
물가의 작은 집에 빗장을 열어 놓았네
반도(蟠桃)는 다 져도 보는 사람 없고
오직 둥근 봉우리가 만고에 푸르네(巖棲齋)

깊은 숲 높은 바위 허공에 솟으니
지팡이 짚고 차가운 날 멀리 처음 바라보았네
금궐(金闕)과 은대(銀臺)는 꿈처럼 적적한데
오색구름은 언제나 돌에 새긴 글씨를 보호하네(凌雲臺)

고요한 바윗길 황혼이 가까운데
가랑비 심상하게 계곡 앞에 내리고 있네
시험 삼아 한 밤에 대 위에 올라 바라보니
하늘의 별자리 속에 상제의 자리가 높이 있네(瞻星臺)

큰 바위 꿈틀꿈틀 모습이 달려갈 듯
그 앞에 몇 이랑 되는 푸른 물결 넘실대네
천년 동안 군신 간에 어수처럼 만남이 적어
저문 날 고백시(古栢詩)를 천천히 읊었네(臥龍巖)

강한 골격은 저문 구름 가에 높이 날다가

맑은 못 가에 한 번 내려오네
석양의 옛 화표주(華表柱)에 끝없는 한은
곳곳마다 전운(戰雲)인데 학은 날아 돌아오네(鶴巢臺)

대명도(大明稻) _ 양제신(梁濟身)

춘추를 읽을 곳 없고
우주에는 긴 밤만 재촉하네
부질없이 예양(豫讓)의 비수를 품고
헛되게 박랑사(博浪沙)에서 철퇴를 던졌네
강개한 마음 어디에 의탁할까
홀로 와서 황산(黃山)에 물었네
군탄의 해에 박(剝)과 복(復)이 만나고
하도와 낙서가 나온 물가일세
선생은 효종의 때를 만나
한 손으로 기울어진 하늘을 잡으려고 하였네
군사를 일으켜 범궐(犯闕)의 죄를 물으려고 하여
얼마 있다가 유연(幽燕)을 도륙하려 하였네
영안궁의 조서(효종의 서거)는 애통하기만 하니
북벌의 대업은 중도에서 쉬게 되었네
우리를 살려준 은혜 누가 아는가
원수와 하늘을 함께 일 수 없네
맹세코 바다에 빠져 죽을지언정
차마 오랑캐에게 절을 할 수 없네
서산(西山)에서 고죽국(孤竹國)의 왕자를 위로하고
모옥에서는 초소왕(楚昭王)을 제사지냈네
존화양이의 당당한 의리는
노예들도 명나라를 높일 줄 아네
중자(中字)를 세우고 보니
신의 뜻이 난주(鑾州)에서 맞이하였네
근래 남무(南畝)에 곡식이 있으니
우리나라에 아름다운 이름을 남겨주었네
봄에 갈고 가을에 수확하는 날에
남은 백성들이 대명(大明)을 노래하네
남몰래 지사의 눈물을 뿌리고
유유히 비풍(匪風)·하천(下泉)의 정이 있네
어디에 박한 선물을 올릴까
옛 도읍에는 서리(黍離)의 노래만 슬프네
오직 만동묘가 있어
여기에 혼령이 오르고 내리리라

그 대그릇에 기장쌀이 없지 않고
거기에 올리는 띠 풀이 없지 않네
알알이 모두 정하게 찧으니
신명도 이것으로 올릴 만하네
감히 한 말의 씨앗을 가져다가
은근히 화양동에 드렸네
화양에 여러 군자들이
때에 맞게 사방에 뿌렸네
제향에 올리는 쌀은 신령한 감응이 통함에
문정공을 배향하여 함께 올렸네
구구한 나도 와서 정성껏 도와줌에
어찌 다만 제사만 함께 올릴 뿐인가
천심이 혹 화를 후회한다면
이것으로 후량(餱粮)을 삼으리라
어떻게 해야 대보단에 올릴 수 있나
부질없이 북두성의 별빛만 보았네

또 짓다(又) _ 조함(趙濨)

사물의 이치는 날로 극에 달하고
하늘의 운세는 날로 재촉하네
산동의 쌀을 먹어보게 되니
오래도록 이미 상투한 사람을 배부르게 하였네
특별히 비린내 나는 밖에 섰음에
바로 하늘 아래 무등산(無等山)이었네
산 아래에 한 선비 있어
두 번 절하고 논에 물을 대었네
아름다운 초세(草勢)는 어찌 이렇게 왕성한가
비와 이슬은 명나라의 하늘일세
부로들이 함께 대하여 우니
강개한 마음은 조나라 연나라의 선비와 같네
황하의 윤택한 물 대어 기르니
천재일우의 아름다운 짝일세
김매는 일 노비에게 시키지 마라
정절(靖節 : 도연명)은 이런 일 싫어하였네
초목과 다를 것 없으니
소와 양을 가까이 하지 말게 하라
가령 공자[魯叟]가 이 일을 기록한다면
책장에 반드시 춘왕(春王)이라고 쓸 것일세
서산(西山 : 수양산)의 고사리를 캐고 캐면서

묵씨(墨氏)처럼 주나라의 곡식을 먹지 않았네
좋은 종자를 세 번 냄새 맡고
길은 청주(淸州)에서 물었네
누가 한 칸의 집 만동묘를 세웠는가
변두(籩豆)를 올림에 그 이름을 돌아보아라
세 집이 사는 좁은 땅이지만
만절강하(萬折江河)의 의리는 밝네
시내의 마름풀도 막내딸이 정성을 드릴 수 있고
앵두를 올리는 일 두보의 정이었네
장차 제수로 올리려 하여
씨를 뿌렸는데 어찌 무성하지 않을까
혼령이 밝게 오르고 내릴 것이니
향과 제수에 흠향함이 있으리라
능히 대로(大老 : 우암)의 뜻을 이었으니
의리가 막히지 않으리라
경천벽 앞의 물은
아래로 내려가 여강(驪江)의 물과 합하리라
어찌 논에 관개할 수 없을까
때는 세 개의 양효(陽爻)가 돌아왔네
춘추는 서호에서 읽고
바구니의 공물은 남방에서 올라오네
어찌 감히 내 밭에만 비를 뿌릴까
다만 우리 공전(公田)에 비를 내리소서
아름답도다! 양부자(梁夫子)는
우리와 심는 일 함께 하였네
비유하면 죽은 버들이 살아나는 상서가 있으니
차라리 백옥 같은 쌀을 이루리라
이는 곧 농부의 경사 뿐 아니라
나라의 빛이 되리라

또 짓다(又) _ 이기경(李基敬)

석과(碩果)는 가만히 한 가닥의 양(陽)을 상징하고
좋은 벼의 볍씨는 신종황제를 생각하겠네
백이가 밤을 심음에 남은 명예 좋고
이랑 사이 잡풀도 옛 은택 속에 자랐네
중국이 왕이 없음에 누가 옥식(玉食)을 할까
남방의 선비들은 바구니에 공물을 바치네
만동묘 앞에 졸졸 흐르는 물은
우리 공전(公田)에 물을 대어 제물을 올리게 하소서

또 짓다(又) _ 송덕수(宋德秀)

한 선비가 한 가닥의 양(陽)을 잡으려 하였고
대명도(大明稻)는 대명황제에게 제향을 올렸네
뿌리는 한강 물로 적심에 조종의 바다는 멀고
잎은 큰 하늘의 비와 이슬에 윤택하여 자라네
만 리의 황하는 옥백의 조공이 부끄럽고
몇 칸의 황제 사당에 띠와 바구니를 올렸네
이름에 따라 비풍·하천의 생각 간절함에
천년 동안 머물러 제수를 드리리라

또 짓다(又) _ 민백순(閔百順)

사해는 궁음(窮陰)이고 여기는 한 가닥 양(陽)이 있음에
파계(葩溪)에 사당 있어 두 황제에게 제향 올렸네
서산에 고사리를 캐니 맑은 풍도가 있고
남국에 벼를 심음에 옛 은택 속에 자라네
명예가 큰 나라에 울림에 해와 달처럼 의지하고
천무(千畝)에 함께 뿌려 제수를 대비하리라
해마다 성단(星壇) 아래에 향화를 올려
한 층 더 왕춘(王春)을 얻어 향기를 내리라

또 짓다(又) _ 송환기(宋煥箕)

들사람의 향기로운 벼 화양에 올리니
아름다운 이름[대명도]으로 우리 황제에게 올릴 만하네
벼의 빛이 황하를 비춤이 천년이나 가깝고
이삭은 남극의 한 별빛처럼 늘어져 기네
갑신년 가을 날 농사지은 곡식이요
온화한 봄바람 대숲 속의 바구니일세
낙영산 아래 농민들 눈물을 흘리리니
해마다 농사에 힘써 제수를 대비하리라

존주휘편이 이미 만들어짐에 아들과 함께 화양서원에 배알하고 양자(陽字) 운을 써서 삼가 기록하다(尊周彙編既成偕家督謁華陽書院用陽字韻謹志) _ 家大人[325]

땅에는 강한(江漢)의 물이 맑고
하늘에는 해와 달이 빛났네
경서는 오직 노나라의 춘추요
홀로 만 대의 기강을 가졌네

---

325) 성대중(成大中).

이적을 물리치는 일은 오히려 남은 일이고
대의는 명나라 왕실을 높이는 일일세
문정공[송시열]은 막중한 도를 맡으니
침 중국이 재앙을 만날 때를 당하였네
아픈 마음을 억제하고 통분함을 참으면서
손을 오그리고 이적을 섬겼네
아! 공자와 주자의 걱정거리를
어찌하여 우리 동방에 모여 왔나
북극[자금성]에는 황제의 기강이 끊어지고
남한산성에는 국치(國恥)가 오래 지속되었네
노중련(魯仲連)의 동해는 푸르고
월왕 구천(句踐)의 회계산은 푸르도다
명나라를 걱정함은 기자 나라의 풍도요
진시황을 저격함은 예국(濊國)의 서리일세
특별히 천하의 정의가 됨에
우리나라는 신의가 막강하네
영릉[효종]이 이런 의리를 모으니
대계는 존화양이를 주장함이었네
또한 덕을 함께 하는 신하 있음에
우암 노인이 자양의 주자를 계승하였네
도는 삼고초려 한 제갈무후보다 높고
원수는 9대 만에 보복한 제양공(齊襄公)보다 깊었네[326]
임금의 곁에서 만기(萬機)에 참여하여 대답함에
진중한 어찰이 향기로웠네
나라의 운세가 다시 불행하여
임금의 수레는 갑자기 하늘로 올라갔네
사해는 모두 원통하여 부르짖어 울고
선생은 부모를 잃은 것과 같이 하였네
초구에 눈물이 떨어져 젖고 위태함에
싸서 안고 고향으로 돌아갔네
저 높은 화양의 암벽은
하늘의 기둥처럼 몇 겁을 지났던가
암석의 전면에 숭정제의 글씨를 새기니
스님들이 환장각을 높이 세웠네
숭정황제를 누가 슬프게 여기지 않는가
만력황제는 감히 잊을 수 없네

---

326) 원수는 9대 만에 보복한 제양공(齊襄公)보다 깊네 : 춘추 시대 제왕이 주나라에 가서 삶겨 죽었다. 이는 기후(紀侯)가 참소하였기 때문이었다. 이리하여 9대손인 제양공이 기나라를 쳐서 원수를 갚았다.

초나라 모옥에서 제사를 올림은 옛 덕을 생각함이고
우제(虞帝)의 사당을 세운 것은 영원한 아픔을 기록함일세
지금의 만동묘는
화양동 중앙에 높이 솟았네
엄숙하게 일체되어 함께 제사를 올리니
제사의 의식은 황제 곁에서 엄숙하네
황단[대보단]도 때를 함께하여 세우니
망한 지 60년 만에 북풍이 차가울 때일세
여러 제왕들이 높이 보답의 예 성대함에
금빛의 편액이 환하게 바라보이네
어느 곳에서 편파적인 말을 물리칠까
문과 담장을 높이 함에 힘을 입었네
오래된 선왕에게 가장 감회가 있고
사문은 다행히도 망하지 않았네
명나라를 높임에 새로운 책이 있으니
성상의 하신 일이 넓고도 크도다
천신 또한 왕명을 받음에
빛나는 은혜가 무리들을 뛰어넘었네
비로소 병조참의 이의준(李義駿)을 따라
초고가 상자에 가득하였네
책이 이루어짐에 이조(吏曹)의 재가를 기다려
나의 자식은 또 나의 생각을 이었네
차례로 조야(朝野)에서 불러
벼슬을 올려 포상을 주었네
이 책은 세도(世道)와 관련이 있으니
상을 받고 벌을 받는 일은 왕의 밝으심에 있는 것일세
감히 한 집안의 영광이라고 자랑할 수 있나
다만 두 사람(우암·수암)이 이 일을 앞에서 주선하였네
문헌은 한 번 주인을 잃어
임금이 돌아가시자 눈물이 앞을 가렸네
많은 책을 모아 다시 기록하니
아울러 구의산(九疑山)[327]에 들어가 간직되었네
옛날의 은혜를 어떻게 갚아야 하나
남은 일은 붓으로 힘써야 함에
팔년 만에 비로소 책이 이루어지니
남은 한이 넘쳐 아득하기만 하네

---

327) 구의산(九疑山) : 산 이름. 호남성 영원현의 남쪽에 있으며 순제가 남쪽으로 순행하다가 여기에서 죽었다고 한다. 여기서는 효종이 돌아가시니 모든 일이 허사로 돌아갔다는 말이다.

다행히 우리나라에서 의리를 중히 여겨
재촉하여 서낭(書囊)에 넣어 바치도록 하였네
늙고 병들어 어떻게 일을 할까
군왕의 혼령이 도우심이 있는 듯하네
우리를 자식처럼 길러주심에
고을은 낙양의 산과 가깝게 있네
다행히 우리에게 편하게 빌려주셔서
함께 선생의 사당에 배알하였네
지난날 인경(麟經 : 북벌)의 일을 함께 하니
다행히 졸렬한 장수로서 참여하였네
이 또한 돈사(惇史)[328]의 나머지이니
이에 다시 세상을 욕되게 하였습니다
오래도록 반맹견(班孟堅)의 붓을 지켰으니
법현(法玄)의 상(牀)을 외롭게 하지 말게
양현전심록(兩賢傳心錄)에 임금의 서문이 빛나니
도의는 이미 먼저 드러났네
존주휘편(尊周彙編)이 나옴에 미쳐
완연히 구벌(九伐)의 법이 시행되는 듯하네
이것을 가지고 우암께 알현하면
아마도 두 황제에게 고하리라
서리가 높은 봉우리에 내린 듯
북두성이 차가운 하늘에 빛나는 듯
이는 진실로 대로(大老 : 우암)의 기상이니
어찌 다만 화양서원만 엄숙할 뿐인가
황하가 맑기를 누구와 함께 기다리나
백 갈래의 시내가 막혀 있네
앙(昴)의 별자리 아직 여섯 갈래이니
하늘의 뜻을 참으로 알 수 없네
두 번 절하고 산문을 나서니
서울로 향하는 길 풀만 무성하네

화양구곡을 무이도가 10운에 따르다(華陽九曲依武夷櫂歌十韻)

선생의 출처를 산신령이 증험하고
수석의 맑음이 세상에서 뛰어남을 사랑했네
하물며 황제의 혼령이 책상과 지팡이에 있음에랴
숲 건너 자규의 울음소리 오래도록 들리네

---

328) 돈사(惇史) : 덕행이 있는 연로한 사람의 언행 기록.

일곡이라 층층 바위에 낚싯배 매어놓으니
하늘을 떠받든 높은 절벽 긴 시내에 솟아있네
화양동문은 오래도록 王春의 맥 지켜 오고
속세를 굽어보니 안개가 자욱하구나(擎天壁)

이곡이라 맑은 아지랑이 푸른 봉우리 감싸는데
못에 잠긴 구름 그림자에 하늘 모습 일렁이네
네모난 못이 저절로 맑으니
신령스런 발원지에 중한 기운 감도는데라(雲影潭)

삼곡이라 커다란 바위 배와 같은데
올라가서 활을 품고 울던 모습 한참 생각하네
궁벽한 산에서 피눈물 누가 따라 뿌렸는가
오직 시내 서쪽에 있어 오랜 세월 가련하네(泣弓巖)

사곡이라 금사담 푸른 바위 둘렀고
암서재 꼬불 길에 풀이 무성하네
거문고와 책이 지척에서 빛을 발하니
산남 제일의 못인 줄 알겠네(金沙潭)

오곡이라 첨성대 땅 깊은 곳 택하니
두남(斗南)의 빛나는 기운 산림에 빛나네
절벽에 새긴 보배로운 황제의 글씨 찬란하니
뭇 별이 북극성을 안고 도는 마음 알겠네(瞻星臺)

육곡이라 능운대 또 한 구비
물가에 안개비 침침하게 잠겨 있네
벼랑에 높이 노처럼 솟아 하늘에 닿는 기운
어진 이처럼 고결하고 지혜로운 이처럼 여유롭네(凌雲臺)

칠곡이라 와룡암 돌여울 베고 누워
한쪽에서 물고기와 물을 구름에 누워 바라보네
초당에서 봄잠 자는데 지금 누가 부르는고
한인(漢人)[329]을 생각하니 마음 오히려 차가워지네(臥龍巖)

팔곡이라 바위와 냇물 다시 열려

---

329) 중국 촉한의 제갈량

학소대 아래서 돌아 흘러가네
화표에 돌아오는 그림자 없다고 한탄하지 마라
오히려 삼나무 소나무가 있는 이곳으로 오면 되니(鶴巢臺)

구곡이라 마음과 눈이 갑자기 확 트이고
오래된 소나무와 흰 돌에 맑은 냇물 쏟아내네
파계(巴溪)는 따로 근원이 되는 물로
완연히 화양동천의 한가운데 있다네(巴串)

유자징이 양가죽의 갖옷을 부쳐온 것을 사례하다. 2수의 절구(依謝劉子澄寄羊裘二絕)

우리나라의 구곡 중에 이 여울이 또 있으니
(이윤의) 신야(莘野)와 같고 여상(呂尙)의 위수(渭水)와 같네
초구에 눈물 마르고 봉산(蓬山) 가는 길에
나는 미친 사람처럼 오월도 춥다 하였네

큰 바다를 돌아와 야인의 복장 헤치니
우리의 도가 이때와 달라졌음을 알겠네
평소 의복의 문목(問目)을 증거 하려고
문정공의 서원을 둘러보고 돌아왔네.

화양서원의 20수를 감흥 시운에 의하여 짓다(華陽書院二十詠依感興詩韻)

산악이 원기의 정령(精靈)을 내려
부험(符驗)의 채색이 높고도 넓구나
백 대에 남기는 초상화 있으니
나는 노나라를 버리고 어디로 가겠나
아! 소자는 늦게 태어나
높은 산(우암 선생)을 다행히 우러러 보게 되었네
방에 들어감에 거문고·경쇠 소리 엄숙하고
문을 나옴에 별과 달이 밝았네
인생은 이 직자(直字) 뿐이니
사마환퇴(司馬桓魋)와 장창(臧倉)이 스스로 망하였네
이런 이치는 고금 없이 같으니
분명함이 손바닥을 보는 것 같네(宋子畫像)

홀로 천하의 정의를 가져
다행히 우리나라에서 명나라를 높였네
이적을 물리치고 겸하여 나라의 치욕을 씻어버리니
회암(주자)의 노인은 유종의 미를 이루웠네

인경(麟經 : 춘추)의 이런 의리를 잡으니
한번 다스려짐은 예와 지금이 같은 이치일세
나는 화양동에 있으면서
족히 귀먹고 어두움을 깨우쳤네(一治堂)

아! 우리 성스러운 신종황제는
현묘한 중화의 운을 잡았네
우리를 수화의 가운데서 벗어나게 하고
격문(檄文)을 구천에까지 날려보냈네
또한 숭정황제는
천운이 어찌하여 이렇게 어긋나게 되었나
홀로 사직을 위하여 죽는 의리를 지키고
장성(長城)처럼 세상에 떨쳐 빛났네
천지가 한번 뒤집혀버렸으니
해와 달 별빛도 작아졌네
영웅의 명예 지금까지 전하니
강한(江漢)이 돌아가는 조종일세(神・毅二皇)

춘추의 법을 생각해 보니
천자는 외출을 쓰지 않는 법일세
강남이 비록 족히 제왕이 도읍할 곳이지만
제왕이 탄 수레가 어찌 갈 곳인가
정의는 중국을 제일로 하는 것이지만
황제의 남긴 사당은 우리나라에 높이 솟았네
하물며 만력황제의 은혜는
여러 선왕이 갚으려 해도 갚지 못하였네
홀로 초소왕(楚昭王)을 그리워하면서
우제(虞帝)의 자취를 보는 듯하네
매년 3월과 9월에
제향의 냄새는 하늘에까지 통해 번지리라(萬東廟)

기자[父師]가 동쪽으로 옴으로부터
공자도 동이(東夷)에 거주하려 하였네
왕풍(王風)이 한 번 땅에 버려짐으로부터
중원으로 가는 길은 풀만 쓸렸네
선생은 홀로 어떤 사람인가
이 땅에 특별히 춘추의 의리를 폈네
초구에는 제왕의 향기가 짙고
춘추의 필법은 눈물이 남아 실려 있네

바야흐로 노나라 선비의 옷이
초나라 사람이 규홀(珪笏)을 잡은 것보다 나은 줄 알겠네
대도는 천고의 일을 생각하고
단정히 앉아 백 가지 하는 일을 견제하였네
살아서는 온 나라가 우러러보는 인물이 되고
죽어서는 세상의 끝까지 슬퍼함이 되었네
무사하게 아침저녁으로 만남은
우리 시골만이 할 수 있는 일일세(草堂)

여러 별이 하늘에 달려 있는데
북극성이 특별히 여러 별의 벼리[綱]가 되네
이 별을 보는 곳이
천고에 진량옥(秦良玉)[330)]을 울게 하였네
어필을 암벽에 새김에
무지개의 기운이 돌다리에 걸친 듯하네
성대한 모습은 난새와 봉황의 바탕이요
밝기는 해와 달의 빛깔 같네
명나라가 붕괴한 것은 운세에 맡길 수 있지만
이 글씨[雲章]는 우리 강토에 흘러 전해왔네
조선 사람들이 받들어 울고 탄식하니
완연히 여섯 마리의 용이 나는 듯함을 보겠네
우리나라는 동해의 가에 있고
저 천자는 오히려 서방에 있었네
사물의 이치는 반드시 돌아오게 되나니
황실의 운세도 다시 번창하리라
탐학한 자[天狼]가 남쪽의 나라를 무너뜨리니
무공은 엄하게 북쪽에 베풀었네
완염(琬琰)과 적도(赤刀)[331)]를
공경하여 어루만짐에 홀로 마음이 아프네(崇禎御筆)

신종 황제가 우리나라를 돌아보아
힘을 다하여 번방(藩邦)을 구제하였네
영특한 위세는 번방에까지 떨쳤고

---

330) 진량옥(秦良玉) : 여 장수. 명나라 마천승의 아내이다. 남편이 죽자 토사직(土司職)을 대행하였다. 문무를 겸비하고 지휘능력이 탁월하였다. 백간병이라는 군대를 이끌고 여러 전투에서 승리하였다. 여기서는 우암선생의 존화사상은 북극성과 같고 진량옥이 남편을 대리하여 군사를 이끌고 공을 세운데 비유한 말로 보인다. 『明史』 二百七十.

331) 완염(琬琰)과 적도(赤刀) : 완염은 아름다운 옥. 황실의 장식품이고 적도는 칼. 왕실에서 사용하는 의장이다. 모두 황실의 유품이다. 『書經』 顧命.

쏘는 독기는 뜨거운 바람을 위축시켰네
칠년의 바람이 처음으로 종식되니
신의 이치는 실로 흉폭을 섬멸시켰네
조선이 이로부터 살게 되니
황제의 덕이 저 높은 산과 짝이 되네
말이 없음에 황제에게 무슨 말을 할까
침묵을 지킴이 저 하늘과 같네
천자의 위풍은 달이 얼음 병을 비추는 것 같아
인공으로 주조한 것보다 뛰어나네
화려한 병풍 앞에 있는 모습은
단정히 앉아 왕공을 복속시키네
홀로 우리나라를 위하여 다행스럽게 됨에
심상히 황제의 모습을 우러러 보았네
오히려 늦게 전해옴이 한스러워
돌에 새기는 일은 우암보다 늦게 하리라
이 산으로 하여금 중하게 하니
높기가 노나라의 구몽산(龜蒙山)[332] 같네(萬曆御筆)

세상에 드문 인재로 미묘한 재능 갖추니
깊고 높은 속마음 산악과 못에 비교되네
빛나는 가을 하늘의 별과 같고
위세는 용천(龍泉)이 솟아오르는 듯하네
선생은 공자·주자보다 뒤에 태어나
글씨도 선유(先儒)들을 숭상하였네
큰 글씨는 더욱 웅건하여
마음으로 긋는 획은 베를 짜는 것 같네
화양을 주관하는 소이는
맑은 바람이 항상 엄숙하네
직도(直道)가 이와 같아
홀로 서서 밖으로 끌리지 않았네(文正大字)

처음에는 은선암(隱仙菴)이라 하였으니
신선도 이 산의 빛일세
환장(煥章)으로 편액을 바꾼 뒤부터
백 대에 격앙하는바 되었네
이 또한 존화양이의 뜻이라
이적의 무리들이 어떻게 감히 다툴까

---

332) 구몽산(龜蒙山) : 산동성에 있는 구산과 몽산.

그 속에 두 황제의 어필을 간직하니
많은 별이 북극성을 향하는 듯하네
부처의 은혜는 이 세상 사람을 명심하게 하고
운한각은 황제의 곁에 엄숙하게 서 있네
끝내는 와서 법을 취함이 있을 것이니
우리의 도는 서쪽으로 넓혀지리라(煥章菴)

많은 군사는 동원할 때가 있고
침묵을 지킴은 자기의 업무를 수행함이라
강한(江漢)의 물처럼 위풍당당하여
지금 우리나라의 기강이 되었네
어찌하여 두 황제의 글씨가
세상에 흘러 나와 여기에 그쳤는가
생각은 간사함이 없어야 함을 경계하였고
예가 아니면 움직이지 말기를 깨우쳐 주었네
빛남은 얼음과 옥빛 같고
맑기는 깨끗한 물을 받드는 것 같네
여기에서 황제의 학문이 우수함을 보겠으니
운한각이 후세의 모범이 되리라(雲漢閣)

숭정황제는 신 양사창(楊嗣昌)을 보내어
군사를 독려하여 천지를 정돈하게 하였네
겸하여 백성을 보전하는 뜻을 가지고
저 이적을 힐책하는 글을 첫머리에 실었네
용렬한 장수가 제왕의 어진 마음을 져버릴 수 있을까
사나운 물결을 막을 수 없었네
상전벽해가 한 번 뒤엎임을 상심하였고
운한각은 오히려 보존됨이 다행일세
부처님의 힘으로 애써 보호하여
그 빛은 선문(禪門)에 넘쳤네
아! 홍범의 기자처럼
구제하는 의리가 돈독해야 하네(崇禎贈楊嗣昌詩)

굳센 글씨는 현철한 사람의 모범이 되고
부드러운 글씨는 대중의 틀린 점을 바로잡았네
작은 붓으로 만기(萬機)에 참여하니
왕자의 재주가 어찌 이렇게 많은가
황제의 유품이 우리 땅에 왔으니
글씨와 그림이 얼마나 되던가

어떻게 장차 인필(麟筆)을 얻어
저 칙천가(敕天歌)를 써 볼까(萬曆金管)

밝고 비어 멀리 경관을 볼 수 있고
깊고 외로워 몸을 살피는 일에 만족하네
싸리 사립은 방어·잉어 노는 물이 막혀 있고
야인의 옷은 비단 홑옷을 사절했네
임금이 돌아가신 뒤로
군자는 외출하는 바가 적었네
화양에 삶으로 인하여
물과 돌이 관리하는 데로 들어왔네
암서재가 외로이 세상과 멀리 떨어졌지만
사문은 더욱 울연히 빛났네
작은 배로 물을 건너 조석을 먹지만
맑은 시내는 사람의 세속과 자취를 끊었네(巖棲齋)

선생은 맹자 읽기를 즐겨
호연지기가 뿌리가 되었네
저서는 높이 쌓여 집을 연하여 있고
스승의 도는 억겁을 통하여 보존되리라
동쪽 나라의 한 줄기 양(陽)이 되어
마침내 구주(九州)의 어두움을 파하리라
다행히 회암(晦菴) 선생의 문집이 있어
고정(考亭)의 언덕에 옮겨 저장하였네(宋子大全板)

옛날 선정(先正) 우암 선생이 오기 전에는
도교와 불교가 이 산을 주관했네
천주(天柱)는 신장(神將)처럼 서있어
높이 물의 관문이 되었네
높은 소나무는 얼굴에 떨쳐 푸르고
영지버섯은 붉은 얼굴 비추었네
저 채운암 위에
둥지를 가진 비둘기는 특별히 날개를 걷었네
지금 두 황제의 어필에 의하여
만국의 난을 구부려 보네
다행히 의지할 곳을 얻었으니
오래도록 부처님의 땅에서 편안케 하리라(彩雲菴)

해와 달이 여러 경전에 비교되어

남은 빛이 많은 어리석은 자를 깨우쳐주네
춘추는 가장 근엄하니
한 글자인들 어찌 헛되게 썼을까
전후의 성인이 그 법도는 한가지이지만
글을 쓴 예가 옛날에는 없었네
공자의 춘추와 주자의 강목은
차례로 바른 세상으로 가게 하였네
이 병진년에는
아름다운 은혜가 흐린 길을 비추어 주었네
초당에는 그윽한 향기 짙음에
우리 동쪽 나라에 이 책 있음이 다행일세(內賜春秋)

총명함이 공자와 같았으니
회암(晦菴 : 주자)의 노인은 진실로 재주가 많았네
시는 또한 풍아(風雅)를 이어
성대하게 뿌리를 잘 배양하였네
영왕(정조)이 아송(雅誦)을 뽑아
세상을 깨우쳐 바른 길을 열었네
이 순수한 의리를 베풀어
저 성률(聲律)의 틀린 것을 바로 하였네
비유하면 여러 별자리 속에
북두칠성이 괴수가 되는 것 같네
저승에서 이 책을 받으면
어찌 손을 모아 찬양하지 않을까(內賜雅誦)

높고 높은 만경대는
이 화양 입구 좌측에 있네
서쪽의 햇볕을 흡족하게 받으니
어찌 북풍이 차가움을 견디기 어려울까
지난 날 문정공의 서원이 있어
바위와 산은 집에 오르는 것 같았네
서원의 건물을 옮김에 미쳐
지나는 자들이 오히려 엄숙하게 몸가짐하네
곁에는 무우(舞雩)의 동자를 불러다가
함께 기상(沂上)의 물에서 목욕하고 싶네
남긴 터는 또한 모범이 될만하니
그 법을 지금 자세히 볼 수 있네
선생의 산소가 심히 가까워
여러 무리가 알현하려고 바쁘게 달려가네

저 태산 꼭대기를 보라
오히려 뜬 구름이 날고 있네(萬景臺)

가슴 아프다! 서리(黍離)가 왕풍(王風)으로 변한 뒤에
대명도(大明稻)를 홀로 우리가 찾았네
어찌 싹의 조짐에 관계하랴
눈과 서리의 침범을 잘 견딤이었네
두 줄의 제기에 황제의 제향을 올릴만하고
한쪽으로 다시 하늘의 마음을 볼 수 있네
향기는 천상에 통하니
검은 기장·피 따위와 함께 할 수 있나
다만 강신제(降神祭)를 지낼 때 나게 하니
슬픈 마음 있어 더욱 옷깃을 여미었네
곧바로 밭이랑에 심으니
사당의 잣나무 숲에서 벗어났네(大明稻)

생각건대 한수재(寒水齋 : 권상하)의 노인은
친히 대로(大老) 스승의 말씀을 받았네
죽거나 살아서나 모두 대의에 사는 것이니
가을에 초목을 죽임과 봄날 태어남이 만물의 이치일세
묘원(廟院)을 이 때문에 세운 것이니
비난하고 무시함은 저 시끄러운 무리에게 맡기리라
하나의 기둥이 높이 의리를 지탱함에
사해가 어찌 항상 어둡기만 할까
도덕은 오히려 서술할 만하니
문사가 번거롭다고 꺼릴 수 있나
신독재(愼獨齋 : 金集)의 연원이 중함이 되니
사계(沙溪 : 金長生)로 인연하여 도의 근원을 물으리라(書院)

화양동지 삼(華陽洞志 三)

詩文 下

암서재기(巖棲齋記) _ 권상하(權尙夏)

화양동 수석의 훌륭한 경치가 호남·영남 가운데 으뜸인데, 우암 선생이 병오년에 정사를 그 시내 남쪽에 지으니, 참으로 세속 밖의 그윽한 지경이다. 정사의 동쪽으로 한 사람이 부르는 소리가 들릴 만한 거리에 가파른 석대(石臺)가 있는데, 그 높이가 수십 척이 되고, 위에는 백여 명이 앉을 만하니, 이 또한 천연으로 이루어진 것이다. 선생이 일찍이 여기에 3칸 소재(小齋)를 짓고 수시로 여기에서 유식(遊息)하면서 매우 즐거워하였다.

선생이 일찍이 이르기를 "회덕(懷德)으로부터 이 골짜기를 들어오면 심신이 상쾌하여 마치 선경에 있는 것 같아 여기서 회덕을 돌아보면 회덕은 참으로 진세(塵世)이더니, 정사로부터 다시 북재(北齋)로 옮긴 뒤에는 북재는 더 좋은 선경이라서 정사가 도리어 진세처럼 보인다. 이곳은 십분 맑고 신기하다 이를 만하니, 어찌 다시 무릉도원 길을 찾을 필요가 있겠는가." 하였다.

그 대 아래는 깊은 못이 있어 충분히 뗏목도 배도 띄울 만하였으므로, 가끔 일엽편주를 띄우고 물결 따라 오르내리다 보면 물이 밑바닥까지 환히 보이도록 맑아서 물고기를 하나하나 다 셀 수 있을 정도였다. 그리고 밤에 헌창(軒窓)에 기대고 있노라면 마치 낮과 같이 환한 달빛이 영롱하게 서로 비추어 수정세계(水晶世界)를 방불케 하였다. 선생이 여기에서 지팡이를 끌고 시문을 읊으면 소리가 금석(金石) 같았고,[1] 언뜻 세속 밖에 우뚝 서 있는 듯한 생각이 있었으니, 무이정사 띳집의 맑은 흥취와 비교하면 어느 쪽이 우세했을까.

그런데 불행하게도 기사년의 참화를 당한 뒤로 재사(齋舍)가 무너지고 산 어귀가 적막해져 버리니, 지나는 이들이 마음 아프게 여겼다. 그러다가 을미년에 김후 백온(金侯伯溫 : 金鎭玉)이 재력(財力)을 내서 재사를 중건하였는데, 크지도 작지도 않고 화려하지도 누추하지도 않아서 의연히 옛날의 모양을 갖추었다. 이렇게 되자 후생 소자(後生小子)들이 모두 그곳에 올라가 선생을 상상하매 마치 춘풍 속에 앉은 것 같은 기분을 느꼈고, 또 김후의 정성을 칭송하는 것도 자자하였다.

금년 봄에 김후가 화산백(花山伯)이 되어 부임하는 길에 황강 가로 나를 찾아와서 나로 하여금 암서재(巖棲齋) 세 글자를 쓰게 하여 이를 목판에 새겨서 문 위에 걸고 또 나에게 기문을 지어달라고 부탁하였다. 그런데 나는 바로 그 당시에 선생을 가까이서 모셨던 소생이었기

---

1) 시문을 지은 것이 매우 훌륭함을 뜻한다. 진(晉) 나라 때 손작(孫綽)이 일찍이 천태부(天台賦)를 지었는데 문사가 매우 훌륭하게 되었으므로, 이것을 범영기(范榮期)에게 보이면서 말하기를 "그대가 시험 삼아 이 작품을 땅에 던져보아라. 의당 금석(金石) 소리가 날 것이다." 한 데서 온 말이다.

에 감히 글을 못한다 해서 사양하지 못하고 내가 보고 기억나는 것들을 이상과 같이 대략 기록한다.

옛날에 반도(蟠桃) 한 그루가 바위틈에 나 있었는데 지금은 볼 수가 없다. 그러나 노승(老僧)이 일찍이 암자 뜰에서 종자를 취해 두었는데, 가을이 되면 예전과 같이 많이 심을 것이라고 한다.

숭정 후 신축년 5월 일에 문인 권상하는 삼가 기록한다.

화양암서재중건상량문(華陽巖棲齋重建上梁文) _ 채지홍(蔡之洪)

엎드려 생각건대 퇴계·율곡 이후 백여 년에
도가 문정공(송시열)처럼 높은 사람이 없었고
영남·호서의 수십 고을의 경내에
화양동 같이 좋은 경관은 없습니다
가을볕에 말리고 강한(江漢)의 물에 씻은 듯이 깨끗함에
선비들은 죽을 때까지 사모함이 많았고
옥동(玉洞)의 연하 속에
산수를 즐기면서[考槃] 머뭇거릴만한 곳입니다
어느덧 옛 건물대로 수리하여 세우니
보고 들은 일보다 더욱 새롭게 되었습니다
삼가 생각건대 우리 우암 송 선생은
사계 선생의 적전을 잇고
주자의 법도를 따랐습니다
학맥의 문로(門路)와 조예의 정대함은
귀신에게 규명하여도 의심이 없고
풍운(風雲)의 만남[2]이 밝게 나타남에
고기가 물을 얻은 것 같습니다
한 몸으로 국가의 경중에 대한 일을 맡으니
큰 집의 동량이 되고
한 손으로 온 누리의 강상을 유지하니
퇴폐한 풍파 속에 지주산(砥柱山) 같습니다
하늘이 세상을 다스리려 아니함에 큰 계획이 헛됨이 통탄스럽고
도가 행해지지 않으려고 참소하는 말이 극에 이르니 어찌할까
이 청천의 파곶을 돌아보건대
자못 자양(紫陽)의 무이산(武夷山)과 같습니다
산수가 밝고 아름다움에 나의 거쳐할 곳을 얻었고
하늘이 아끼고 땅이 감추었다가 마땅한 사람에게 주었도다
은빛의 번개[銀索]가 하늘에 번쩍이니

---

2) 풍운(風雲)의 만남 : 훌륭한 임금과 신하가 서로 만나는 일. 『周易』 乾卦 文言. "雲從龍 風從虎".

벼랑 머리에 의종황제의 글씨가 새겨지고
옥돌의 언덕이 눈 안에 들어오니
바위 머리는 효종의 돌아가심[遺弓][3]을 울던 곳입니다
우리나라에서 천년동안 영원히 노중련의 높은 절의를 보겠고
종산의 칠월에 홀로 담재(澹齋)[4]의 지극한 통분의 생각을 품었습니다
지난번 풀을 베고 터를 닦던 초년에
바위 아래 한 칸의 집을 마련하였습니다
벼랑으로 담장과 벽이 이루어짐에 터를 다지고 판자를 엮는 일[椓約][5]을 하지 않고
돌이 뜰과 계단이 됨에 어찌 번거롭게 가는 힘이 필요할까
비단 같은 물을 굽으려 뜰 수 있으니 근원에서 흐르는 물이 무궁하고
붉은 휘장을 높이 닮에[6] 자리 위에서는 봄바람이 계속 불어옵니다.[7]
선생이 가신 이래로 세월이 얼마나 흘렀던가
잠깐 사이에 상전벽해가 여러 번 변했습니다
보가 꺾이고 태산이 무너지니[8]
인간의 만사는 오래도록 통탄스럽고
담장 안이 비고 서까래는 무너졌지만
돌 위의 남은 터전은 오히려 남아 있었습니다
새로운 집이 세워지니
옛 살던 집에 다시 세운 것이 완연하고
황묘를 비로소 세운 일은
대체로 스승의 남긴 뜻을 따른 것입니다
다만 일을 미처 준비하지 못함으로 인하여
특별하게 세우는 일을 하지 못한 것이 한이 됩니다
이끼 낀 길에 달 비추니
선생의 남긴 자취는 여러 제자들의 감상을 더하고
돌을 세운 단에 구름이 개이니

---

3) 돌아가심[遺弓]을 : 遺弓은 제왕이 돌아가심을 뜻하는 말. 황제가 죽어 하늘로 올라가다가 활을 떨어뜨렸다는 데서 온 말이다.

4) 담재(澹齋) : 남송 사람. 자는 방형(邦衡). 호는 담암(澹菴). 또는 담재. 고종 때 추밀원 편수관이 되고 소흥 8년에 재신 진회(秦檜)가 금나라와의 유화책을 주장함에 그는 봉사(封事)를 올려 진회·손근(孫近)·왕륜(王倫) 등을 목 벨 것을 주청하고 금나라와 싸울 것을 주장하다가 소주(昭州)로 쫓겨났다. 이 말도 역시 우암 선생이 청나라를 배척하고 북벌을 주장한 것을 은근히 찬양한 말이다. 『宋史』 三百七十四.

5) 터를 다지고 판자를 엮는 일[椓約] : 椓約은 집을 지을 때 터를 다지고 판자를 엮는 일.

6) 붉은 휘장을 높이 닮에 : 후한의 학자 마융(馬融)이 높은 마루에 앉아 붉은 휘장을 치고 제자들을 가르쳤다. 여기서는 우암 선생이 이곳에서 제자들을 가르쳤다는 말이다. 『後漢書』 馬融傳.

7) 봄바람이 계속 불어옵니다. : 여기서 봄바람은 선생님의 교도. 곧 선생님의 교도하심이 마치 봄바람이 만물을 소생시키는 것 같다는 말이다.

8) 보가 꺾이고 태산이 무너지니 : 스승의 죽음을 이르는 말. 공자가 죽을 때 일찍 일어나 뜰에 서성이면서 말씀하기를 "태산이 무너지려는가? 대들보가 꺾이려는가? 철인(哲人)이 죽으려는가?" 하였다. 후세에 보가 꺾이고 산이 무너짐은 스승의 죽음을 뜻하는 말로 쓰였다. 『禮記』 檀弓上.

거친 터전에 몇 사람의 가리킴이 있었겠습니까
많은 선비들이 서로 고하기를
옛 집의 제도를 따라 새롭게 하려 하였고
태수가 말하기를, "아! 이 집을 세우는 일을 내가 어찌 그만둘 수 있겠나?" 하였다 하니
목공을 지휘하여 일을 감독하고
월봉(月俸)을 덜어 재목을 구하였습니다
눈앞에 우뚝한 모습을 보니 신이 있어 돕는 듯 하고
머리 위에 솟은 모습은 하루가 안 되어 이루어짐을 기뻐하였습니다
서쪽의 방 동쪽의 난간은 완연히 옛날 같고
구름 서린 처마 달 비친 난간은 환하고 새롭습니다
선생의 기침소리를 듣는 듯하고
선생의 모습을 보는 듯합니다
물소리 산빛은
여가에 선생을 모시고 놀던 일이 어렴풋하고
비자나무 책상과 개인 창은
당년에 선생을 모시던 일과 방불합니다
삼가 좋은 상량문을 읽어
긴 들보를 드는 일을 돕습니다
어이어차 보를 동으로 미니
은하수 밝게 돌아 반공을 비추네
스님들은 정성을 다하여 애써 수호하니
명나라 황실의 천지가 바로 이 산중일세
어이어차 보를 서쪽으로 미니
연경은 병진(兵塵)에 막혀 바라봄에 희미하네
천수산 아득하니 어느 곳에 있나
비어 있는 산 밤마다 두견새 우네
어이어차 보를 남으로 미니
붉은 용마루 푸른 기와 개인 남기(嵐氣)에 드러나네
의로운 넋은 바람처럼 달리는 말 탄 사람을 모시고 옴에
이웃의 사당은 위 아래로 세 곳[만동묘・화양서원・환장암]임을 알겠네
어이어차 보를 북으로 미니
순환하는 이치를 분명히 알겠네
잠겨 있는 양 이미 땅속의 천둥소리에 움직이니
아름다운 운수는 7일 만에 회복됨을 알겠네[9)]
어이어차 보를 위로 미니

9) 아름다운 운수는 7일 만에 회복됨을 알겠네 : 복괘(復卦)에서 일양이 처음으로 생기는데 다시 제자리로 오려면 7일 만에 제 위치로 온다는 말이다. 곧 양이 잠겨 있다함은 명나라를 회복하는 조짐이 조금 보이니 좋은 운수가 오려면 시간이 있어야 함을 이른 말이다.

푸른 하늘 밝은 해를 사람마다 우러러보네
인심의 번복됨[雲翻雨覆][10]은 예부터 그렇지만
한 갈래의 참된 원기는 상실되지 않네
어이어차 보를 아래로 미니
줄기차게 흐르는 샘물은 흘러 그침이 없네
밤낮으로 바다에 가려고 목이 메어 우니
누가 물이 무정하다 말했던가
엎드려 원하건대 상량을 한 뒤에
세상에는 우리의 도가 형통하고
유학의 교화가 성대히 일어나게 하십시오
정한 혼령 생각함에 향내 번지고 슬픈 마음 생겨 살아 계신 듯하고
선비들이 많이 모임에 시와 옛 거문고 소리 어긋남이 없게 하소서
남기신 교훈은 이로부터 다시 밝아지고
사문은 여기에서 땅에 떨어지지 않게 하소서
비록 선생의 광풍제월(光風霽月)과 같은 기상은
아득하여 따라 받들 수 없으나
못에 임하고 얼음을 밟는 듯한 공부[11]는
노둔한 사람을 힘써 다하게 하소서

화양서원의 선비들에게 답하다(答華陽院儒)

지난번에 베푸신 은혜는 지금까지 잊을 수 없습니다. 서원을 수선한다는 보고를 듣고 매우 기뻐했는데 일은 크고 힘은 적으니 장차 곤궁함을 어떻게 견뎌야 하겠습니까? 도리어 염려됨을 가누지 못하겠습니다. 올린 품목은 다 알았습니다. 서원장[山長]의 처분은 이미 도착하였을 것이라고 생각되는데 들을 수 없으니 답답합니다. 저는 지난번에 호중(湖中; 충청도)의 사우(士友)와 더불어 상의하여 며칠 후 경연의 신하에게 부탁하여 다시 본원에 배향하는 뜻으로 임금의 탑전에 진달하려고 하는데 만일 혹 끝내 윤허하시지 않는다면 이어 동구 안에 별도로 사당을 세울 뜻으로 전하의 결재를 얻을 것으로 계획을 하니 이 일이 만약 이루어지면 영당(影堂)을 세우는 일은 중지될 것 같고 재목과 기와는 미리 갖추어 기다림이 어떠하겠습니까?

또 올리다(又)

서원을 세우는 일은 대체로 여러 학생들이 학업을 익히는 장소가 되고 선현들에게 제사를 올려 보답하여 그들을 높이고 사모하는 마음을 부치는 것이니 그 사문에 관계됨이 중하지 않겠습니까? 하물며 이 화양서원은 곧 노선생(老先生 : 송시열)이 평일에 도를 강하시던 터전이고 숙종의 어필 편액을 건 곳이니 사체의 중함이 다른 서원과 다릅니다. 모든 백 가지의 규모

10) 인심의 번복됨[雲翻雨覆]은 : 雲翻雨覆은 손을 뒤집으면 구름이 되고 다시 엎으면 비가 된다는 말로 인심이 쉽게 번복됨을 이르는 말.

11) 못에 임하고 얼음을 밟는 듯한 공부 : 삼감을 뜻하는 말. 곧 깊은 못에 임한 듯 하고 얇은 얼음을 밟는 듯 모든 일에 조심함을 이르는 말. 『詩經』 小雅 小旻. “戰戰兢兢 如臨深淵 如履薄氷”.

가 나라 안에서 모범이 되어야 하는데 세상이 환난을 당한 나머지에 사류(士類)들이 해체되었을 뿐 아니라 또 본원이 창설된 지 오래지 않아 재력이 빈약하여 여러 학생들이 여기에 거처하면서 학업을 강하는 일이 형편상 쉽지 않고 매 번 봄가을의 두 정일(丁日)을 만나 원근 선비들이 와서 모이는 자 그 수가 백 명이 안 됩니다.

그 중에 들은 것이 많고 박식한 선비들은 반드시 평소에 학문의 소양이 있을 것이고 서원 안에서 기강을 잡는 선비들은 반찬과 소금을 마련하는데 골몰하여 자리를 잡고 강독을 하지 못한 지 오래되었습니다. 이리하여 예의와 사양을 숭상해야 하는 곳에서 도리어 시끄러운 일만 생기니 한 글자라도 강하고 익히는 유익함은 없고 또 혼령이 계신 듯하게 정성을 다하는 제사를 올리지 못하니 처음부터 서원을 창설한 뜻이 과연 어디에 있습니까? 그 폐단의 근원을 살펴보면 사실상 여러 군자들이 무리를 이루어 종일토록 하는 바가 없기 때문에 한가한 얘기와 잡설로 부득불 한가한 시간을 보내면서 스스로 분주한 모습으로 지냄을 면치 못하기 때문입니다. 이와 같이 하기를 계속한다면 듣고 아는 것이 어디로 말미암아 진전되며 정성과 공경이 어디로부터 생기겠습니까? 사실상 노선생께서 후세 사람들을 계도하는 뜻이 아니고 선대왕[숙종]의 편액을 걸어 표창한 뜻에 어긋남이 있습니다.

지금부터 시작하여 전날의 구습을 버리고 주자의 녹동규약(鹿洞學規)[12]를 준수하고 산장(山長 : 書院長)이 하교하신 뜻을 체득하여 강학에 전심하여 그 알지 못하는 바를 더욱 알고 깨끗한 정성으로 재계하여 깨끗지 못한 것을 깨끗하게 하여 날로 새로워지고 또 새로워지기를 바랍니다.

또 올리다(又)

암벽에 조각을 부탁할 일은 과연 영문(營門)으로부터 탐문할 방법이 있습니까? 아무튼 주생(朱生)에게 부탁하여 글씨의 인본(印本)을 좌하에게 올리도록 하겠으니 받아두시는 것이 어떠하겠습니까? 만절필동(萬折必東) · 재조번방(再造藩邦) 8글자 중에 만약 비용이 부족하면 아래의 4글자는 나무에 새기더라도 좋을 듯합니다. 여러 분들과 함께 상의하여 처리하십시오.

또 올리다(又)

보내주신 편지에 유배를 청했다는 말씀은 여러분들의 의논이 진실로 맞습니다. 선생님이 돌아가신 뒤로부터 곧 이런 논의가 있은 지 지금까지 수십 년이 되었는데 오히려 우물거리고 말을 못하는 것은 이 일이 합당한 도리가 되지 못한다는 것을 말하는 것이 아니고 사실상 사세가 그러하여 그런 것입니다. 지난해에 어떤 재신(宰臣)이 어전에서 아뢰었더니 상의 하교에 말씀하기를, "지금은 함부로 의논하지 못할 일이 있다"고 하여 일이 잠잠해졌으니 사림들의 억울한 생각이 지금까지 이어옵니다. 앞으로 윤허를 받을 지 못 받을 지는 아직 알 수 없지만 여러 선비들이 유배를 정하는 일은 단연 그만둘 수 없는 공론입니다. 지금 여러분들이 비로소 조용한 속에 이런 의론을 제기하니 심히 다행한 일입니다. 어찌 그만둘 수 있겠습니까?

---

12) 녹동규약(鹿洞學規) : 백록동(白鹿洞)은 복건성에 있으며 주자가 이곳에 서원을 짓고 학생들을 가르쳤다. 학규는 백록동서원의 학규를 말한다.

만동사시비변(萬東祠是非辨) _ 성만징(成晩徵)

일은 권변(權變)과 정상(正常)이 있고 도는 정상(正常)과 권도(權道)가 있다. 권변에 대처할 처지에는 정상을 말할 수 없으며 권도를 당한 처지에 정상을 논할 수 없는 것은 춘추(春秋)의 의리이다. 군주는 신하라든가 비복의 집에서 제사를 지낼 수 없으며 아비는 지자(支子)나 서자의 집에서 제사를 지낼 수 없는 것은 정상의 도이고 바꿀 수 없는 법이다. 난세의 장수가 나라의 능묘(陵墓)를 청소하고(이손(李孫)[13]·견성(堅晟)[14]의 일 같은 것) 나라를 잃은 대부가 자기의 군주를 장사지내고 술을 올리는 일(원극(袁克)[15]·홍호(洪皓)[16]의 일 같은 것)은 권변의 의리에서 대처하여 곧바로 타고난 도덕의 마음과 지성의 뜻에서 발로된 것이다. 때문에 정상의 도보다 더 고귀함이 있는 것이다.

삼인(三仁)의 행한 일[17]은 남북의 차이가 있을 뿐이 아닌데 공자가 함께 인(仁)하다고 말씀하니 이는 그 지성과 정성이 사랑하는 이치와 마음의 덕에 어긋나지 않기 때문이다. 옛날에 초나라가 망하자 초나라의 백성들이 초소왕(楚昭王)을 늦게나마 제사를 지내니 한창려(韓昌黎)가 시를 지어 아름답게 여겼고, 촉한(蜀漢)이 망하자 후세 사람이 소열황제(昭烈皇帝 劉備)를 사당에 받들어 제사를 지냄에 두초당(杜草堂 : 杜甫)이 감탄하여 시를 읊었다. 장남헌(張南軒 : 張栻)이 우제(虞帝 : 순임금)의 사당에 제사를 올린데 이르러서는 주자가 시를 지어 영신사(迎神詞)·송신사(送神詞)를 읽으니 이는 어찌 대가 끊어진 임금에게 향화를 올리는 일은 본래 참람 되거나 모독되는 혐의가 없이 실제로 도덕의 양심을 보이는 것이 아니겠습니까?

봄 정월에 만동묘에서 제향을 올리는 일은 비록 정상적인 전례(典禮)는 아니지만 진실로 천리와 인정의 바른 도리에 합당합니다. 신종황제는 우리나라에 대하여 만 대를 가더라도 잊지 못할 은혜가 있어 지금까지 백성들이 아비와 자식이 있게 되어 왜적의 종이 됨을 면한 것이 어찌 황제의 주신 은택이 아니겠습니까? 중국이 이적의 땅이 되고 명나라의 종묘가 빈 터만 남았으며 온 세상이 어두워지고 대의가 막혀버려 세상이 바뀐 해가 어느덧 60년이 되었습니다.

노인들은 옛 생각의 슬픔이 생기고 의사들은 근본을 생각하는 감회가 있어 이에 이적의 망측한 화를 두려워하지 않고 세속의 여러 말을 돌아보지 않고 산언덕에 사당을 세워 제향을 올림에 달려가서 황제를 생각하면서 제사의 일을 이루니 황제의 영혼을 보는 듯하였습니다. 산언덕과 계곡이 오히려 대명천지가 되니 이는 진실로 천하의 기이한 일이요 모두 지극한 정성의 간절한 생각에서 나와 사랑의 이치와 마음의 덕에 어긋나지 않는 것입니다. 만약 한창려·두보로 하여금 읊어 감탄하게 하고 장남헌과 주자로 하여금 영신사·송신사를 짓게 한다면 발휘시키는 아름다움과 감흥의 사장(詞章)이 형·촉(荊楚와 巴蜀)과 우제묘(虞帝廟)에 그치지 않

---

13) 이손(李孫) : 미상.

14) 견성(堅晟) : 명나라 사람. 정덕(正德) 연간에 박평현(博平縣)의 지사가 되고 유적이 성을 공략하자 백성들을 거느리고 사수하여 완전하게 되었다. 백성들이 충의비를 세워 기록하였다.

15) 원극(袁克) : 춘추 때 진(陳)나라 사람. 내시였다. 초나라가 진나라를 멸하자 원극이 왕 애공(哀公)의 말을 죽이고 또 그의 옥을 부수어 다른 사람이 쓰지 못하게 하고 진애공를 장사지냈다. 『左傳』 昭公8年.

16) 홍호(洪皓) : 송나라 사람. 자는 광필(光弼). 시호는 충선(忠宣). 금나라에 사신으로 가서 억류 된지 15년. 휘종과 흠종이 오국성(五國城)에서 죽자. 복숭아·배·밤을 가지고 가서 제사를 지냈다. 『宋史』 洪皓傳.

17) 삼인(三仁)의 일 : 삼인은 은나라의 기자(箕子)·비간(比干)·미자(微子). 은나라의 폭군 주왕이 주색에 빠지자 기자는 간하다가 갇혀 종이 되고 비간은 간하다가 죽고 미자는 제기를 안고 떠났다. 『論語』 微子.

을 것이니 삼인(三仁)이 사인(四仁)이 될 수 있는 것을 어떻게 알겠습니까?

요전에 한편에서 비난하는 무리 가운데 혹자는 말하기를, "섬길 귀신이 아닌데 제사를 지내는 것은 아첨하는 것이다."라고 하고, 혹자는 말하기를, "선비로서 천자를 제사지내는 일은 참람한 일이다."라고 하면서 강한 자는 말로 화를 내고 겁이 있는 자는 얼굴빛에 노기를 나타냈습니다. 아! 저들도 임진왜란 때 사람들의 자손 아닌 자가 없고 또 도덕의 양심을 갖지 않은 자가 없다. 그러나 헐뜯고 비방하기를 마지않는 이유는 다만 이 일이 우암 선생에서 시작되어 수암에게서 이루어졌기 때문에 당론에 그 마음을 빠뜨려 사슴을 쫓아갈 줄만 알고 태산을 보지 못하는 자입니다. 편파적인 당론의 사심이 없이 오히려 의심하는 바가 있다면 권변과 정상의 도는 길은 다르지만 귀심 점은 같다는 것을 알지 못함입니다.

그러나 지금 세상 사람들이 충의에 대한 견해가 한창려·두보와 같다면 가하고, 도덕과 학문이 장남헌과 주자 같다면 가한데, 이를 생각하지 않고 세속 여론의 앞잡이가 되는 것을 마음으로 달게 여기니 이는 어디에 현혹됨이 아닌가? 내가 화양동에 가서 제향에 참여하고 오는데 헐뜯는 말이 대단히 많았다. 때문에 부득이 대략 써서 변론을 한다.

화양존주록서(華陽尊周錄序) _ 윤봉구(尹鳳九)

천하의 의리는 춘추보다 더 큰 것이 없고 춘추의 의리는 왕을 존숭하는 일보다 더 큰 것이 없다. 하물며 우리나라는 만력 황제에 대하여 의리는 군신이지만 은혜는 부자와 같으니 그 존숭하는 의리를 어찌 하루라도 잊을 수 있을까? 화양 송문정 선생은 효종과 덕을 함께 한 신하로 장차 대의를 천하에 밝혀 만대의 강상을 세우려고 하였는데 불행히 효종이 돌아가셔서 옛 살던 곳으로 돌아옴에 사대의 의리가 어그러지니 빈 산속에서 경서를 안고 슬픈 생각의 의리를 펼 수 없었다.

노봉 민공(閔鼎重)이 연경의 시가에서 의종황제의 어필을 얻어 가지고 돌아왔다. 선생께서 사시는 화양동의 석벽에 이 글씨를 새기고 감개한 마음을 갖고 상탄하면서 형주(荊州)의 우제사(虞帝祠)에 주자와 장남헌이 찬양한 것처럼 하니 하국(下國)의 유민이 천자를 제사지낸 취지의 증거가 될 만하니 여기에 어필을 새김에 가히 증거가 될 만한 이유이다. 글씨를 새긴 석벽의 곁에 두 황제의 사당을 세우려고 하였는데 일을 성취하지 못하고 갑자기 기사년의 화를 만났다. 정읍에서 우암선생이 돌아가실 때 선사인 권문순공 수암선생에게 유언으로 부탁하여 성취하도록 하니 선사께서 명령을 받고 잊지 않고 있다가 갑술옥사(甲戌獄事) 때 비로소 선비들과 의론하여 10년 동안 경영하여 한 칸의 큰 집을 짓고 만동묘라고 이름을 하였다.

갑신년(1704) 연경이 함락된 회갑의 연도에 이르러 비로소 두 분의 황제에게 제사를 올림에 선사께서 축문을 읽고 술과 음식을 권유(勸侑)하니 신종황제는 임진왜란 때 우리나라를 다시 세워준 은혜이기 때문이요 의종황제는 나라의 제왕으로 사직을 위하여 죽은 의리가 있기 때문이니 또한 송선생께서 명하신 뜻이다.

대체로 돌에 의종황제의 글씨를 새긴 일로부터 만동묘에 제향을 올리기까지의 30여 년간 화양동에 관계되는 문자는 모두 두 분의 선생과 노봉(老峰)·문곡(文谷)·장암(丈巖) 등 제공이 지은 것이고 후세로 오면서 사문의 여러 어진 사람들이 혹 시로 읊어 전하고 혹 산문으로 그 일을 서술하였으니 뜻이 존화양이(尊華攘夷)에 간절하고 의리가 해와 별처럼 빛나지 않음이 없었다. 이는 마땅히 천하에 전하여 보여서 천백년 뒤에도 모두 우리나라의 화양동에 두 분 황제의 사당이 있음을 알게 한 것이다. 이것을 수록하여 모두 한 권의 책자가 되니 이것이 이른바 화양존주록(華陽尊周錄)이라는 것이다.

아! 사해가 비린내가 나는 이적의 세상이 되었는데 홀로 소중화(小中華 : 우리나라)에서 이 화양의 계곡이 숭정의 해와 달을 보전하여 춘추의 책을 여기서 읽을 만하니 후일 좋은 세상이 오고[河淸] 성인이 다시 세상에 나오면 나는 그들의 손을 빌어 할 말이 있을 것이니 곧 이 책에 있는 것이다. 화양서원의 서원장 임상주(任相周)와 홍의서(洪義瑞)·송수원(宋洙源) 등 몇 사람이 이 책을 간행하여 오래도록 전하려 할 때 병계(屛溪) 윤봉구(尹鳳九)에게 서문을 요청하니 나는 이 책에 이름을 기록하는 것을 영화롭게 여겨 사양하지 않고 삼가 이와 같이 썼다.

숭정 갑신년 후 두 번째의 신사(1761) 초추 일.

전 절제사가 명나라의 두 고명지를 받들고 만동묘에 가서 제사를 올릴 적에 그를 보내는 서문(送田節制奉皇明二誥往祭萬東祠序) _ 조태만(趙泰萬)

만동사는 대체로 만절필동(萬折必東)의 뜻을 취한 것이다. 사당이 청주의 화양동에 있으니 충청도의 선비들이 함께 세운 것이고 여러 선비들이 숙종 갑신년(1704)에 명나라의 신종과 의종 두 황제에게 제사를 올리니 대체로 우암 문정공의 남긴 뜻이고 3월 19일은 의종 황제가 사직을 위하여 죽은 지 주갑이 되는 날이다. 이리하여 상께서 몸소 대보단에 제사를 올리기 때문에 사당의 제사도 또한 이 달의 어느 갑일(甲日)을 사용하였다. 우암 선생께서 만년에 이 계곡에 살면서 의종황제의 어필을 바위에 새기고 계곡 남쪽의 석실에 진본을 보관하였다. 석실의 동북쪽에는 환장암이라는 암자가 있고 만동묘는 우암선생의 옛 살던 곳의 서남쪽에 해당된다.

우암 선생께서는 일찍이 말씀하기를, "우리 효종대왕을 두 황제와 배향하여 흠향하게 하고 홍익한(洪翼漢)·윤집(尹集)·오달제(吳達濟) 세 신하로써 사당의 아래 건물에서 함께 제향을 받도록 함이 마땅하다."고 하셨다. 그러나 효종이 이미 돌아가시자 의론이 구구하여 배향하지 못하였다.

전 절제사(田節制使)는 그의 아버지 호군공(護軍公)이 병자·정축년의 호란 뒤에 중국에서 우리나라에 와서 인조·효종·현종의 조정 군직에서 녹봉을 받아 부인을 얻어 여러 아들을 낳고 마침내 우리나라에서 죽었다. 여러 아들들은 숙종 때 무예(武藝)로 발탁되어 조정에서 벼슬을 하였는데 상의 융숭한 은혜를 받았다. 전 절제사의 증조 병부상서공이 내주(萊州 : 중국 지명)의 동지사가 되었을 때 고축(誥軸 : 임명장) 1부와 고조 어사공의 고축 1부가 지금까지 전해오니 신종황제가 명하신 것이다. 지금 절제사가 손수 2부의 고축을 받들고 봄날 정일(丁日)을 당하여 만동묘에 가서 우리 조정의 관복을 입고 여러 선비와 학생들로 더불어 제사를 올리는 곳에 참여하니 두 황제의 오르고 내리는 혼령이 반드시 절제사를 돌아볼 것이고 신종황제가 이렇게 말할 것이다.

"너 성일(成一 : 절제사의 이름)아 이리 와라. 아! 이 2부의 고축은 내가 옛날 너의 선조에게 준 것이다. 백년이 된 오늘까지 옥새의 자취가 완연하고 너는 또한 나의 후손으로 부자가 멀리 이적의 난을 피하여 이적의 옷을 입지 않고 홀로 중화의 의관을 하고 또 부자가 벼슬과 녹이 끊어지지 않는다. 천지가 번복이 되었는데 중국의 만 리 밖에서 너의 선조의 고축(誥軸)을 보유하였다가 다시 내 앞에 벌려 놓으니 나의 종묘도 혈식(血食)을 못하고 자손도 보전하지 못한 데 비교하면 너의 선조가 나보다 낫다."고 하리라. 또 의종황제는 이렇게 말할 것이다. "아! 성일아." 하고 이하는 신종의 말과 같다. 두 황제는 또 이렇게 말할 것이다. "아! 성일아. 사해에서 모두 나를 잊었거늘 오직 조선이 홀로 우리나라를 잊지 못하여 선군(先君)이 대보단을 쌓아 우리를 제사지내주고 지방의 선비들이 만동묘를 세워 우리를 제사지내주니 내가 사해의 안을 돌아보건대 조선을 놓고 어디에 의탁하겠는가? 먼 곳의 궁벽한 산 속에서 춘추로 보는 사람들은 모두 조선 사람이요 홀로 고국[중국]의 신료들은 보지 못하겠다. 네가 지금 여기에 왔으니 네가 실제로 나의 유신(遺臣)이다. 나에 대한 오늘의 제사는 내가 너를 위하여 흠향하겠으니 나는 심히 너를 아름답게 여기노라"고 하여 어렴풋하고 엄숙하게 보이는 듯하고 목소리가 들리는 듯할 것이다.

우리 효종대왕의 영령은 또 두 황제의 좌우에 계시면서 두 황제의 훈계를 대신 알리고 신삼학사와 화양동의 주인 문정공 신 송 선생을 불러 절제사의 이번 행차에 대하여 말씀하실 것이다. "성일은 근본을 잊지 않으니 성일은 의로운 사람이다. 절제의 이번 행차는 천하 후세에 빛나지 않을까?"라고. 나는 이 글로서 전 절제사에게 주었다.

숭정기원 후 94년(1721) 신축 춘 명나라 왕의 정월 한양 조태만은 서문을 쓰다.

보은현 이제제전기(報恩縣二帝祭田記) _ 황경원(黃景源)

두 분의 황제는 옛날의 천자이고 청주는 순수하던 땅도 아닌데 우리나라의 선비들이 다투어가면서 힘을 들여 그의 사당을 이룩한 것은 무슨 이유인가? 대체로 두 황제는 우리나라에 덕이 있었고 송 선생[송시열]은 천자에게 충성을 하였다. 청주의 동쪽은 선생이 일찍이 집을 정하여 살았기 때문에 그의 제자들이 선생의 사시던 곳에 나아가 두 황제의 사당을 세운 것이다.

성인이 사전(祀典)을 만들 때 부지런히 일한 것으로 순임금의 사당을 세우고 재앙을 막은 일로 우왕에게 사당을 세웠으니 순임금과 우왕의 사당은 오직 그 자손 중에 진(陳)나라나 기(杞)나라[18]의 후손과 같은 뒤에 세우는 것이 아니요 천하의 백성들이 모두 제사를 지낼 만한 것이다. 그렇지 않다면 진나라가 망한 뒤에 순임금은 제사를 얻어먹지 못했을 것이요 기나라가 망한 뒤에 우왕은 제사를 얻어먹지 못했을 것이니 어떻게 일반적인 사전에 열거할 수 있었을까? 이것으로 보면 우리나라의 선비들이 두 황제에게 제사를 올리는 것도 이유가 되는 것이다.

대저 송 선생은 은진현의 사람이다. 효종 때 처사로서 임금의 빈사(賓師)가 되어 의리를 나타내어 명나라의 은혜에 보답하려 하였더니 은혜를 갚지 못하고 조정을 떠나게 되었다. 떠난 뒤에 화양동 아래에 사당을 세워 신종과 의종 두 황제를 향사하려 하다가 사당을 이루지 못하고 돌아가시니 돌아가신 지 16년 뒤에 사당이 비로소 세워졌다. 대체로 선생의 뜻을 제자가 완성한 것이다. 중국이 왕조가 바뀌어 정삭(正朔)을 바꾼 지는 사당이 이루어진 때부터 60년 전이 되었다. 명나라 태조 고황제의 세대가 끊어진지 이미 오래되었는데 두 황제만이 홀로 사당의 제사를 받게 되니 이른바 덕이 후하면 빛이 흘러 백성들이 감히 공경하지 않을 수 없는 효과가 아닌가? 약간의 제전이 보은현의 남쪽 37리에 있다. 송 선생의 휘는 시열이요 자는 영보요 시호는 문정공이다.

운한각기(雲漢閣記)

문정공 송 선생이 청주의 동쪽 화양동에 암서재를 짓고 그 뒤 10여년에 의종황제의 어서

---

18) 진(陳)나라나 기(杞)나라 : '陳'은 순임금 후손의 나라. '杞'는 우왕 후손의 나라. 『左傳』襄公 二十九.

를 얻어 석벽에 새기니 곧 암서재의 동쪽 백여 보의 거리이다. 작은 선원(禪院)이 있으니 환장암이요, 환장암 곁에 큰 돌이 있어 길이가 20여자가 되고 넓이가 12자가 된다. 돌 위에 각(閣)이 있으니 6칸인데 의종황제의 글씨를 보관하였다. 때문에 산중의 사람들이 시경의 이른바 탁피운한(倬彼雲漢 : 大雅 蕩)의 뜻을 취하여 운한각이라고 이름을 지었다.

처음에 심양에서 우리나라에 편지를 보내어 그 군주를 위하여 큰 호칭을 지어 올리기를 청하였는데 조정에서 받지 않고 곧바로 의종황제에게 아뢰었다. 노아(奴兒 : 청태종을 무시하여 부른 이름)가 남한산성을 포위하자 의종황제가 진홍범(陳洪範)에게 조서를 내려 군사를 거느리고 가서 구제하게 하였다. 이때 노아가 중국의 제남(濟南)에 들어가 덕왕(德王) 유추(由樞 : 명의 왕자)를 사로잡았는데 의종이 이를 구제하지 않고 홀로 우리나라에 난이 있다고 하여 군사를 내어 구제하니 어찌 성대한 일이 아닌가? 대저 아래에서 지성이 있으면 위에서 감격이 되지 않는 일은 없으니 『시경』에 이르기를, "학이 구고(九皐)에서 울면 소리가 하늘에까지 들린다."[19]고 하였으니 말하자면 정성이 위로 감격된다는 말이다. 때문에 우리의 선왕께서 북으로 청나라를 끊어버리고 곧바로 의종에게 아뢰었는데 의종이 우리의 난을 구제하니 정성에 감격된 까닭이다.

지금 화양동에 이미 의종황제의 어서를 새기고 또 운한각을 세워 보관하니 온 나라의 선비들이 그 아래를 지나는 자가 흐느끼면서 눈물을 흘리지 않음이 없으니 이는 다만 의종의 은혜가 번방에 후한 줄만 알고 선왕의 지성이 천리의 밖까지 감동되어 의종의 구해주는 마음을 열어준 것을 알지 못하는 것이다. 금년 봄에 내가 환장암으로부터 내려와 암서재에서 자고 운한각에 올라 선황제의 어서를 보고 돌아왔다. 집에 있은 지 월여가 되어 화양동의 여러 학생이 기문을 요청하기에, 나는 생각하기를 선생께서 선제를 위하여 어서를 구해다가 화양동에 보관하여 장차 화양동 산중에 있는 사람들로 하여금 선왕이 명나라를 섬긴 정성을 추억하면서 여기에 경의를 표하도록 하였다. 지금 산중의 사람들이 각을 지어 어서를 높이 받드니 특히 선황제를 저버리지 않을 뿐만 아니라 선왕의 정성을 저버리지 않은 것이다. 때문에 내가 기문을 썼다.

청주 황묘시기(淸州皇廟詩記)

신이 청주로부터 화양동에 들어가 삼가 황묘에 알현하고 물러나 재실에 나아가 제사지내는 날에 이 고을의 선비 삼백 명과 함께 모두 자기의 위치에 가서 북쪽을 향하여 행사를 할 때 강신례로부터 제사를 마칠 때까지 선비들이 기운을 낮추고 엄숙하게 하지 않는 자 없어 마치 스스로 천자의 뜰을 밟으면서 맑은 빛을 바라보는 듯하였다. 신은 듣건대 제왕이 아랫사람에게 인정(仁政)을 베풀면 반드시 그 보답의 예를 받나니 예의 경중으로 인(仁)의 깊고 깊지 않음을 볼 수 있다.

예경에 이르기를, "천자의 기내(畿內) 백성들은 천자가 죽으면 천자를 위해여 재최 삼월(齊衰三月)의 복을 입고 제후의 대부는 천자가 죽으면 세최 칠월(繐衰七月)의 복을 입고 제후의 사(士)와 천자 기외(畿外)의 백성은 모두 복이 없다."고 하였다. 그러나 천자가 인을 베푼 것이 깊으면 기외 제후의 나라에서 비록 사서인(士庶人)의 복이 없는 자라도 마음에 그 인정을 품

---

19) 『詩經』小雅 彤弓 鶴鳴.

게 된다. 때문에 『서경』(太甲 下)에 말하기를, "백성들은 일정하게 마음속에 감회를 갖는 일이 없고 인정(仁政)이 있는 곳에 감회를 갖는다."고 하니 인정을 천하에 베풀면 백성들이 감회를 갖지 않음이 없는 것이다.

밀수씨(密須氏)[20]가 주(周)나라의 명을 저항하고 완국(阮國)[21]을 정벌하여 마침내 공(共)이라는 읍에 들어갔다. 때문에 『시경』(大雅 皇矣)에 말하기를 "밀나라 사람이 공손하지 못하여 감히 큰 나라에 저항하여 완국을 침범하여 공읍(共邑)에 갔다."하니 이는 완국의 가장 큰 재앙이다. 이리하여 주문왕이 육사(六師)를 거느리고 가서 밀나라 사람의 침입을 막았다. 때문에 『시경』에 이르기를, "왕이 크게 화를 내어 군사를 정비하여 침략의 군대를 막았다"고 하니 인(仁)한 마음이 지극히 깊은 것이다. 대저 천하 제후의 나라에서 문왕을 사모하지 않는 자가 없는데 완국에서 가장 큰 재앙을 만나 지극히 깊은 인혜(仁惠)를 입었으니 백 대를 간다 하더라도 잊을 수 있을까?

명나라가 일어나자 왜인들이 명나라를 높인다는 약속을 하였으되 만력의 세대에 이르러 평수길(平秀吉 : 풍신수길)이 크게 수군을 거느려 부산으로부터 평양까지 쳐들어갔다. 신종황제가 번국의 이천리가 왜인들에게 유린당하는 것을 가슴 아파하여 대장군 이여송에게 조서를 내려 군사를 거느리고 요하를 건너가게 하니 패수의 위에서 수길의 군사 이십만을 격파하고 마침내 삼도(三都)를 안정시키고 사직을 회복하였다. 수길이 다시 부산을 침범하자 대장군 유정(劉綎)·마귀(麻貴)·진린(陳璘)의 무리에게 조서를 내려 예교(曳橋 : 순천 망해대의 옛 이름)를 함락시키고 도산(島山 : 울산)을 포위하고 노량(露梁)을 차단하여 그들의 선박 천여 척을 불사르니 왜인이 두려워하여 물자를 버리고 밤에 바다 속으로 도망쳤다.

대체로 이때 중국의 장사들이 계속 7년 동안 전쟁이 그치지 않아 경비가 백 만 금에 이르렀다. 지금까지 우리나라에서 그 공에 힘입어 동남이 무사하니 신종황제의 재난을 구해준 인자한 마음은 지극히 깊다고 말할 만하다. 그 뒤 숭정 연간에 심양의 기병이 의주로부터 들어와 남한산성을 포위하니 의종황제가 몸소 대의를 일으켜 우리를 가엾이 여기고 동쪽을 돌아보았다. 이에 우리나라를 위하여 급한 일을 구제하려 하여 진홍범에게 명하여 청주·제남·등주·내주의 수군을 거느리고 장산(長山)으로부터 나가게 하고 김일관(金日觀)·초계공(楚繼功)에게 명하여 동번·즉묵·창읍의 군사를 거느려 동강(東江)에서 나가게 하였다.

대체로 이때에 천하의 힘이 동쪽으로는 여진에게 피폐하고 서쪽으로는 유적(이자성)에게 피폐하여 공(公)과 후(侯)는 전마(戰馬)를 돕고 경사들은 군량을 도우니 자제의 나라는 비록 나라를 지키지 못하나 구제할 수 없었는데 산동의 군사를 총 동원하여 멀리 바다 밖까지 나가게 하니 의종황제의 재난을 구제하는 인심(仁心)은 지극히 깊다고 말할 수 있다. 대저 신종은 성공한 바 있고 의종은 성공한 바 없다. 그러나 지극한 인심이 번방에까지 미친 점은 두 황제가 같지 않은 점이 없다.

또 의종이 사직을 위하여 죽음에 경사(京師)로부터 사방에 이르기까지 마을의 노인이나 백성·졸병·전사(戰士)·원한이 있는 여자·외로운 사람과 머리를 풀고 몸에 문신한 이적·천막을 치고 옷을 왼쪽으로 여미는 이적[22]들이 모두 울어 실성을 하고 역적들도 눈물을 줄줄

---

20) 밀수씨(密須氏) : 상나라 때 길성(姞姓)의 나라. 감숙성 영대현의 서쪽에 있다. 주문왕에게 멸망하였다.

21) 완국(阮國) : 감숙성 경천현의 동쪽에 있었다. 『甘肅通志』, "阮 國名 在今涇州".

22) 천막을 치고 옷을 왼쪽으로 여미는 사람[穹廬左衽] : '穹廬'는 몽고인의 천막 집. '左衽'은 이적의 옷이 오

흘렸다. 이는 지극한 인심이 천하에 넘치는 것이니 어찌 홀로 한 나라의 재난을 구해줄 뿐인가? 때문에 문정공 송 선생 시열이 문인에게 명하여 화양동에 두 황제의 사당을 세우고 4개의 변두로 제사를 올려 두 황제의 인심을 잊지 않게 하였다.

주례[周官]에 이르기를, "도종인(都宗人)은 도읍의 종묘 제사를 관장한다"고 하니 종(宗)은 종묘이다. 도읍의 종묘에서 옛날의 선왕에게 제사를 올리기 때문에 춘추전에 말하기를, "읍에 종묘와 선군의 신주가 있는 곳을 도읍이다"라고 하니 도읍의 종묘제사에 천자가 모두 새를 하사하여 제사에 올리도록 하였다. 때문에 주관(周官 : 周禮)에 말하기를, "천자가 참여하지 못하면 새를 주어 올리게 한다"라고 하니 그 제사를 중히 여기기 때문이다.

대저 선왕이 백성들의 재앙을 제거하고 천하에 큰 인덕(仁德)이 있으면 그의 세대가 끝이 났어도 종묘에서 그 제사를 올리는 것이 옛날의 예였다. 춘추 전에 이르기를, "주나라 사당에 임하였다"고 하였으니 주나라 사당은 문왕의 사당이다. 노나라에서 주나라의 사당을 세워 문왕에게 제사를 올렸다. 주나라가 이미 망했지만 함양에 또 주나라의 사당이 있는 것은 무슨 이유일까? 대체로 문왕이 이미 밀(密)나라의 침입을 막아 영읍(郢邑)을 만들었으니 그 땅은 지금의 함양(咸陽)이 된다. 때문에 함양에 문왕의 사당이 있으니 공지(共池)의 위 완수(阮水)의 곁에 주나라 군사가 머물던 곳이 아니겠는가? 이는 유민들이 그 인덕을 잊지 않음이다.

명나라 제도에 주와 현(州縣)에서 제왕에게 제사를 지낸 곳이 36곳이다. 매양 3년마다 유사가 날을 가리고 축책(祝冊)을 내놓고 예에 쓸 폐백을 만들어 태상시(太常寺)[23]의 무생(舞生)과 악생(樂生)을 보내면서 폐백과 축책을 함에 넣어 보냈으니 주례에서 새를 보낸 일과 다르지 않다.

왕제(王制)에 이르기를 "천자와 제후는 그 지역에서 전대에 멸망한 나라[24]의 제왕이 후사가 없는 자라도 제사를 지내준다."고 하였다. 대저 전대에 멸망한 나라도 제사를 지내주는데 하물며 두 분의 황제는 제사를 주관할 후사가 없는 자이니 사당이 비록 산중에 있다하더라도 인국(因國)에 비교가 되지 않은가? 신이 이 고을의 선비를 따라 화양동을 지날 때 사당에 제향을 지내게 되어 이에 두 분 황제의 인덕과 문정공의 사당을 세운 뜻을 저술하여 시가(詩歌)를 만들어 유사에게 고하였다. 그 시에 이르기를,

肅肅王廟 邦人來格	엄숙한 천자의 사당에 나라사람들이 찾아와서
旣戒旣宿 旣掃旣滌	이미 재계하고 자며 이미 사당을 쓸고 제기를 씻었네
以其豆籩 與其鉶簋	변과 두와 형과 궤로 제수를 올리도다
以旅以將 以饗天子	제수를 진설하고 올려 천자께 흠향하도록 하도다
天子齊聖 日明二后	천자는 함께 성스러우니 명나라의 두 왕이셨다
保玆邦人 樹仁維厚	이 나라의 사람을 보전하여 후하게 인심(仁心)을 폈도다
神宗爲祖 毅宗爲孫	신종이 할아버지가 되고 의종이 손자가 되도다
世樹厥仁 靡溺不援	대대로 인심을 세우면서 빠진 나라를 구원하지 않음이 없었네

른 쪽 섶을 왼쪽 섶의 위에 여미는 옷. 곧 이적을 말한다. 『漢書』 匈奴傳下.

23) 태상시(太常寺) : 종묘의 제사를 관장하는 관청.

24) 그 지역에서 전대에 멸망한 나라[因國] : '因國'은 그 땅에서 전대에 멸망한 나라를 이르는 말. 예를 들면 고려는 전대에 개성에서 망하였다. 그 지역에서 고려의 왕이 후사가 없어도 후대 사람들이 제사를 지내주는 일을 말한다. 『禮記』 王制. "天子諸侯 祭因國之在其地而無主後者".

有鼉島夷 自彼出日 목을 벨 섬의 오랑캐가 해가 뜨는 곳에서 나와

淪釜及漢 焚我京室 부산과 한양을 함락하여 우리 왕실을 불살랐도다

誰拔箕墉 少保子茂 누가 평양성[箕墉]을 함락시켜 찾을까? 소보인 자무(子茂 : 이여송의 字)일세

神宗命之 王國是救 신종이 명하여 왕의 나라인 조선을 구제하였네

島夷不順 薦作寇虐 섬의 오랑캐 순하지 못하여 거듭 도적이 되고 포학하였네

穴居海滑 以噬以攫 굴속에서 살고 바닷가에 살면서 우리를 물고 달려들도다

誰拔順墉 少保子紳 누가 순천성(順天城)을 함락시켜 찾을까? 소보인 자신(子紳 劉綎의 字)이라

曰陳曰厤 咸奏厥勳 진린(陳璘)과 마귀(厤貴)[25]가 함께 그 전공을 아뢰니

三年于戍 四年于改 삼년의 전쟁터가 사년 만에 바뀌었네

彊土旣定 神宗之功 우리 강토가 안정됨은 신종황제의 공이었네

於乎神宗 仁洽箕邦 아! 신종은 인심(仁心)이 우리나라에 흡족하니

比于毅宗 克紹其光 의종에 비교하면 더욱 빛나게 하였네

瀋人來侵 圍玆南漢 심양 사람이 침노해 와서 남한산성을 포위하니

毅宗肫肫 閔我多難 의종은 정성스럽게 우리의 어려움이 많음을 걱정하여

乃命虎臣 太師金公 이에 범 같은 신하를 명하니 태사 김일관(金日觀)[26]이

爰及洪範 鞠旅徂東 진홍범(陳洪範)과 함께 군사를 끌고 동으로 가게 하였네

戈舟三千 率彼鼉磯 육군·수군 삼천 명을 저 타기(鼉磯)에서 거느리고 가서

合甲交韔 朱英旂旂 갑옷 입은 군사와 활을 가진 군사가 합하니 창끝의 붉은 기봉 아름답도다

旣進爾衆 其仁則駿 이미 여러 무리를 나오게 하니 그 어진 마음이 크도다

旣爾禦侮 必接爾刃 이미 적의 모멸을 막으니 필시 저들의 무력과 접할 것이다

自古有國 皇不死社 예부터 나라를 소유한 황제는 사직을 위하여 죽지 않았는데

烈烈毅宗 蹈仁維果 열렬한 의종은 과감하게 인을 실천하였네

彼蠻與貊 靡不永傷 저 남북의 이적들이 가슴아파하지 않는 자 없는데

矧伊邦人 曷其敢忘 하물며 이 나라 사람들이 어찌 감히 잊을 수 있나

於赫神宗 仁此下國 빛나도다. 신종은 이 나라를 사랑하였도다

毅宗篤之 亦仁斯則 의종은 독실하여 인(仁)을 법으로 삼았도다

其顧其咰 其勤其拊 우리를 돌아보고 구제하며 정성스럽게 어루만지니

允也二后 邦人之父 진실로 두 황제는 우리 백성의 아버지로다

翼翼文正 二后是懷 공경스러운 문정공(송시열)은 두 황제를 사모하여

訓其弟子 祠以明粢 그 제자에게 명하여 곡식[明粢][27]으로 제사를 올리게 하였네

文正有道 百世之師 문정공은 도가 있어 백 대의 스승이 될 만하고

弟子溫恭 不墜訓辭 제자(권상하)는 온화하고 공손하여 스승의 말씀을 떨어뜨리지 않았네

串山峨峨 有栢有松 관산(串山)[28]이 높고 높아 잣나무 소나무 서 있어

乃虔乃度 建玆廟宮 경건하게 터를 헤아려 이 사당을 지었네

維此串山 文正棲遲 오직 이 관산이 문정공께서 은퇴(棲遲)한 곳으로

文正攸寧 二后維歸 문정공이 편히 사시던 곳에 두 황제 돌아오셨네

淸酒旣醑 大羹旣飪 맑은 술과 잘게 썬 고기요 대갱(大羹)[29]은 끓었도다

---

25) 진린(陳璘)과 마귀(厤貴) : 두 사람 모두 중국 장수로 임진왜란 때 구원병으로 우리나라에 와서 싸웠다.

26) 김일관(金日觀) : 명나라 장수. 숭정 초기에 부총병이 되어 마란곡을 여러 번 청병과 대치하였고 청병이 조선을 침략하자 진홍범(陳洪範)을 따라 우리나라를 구제하다가 피도(皮島)에서 전사하였다.

27) 곡식[明粢] : '明粢'는 제사에 올리는 피[稷]를 말한다.

28) 관산(串山) : 화양동 안에 있는 파곶(巴串)의 산.

三月維丁 享于路寢	3월의 정일(丁日)을 당하여 노침(路寢)[30]에서 흠향하시었네
維臭孔遠 靡所不通	제주의 향기가 멀리 번져 통하지 않는 곳 없고
肵俎加匙 四簋伊饎	적을 올린 대(臺)에 시저를 더하고 4개의 제기에 수북이 담았네
神宗維右 毅宗維左	신종을 오른쪽에 모시고 의종을 왼쪽에 모시니
邦人踖踖 稽首于下	나라 사람들은 공경하여 아래에서 머리를 조아리도다
二后昭明 監我順德	두 황제는 밝게 임하시어 우리의 순한 덕을 내려 보시고
報以多祉 俾爾保極	많은 복으로 보답하고 우리로 하여금 왕위를 보전하게 하도다
念彼桯邑 文王是祠	저 영읍(桯邑 : 지금의 서안)을 생각건대 문왕을 제사지내니
制帛在篚 太常所釐	만든 폐백이 바구니에 있는 것은 태상에서 마련했네
今我太常 亦有制帛	지금 우리나라의 태상에서도 폐백을 마련함이 있어
庶享二后 世世無斁	두 황제에게 제향을 올려 대대로 싫어함이 없으리라

화양동기(華陽洞記) _ 가대인(家大人)

화양구곡은 우리 동방의 무이(武夷)이다. 골짜기와 계곡이 그윽하고 깊으며 봉우리와 절벽이 험하고 깎은 듯한데, 맑은 시냇물이 그 속을 관통하고 흰 바위가 얼기설기 놓여 있다. 처음에는 이경억(李慶億)의 별장이 있었는데, 송문정공(송시열)이 빌려서 거처하였고, 이후에 그대로 만동묘(萬東廟)와 문정서원(文正書院)이 되었다. 1곡은 경천벽(擎天壁), 2곡은 운영담(雲影潭), 3곡은 읍궁암(泣弓巖), 4곡은 금사담(金沙潭), 5곡은 첨성대(瞻星臺), 6곡은 능운대(凌雲臺), 7곡은 와룡암(臥龍巖), 8곡은 학소대(鶴巢臺), 9곡은 파곶(巴串)으로, 시내의 남북으로 늘어서 대치하여 있되, 파곶은 시내가 모이는 곳을 홀로 차지하고 있다. 모두 권문순공이 명명하였으며, 단암 민문충공(민진원)이 전(篆)을 썼다. 읍궁암에는 비석이 있는데, 판서 윤헌주(尹憲柱)가 글씨를 썼다.

암서재는 금사담 위에 있고, 환장암과 운한각은 그 왼쪽에 있다. 채운암(彩雲菴)은 첨성대 위에 있고, 만경대는 경천벽 밖에 있다. 송문정공의 초당은 서원 문 안에 있다. 명나라 숭정황제의 어필로 크게 쓴 '비례부동(非禮不動)' 네 글자는 첨성대의 벽에 새겨져 있다. 환장암과 운한각은 그 글씨 때문에 창건된 것이다. 뒤에 또 신종황제가 크게 쓴 '옥조빙호(玉藻氷壺)' 네 글자는 그 왼쪽에 있다. '만절필동(萬折必東)'은 선조대왕(宣祖大王)의 어서(御書)이다. '대명천지(大明天地) 숭정일월(崇禎日月)'은 송문정공의 글씨로, 그 언치에 새겨져 있다. '창오운단(蒼梧雲斷) 무이산공(武夷山空)'은 암서재 곁에 새겨져 있는데, 역시 송문정공의 글씨이다.

화양구곡의 승경에 대해서는 지난날 너무도 익히 들었는데, 늙어서 다행히 아들을 데리고 이르러 오게 되었다. 그런데 도리어 승려의 지휘로 지나쳐 가게 되었으니, 내가 젊은 시절에 미처 오지 못한 것이 한스럽다. 다만 파곶(巴串)에서는 어두웠던 눈이 돌연 밝아져서, 맑은 시내와 흰 바위가 활연하게 마음에 부합하여, 삼척의 무이계(武夷溪)에라도 비길 만할 정도이다. 이곳을 지나자 북쪽은 곧 선유동이다. 환장암에서 묵었다. 송문정공이 존주(尊周)하였으므로, 승려도 역시 그에 따라 중하게 여긴다. 한유(韓愈)는 승려들을 보통 사람으로 돌리고 승려의 거처를 보통 사람의 집으로 만들어야 한다고 하였는데, 이곳이야말로 바로 그렇게 한 곳이라고 하겠다. 이 산은 밤에 호랑이가 없고 여름에 모기가 없으니, 역시 기이한 일 가운데 하나

---

29) 대갱(大羹) : 제사에 올리는 국. 양념을 하지 않고 맹물로 끓이는 고기국이다.

30) 노침(路寢) : 정전(正殿).

이다. 산이 텅 비고 밤이 차가운데, 별과 달은 반짝이고, 봉우리들은 읍례를 올리는 듯하다.

환장암에는 만력황제와 숭정황제의 어서 및 『대명일통력(大明一統曆)』이 보관되어 있다. 만력황제가 보신(輔臣)에게 하사하여, 시헌(時憲)의 제도를 신칙하여 시행해서, 표현과 이치가 구비되어 있으니, 고명(誥命)의 체제를 지키고 있다. 세상에서 말하길, 만력황제는 방탕하고 게을러서 정치를 제대로 하지 않았다고 하지만, 아마도 논평한 사람이 잘못인 듯하다. 아마도 만력황제는 세종(世宗)이 현묵(玄默)하여 구도(求道)하였던 것을 따르다가 지나쳤던 것이 아니겠는가! 만력황제의 서화 가운데 동쪽으로 온 것을 보면 '용(龍)'이란 글자는 큰 지름이 서너 자나 되고, 검선화(劒仙畵)와 묵죽화(墨竹畵)는 천연으로 공교로워, 둘 다 옥에 견줄 만하거늘, 방탕하고 게으르다면 어찌 그럴 수가 있었겠는가? 하지만 서화는 제왕이 하여야 할 일이 아니다. 황제가 마침 마음을 우탁하였을 따름일 것이다.

숭정황제가 양사창(楊嗣昌)에게 준 시는 곧 출정식 때 지은 것이다. 내용에서 알 수 있듯이 백성의 보호를 적의 토벌보다 중히 여겼으니, 그 시는 정말 어질거늘, 숭정황제가 어찌 망국의 군주이었겠는가? 다만 명나라 운수가 다했기 때문이었다. 아아, 슬프다! 여성 장수 진양옥(秦良玉)이 오랑캐를 정벌하러 가자 숭정황제는 또한 시를 주어,

촉나라 비단으로 갑옷을 손수 재단해	蜀錦征袍手製成
도화색 말 위에서 긴 끈을 청하였네[31]	桃花馬上請長纓
이 세상에 기특한 남자들 적지 않다만	世間不少奇男子
그 누가 선뜻 전쟁터 만 리 길을 가려 하랴	誰肯沙場萬里行

라고 하였다. 진량옥은 전(滇)땅의 사부(司婦)이다. 그 남편이 감옥에서 죽고 형제가 오랑캐의 손에 죽자, 진양옥은 오히려 묘족의 군사를 이끌고 만 리 멀리 근왕(勤王)을 하였으니, 충성과 용맹을 비할 사람이 없었다. 그래서 황제가 특별히 추장(推獎)하였다. 진양옥은 그 시를 깃발에다 수를 놓아 영광을 표시하였다. 속국의 사람들이라면 더욱 마땅히 이 사실을 알아야 하겠기에 덧붙여서 기록하여 둔다.

『대명일통력』은 숭정 정축년(1637)에 청음(淸陰) 김문정공(김상헌)이 인조로부터 하사받은 것이다. 잠곡(潛谷) 김문정공(金文貞公 : 金堉)이 대개 명나라에서 받아와서 동쪽으로 가져와 조정의 신하들에게 반포한 것이다. 청음은 당시 안동에 있었으므로, 유석(柳碩)의 참소가 잠시 미처 들어가지 못하였던 것이리라![32] 명나라의 옛 물건은 사람들로 하여금 비통한 마음을 들게 하여 마지않는다.

아침에 대로(大老)의 초상을 알현하였다. 아마 입산한 뒤에 모사한 것인 듯하다. 방관(方冠)과 야복(野服)으로 엄연히 천신(天神)과 같으며, 지부해함(地負海涵)[33]하고 용호변화(龍虎變化)하여, 만일 오랑캐 추장이 맞닥뜨린다 하여도 역시 반드시 벌벌 떨어서 움츠러들 지경이니, 그 밖의 놈들이야 말해서 무엇하겠는가? 저자들이 우리를 모욕한 것은 그저 땅강아지가 자신

---

31) 청장승(請長纓) : 군대에 들어가 나라를 위해 싸운다는 뜻이다. 『漢書』「終軍傳」에, "종군이 자청하기를 '긴 끈을 주시면 남월왕(南越王)을 옭아 대궐 아래 바치겠습니다.' 하였다."라는 말이 있다.

32) 우암이 쓴 「석실 김상헌 묘지명」에서 이와 관련한 기록을 찾아볼 수 있다.

33) 땅은 만물을 다 지고 있고, 바다는 광활한 지역을 포용한다는 뜻으로, 무한히 광대함을 비유한 말.

들의 능력을 헤아리지 못한 때문이었다. 강당은 '일치(一治)'라는 편액을 걸었는데, 대개 선생의 의지를 표현한 것이다.

『송자대전』의 판목은 서원의 행랑에 있는데, 곧 234책이며 찍어가려는 자들이 줄을 이었다. 그리고 초당으로 나갔는데, 이곳은 곧 선생이 옛날 거처하던 곳이다. 방이 2가(架), 헌(軒)이 1가(一架)이며, 장궤(杖几)며 서책(書策)이며 선옥(璿玉)의 기물이라든가 금석의 판각물이 모두 그대로 있다. 『춘추』는 정묘 정사년(1797)에 반사(頒賜)한 것이다. 우리 부자가 함께 다행히 그 편집의 역에 이름을 걸었는데, 지금 또 『尊周彙編』을 완성하여, 외람된 은총을 대대로 이어받게 되었으니 참람됨이 극도로 심하거늘, 그것을 계기로 선정(先正)을 배알하게 되었으니 더욱 부끄럽지 않겠는가!

송문정공이 여기에 거처한 것은 처음으로 황무지를 연 것이었다. 하지만 그런데도 떠들썩하고 시끄럽지 않을까 혐의하여 암서재를 벼랑 위에 세우고 거처하였는데, 시내를 사이에 두고 규모가 더욱 작았다. 밥을 먹을 때는 밧줄에 작은 배를 매어 건넜는데, 곁에 아무도 없을 경우에는 선생이 혹 스스로 밧줄을 끌었으며, 시내가 불어나서 배로 갈 수가 없을 경우에는 환장암의 승려가 푸성귀와 거친 밥을 올렸으니, 남들이라면 감내할 수 없었겠지만 선생은 평소처럼 편안하게 여기셨다. 그리고 번번이 효묘의 탄신일에는 읍궁암으로 나가 밤새도록 통곡하였으므로 산중의 새와 짐승도 모두 호곡하였다. 선생께서 품부 받은 기상은 특출하고 기이하여 이르는 곳마다 꽁꽁 언 집도 역시 따스하게 되어, 누워 잠드실 때쯤이면 기와의 눈들이 모두 녹을 정도였다. 그 때에는 사도(師道)가 군강(君綱)보다 존엄하였으므로 뭇사람의 참소가 기회를 엿보아 일어나고는 하였으니, 선생이 어찌 면할 수 있었겠는가? 비록 그렇기는 하지만 안연(顏淵)씨가 말하지 않았던가? "용납 받지 못한 들 무어 해되랴, 그런 연후에 군자임을 볼 수가 있다."라고. 맹자는 말하지 않았던가, "천하에 도가 없을 때는 몸으로써 도를 따르라(以身殉道)"라고. 하지만 백이(伯夷)가 만세토록 이름을 남긴 것은 바로 주나라 곡식을 먹지 않고 굶어죽었기 때문이다.

지난날 『존주휘편』의 편찬을 시작할 때에 어떤 사람이 선생의 도덕에 대해 내게 물은 일이 기억난다. 나는 그 때 이렇게 말했다. "선정(先正)의 도덕을 내가 어찌 감히 알겠는가. 어쩔 수 없다면 자중(藉重 중요한 사람에게 의지함)하여 말할 수 있을 것이다. 효종대왕이 몸소 병자정축의 난을 겪으시면서 오매불망 영호(英豪)의 인물을 만나 한 번 설욕하기로 마음속에 굳게 맹세하셨는데, 8년을 심양의 관저에서 지내시며 친히 군진을 따라 전장을 다니시며 천하의 괴걸을 본 것이 많으셨다. 오랑캐의 장수로 말하면 다이곤영(多爾袞英), 아이대마(俄爾代馬), 복탑니감(福塔尼堪) 등이 그들이다. 명나라의 항복한 장수로 말하면 홍승주(洪承疇), 조대수(祖大壽), 오삼계(吳三桂)가 그들이다. 우리나라의 재준(材俊)으로는 저쪽을 제압할 수가 없으니 어떻게 대사를 함께 도모하였겠는가? 그런데 선생은 친속으로 따지면 훈척이 아니고 과거선발로 보면 장원급제하지도 않았으며, 다만 옛적의 사부(師傅)요 이제 막 산야에 들어간 학자에 불과하였다. 그렇거늘 하루아침에 뭇 신하들 위로 발탁하여, 이윤(伊尹)·여망(呂望)·제갈(諸葛)과 같은 등급에 놓으시고, 그에게서 가르침을 받은 뒤에 신하로 삼고[34] 온 나라를 다 들어 그의 말을 듣게 하여, 크나큰 책임을 주시고 장대한 계책을 둘러가게 하면서도 전혀 의심을

34) 학언이신지(學焉而臣之) : 군주가 현인(賢人)을 초빙할 경우 신하로 삼기 이전에 먼저 스승으로 섬긴다는 뜻이다. 『맹자』 公孫丑 下.

품지 않으셨다. 그러한즉 성스러운 군주께서 마음속에 두시고 간택하신 것이니, 선생의 선생 다움을 여기서 알 수가 있다. 옛날의 이른바, 영웅의 재능으로써 성현의 학문을 겸하셔서, 바깥으로는 군주와 신하 사이의 계약을 가탁하되 안으로는 골육 같은 친분을 맺은 것은 오로지 선생만이 해당할 것이다. 정종대왕은 성학(聖學)과 천장(天章)은 뭇 왕의 위로 높이 솟아나셨는데, 춘저(春邸)에 계실 때에 광감(曠感, 같은 시대에 그런 인물이 없음을 한탄함)하신 사람은 오로지 선생뿐이다. 전심(傳心, 心法을 전함)의 계통은 위로는 자양(紫陽, 주자)를 이었는데, 선왕의 서문은 그 도의(道義)를 천명하였다. 치제문도 또한 친히 지으시되, 대략 '주자 선생 이후로 다시 주자가 나오고, 세 조정에 빈사(賓師)가 되고, 백세토록 규구(規矩)가 되시리라' 라고 하셨다. 이것이 군주께서 지은 글이 천명한 바로서, 선생이 선생이신 면을 여기서 알 수가 있다. 우리 소인들은 다만 두 선왕의 말씀을 지킬 줄 알면 된다." 그런데 지금 이 서원에 이르니 더욱 선생의 도덕을 알 만하다.

사마천은 『史記』를 지으면서 공자를 세가(世家)에 넣고, 그 끝에 "노나라에 가서 그 묘당의 거복(車服)과 예기(禮器)를 제생(諸生)이 때때로 강습하고 그 집에 예를 표하는 것을 보고 그 때문에 서성이며 차마 떠날 수가 없었다"라고 하였으니, 내가 지금 서원을 구경하는 것과 어찌 이렇게 같단 말인가! 진실로 성대한 덕에 감동한 것이 아니라면 어찌 능히 오래도록 존신하기를 이처럼 할 수 있단 말인가? 다만 궐리(闕里, 공자의 고향)는 원기(元氣)의 집이라면, 화양은 추상을 끼고 있다. 세상에는 또한 선생이 공언(空言)을 하여 후리(厚利, 두터운 이익)를 꾀하였다고 비판하는 자가 있지만, 정말로 그러하였다면, 공자가 『春秋』를 짓고 맹자가 양주(楊朱)와 묵적(墨翟) 등 이단을 배척한 것이 어찌 공언(空言)이 아니란 말인가? 마침내 사당의 흠향이 온 천하에 편재하고 자손의 세습이 백대에까지 이었으니 공자와 맹자도 역시 이익을 꾀하였단 말인가? 후세의 영광은 성현이라도 사절할 수가 없었으니 만일 반드시 공언을 배척하고 실용(實用)을 핵심에 둔다면, 공리(功利)의 학문을 인의(仁義)보다 숭상하고 부강(富强)의 기술을 예악(禮樂)보다 우선시 할 수 있단 말인가? 그 처음에는 양주·묵적 같은 이단도 부끄러워할 바요, 종국에는 도적과 이적으로 귀착하고 말아서 분서갱유의 앙화가 뒤따를 것이니 어찌 두려워하지 않으랴! 그러므로 전국시대 영진(嬴秦, 진나라)의 환난을 보면 공자의 공적을 더욱 알 수가 있으니, 이것이 바로 공언의 힘이 아니었더냐! 그러므로 군자의 공언은 백세토록 모두가 의지하는 바이다. 중국에 진실로 참된 주인이 나온다면 반드시 우리에게서 법을 취할 것이니, 노나라의 유풍을 천하에 널리 펴는 것은 이 대로(大老)의 공적이 아니겠는가? 공언이 아무 보탬이 없다고 말하지 말라. 나는 그래서 삼가 말을 허비하여 이런 글을 써서 「화양동기」로 삼는 바이다.

화양동기(華陽洞記) _ 성해응(成海應)

청주로 길을 향해 가서 동쪽으로 80리를 가면 산이 있으니 낙양산(洛陽山)이다. 한편으로는 낙영산(落影山)이라고도 하는데 원나라 때 호승(胡僧)이 집을 짓고 살았다. 산 위의 큰 바위에 크고 작은 미륵의 상을 새겼기 때문에 또 미륵산이라고도 한다. 그 가운데 화양동이 있다. 한편으로는 황양동(黃楊洞)이라고도 하는데 계곡에 황양이 많기 때문에 이름이 지어진 것이다.

(산세가) 조령(鳥嶺)으로부터 출발하였는데 조령은 광대하고 꾸불거리며 신령스럽고 깊어 그 맑고 깨끗한 기운을 거두어 서북쪽으로 달려가다가 수레를 잡고 멈추어 낙양산이 되었다고

한다. 처음에 문정공(文正公) 송선생이 회천(懷川 : 회덕) 위에서 은거하다가 효종대왕이 선생을 맞아 스승으로 삼고 장차 천하에 대의를 펴려고 하였는데 선생이 일어남에 주상께서 어수당(魚水堂)을 열고 사람들을 물리치고 국가의 대계를 의론하더니 조금 있다가 임금이 돌아가시어 의기(義旗)를 내세울 수 없게 되었다. 선생께서는 물러나와 화양동에 집을 정하고 사슴과 멧돼지로 무리가 되어 비록 궁하고 고생스럽더라도 스스로 후회하지 않았다. 이리하여 화양동이 국내에서 이름이 나니 대체로 선생 때문에 중해진 것이다.

선생께서 홀로 춘추의 의리[35]를 지지하면서 계곡 속에서 깊이 은거하니 나라 사람들이 그 풍모를 사모하여 공경대부들이 따라 가서 함께 놀면서 그의 가르치는 학문[36]에 의지하니 선생은 비록 세상에 나가지 않았으나 이로운 혜택이 사람들에게 미친 것이 광대하지 않은가? 공자께서 말씀하시기를, "어진 사람은 산을 즐기고 지혜로운 사람은 물을 즐긴다.[仁者樂山 智者樂水. 『論語』雍也]"고 하시니 군자가 각각 그 천성에 맞는 바로서 편안하게 여기는 것이다.

청량산(淸凉山)은 깊고 장엄하여 문순선생(文純先生 : 李滉)이 거주하시고 석담산(石潭山)은 맑고 순수하여 문성선생(文成先生 : 李珥)이 거주하시고 화양산(華陽山)은 존엄하면서 청직(淸直)하여 문정선생(文正先生)이 거주하셨으니 어찌 즐기는 바가 같지 않음이 있는 것이 아닌가? 청량・석담・화양의 산수를 모두 구곡으로 이름을 붙인 것은 무엇 때문인가? 구(九)라는 것은 양수(陽數)의 끝 수[37]이다. 끝이 되면 1에서 다시 생기니 군자는 하루라도 양이 없어서는 안 되기 때문에 취한 것이다.

문순공과 문성공 두 선생은 국가의 좋은 운을 만나서 혹 세상에 나가기도 하고 혹 은거하기도 하여 살아서도 순탄하였고 죽어서도 편안하였다. 문정선생에 이르러서는 갓과 신발이 거꾸로 되는 변[冠屨倒置]을 만나 통분한 마음을 품고 원통한 마음을 품으면서 그 몸을 마쳤으니 이 때문에 화양에 들어간 것은 대체로 풍천지감(風泉之感)이 생기신 때문이다. 정자가 주역 박괘(剝卦)의 상구(上九) 석과불식(碩果不食)이라는 말을 해석하여 이르기를 "난(亂)이 극에 달하면 다스려지기를 생각한다."고 말씀하고 주자가 이 말을 비풍 하천(匪風下泉)의 끝에 인용한 것은 이유가 있다.

경천벽(擎天壁). 동문(洞門)의 진지(鎭地)로 제1곡이 된다. 청천의 폐현(廢縣)을 경유하여 동쪽으로 15리를 가서 무량도원(無量桃源)을 지나면 침류정(枕流亭)의 옛터가 있다. 선생이 화양동으로 들어올 때 빌려 거처하시던 황씨의 정자이다. 또 내를 곁에 끼고 동쪽으로 몇 리를 가면 감천담(紺川潭)이 있어 맑고 깊어 주위가 거의 1리나 되고 배를 나란히 띠울 수 있다. 여울을 건너 1리쯤 가면 곧 화양동으로 들어간다. 또 하나의 내를 지나니 이곳이 파계의 하류가 된다. 암벽이 내의 남쪽에 있으니 기암이 우뚝하여 첩첩으로 계속되고 푸른 소나무가 우거져 높이가 몇 백 길이나 되니 경천벽이라고 이름을 붙인 까닭이 된다. 위엄이 있으면서도 사나워 보이지 않고 존엄하면서도 겨루지 않는 것은 선생의 기상과 흡사하다. 이 계곡은 곧 이상국

---

35) 춘추의 의리 : 춘추는 공자가 지은 역사책. 그 속에는 중화(곧 명나라)를 높이고 이적을 배격하는 일을 고취시켰다. 여기서는 이적인 청나라를 배격하고 명나라를 높여야 한다는 말이다. 尊華攘夷.

36) 가르치는 학문[誘掖漸磨] : '유액점마'는 말로 유도하고 손으로 끌고 물이 스며들 듯이 하고 옥을 다듬듯이 학문을 가르치는 것이다. 『小學』 善行.

37) 양수(陽數)의 끝 수 : 주역에서 1・3・5・7・9를 양수라 하고 2・4・6・8・10을 음수라고 하였다. 양수가 1에서 9까지 가면 회전하여 다시 1로 돌아간다. 음수도 마찬가지이다. 양은 군자를 뜻하고 음은 소인을 뜻하여 군자는 하루라도 양이 없으면 안 되는 것으로 알았다.

경억(李慶億)이 일찍이 농사를 짓던 곳이다. 동구 밖에는 산에 사는 백성들이 조와 콩 등의 곡식을 심어 이씨의 종이 지금도 그 세를 받아간다. 이씨는 후영정(後潁亭)이 있으니 동구의 바깥 5리 쯤 되는 곳에 있었는데 지금은 그 유지(遺址)도 잘 알 수 없다.

운영담(雲影潭). 시내의 북쪽에 있으니 제2곡이 된다. 경천벽을 거쳐 거꾸로 북쪽으로 1리쯤 가면 토지가 비옥하고 초가집 10여 호가 있는데 매우 깨끗하다. 마을 앞을 지나 산모퉁이를 지나면 못이 보인다. 몇 그루의 버들이 띄엄띄엄 섰고 노는 고기가 뛰니 강촌의 생각이 난다. 주자의 시에 "하늘의 빛과 구름 그림자가 함께 배회한다.(天光雲影共徘徊 : 觀書有感. 其二)"는 시구에서 이름을 붙인 것이다. 산이 기이하면서도 높고 깎아지른 듯하다가 여기에 이르러 갑자기 평탄하여 살만하다. 남쪽으로 황묘와 문정공의 서원이 보인다.

황묘(皇廟)는 5칸으로 되어 있다. 숭정 갑신년이 다시 돌아오는 해에 배신 권상하(權尙夏)·정호(鄭澔)등이 그 스승의 유의(遺意)로 인하여 설치한 것이다. 제사의 날짜는 봄가을의 마지막 달에서 가리고 제사에 쓰는 제수는 사두(四豆)와 사변(四籩)을 쓰고 신위는 지방을 사용하고 신을 맞고 보내는 데는 사곡(詞曲 : 歌曲)이 있었다. 봄가을의 마지막 달에 날을 가리는 것은 황단[大報壇]의 제향보다 먼저 하지 않기 위함이요, 사두와 사변을 쓰는 것은 적게 차리는 것으로 귀하게 여김이요, 지방을 사용하는 것은 주자가 창주에서 공자를 제사지내는 예에 의하여 하는 것이고, 사곡(祠曲)을 사용하는 것은 주자가 우제(虞帝 : 舜帝)를 제사지내는 의식에 의함이다. 제사지내는 날에 찬을 맡은 사람은 (헌관에게) 돼지를 잡은 것을 고하고 축관은 헌관에게 살찐 것을 고한다. 헌관은 폐백을 드리고 향을 사르고 이미 삼헌(三獻)을 행한 뒤에 음복을 하고 제사지낸 음식을 조금 받아먹고[受胙] 지방과 축문을 의식대로 묻는다. 만력황제를 제사지내는 것은 은혜를 받았기 때문이요, 숭정황제를 제사지내는 것은 의리 때문이다.

문정서원(文正書院)은 황묘의 곁에 있다. 숙종 을해년(1695)에 처음으로 화양동의 바깥 만경대에 세웠는데 경인년(1710)에 화양동 안으로 옮기니 황묘를 이미 세우고 제갈무후의 사당이 유비의 사당과 오래도록 가까이 있는 뜻을 취하여 행한 것이다. 그 현액(懸額)은 숙종대왕의 어필이고 서원에는 선생 70세의 초상이 있으니 네모진 관과 일반인의 복색이니 대체로 은거할 때의 모습이다. 서원은 5칸이다.

초당(草堂)은 황묘의 아래 10 여 바탕 되는 곳에 있으니 시내를 임하여 지었으며 선생께서 일찍이 거쳐하시던 곳이다. 서적과 지팡이·책상·선기옥형의 붙이는 선생의 손때가 남아 있다. 뜰 가의 좌우에는 선생께서 심으신 배나무·살구나무·작약·선춘화 등이 있고, 소나무의 바람이 얼굴을 스치기도 하고 서릿발의 해가 몹시 차기도 하다. 돌은 모두 물에 씻기어 희고 깨끗하며 둥글고 매끄럽다. (산중 사람들의) 말을 들으면 매번 큰 눈이 내리고 계곡이 얼어붙어도 선생께서 거처하시던 집에는 기와의 눈이 모두 녹는다고 한다.

읍궁암(泣弓巖)은 시내의 남쪽에 있으니 제3곡이다. 선생께서 효종 임금이 돌아가신 날에 여기에서 곡을 하였다. 옛날에 효종께서 초구 한 벌을 하사하시니 선생께서 차자(箚子)를 올려 사양하기를, "신이 깔고 있는 자리는 와신상담의 섶도 아니며 안고 있는 것은 얼음도 아닙니다.[38] 무후(武侯)의 말[39]을 외우면 마음이 항상 타고 문산(文山)의 상주문[40]을 읽으면 창자가

---

38) 안고 있는 것은 얼음도 아닙니다. : 오왕(吳王) 부차는 겨울에는 얼음을 안고 앉으며 여름에는 불을 안고 앉아 복수의 마음을 게을리 하지 않았다. 와신상담과 같은 말이다.

39) 무후(武侯)의 말 : 제갈공명은 후출사표(後出師表)에서 유비의 말을 인용하여 말하기를 "촉한과 조조와는

탑니다. 비록 누더기 옷을 백 번 기어 입고 눈이 3 길이 쌓이더라도 진실로 추운 것을 모릅니다. 마땅히 군신 상하가 흰 천으로 옷감을 하고 쇠털이나 버선을 깁는 실이라도 함부로 허비해서는 안 됩니다. 사치의 풍조가 성하면 우뢰가 사물을 흔드는 것처럼 하고 백성들의 숨은 고통을 급하게 구제하는 데는 목마른 사람이 우물에 달려가듯 해야 합니다. 조금이라도 오늘의 세도를 돌릴 수 있다면 신은 눈 속에서 얼어 죽더라도 영광이 끝이 없겠습니다." 하였다. 상께서 가만히 타일러 말씀하기를, "사람이 서로 안다는 것은 마음을 알아주는 것이 귀한 것이니 요동과 계주의 서리 바람에 장차 달리라고 하는 것입니다. 알지도 못하고 사양하십니까?"하니 선생께서 물러나와 그 일을 가죽옷 위에 기록하였다. 기미년(1679) 여름 5월 4일 새벽에 일어나 통곡을 하고 다시 피눈물을 닦으면서 그 슬픔을 옛날 기록한 왼쪽에 썼다. 후세 사람들이 또 읍궁암 위에 비를 세우고 선생께서 효종의 제삿날에 곡한 시를 새기니 시에 이르기를,

此日知何日　이날이 무슨 날인줄 아는가?
孤衷上帝臨　외로운 속마음 상제가 임하여 알리라
侵晨痛哭後　새벽에 통곡한 뒤에
抱膝更長吟　무릎을 안고 다시 길게 읊었네.

라고 하였다. 신축년 산의 홍수가 크게 닥쳐와서 물에 떠내려갔더니 5년 뒤에 나무꾼들이 모래 위에서 찾았다.

초당 아래의 빨간 매화 한 그루는 선생께서 완상하시던 것이다. 매년 봄이 오면 꽃이 매우 성대하게 피었더니 기사년(1689)에 말라 죽으니 그 해 선생께서 정읍에서 사약을 받았다. 갑술년(1694)에 선생이 신원되고 매화나무는 다시 살아나 꽃과 잎이 활짝 피었다. 내가 들으니, 이정익(李貞翼)의 집이 서울 아래 대사동에 있었는데 정원에 배나무 한 그루가 있었으니 정익이 손수 심은 것이었다. 민종도(閔宗道)가 그 집을 뺏자 배나무도 말라죽었다. 종도가 사형을 받자 김충헌공(金忠憲公 構)이 상께 아뢰어 그 집을 정익의 손자에게 돌려주게 하니 배나무도 다시 살아났다고 한다. 이정익은 선생과 함께 효종의 총애를 받았는데 그 일도 또한 같으니 이상한 일이다. 군자가 사는 집에는 나무도 신령스럽다.

금사담(金沙潭)은 제4곡이다. 읍궁암으로부터 동쪽으로 수십 보를 행하면 맑은 못이 돌아 흐르고 물가의 모래가 밝고 예쁘다. 때문에 금사담이라고 이름을 붙였다. 북쪽의 벼랑에는 암서재(巖棲齋)가 있다. 못 위의 바위 돌에 '창오운단 무이산공(蒼梧雲斷 武夷山空)'[41]이란 8글자가 새겨지니 선생의 필적이다.

암서재 3칸은 운영담 위에 있고 운영담의 암벽은 깎여 서서 오를 수 없다. 환장암(煥章菴)

두 나라가 함께 중원에 설 수 없다"고 하였다. 이 말은 청나라가 중원을 차지하고 있을 수 없음을 암시한 말이다.

40) 문산(文山)의 상주문 : 문산은 문천상(文天祥)의 호. 문산은 과거시험 대책문(對策文)에서 옛 의리는 귀감이 되고 충간은 철석과 같습니다.(古誼若龜鑑 忠肝如鐵石)라고 책문에 답하였다. 『宋史』 四百十八.

41) 「蒼梧雲斷 武夷山空」 : 창오산에 구름이 끊어지고 무산은 비어 있음. 창오산은 순임금이 순행하다가 돌아가신 곳. 여기서는 효종이 돌아가심을 뜻하는 말이다. 무이산은 주자가 학생을 가르친 곳. 무이산이 비었다 함은 스승이 계시지 않다는 말이다. 곧 임금도 돌아가시고 스승도 계시지 않다는 말이다.

을 경유하여 벼랑을 타고 옆으로 행할 수 있다. 선생이 거처하시던 초당이 오히려 사람이 사는 경내라 하여 이에 암벽 위에 집을 짓고 작은 배를 띠워 막힌 시내를 통하였다. 밥과 반찬은 칠례(七禮)라는 여종이 있어 가져다 바쳤다. 혹 장마가 져서 배가 통할 수 없으면 환장암의 스님이 나물과 거친 밥을 내왔는데, 선생께서는 담박함을 편히 여겼다. 암서재가 쓰러졌는데 목사 김진규(金鎭圭) 공이 보수하였고, 문순공 권수암(權遂菴)이 그 편액을 써서 바위 사이에 걸었다. 큰 복숭아 한 그루가 있었는데 선생이 살아계실 때는 꽃이 성하게 피더니 뒤에 말라 죽었다. 늙은 스님이 그 씨를 취하여 심어서 화양동에 두루 심었다. 내가 암서재에서 밤에 자는데 그 때 가을 물이 많이 흐르고 달은 두 봉우리 사이에서 올라와 멀리 비추니 물결이 역역하게 흐르고 별빛이 펼쳐 있었다. 황묘 바라보니 공경하지 않으려 해도 저절로 공경의 마음이 생겼다. 이 때문에 "가을 달이 차가운 물을 비춘다[秋月照寒水 주자의 시]."는 시구를 외우니 마음이 맑아지고 기분이 쾌하여 천년 뒤에 마치 요순의 지역을 보는 듯한 느낌이었다.

환장암(煥章菴)은 시내의 북쪽에 있다. 시내를 거슬러 작은 다리를 건너 올라가면 물이 얕을 때는 그냥 건널 수 있고 물이 깊으면 옷을 걷고 건넌다. 처음에 선생께서 숭정황제의 어필을 새기고 작은 암자를 지어 스님을 불러 모아 수호하게 하려 하였고 이름을 환장(煥章)이라고 하였으니 대체로 논어의 '煥乎其有文章(論語 泰伯)'이란 뜻을 취한 것이다. 그런데 마침 선생께서 귀양을 가게 되어 뜻을 이루지 못하였다. 뒤에 스님 8·9명을 모집하여 서재를 지키게 하고 환장의 액자를 써서 걸었다.

아! 존화양이의 의리가 스님과 무슨 관계가 있기에 선생께서 스님을 모집하여 수호하게 하였던가? 저들은 비록 머리를 깎고 이상한 복장을 하여 우리와 함께 무리를 할 수 없으나 그 마음이 가끔 윤리에 돈독하여 나라에 무슨 일이 있으면 분발하여 군사의 싸움에 따른 자도 있었다. 섬 오랑캐의 난리에 영규(靈圭)대사는 분개하여 먼저 의병을 일으키고 조중봉(趙重峰) 선생과 더불어 금산에서 죽어 발을 돌리지 못하였고, 송운(松雲) 사명(四溟)의 무리는 대중을 모아 중국의 구원병과 더불어 계속 적을 격파하였다. 오직 그들의 천성이 치우쳤기 때문에 마음이 일방으로 흐르고, 일방으로 흘렀기 때문에 지기(志氣)가 두려운 줄을 모르니, 진실로 이와 같은 자는 군자가 진취시키지 않을 것인가?

명나라 말기에 스님 단죽(丹竹)이란 자가 있었으니 대체로 익왕(益王)이 모집한 삼십육영중의 한 사람이었다. 익왕이 패하자 게중희(揭重熙)를 따라 무주(撫州)를 습격하여 청나라 장수 왕득인(王得仁)을 내쫓을 때 얼굴에 창을 찔러 포로로 잡을 뻔하였고, 김성환(金聲桓)이 광신을 격파하고 노획한 것이 많은데 단죽이 그를 맞아 싸우자 성환은 군사만 이끌고 달아남에 그가 잡은 포로를 모두 구하였다. 뒤에 장사를 거느리고 청나라 패륵(貝勒)의 군대가 민(閩)으로 들어오는 자를 맞아 싸울 때 청나라의 구원병이 많이 오고 말이 미끄러져 전사하였으니 이와 같은 사람을 어찌 스님이라고 가볍게 여길 수 있는가?

신종황세의 유원보첩(諭元輔帖) 1권이 환장암 안에 있다. 원보는 신시행(申時行)이다. 시행이 정권을 잡은 지 9년에 신종이 심히 그를 신임하여 선생이라 부르고 이름을 부르지 않았다. 시행의 아들 용무(用懋)가 거기에 발문을 써서 이르기를, "유시한 비답에 가끔 신모(神謨)의 수필(手筆)이 있는 것이 있고 내각으로 제수하는 조서가 있고 어전에 들어가 천자의 포상을 받고 위로받은 것이 여러 유시문에 남아 있어 집에서 상자에 보배처럼 감추어 둔 것이 모두 22통이었는데 지금 남은 것이 21폭으로 모두 인쇄본이다. 만력 13년으로부터 19년에 이르기까지 황제의 덕음이 역역하여 마치 집사람의 부자가 서로 주고받는 말과 같다"고 하였다. 돌아보건대 신시행이 천자의 치적을 선양하지 못하고 황제의 총애를 받을 때를 당하여 황제께서 대신을 공경함이 이와 같았으니 나라 안이 편안하고 민생들은 업을 즐겁게 여기고 도적들은 평정되어야 마땅하였다. 누가 황제께서 안일함을 즐기고 정사에 부지런히 하지 않았다고 하는가?

신종황제 어용금관(御用金管)[42] 한 자루가 환장암 안에 간직되어 있으니 어디로부터 왔는지 알 수 없다. 여진 오랑캐가 북경에 들어올 때 명나라 선제(先帝)의 궁실과 여복(轝服)과 보기(寶器)의 부치는 이미 탕진되어 없어졌다. 하물며 금관의 미미한 것이랴. 이는 반드시 의리를 좋아하는 자가 선제께서 조석으로 사용하시던 것이라 하여 간직하였다가 우리의 동토에 전한 것일 것이니 이상한 일이 아닌가? 임진년에 군사를 동원한 조칙과 주사(主事) 정응태(丁應泰)의 군직을 바꾼 조칙을 매양 읽을 때 인후한 깊은 은택은 넓고 깊어 넘쳤으니 바야흐로 조칙의 원고를 갖추어 붉은 글씨[硃批[43]]로 쓸 때 이 붓을 사용하지 않았다는 것을 어떻게 알 수 있는가? 곽씨의 일월연(日月硯)과 이씨의 사서삼경과 서씨의 예기(禮記)는 아울러 신종황제가 사용하던 물건인데 우리 동토에 흘러 나왔으니 누가 공경하여 수집해서 금관과 함께 간직하였는가?

의종황제가 양사창(楊嗣昌)에게 준 시 1권이 환장암 안에 있다. 숭정 말엽에 유적이 크게 난을 일으켜 이자성은 진성(秦城)과 예협(豫峽)에서 기세를 부리고, 장헌충(張獻忠)은 초나라 땅과 촉 땅에서 강세를 이루었다. 의종황제께서 조정에 임하여 크게 탄식하니 양사창이 가까이 보필하는 신하로서 군사들을 독촉하기를 자청함에 황제는 크게 기뻐하였다. 사창이 이미 명을 받자 황제께서 시를 지어주면서 전송하였다. 돌아보건대 양사창은 그릇이 작아 스스로 큰 소리만 하면서 영걸다운 지략이 없어 유적의 난을 진압할 수 없고 중원 사녀(士女)들의 마음을 져버리고 천자의 부탁한 뜻을 져버리고 말았다. 이미 군사를 출동시켰지만 아무런 전공이 없게 되자 주벌을 당할까 두려워하여 마침내 스스로 자결하였다. 어작시(御作詩)에 이르기를,

鹽梅今暫作干城	왕을 시종하는 신하[鹽梅[44]]가 잠시 간성(干城)이 되니
上將威嚴細柳營	상장(上將)의 위용은 세류영(細柳營)[45]에 빛났네.
一掃寇氛從此靖	도적의 무리를 싹 쓸어 이제부터 평안하리니
還期教養遂民生	돌아올 때는 백성을 잘 길러 살리도록 하라.

라고 하였다. 황제의 뜻은 유적들을 진압하고 예악의 정치를 일으키려고 하였으나 뜻대로 되지 않았으니 어찌 통탄할 일이 아닌가?

숭정 십년 대통력(大統曆) 1권이 환장암 안에 있다. 이것은 숭정 정축년(1637)에 명나라에서 우리나라에 반사한 것이다. 이때 잠곡(潛谷) 김공(金堉)이 정조사(正朝使)로 북경에 갔는데

42) 어용금관(御用金管) : 어용의 붓대를 금으로 장식한 붓.

43) 붉은 글씨[硃批] : 상주하는 비답에 천자가 친히 붉은 글씨로 써서 윤허하였다.

44) 왕을 시종하는 신하[鹽梅] : 염과 매는 조미료. 소금을 지나치게 넣으면 국의 맛이 짜고 매실을 지나치게 넣으면 시다. 때문에 적절하게 넣어야 국의 맛이 난다. 전의되어 신하가 군왕을 도와 좋은 정치를 하는 것을 말한다. 여기서는 황제를 곁에서 모시던 신하가 장수가 되어 출전함을 이르는 말이다. 『書經』 說命下.

45) 세류영(細柳營) : 한나라의 주아보(周亞父)가 세류(細柳)에 진을 쳤을 때 군기가 엄하여 다른 장수의 패상(覇上)・극문(棘門)의 군영에 비교가 되지 않았다. 문제가 순시하다가 이를 보고 크게 감탄하여 세류영이라고 이름을 불렀다. 여기서는 장수가 머무는 군영을 뜻한다. 『漢書』 周亞父傳.

의종황제께서 남한산성의 위급함을 아시고 총병관 진홍범(陳洪範)과 부총병 김일관(金日觀) 등에 명하여 산동의 여러 수군을 거느리고 가서 구제하게 하니 산동순안어사 안계조(顔繼祖)가 아뢰기를 “속국은 구제할 수 없습니다.”하였다. 그러나 의종황제는 듣지 않고 1개월 동안 지났는데 남한산성의 포위가 풀렸다. 진홍범과 김일관이 동강(東江)에 이르렀는데 청나라의 군사가 서로 협공함에 진홍범은 도망가고 김일관은 전사하였다. 안계조가 아뢰기를 “속국[조선]이 나라를 지키지 못하여 세자가 볼모로 잡혀갔습니다.”하니 의종황제의 생각으로는 안계조가 가서 구제하지 못하고 스스로 자기의 말이 맞아떨어진 것을 자랑한다고 하시고 크게 꾸짖고서 사신들을 예우하고 군사 일천 명을 주어 사신들과 함께 국경을 내보내도록 하니 5월에 군사들은 장산도(長山島)에 이르러 되돌아갔다. 대통력이 우리나라에 도착되자 인조께서 공경대부들에게 나누어 주기를 옛날 같이 하였다. 석실(石室) 김문정공(金文正公 : 김상헌)이 이때 안동의 서간(西磵)에 있었기 때문에 1본을 주었는데 그의 손자 김수증이 권문순공에게 전해주었으니 아! 명나라의 책력을 반사하는 것이 여기에 그치고 말았다. 옛날에 자공이 초하루를 고하는 희양(餼羊)46)을 없애자고 하였는데 그 고삭(告朔)의 이름을 사랑하고 그 예를 아꼈으니 이때에 주나라의 왕실이 아직 남아 있어 동쪽 주나라를 돌아보는 감회가 이와 같아 후세 사람으로 하여금 이름(告朔之禮)으로 인하여 사실을 고찰하여 옛날의 예를 회복하도록 하였다. 때를 맞추어 날짜를 바로하며 하늘을 순하게 하고 시서(時序)를 밝히는 데는 오직 이 책력만이 있어 이를 애석하게 여기고 고증하고 믿을 만하니 어찌 다만 희양에 비교가 되는가? 이때 동계(桐溪) 정공[鄭蘊]이 남한의 포위 속에 있으면서 화의가 이루어짐을 보고 스스로 목을 찔러 죽으려다가 죽지 못하고 가마에 병든 몸을 싣고 덕유산으로 들어가 모옥을 짓고 밭을 갈면서 기장을 심어 먹고 종신토록 벼슬을 하지 않았는데 또한 대통력의 1본을 하사받았다. 그는 그 대통력의 표지에 쓰기를,

崇禎年號止於斯	숭정의 연호가 여기에서 끝나니
明歲那堪異曆披	명년에 어떻게 다른 책력을 펴볼까?
從此山人尤省事	이로부터 산에 사는 내가 일을 살펴볼 때
只看花葉驗時移	다만 꽃 피고 잎 피는 것을 보고 때가 옮겨감을 징험하리.

라고 하였다.

운한각(雲漢閣) 여섯 칸. 환장암의 곁에 큰 암반이 있어 길이가 30자이고 폭이 12자이다. 돌 위에 집을 짓고 어서를 간직하였다. 때문에 산중의 사람들이 시경의 ‘倬彼雲漢’이라고 칭한 것을 취하여 운한각이라고 이름을 지었다. 태조고황제의 어서 ‘충효절의(忠孝節義)’ 4 글자의 큰 글씨 인쇄본 1부, 신종현황제의 어서 ‘옥조빙호(玉藻氷壺)’ 4 글자의 큰 글씨 인쇄본 1부, ‘사무사(思無邪)’의 3글자 모사본 1부, 원보 왕석작(王錫爵)에게 준 유시문(諭示文) 인쇄본 1부,

46) 희양(餼羊) : 초하루를 종묘에 고할 때 희생으로 쓰는 양. 중국의 고대에 천자가 항상 12월에 이듬해 12개월의 초하루를 적은 책력을 제후에게 나누어주면 제후가 받아 종묘에 보관하였다가 초하루에 한 마리의 희생 양으로 종묘에 고하고 월중행사를 행하였다. 노나라 문공 이후로는 이런 예가 행해지지 않았지만 유사가 이 양을 항상 바쳤다. 이를 보고 공자의 제자 자공이 희생양을 올리는 일을 없애자고 하자 공자는 이렇게 말하였다. “자공아 너는 양을 아끼는가? 나는 그 예가 없어짐을 아까워한다.”고 하였다. 『論語』 八佾.

내각 신시행(申時行)에게 준 유시문 인쇄본 1부, 의종황제의 어서 '비례부동(非禮不動)' 4글자의 큰 글씨 인쇄본 1부. 당나라 사람의 시 칠언 율 2구에 이르기를,

陌上堯尊傾北斗	언덕 위의 요임금의 술잔 북두성을 기울이는 듯하고
樓前舜樂動南薰	누대 앞의 순임금 음악은 훈풍을 움직이네.

라고 하였다. 주자의 오언 고체시 두 구에 이르기를,

玉蘊山含輝	옥이 산에 간직됨에 더욱 빛나고
珠藏澤自媚	진주가 못에 잠겨 있음에 저절로 고운 빛 생기네.

라고 하였다. 제갈무후의 계자훈(戒子訓) 두 구에 이르기를, "편안히 하고 차분하지 않으면 원대함을 이룰 수 없고 담박하지 않으면 뜻을 밝게 할 수 없다(非寧靜無以致遠 非淡泊無以明志)"는 38개 글자를 8쪽의 돌에 새겼다. 영종현효왕 어제 인쇄본 1부.

지금 몇 칸 되는 집이 높다랗게 산속에 묻혀 있으나 거기에 보배와 같은 글씨를 받들고 있어 영화롭고 빛남이 해와 달 같아 꺼내 보는 자는 엄숙하고 경건하여 방황하면서 눈물을 흘리고 머리를 조아리지 않는 자 없으니 서로 함께 힘쓰고 경계하여 천리를 밝히고 인심을 바르게 하면 여러 제왕들의 혜택이 천지처럼 오래 가리라.

능운대(凌雲臺). 제5곡이 된다. 시내의 북쪽에 있는데 암석이 모말처럼 솟아 시내를 임하고 있기 때문에 능운대라고 이름 지었다. 금사담을 건너 암서재의 뒤로 나가 환장선원(煥章禪院)을 지나서 가니 곧 환장암의 동쪽이요 암벽에 '비례부동(非禮不動)'을 새긴 곳의 북쪽에 있다. 채운암이 그 남쪽에 있는데 암자의 규모가 작고 소박하다. 동쪽에 하나의 탑이 있어 깊숙하고 아담하지만 천석의 볼만한 것은 없다.

첨성대(瞻星臺)는 제6곡이 된다. 첨성(瞻星)의 뜻은 아직 듣지 못하였다. 신종현황제의 어서인 '옥조빙호(玉藻氷壺)' 4개의 큰 글씨를 왼쪽에 새기고, 의종열황제의 어서인 '非禮不動' 4개의 큰 글씨를 오른쪽에 새겼다. '만절필동(萬折必東)'은 선조대왕의 어필이요, '대명천지 숭정일월(大明天地 崇禎日月)'은 문정선생의 필적인데 함께 돌의 아랫부분에 새겼다. 신종현황제의 소국을 사랑하신 덕과 의종열황제의 사직을 위하여 순사한 정의와 선조대왕의 사대의 정성과 문정선생의 존양의 의리가 함께 궁벽한 산속의 돌에 실려 있으니 비록 하나의 작은 일이나 그 지극한 사리에 있어서는 (위대한 일이어서) 천지도 실을 수 없고 하해도 새나갈 수 없으며 한서(寒暑)에도 변할 수 없으니 또한 중대한 일이 아닌가? 의종열황제께서는 성인의 가르침을 표명하여 예로서 몸을 단속하고 평소 거할 때 매양 새벽에 일어나 세수하고 양치질하고 머리를 빗고 면복을 입고 패옥을 차고 상제를 알현한 뒤에 조회를 보았다. 외척의 여러 신하들이 황제께서 백성[元元][47]을 염려하느라고 편안한 여유가 없음을 생각하여 몰래 미인 진원(陳沅)이란 여성을 구하여 액정(掖庭)에 들여보내어 황제의 마음을 즐겁게 하기를 시도하였는데 황제께서 본척만척하시고 조금 있다가 시집가도록 명하니 그 행신(行身)을 자제하는데 엄숙함이 이와 같았다. 이 때문에 갑신년(1644)의 변을 당하여 마침내 몸을 사직에 바쳐 죽으니 이는

---

47) [元元] : 원원은 백성을 이르는 말.

어찌 비례부동을 실천함이 아닌가?

와룡암(臥龍巖)은 제7곡이 된다. 첨성대에서 시내를 거슬러 올라가 동남쪽으로 몇 리를 걸어 하나의 시내를 건너 북쪽으로 큰 암석이 시내를 가로질러 구불구불하여 용과 흡사하니 길이가 십여 장이나 되어 와룡암이라고 하였다. 선생이 효종에게 인정을 받은 것은 마치 제갈무후가 소열황제에게 인정을 받은 것과 같았다. 무후는 소열황제를 위하여 기산(祁山)에서 군사를 동원시키고 우암 선생은 유악(帷幄)에 거처하면서 효종의 곁에서 북벌의 일에 참여하였는데 그것이 성공되지 못한 것은 모두 하늘의 뜻이다. 선생께서 다시 산중으로 돌아옴은 마치 용이 칩거하는 것과 같은 것이었으니 이는 제갈무후도 하지 못한 일이다. 와룡이란 이름이 그냥 바위의 형상 때문에 지어진 것이 아니다.

학소대(鶴巢臺)는 제8곡이 된다. 대가 시내와 접하고 큰 소나무가 쑥쑥 올라 청학이 그 꼭대기에 둥지를 틀고 새끼를 쳤기 때문에 학소대라는 이름을 지은 것이다. 시경에 이르기를 "학이 구고(九皐)에 울거늘 소리가 하늘에까지 들린다."고 하니 정성이 하늘에까지 이름을 이른 말이다. 영조 기사년(1749)에 3개의 단을 쌓고 고황제(洪武帝)·현황제(萬曆帝)·열황제(崇禎帝)를 제사지낼 때, 바야흐로 울창주로 강신을 하는데 흰 구름이 북쪽으로부터 생겨 구불구불 와서 단 위에 멈추더니 바람이 솔솔 불어 신령한 비를 끌어다가 조금 뿌렸다. 술을 올리기를 마침에 미쳐 바람이 자고 구름이 깨끗이 개이며 달과 별이 밝아 제사지낸 신료들이 서로 가만히 감탄하면서 그 신을 감응시켰다고 하였다. 우리나라의 선왕들이 이미 지성으로 세 황제를 섬겼으니 세 황제의 혼령이 어찌 조용히 돌아보지 않겠는가? 산중에는 샘물이 달고 차가우며, 제물과 쌀과 기장이 깨끗하고 향기롭고, 제사지내는 헌관들도 아울러 엄숙하게 숨을 죽이니, 그 정성이 또한 두 황제의 오르고 내리는 혼령을 감격시킬 만하다.

파곶[巴串]이 제9곡이 된다. 반석이 시내 가운데에 있는데 돌이 희고 평평하며 깨끗하고 미끄러워 때가 묻지 않았다. 물이 혹은 꺾여 흐르고 혹은 깊이 패여 맑은 물이 그 위로 흘러 격렬하지도 않고 산만하지도 않아 시원스럽고 널찍하며 좌우에는 느티나무와 소나무의 그늘이 계속된다. 도암(陶庵) 이 문정공(李文正公 : 李縡)이 초가집 몇 칸을 짓고 살았지만 지금은 폐허가 되어 없어졌다. 여기를 지나 칠송정을 거쳐 선유담(仙游潭)에 이르면 깊고 그윽한 절경은 파곶과 함께 백중이 된다.

華陽洞志

華陽洞志序　　成海應

癸亥之秋 祗謁皇廟 退而上巖栖齋 齋卽文正先生所嘗處也 夜久月上 四山肅穆若拱揖 林木森然覆殿屋 若勾陳豹尾之環圍者 灘水鳴徹曉 韻折若和鑾揚而佩玉琤瑽然 地之距燕都殆三千有餘里 歲之距甲申且一百六十年 而玉輅若東巡於窮山寂寞之中 眷顧夷猶而不能去 洞中人亦若趨走左右 跼攀屬車之塵而瞻望淸光者 何哉 是不過恩與義也 噫 天子再興師救屬國 竭登萊之粟 疲江浙之士 屛逐倭寇 奠吾民於衽席之上 丙丁之際 闖賊交亂中國 而天子猶念屬國之危 命顔繼祖率舟師救之 又責繼祖不卽救廣州失守 此天下之至恩也 恩之所浹 義由之生 爲屬國之民 旣不能荷戈執殳以赴天子之急 而反爲勢所駈使 入椵島入錦州 無以自解于天子 此又天下之至痛也 恩至渥而義甚正 而况又纏至痛 雖百世之下 固當忿憤寃結 愧忸歔欷 若不自容者 河淸無日 狃安已久 則其有能不懈者乎 人之遊是洞者 想其所由設之意 卽境而興懷 必感歎悱惻 忠義之心 油然發于中 卽不能遊 而覽是書者 亦有以尋殿屋之制 簠簋籩豆之具 與夫崖刻御筆 皆瞭然得其始末 則又若跼踐其地而益不禁榛苓之思 明天理正人心 於是乎在 作華陽洞記四篇

華陽洞志 一

華陽洞志 引用書目

列聖御製
正宗大王御製
宋子大全　宋時烈
老峯集　閔鼎重
文谷集　金壽恒
晚洲集　洪錫箕
寒水齋集　權尙夏
農巖集　金昌協
三淵集　金昌翕
丈巖集　鄭澔
芝村集　李喜朝
直齋集　李箕洪
鳳巖集　蔡之洪
睡村集　李畬

竹泉集　金鎭圭
圃菴集　尹鳳朝
陶菴集　李縡
巍巖集　李柬
屛溪集　尹鳳九
石門集　尹鳳五
古朴齋集　趙泰萬
江漢集　黃景源
山水軒集　權震應
翕齋集　李思質
雩橋集　安錫儆
東山集　任相周
丹室集　閔百順
石堂遺稿　金相定
性潭集　宋煥箕
青城集
李重明疏
蔡之洒疏
華陽舊志
華陽洞事實
華陽尊周錄
萬東廟事實
藝文館致祭文謄錄
華陽實記
政院日記

[圖]

萬東廟

皇廟在洞天 第二曲 雲影潭上 背洛陽山中峯 向北廈堂 前堂後寢正寢三間 東西夾室各一間 前堂五間 寢閉以閤 堂垂以簾 前楣扁以萬東 取宣廟宸翰萬折必東語扁之 門曰星拱 取論語北辰章語 凡三間 扁於正門 左右夾門稍低 門左右 各有廊三間 繚以周垣 廟門二扁 俱陪臣權尙夏筆 門外有神廚四間 中一間堂 東房一間 祭物封進之所 西二間房 諸執事齋宿之處

書院在皇廟之右北向 背洛陽岩麓 前直泣弓岩 五梁三間 屋脊與皇廟外堦相等 寢門楣上 揭肅廟宸翰華陽書院四大字 而丙申備忘記 亦以金字鏤板 揭于寢西門上 並籠以紗正門曰承三 凡三門 東西有夾門 取孟子承三聖之語 扁之 門外有兩廡 東曰居仁 西曰由義 東西各三間而有夾堂 亦取孟子之語 扁之 齋下講堂曰一治堂 倣五梁之制 東西房各二間 中堂兩楹凡九間 又有北阿兩夾室 各一間 亦取孟子語 扁之 丙申御額後, 前賜丙子院額 移揭于堂之前楣 中門曰開來 在東齋之西 講堂之南 向西一間門外之左 有齋曰昭陽 四阿四間 東堂西室 取朱子感遇詩陽德昭窮泉語 扁之 乃院任所處之齋 齋南及東 有庫厩庖廚十許間 其北有湢浴之所及廐舍各數間 齋西曰冽泉齋 三間 東堂西室 有

夾堂 先生時生徒所居 舊有草屋數間 中廢 後因其址 改搆瓦屋 取下泉詩語扁之 板堂在昭陽齋之後直西南三間 貯先生大全集板
草堂在冽泉齋之西 亦稱書室而無扁 五間正室三間 一堗二板 東西夾室各一間 南簷皆有夾室 卽先生所處 南有小夾門 正向皇廟 外門曰進德 前後各三門 上加層樓 自開來門 歷皇廟外庭 神廚前 又歷冽泉齋 草堂有此門 亦向西 門外有下馬碑 竪路左岩上 冽泉昭陽兩齋之間及昭陽一治之間 各有小夾門 一治之北及東垣 亦各有小夾門 以通往來 北可至泣弓岩 東可至崖刻下 齋門廡諸扁 皆遂菴筆 惟一治堂大扁 乃金鼎三筆 丙子賜額 乃竹泉金公鎭圭筆書以分 丙申備忘記 卽閔公鎭厚筆

煥章菴

在溪北金沙潭上 巖栖齋之左 與瞻星臺相對 雲漢閣在其傍

瞻星臺

在溪南洛陽山之下麓 層巖成臺甚高 臺下有石龕磨崖 而刻烈皇帝御筆非禮不動四字 後又刻顯皇帝御筆玉藻氷壺四大字 我昭敬王萬折必東四字

基址第一

華陽洞在縣東二十里洛陽山中 一名黃楊洞 多黃楊故名 洛陽一稱落影山 又名彌勒山 高聳清秀 鏟彩靈異 山上大巖 刻畫大小彌勒像 元時有胡僧來 結菴而居 菴名亦彌勒 後毁 今有廢址(華陽舊志)
華陽洞在洛陽山下 乃俗離山之西北一支也 尤菴宋先生愛其山高谷深 常欲滅景其中 往來於仙遊洞巴谷之間(華陽洞事實)
擎天壁爲洞門第一曲 壁在溪南 奇巖峭聳壁立 如神剜鬼削 層累相承 高幾百丈 勢若擎天故名 自青川縣東行十五里 歷無量桃源里, 晩景臺, 書院舊址 對邊枕流亭下 亭廢有墟 卽先生初卜洞天時借寓黃家亭子也 自此沿川東行數里 經長潭 潭卽紺川之水渟泓成潭 幾一里許可方舟處 涉潭下灘行一里 東入洞口涉一川 乃巴溪下流 卽此壁也 雲影潭在溪北 溪水成澄潭故名 取朱子詩天光雲影共徘徊之語也 自擎天壁沿溪北行一里 得平疇可耕處 有茅茨十數家 稱沙店村 蕭灑可居 歷村前過山隅一磴 又涉川 卽此潭下灘 入此曲而南則乃先生卜築處 今有皇廟書院 泣弓巖在溪南 有大巖 白而圓滑 面又平正 先生每哭孝廟諱日於此巖故名 有先生絶句及後人碑表記 自雲影潭沿溪南行一喚地 歷廟院前 出于溪上 卽此巖也 今直書院一治堂前 金沙潭在溪北 溪水又成潭澄瀅 汀沙明媚故名 自泣弓巖沿溪南東行數十步涉川則卽潭下灘 潭之北岸 卽巖栖齋也 先生時有小舠 以通草堂巖齋南北川路 今潭水淤而舠亦壞 舊以雲影爲二曲 泣弓爲三曲 金沙爲四曲 右三曲同在數喚地 泣弓金沙又在一處 而只限溪之南北未可以各稱曲 若以涉溪當一曲 則雲影爲第二曲 而泣弓金沙合爲第三曲 凌雲臺在溪北 有若陡起 臨溪而高故名 自涉金沙潭下流 出于巖齋之後 歷煥章菴 卽此臺也 寔在煥章之東崖刻之北 瞻星臺在溪南 卽洛陽山之下麓 有層巖相累成臺 岌嶪幾百丈 臺下有石龕磨厓而刻皇筆故名 自凌雲臺前南涉川則卽此臺也 寔與煥章菴相對 旣刻皇筆于厓 又欲結菴其下而守之 未果而揭其名於此菴 使緇徒守護之 此爲第六曲 自泣弓巖歷水碓及綵雲菴洞口合行一里 弱可不涉溪而到 臥龍巖在溪北 有穹石橫亘于溪邊 全體蜿蜒似龍形 長可十許丈故名 自瞻星臺沿溪南東行二三里 又涉溪出溪北 卽此巖也 若自煥章菴直沿溪而行 則亦再涉川可到 鶴巢臺在溪北 臺臨溪邊 如凌雲臺 而

有長松離立臺前 舊有靑鶴養雛成巢故名 自臥龍巖沿溪東行數喚地 卽出此臺下 舊以臥龍爲第七曲 鶴巢爲第八曲 而右二曲同在一處 似未可分稱 而瞻星臥龍之間數三里 有可稱曲矣 巴串盤在溪中 白石平鋪 淨滑無塵 可坐數千人故名 自鶴巢臺東沿溪北行數喚地 卽此盤石也 溪水遇雨添波 則汎濫石面 可以跣涉 水涸則石面全露 可以襪蹋坐臥 亦可寫字 又有往往成窪處可代盂鉢 好事者或盛飯注羹而飮食之 此爲洞天第一絶境 陶菴李公縡作小亭于溪北 而只名以華陽第九曲 巴串亭子屬之書院 今按九曲名號 或仍地名 或取古義 多昉於先生時 其定爲九曲 則實遂菴權公所命也 丹巖閔相國鎭遠以篆鐫刻 唯泣弓巖有隷字大刻者 乃尹憲柱筆 又金沙潭邊大石 刻華陽水石大明乾坤八大字 亦尹筆也 又自巴串行東入十里許 歷七松亭 凡四涉川 北入一谷 則乃仙遊洞 卽聞慶地 在大冶山下 其幽深奇絶 與巴串可相伯仲也 九曲上下合計厘十許里 又彩雲小菴在南 介于廟院匡刻之間 向東一塔幽深窈窕而但欠泉石(華陽舊志)

華陽諸勝記

葩谷洞府之寬 盤石之壯 固不悖於所聞 而石色尙欠瑩膩 其最皓潔可愛者 獨有水北一處耳 其餘則皆未稱上品 且其水勢邐迤少奇變 此皆苛細論之爲然 而要其格韻淸奇 終遜於楓嶽之碧霞潭矣 仙遊洞開廣寬平 雖若不及葩谷 而水石極奇壯 左右又有巖壁之勝 偉麗幽敻 殆無可比 以吾論之 宜居葩谷之上矣(農巖集)

緣起第二

與閔大受書

崇禎皇帝御筆 每奉玩血泣 不知身在海外鰈域 執事之能得此幅 豈亦有冥冥之相感者歟 跋語謹當拜手稽首而爲之耳(宋子大全)

毅皇御筆非禮不動四字跋

右崇禎皇帝御筆也 夫聖人告時君之言 莫備於九經 而九經之中 惟此四字爲第一要道矣 今我皇帝陛下之表章 獨在於是 則聖學之高明可知矣 故其甲申三月之變 不失國亡君死之正 以明聖訓於无窮 豈不盛哉 嗚呼 有君如是而天下竟至於淪喪 豈當時臣子之罪哉 閔尙書鼎重嘗至燕山 購求遺筆無所愛 有一人以此來示 鼎重欽奉悲咽 將傾橐貨之 其人識其意 便推以與之而却走 亦豈義人之隱於市屠者耶 閔尙書百襲以歸 寄贈於華陽山中 余敬受百拜 因模勒入木而藏之 適値奉諱之日 不覺涕泗之交頤也 崇禎辛亥三月十八日 陪臣宋時烈謹記(宋子大全)

與閔大受書

曾受所示先皇帝御筆 嶺外有一後生 欲模勒入刻 卽許之而不可無跋語 故略綴跋語矣 旋思並入梓而流傳 不無過慮之端 故不敢並寄 而亦不敢有隱於執事 故謹此錄呈耳(宋子大全)
御筆切欲磨厓深刻於此山絶頂 須得好官人然後相語耳(宋子大全)
先皇帝御筆 非可以倉卒鐫刻 蓋如欲磨厓 則壁立者甚多 而磨削之役甚不易 如用其水磨者 則亦頗有佳者 而其運動之力 亦甚難得 大抵當用許多人夫 故始欲奉稟而微通於本州矣 今則農務方劇 已無及矣 然執事若臨 則欲借聲光 私得髡徒之力 而執事有蹤跡之嫌奈何 (此事必欲就深處者 鄙祖母

之考李正獻公潤慶墓在楊根 其碑載乙卯討倭功 壬辰倭奴來見而破碎之 日後事變有不可知者 又朝家若聞有此擧 則必以爲禍胎 故殊不欲有煩聽聞 幸執事細思之如何) 凡有可刻處而亦有可任之人則不必拘於此中矣 如使百世之後 因此而知本朝不忘先皇之意 則誠非小事 故極用耿耿而未易成 可歎可歎 (宋子大全)

御筆模本敬受之 其一劃見脫者 當更質以眞本矣 此間更無善模者 當用來示者入刻矣 購刻先後書本不是大段 而況事之先後有不可易者耶 承欲來看刻事 豈勝企幸而何可冀耶(宋子大全)

厓役愚在彼已始工 昨見孫兒書 已啄去凹凸而沙石之 非久當訖矣 其刻役則當在自西東還之後 更禀而爲之矣 南令果送石工耳(宋子大全)

厓刻正欲速 而此間無與計謀者 承一來之敎 雖甚欣企 然豈是易事也 御筆下書以陪臣姓名購 陪臣姓名刻 崇禎甲寅三月日 如此書之耶 後便示敎(宋子大全)

毅皇御筆崖刻小識

陪臣閔鼎重奉至 與宋時烈等謹拜手稽首摸勒 時四十七年甲寅四月日也(老峯集)

與金久之書

昔年閔大受得帝筆而見示 慮障簇之弊蠹 適華陽洞裏 有石崖壁立 上覆如屋 左右有屛 若鬼神鑿成而待之者然 卽摸上而鐫刻 仍欲作小菴於其側 募入數箇僧看護 而名之以煥章 盖取論語煥乎其文章之意也 此事未成而遭此遠謫 初心將永孤矣 對崖一喚地 舊有書齋 八九僧徒守之 遂以煥章之名 刻而揭之 託其僧使呵樵竪之侵敵矣 山外有一文士作長篇歌其事 敢錄以呈 倘賜繼和 俾作菴中一典故則事體賴重 守宰侵虐菴僧者 或有慕斯之心矣 第本韻太多 或別作律古 隨意所便尤好 千萬至懇 手寫彩紙尤佳(宋子大全)

答洪元九書

昔老峯閔台奉使於燕 求得崇禎皇帝御筆 以爲如有貨者 雖萬金無愛也 有一明人來示非禮不動四大字 將以金償之 則不受而却走 盖感閔台之誠也 曾與閔台謀其久遠之圖 模刻於華陽之石厓 上覆傍遮 可庇風雨矣 始欲結屋於其側 守以山僧 名曰煥章 盖取論語煥乎其有文章之語也 事未就而罹此禍罟 勢將朝夕就盡矣 念昔孝宗大王念此虜之不可共戴 痛憤疾怨 期伸大義 上天不佑 遽爾上賓 閔台聿追其志 略寓葵忱於此事 其情可謂戚矣 屋旣不就則抑恐此志又成埋沒 遂移其名於東邊僧舍 此不可無發揮之詞 願執事之先之也 昔朱奉使孤囚冷山而攀龍莫及之句 發於道君之祭文 至今流傳天下 雖在今日 亦或有喜聞者矣(宋子大全)

李重明請建神宗皇帝廟疏

臣嘗志在尊周 淚迸思漢 而平生感慨不外於此 則不敢囚舌於求言之秋也 臣竊惟以天地之大而雨露之澤 尙有偏洽之地 以帝王之聖而拯濟之澤 亦有偏被之地 地之相距萬有餘里 而偏蒙洪濟之大功大德 則雖在百歲之後 而不可忘其大功大德也 恭惟我國家粤自祖宗朝 屛翰我皇明 而誠切事大 恩深字小者 多歷年所 而曁乎壬辰 島夷入寇 蹂躪我列郡 魚肉我赤子 灰我宗廟 辱我陵寢 而逖矣灣上周遷國容 越在草莽 慘矣域中 野無人烟 燕巢林木 則雖以宣光之英武 李郭之忠勇 勢難收復舊日之山河也 幸賴神宗皇帝動天下之兵 竭天下之財 勞八年之征討 復三韓之疆域 則興我滅國 血我宗祧

者 秋毫皆帝力也 惟我東土百萬蒼生 脫諸兵燹之中 措諸衽席之上 得免卉服之民 更爲聖人之氓者 戴帝之功 生殞首而无憾 感帝之德 死結草而圖報 則拯濟之功 嵬蕩之德 窮天地亘萬世而不泯者也 嗚呼 蒼梧駕遠 赤縣土崩 日暮炎海 波沒龍舟 而園陵灰燼 香火凄凉 嗟我神宗如在之靈 尙何所依歸也 陟降之靈 無往不在 而曾樹大功大德於吾東 則靈其眷戀于東也審矣 伏願殿下思吾東再造之鴻恩 追先王報事之至誠 擇淨界而建廟 俾禴祀而長存 則不惟擧國之人 皆有所悅服也 宣祖大王在天之靈 必悅文孫之繼志 而先朝臣民入地之魄 亦喜吾君之有後也 臣嘗聞周公之誥成王曰 以功作元祀 宋臣蔡沈引祭法而釋之曰 能禦大災則祀之 能捍大患則祀之 以臣子而有功勞者 尙且祀之 則以帝王而大有功德者 可不立廟而祀之乎 議者必曰先聖賢之祠則固有之矣 古帝王之祠則未之聞也 臣請援古而證之 堯德協和萬邦 而堯崩之後 中國之人 立堯祠以享之 禹功永賴萬世 而夏亡之後 吳越之人立禹祠而享之 今我神宗之大有功德於吾東 似不在堯禹之下 而尙無奠祭之所者 豈非我國之一大欠典乎 臣又聞漢之昭烈德洽巴蜀 諸葛孔明功多鎭撫 而漢亡之後 蜀人思之 幷立祠以享之 故唐臣杜甫之詩曰 一體君臣祭祀同 今我若爲神宗立廟 則可以當時名臣楊鎬, 將臣李如松等 幷從配享之列 明著協贊之功 不亦宜乎 儼然遺像 赫臨神位 相臣將臣 侍立左右 而永爲崇奉之地 丕示報祀之誠 則志士慷慨之懷 兆民謳吟之情 必因此而有所慰矣 或者若以時勢之異昔而憚於立廟則是未之思也 古之王者革命之後 尙有賓祭於前代有功有德之君 則豈不以天命靡常 神器是公也 是故大明太祖親祀歷代之始祖 而元之世祖亦與其享 則是豈非大聖人至公之誠心乎 如使天下之人 知我國立神宗廟 則必嘉其不忘舊日之恩也 安有異議於其間哉 況今跡已熄矣 澤已竭矣 旣無可依之勢 又無可冀之事 而只感舊德 思欲報答 則日月所照 霜露所墜 凡有血氣莫不興歎之人 而均賦是心者 獨無所同然乎 伏惟我聖明必以忠孝爲心 勿以疑懼自沮 博謀廟堂之臣 俾創神宗之祠 則曾涵帝德之民 孰不子來而執役乎 常念我宗社之靈長 臣庶之生全 莫非神宗之遺澤 而臣亦萬曆之遺民也 自我先民暇息優游式克至于今日休者 寧可不知其所自也 玆瀝葵忱 敢有所達 固知蕘說似非急務 而第念近者天災層出 祀以攘災 靡神不宗 則神宗之神 獨不可宗乎 追惟配天之恩 亟營妥靈之所 而德以報德 祭於可祭 則帝必顧享 天亦用休 而默佑之效 亶在是矣(李重明 卽尤菴抵遂菴書中湖西一士人也 甲申筵話中洪州儒生李姓人也 字子文 號安谷 甲申後不事擧業 嘯詠山水 顯廟丁未 應旨上疏 上韙之命官之至奉事)

訣權致道別紙

顯廟時 湖西一士人 上疏請立萬曆皇帝廟 其時異論之人 託言天子之尊 不可祀於偏邦 又其祭儀不亦難乎云 余知其時議之終不可行 只言此言出於此時 其人可尙 此則不可無嘉尙之典 又不肯聽 心常慨然矣 其後華陽石龕 旣刻崇禎皇帝御筆 又刻於片石 藏之煥章菴 而又有文谷哀詞 此爲之兆矣 常欲建一間祠宇于煥章之後左 以牌子書神宗皇帝毅宗皇帝 春秋依武夷神禮 祀以乾魚酒則用書室基田所出 務其精潔 惟祝辭不可不盛其稱頌也 此事經營於心者久矣 未果而出於此 恨孰大焉 其以天子之尊不可祀於偏邦者 此實無識之言也(韓退之時 有楚昭王廟 而遺民私薦之 故退之詩云猶有國人懷舊德 一間茅屋祭昭王) 張南軒嘗於所守之州 立虞帝祠而祭之 朱先生有表章文字 此豈非可據之典乎 文谷詩亦使可賡之人賡之 聯爲大編 藏之菴裏 亦一事也 非禮不動四字 老峯奉來者也 片石新刻 李擇之摹出者也 此事當與金, 閔, 李諸人議而成之則善矣 此事力極簡 不難成矣 雖有非之者 旣有朱子, 南軒故事 何必自沮也 惟書室基田 聞守婢之言 則後穎亭奴 乘我巨濟時 以爲其主之物而欲奪之云 若然則難矣 若備本錢 付之菴僧 則亦是一道耶 須善思之如何 若與三家議之則必有良謀矣 始欲配以孝廟矣 更思之 此則非但事體未安 時人必以爲大罪 不敢生意矣 年年祭官則忠顯宋

公子孫在本州 此可任之 其餘洪，卞諸君亦可也 曾謀二程書寫役也 吾友斷置 某按使此義精矣 斯役也尤不可不審也 神宗皇帝祝辭 主於威德加於壬辰 東人受賜 毅宗皇帝主於國亡君死之正也(宋子大全)

答洪冑華書

邪說得肆 復見向時誣辱 師門厄會 幾時可盡 痛心痛心 華陽樹屋事 非敢一時妄懷 而諸賢之意 皆欲少觀時世 故咨且至今矣 目今爻象轉益艱險 誠恐旣成之後 反有難處之端 以此姑欲愼重矣 未知如何 春來大擬一入華陽 消詳多少事 而非但病苦難振 艱窘到極 無計俶裝遠動 迄未之遂 恒切悵恨 餘留早晩一敍(寒水齋集)

答李尙書秀彦書

華陽小祠遺敎懇至 今雖掣於時勢 不敢輒擧 早晩此設 宜不可已 若爾則欲於小祠傍 又立先生一小祠 以應武侯祠屋長隣近之故事矣 小祠祭儀 依晦翁滄洲所定 用紙牓祭之 禮訖而燒除 此亦遺敎也 先生之祠 亦不當獨爲立主 今此眞簇姑安萬景院宇 徐待此祠之立而移奉焉 則事體似便穩 亦未知如何(寒水齋集)

建置第三

崇禎四十七年甲寅三月 模刻毅宗皇帝御筆于華陽洞溪邊崖石 立菴其傍 使僧徒守之 名以煥章 藏其眞本于菴裏 使文谷金公壽恒作哀詞叙其事 後雲洪錫箕亦歌其事 先生次其韻 幷文谷詩藏之 後又李參判選模出皇筆于江都國藏 先生刻之片石而藏之(宋子大全年譜)
尤菴模刻御筆於瞻星臺 始欲結菴其側 募僧徒守護 名其菴曰煥章 未及遂計 南竄北謫 故移其名於洞中隱仙之菴 其後甲寅 始搆煥章 又移其扁(萬東廟事實)
崇禎七十七年甲申 大明神宗，毅宗兩皇帝享禮始成 門人權尙夏旣受先生遺敎 與同志士友經營有年 趁今歲毅宗殉社之周甲 依廈屋制 建廟于去匡刻一里許面北之地 號曰萬東廟 以正月上丁 用牌子書神宗顯皇帝毅宗烈皇帝 設位而祭 自製祝辭 薦以四籩四豆 牲用太牢 獻三爵 又以一體君臣祭祀同之義 奉先生眞像於先生書齋 薦以一籩一豆 而仍告廟享禮成之意 春秋享禮 初定於孟月上丁 以大報壇享在三月 而先行私薦之未安 改行於季月(宋子大全)

陪臣李光稷開基祭文

猗歟皇明 父母四海 神宗盛德 率土咸戴 活我鰈域 恩深義大 功存再造 澤洽萬代 逮我毅皇 克承前烈 治本九經 心要四勿 君明運訖 天曷故焉 國亡君殉 有辭千年 謳吟思漢 偏切東藩 肆我寧考 首明大義 有臣文正 契合魚水 乙夜前席 訏謨密勿 鼎湖龍飛 弓劒遽遺 大老於世 未伸初志 一部麟經 無地可讀 卷而懷之 華山之曲 尊周微意 用寓其中 于匡有鐫 四字煌煌 回瞻域中 九有昏濁 惟玆一洞 大明日月 皇靈陟降 舍此于誰 玆謀建屋 廟以享之 爰卜其基 結搆以時 涓吉虔告 薦此肴醴 神其保佑 永世無替(華陽舊志)

陪臣鄭澔上梁文

盖聞荊俗祀大舜之神 侔功德於天地 成都有先主之廟 走村翁於歲時 雖非祀典之紀常 可見民德之歸厚 况左海一域 莫非大明之臣 懷西方好音 詎無京周之念 迺營有侐之新宇 用伸孔熯之微誠 於戲盛德不忘 所以愈久彌篤 欽惟神宗皇帝陛下 治天下四十餘載 蕩乎無能名焉 環東土數千里 民微爾吾其魚矣 澤未斬於永世 仁聲入人者深 國猶活於于今 秋毫皆帝之力 亦粤毅宗皇帝 實惟繼體聖君 遵中庸九經之要 猗歟非禮不動 值漢家十世之厄 其如有君無臣 及夫運去曆盡之辰 不失國亡君死之正 痛矣甲申三月之變 尙忍言哉 質諸鬼神百世無疑 永有辭矣 故謳吟不絶於率土 而哀慕彌切於偏邦 肆惟我寧陵初年 首明尊周之義 暨厥臣文正大老 每講興漢之謀 力弱力窮 縱屈意於皮幣 日暮途遠 益勵志於膽薪 痛燕昭遽棄於群臣 而諸葛無賴於盡悴 嗟陽消陰長之氣數 奈何乎天 想雲車風馬之往來 別有其地 睠彼華陽之一洞 可比西山之遺墟 一心傾葵 殷家之日月獨照 四字鐫石 周詩之雲漢載昭 宜建數間之簷楹 庸儐一體之祭祀 設公廟於下邑 莫言古禮無徵 借微馨於渚蘋 可見至誠攸感 爰相宅而掃地 乃鳩材而僝功 惟其人心所同然 若有神物者陰陽 苟合矣苟完矣 結構非奢 美輪焉美奐焉 經始不日 如衆星之拱北 孰不聞風而聳聽 雖萬折而必東 庶幾顧名而思義 瞻彼中土 衣冠文物之皆非 藐玆少華 尊奉傾嚮之獨至 恭陳善頌 助擧脩梁 抛梁東 突兀長虹跨半空 荷盖珮輿勤陟降 渺然瞻望白雲中 抛梁西 遙遙天壽極望迷 凄凉蜀魄千秋恨 夜月空山寃血啼 抛梁南 澗松蒼翠揖晴嵐 山河扶戶星辰近 碧瓦金莖色共涵 抛梁北 巍然華扁可矜式 滔滔日夜朝宗心 逝者如斯也不息 抛梁上 玉殿翠華空想像 山自高兮水自長 豊功盛德窮天壤 抛梁下 冬之奧室夏崇廈 北方不可久留些 世世來歆降我嘏 伏願上梁之後 其始自今 有感必應 芳菲菲其彌烈 肴羞蕉荔之雜陳 皇剡剡其揚靈 君蒿悽愴兮若見 報事毋怠 申錫無彊 春秋重一統之尊 庶慰忠臣義士之志 否泰有相乘之理 可驗匪風下泉之詩(丈巖集)

皇廟在洞天第二曲雲影潭上 背洛陽山中峯向北 前堂後寢 正寢三間 東西夾室各一間 前堂五間 春秋以紙牌行祀 寢閉以閣 堂垂以簾而謹守之 前楣扁曰萬東 取宣廟宸翰萬折必東之語也 門扁曰星拱 取論語北辰章語也 門凡三間 左右夾門稍低 門左右各有廊 三門繚以周垣 廟門二扁 俱陪臣權尙夏筆 門外有神廚四間 中一間堂 東一間祭物封進之所 西二間諸執事齋宿之所(華陽舊志)

陪臣權尙夏祭告由文

於皇聖帝 與天侔德 至化深仁 溥被萬國 顧玆東表 最蒙涵育 懷柔之勤 實同內服 歲在玄虯 島夷桀逆 三都蕩覆 邦命旒綴 帝赫斯怒 命將東出 飛輓徵發 竭天下力 皇威所及 妖氛隨豁 生靈復奠 宗祏再血 凡我三韓 一艸一木 莫非皇恩 展也罔極 滄桑百變 天地崩坼 四海腥膻 九有荊棘 甲子一周 香火久絶 遺氓思漢 含痛冞切 念昔巴人 追祀昭烈 楚地私薦 亦有茅屋 今玆廟貌 古儀是則 神孫作配 儼一昭穆 日吉辰良 禮事孔肅 載陳饎饋 蘋香醴潔 皇靈在天 雖遠不隔 庶幾降臨 歆我無斁(右神宗皇帝) 穆穆我皇 萬邦攸宗 至德淵深 垂衣篤恭 有君無臣 馴致傾覆 蕞爾小豎 敢肆鶩逆 帝乃引決 以樹大經 國亡君殉 萬古誰京 神器無主 孽虜乘釁 冠裳倒置 人道掃盡 曰有屛翰 烈烈宣文 洎臣時烈 思浴乾坤 天不佑漢 大業中乖 白首孤臣 抱痛山厓 煌煌御墨 流落腥塵 購鑱石龕 寓慕下泉 惟玆閟宮 亦其所營 門徒繼志 事集功成 况伊新正 涒灘回甲 悲慕益切 報祀何缺 回瞻宇內 九野膻羯 獨此華陽 大明日月 精神感通 飈馭高驤 於焉陟降 左右洋洋 籩豆孔嘉 桂肴椒漿 尙冀顧歆 啓佑無彊(右毅宗烈皇帝)

肅宗甲申正月初十日

臣備局堂上引見入侍時 左議政李畬曰 先正臣宋時烈得崇禎皇帝御筆非禮不動四字 鐫於其所居華陽洞石壁 仍作煥章菴 以其原本作軸而奉安之 末年 以古人一間茅屋祭昭王之義 欲立廟宇 以紙牓祀萬曆, 崇禎兩皇帝 有志未就而歿 參判臣權尙夏與章甫合謀 營建一屋於宋時烈舊居之傍 而以一間爲歉然 倣爲禮經殿屋之制 亦不敢奉安位版 以紙牓行祀云 未知此事或已徹聞否也 上曰 此事無陳白者 故予未及知也 禮曹判書閔鎭厚曰 向時鄭澔爲承旨也 微發其端而不敢畢達云矣 上曰 予不能記憶矣 鎭厚曰 大臣所達之言 似未詳悉 臣適略知前後事實 請畢陳之 臣仲父故相臣閔鼎重奉使燕京時 得崇禎皇帝御筆非禮不動四字 歸示先正臣宋時烈 時烈斲其所居華陽洞絶壁而刻之 仍作一小菴於其傍 名以煥章 故相臣金壽恒賦長篇以述其事 今載其文集中矣 宋時烈臨歿 書屬今參判權尙夏曰 吾欲立廟祭萬曆崇禎兩皇帝 而事未及就 齎志而死 君須與金, 閔兩家子孫相議爲此云 而其書中有一間茅屋祭昭王之語矣 尙夏承其遺意 與傍近士子之同志者 營建五架屋於華陽洞中 將以行祭於兩皇帝 而位版則尤有所不敢 故用紙牓以祭 祭畢焚之 然玆事事體極其重大 未有朝命之前 不無僭猥之懼 不逞之徒 或因此而嫁禍者 難保其必無 曾與鄭澔相議 欲望微達於筵席 而澔不敢明陳 自上未及俯燭矣 盖茅屋祭昭王者 有同去思之義 與此微有不同者 今以海外藩邦 而廟享中朝天子 其於禮節 極多難處 而若士民之私自寓誠者 不必禁止 自朝家示以勿罪之意 則士民可以安心行祭矣 畬曰 此則不過爲士民追思薦誠而已 與國家祀典不同 故似聞只以簠簋各一 籩豆各二 春秋薦享 而旣爲宋時烈舊居 故仍薦于宋時烈 如配食之爲云矣 鎭厚曰 宋時烈配食一款 臣不能詳知 而孝廟配享之議 其來久矣 但我國臣民 何敢私祭於孝廟耶 其爲惶畏有甚於遙享天子 故不敢爲之云矣 上曰 大臣諸臣各陳所見 領議政申琓曰 臣少時聞先正臣朴世采之言 曾在先朝 有百姓士人居於加平 以縣中有朝宗爲名之地 故因此感發 欲於此處建立神宗皇帝之廟 作書相問於尤齋云 尤齋卽宋時烈之號也 其議以爲爲神宗立廟 並享崇禎皇帝 盖以自古未有不亡之國 而國君之死於社稷 未嘗見之 而崇禎皇帝身殉社稷 可與並祀也 頃年鄭澔發端於筵席 且有儒生之陳疏者 金鎭龜爲禮判時 將爲回啓 與之相議 皆爲持難以爲一間茅屋祭昭王 則不過士民之追思不忘之義 而今若建廟於都中 則事體重於宗廟 凡於儀文度數之間 節節妨礙之 故臣於閤門外 私相論難以爲漢時皇帝廟 多在郡國 蒼梧有舜廟 會稽有禹廟 此外歷代帝王廟之在郡邑者 不可勝計 此豈能盡用八佾之舞太牢之享耶 不過寓後世人民追慕之誠 而但當此時形格勢拘 煩於耳目 恐致日後之慮云云矣 其後洪州儒生李姓人以此陳疏而不達云矣 上曰 其名云誰 琓曰 臣忘其名而屢度呈疏 政院不捧故退去 而盖其疏辭則以神宗皇帝再造之恩 崇禎皇帝殉社大義爲張本 而請建祠廟 並祀兩皇帝 而宣廟孝廟配享 以丙子三臣從享云 甲子年間 士人許亦以此意陳疏矣 上曰 宋時烈三學士傳則配享孝廟 而以三臣從享云 先正所論如是矣 鎭厚曰 不特此也 前後以此陳疏者頗多 所謂金鎭龜回啓云者 乃是原州儒疏 而其後淸州士人洪姓亦陳疏 見阻於政院云矣(政院日記)

英宗丙午

上下敎于政院曰 昨年冬 因北關人之上言 始知萬東祠之有 而命入板本 奉覽御筆 不覺感涕之盈襟也 嗚呼 皇明再造之恩 其可忘也 而又忍言甲申之事耶 噫 此非先正體聖祖尊周之大義 豈能爲此哉 敬模入梓 藏之內府 以伸追慕之意 而因記其槩于下方 後印本二張下院 一本賜於閔領府事家 一本賜於先正奉祀孫 而原文中稱先正以職名者 出於壓尊之意 特賜兩家者意有在也 又粧其一本 使禮曹郎官陪進煥章菴 與眞本同藏 禮郎旣復命 上疏言事面隆重 宜別立小閣奉安 而洞壑樹木 亦宜禁伐 上從之 遂建小屋於煥章之傍 奉安皇筆及肅廟御筆, 華陽院額印本 名其屋曰雲漢閣(宋子大全年譜)

丙午四月

禮郎高萬瞻陪御跋簇子 祗安于煥章菴 復命後疏陳御筆奉安處甚苟簡 請於菴傍立一小閣 奉安兩皇遺墨 上答曰 今觀爾疏 怳若躬覽萬東祠 而但今玆予本奉安 不過伸追慕之意 本不欲張大之事也 所論雖是 昔年重臣陳達之時 聖考之意 可以仰體 仍舊蹟奉安 不亦美乎 其後相臣閔鎭遠入侍時 請依萬瞻疏 請劃給若干物力 使地方官營建一間屋 奉安皇筆 上曰 萬瞻之疏 其言則好矣 此非自朝家爲之之事 曾聞卿兄亦以朝家不必知之 陳達於先朝 意有所在 奉安處所果如此 則劃給物力 使諸生搆成似好 而以朝命特爲刱建 未知何如耶 鎭遠曰 聖敎誠是矣 煥章菴異於萬東廟 御筆奉安處 則自朝家使之營建 恐無所妨故敢達矣 聖敎如此 當與惠廳堂上相議 題給儲置米若干斛 使諸生待秋營建 上許之(是時賜田五百 賜米四十石 ○華陽實記)

陪臣李縡廟庭碑銘并序

維朝鮮國淸州東八十里洛陽山下華陽之洞 有廟曰萬東 崇禎七十六年秋始成 以祀我神宗顯皇帝, 毅宗烈皇帝 春秋爲位薦籩豆 越四十有三年 陪臣李縡刻銘於碑 以頌天子之德 道邦人之思曰 惟朝鮮爲國 自箕子受封以來 歷秦漢隋唐數千年之間 皆處以徼外殊俗 數侵暴攻伐 明有天下 高皇帝錫國號 涵育奬訓 視同內服 我先王祗承寵命 恪謹侯度 垂三百年 於是中國禮樂文物之懿 浸淫於海壖之外 萬曆壬辰 倭寇來侵 連陷三京 昭敬王播越西陲 將渡遼內附 遣使請救於朝 顯皇帝命都督李如松, 尙書邢玠, 提督陳璘, 劉綎, 御史楊鎬等 發遼薊川陝湖浙雲貴等兵 前後二十三萬人 出白金五百八十三萬 運餉費三百餘萬以給軍 凡七年然後乃定 肆我君臣父子夫婦 下至鳥獸草木之微 得去水火之苦蛇豕之毒 而咸囿於鴻恩汪澤之中 邦國亡而復存 宗廟絶而復祀 其爲德至盛 自東方以來未始有也 後四十年崇禎丙子 建虜猖獗 吾邦首先嬰其鋒 後九年甲申 烈皇帝身殉社稷之難 明遂亡而夷虜入主 嗚呼 尙忍言之哉 臣謹按明史本傳 當虜之東寇也 帝發山東舟師以援之 未至而寇退遂罷 夫以海外侯國 而天子所以安全而哀念之者先後如此 顧區區褊小 阨於寇亂創殘之餘 强弱勢殊 曾不能盡節效力 少答父母之恩 以明春秋之義 慭見乎皇家之殄祀而夷虜之爲帝也 此志士仁人所以崩心而痛哭也 洪翼漢, 尹集, 吳達濟之徒 旣皆以是殺身而不悔 及宣文王在位 專以攘伐夷虜興復帝室爲己任 求賢弔孤 卹民練兵 將有以雪深讎而酬大造 於是宋時烈起自布衣 爲王賓師 與圖大事 未幾王薨 天下事無復可爲者 時烈遂退歸山中 所謂華陽洞者是已 及時烈臨死 屬其門人權尙夏曰 二皇帝再造之恩 殉社之烈 宜祀於我東久矣 我不果而死 爾其卒成之 閔鼎重嘗至燕 得烈皇帝御書非禮不動者以歸 時烈摸刻于華陽之厓 至是卽其傍而立祠焉 明之亡適六十年矣 嗚呼 函夏腥穢 九廟顚覆 天子之祠 降寄於裨海下邑窮厓深谷之間 此天下之至變也 雖然使我東土 義理以明 彝倫以定 以我當日君臣之志 上獻於先帝之靈 而永有辭於天下後世者 亶在於斯 其事微而其義深矣 彼拘拘以無於禮而擬於僭者 惡足以知之哉 然臣竊觀王澤旣遠 世敎日衰 士大夫昧於夷夏之分 奪於利害之卑 浸漬邪穢 視爲應然 其能存人紀之大防 而不忘乎時烈所傳忍痛含冤迫不得已者 盖或鮮焉 則將日遠日忘 倍義喪恥 胥爲夷狄禽獸而莫之捄也 此時烈所爲憂深慮遠而尤致意於是祠者也 故臣旣序立祠之事而終之以此義 以視後之君子 祠成之翌年 元孝王以烈皇帝殉國之日 除墠於宮中而祀之 復築大報壇 歲祀顯皇帝 嗚呼 後千萬歲 尙有以識我君臣之志歟 銘曰 華陽之谷 巴水之厓 有幽其宮 天子之祠 穆穆天子 萬邦父母 仁湛渥厚 爰及東土 膊之礫之 除其虺螫 煦之濡之 奠之衽席 山淸海晏 風揮日舒 藩邦再造 猗烈無初 赫矣毅宗 非禮不動 君死之正 百代攸誦 四海化戎 九廟崩燬 帝視猶子 我莫視父 誰敵王愾 以白此冤 帝有藎臣 曰我宣文 宣文有臣 以凉義伐 旻天不吊 中途壞裂 有哭徹昊 磨厓之側 興復之計 歸此廟食 天子萬年 陟降孔邇 芒芒腥土 舍我奚止 穹天博地 欲報罔極 澗

藻行潦 臣誠無射 悠悠江漢 萬折必東 先君之志 命此新宮 於皇二聖 義盡仁至 摸天畵日 臣豈敢議 惟以詔後 永叙厥彝 毋貳爾心 上帝臨猗(陶菴集)

配儀或以當代事爲疑 而皇朝孔府以高皇帝當享於歷代帝王廟議於朝 則此可援據矣(華陽舊志)

答李志逵書

萬東祠扁 何敢自下仰請 此則不可輕易爲之矣 此祠之在華陽 自上已嘗知之 早晩如或發自宸衷 則尤豈非曠古之盛事耶(寒水齋集)

答成晩徵書

三月十九日 是皇京敗覆之日也 上設壇於春塘臺邊 以太牢行禮於神皇陛下 樂則陳而不作 百官皆入參 此可以有辭於天下萬世 感祝感祝 華陽之禮 知我罪我 皆在於是 雖萬口囂囂 實無悔心 只當任之而已 著說自明 不亦勞乎 達卿所作辨說 極其明白 復何架疊 杞宋之祭夏殷先王 實用天子之禮 來示所謂祭用生者之祿 恐未然也 如何如何 似聞廟議將不得成 講定禮節 只歸空言 姑徐之無妨耶(寒水齋集)

與遂菴書

今此煥章菴, 萬東祠前後事蹟 一依盛敎 方令善書者淨寫一本 以爲藏諸華陽山中之計 而第念煥章事備在老先生別紙一書 而至於萬東祠事則只有上梁文及開基奉安時祭文, 迎送詞而已 曾無刱建本末記實之文 使後人於何考信 鄙意必欲詳記老先生當日托屬於台兄 台兄之與士友相時量勢 始克成就於十五年之後 及其始建之時 流俗見聞 無不驚訝 中而笑且排 終乃翕然隨以定 至於奉安時 湖嶺士子之聚會參禮者 多至百餘人 其同出於秉彝之天者 不可誣也 且祠成於癸未之秋 而台兄謂以來歲卽崇禎皇帝殉社稷之年 遂以甲申正月 卜日奉安矣 及其將事後未數日 聞我聖上臨筵發歎曰 今年卽皇明屋社之一周年也 天語惻愴感動臣隣 遂定爲大報壇刱設之議 此可見大聖人作爲出尋常萬萬 而亦莫非神宗皇帝澤被吾東 百世不忘 君臣上下追慕感發之意不期而同 有非人事之所容爲者 此等顚末 不可不明白著述 使後人有所稽考而矜式也 台兄不可辭其責 幸望忘勞記事以惠 則謹當附載卷中 至禱至禱(丈巖集)

答丈巖書

山中事實 聞已編定 慰甚慰甚 大報壇御製詩送呈 賤臣所賡者及韓生詩幷去矣 記實之作 非不欲仰副 而以弟鈍拙之筆 有難取次成編 明日又有先山立石之事 未暇卽就 仍念此事若蒙兄之健筆揄揚 幸莫大焉 望須親自健筆 以賁盛事 切仰切仰 南軒集, 退溪集所載文字義理具足 結撰之際 幷加入思如何 兩集可考之卷幷呈上耳(寒水齋集)

與遂菴書

萬東事實撰錄事 敬聞命矣 第諉以健筆揄揚 則澔非其人 不任媿汗也 所示南軒集及退溪集 亦皆奉閱 大抵古昔帝王祠宇之例 如朱書所載虞帝廟碑及迎送神曲 南軒集所載謁陶唐帝廟詞及虞帝祠祝文 班班可考 昔賢大儒不但不以爲非 至有躬親爲之者 則其不可謂之非禮且僭也明矣 且退溪集中所謂

古者帝王廟立於民間 而人得以祭之者非一 此其始立之時 豈皆出於一時民俗之不忘遺德云者 正與朱書及南軒集所載者 相爲表裏而道理明白 最可卞破流俗見聞之疑 不必更費辭說而已躍如矣 第老先生當初欲設兩皇帝祠宇之議 實發於四大字摸刻之後 而遭罹世故 未暇營建 早晩託屬於台兄者 未知的在何時 而其時說話亦如何 此一款幸望示於書末也(丈巖集)

答丈巖書

老先生營建皇祠之意 聞自蓬山時始 而下敎於尙夏則實在耽羅時下書中也 往拜長城時 夜侍達曉 而先生終始眷眷者此事也 時議不一 事不從心 至癸未乃得始役 此後事兄所詳悉也(寒水齋集)

爲華陽多士 上明府金公鎭玉

竊惟自古帝王有大功德於民 則絶世之後 民莫不立廟而崇報祀焉 有若唐堯虞舜夏禹氏及漢光武蜀昭烈皇帝 皆有廟於民間而人得以祭之 且如楚之昭王 徐之偃王 我東之首露王廟 雜見於傳記者 非一二止 韓, 杜, 朱, 張詠歎於前 退陶, 濯纓贊美於後 豈不以臣而祭君 匹夫而祭天子 雖不應於紀常之典 其在人情天理 所不能自已也耶 欽惟我神宗皇帝於我東 曾樹罔極之恩 剷平寇亂 再造藩邦 其拯濟之功 生成之德 眞可與天地同其大 河海同其深矣 凡我百億萬含齒之類 上自薦紳 下至皂隷 孰不殞首結草 思報其萬一也 嗚呼 崇禎甲申之禍 尙忍言哉 國亡君死 義烈俱彰 而滄桑一變 九有腥羶 園廟灰燼 香火凄凉 痛矣我皇上如在之靈 尙何所依歸也 顧瞻中州 無一片乾淨之地 而精靈洋洋無遠不屆 則其必眷係我東藩而不以爲陋也審矣 麥飯野芹 爭懷薦虔之心 匪風下泉 孰無京周之思肆我尤菴老先生一自己亥以後 已知大業之中乖 則遂得崇禎御筆四字 摹勒于華陽厓角 而謀建一祠屋於其傍 禮享神, 毅兩皇帝 而倣古遺氓私薦帝王之儀 以寓萬折必東之義矣 不幸金甖禍酷 美意莫遂 臨死眷眷之言 足令人飮泣於千載之下矣 本州士民等 玆奉山長之敎 寔遵先師之旨 已於甲申春鳩材完役 始獲妥靈而春秋設享 于今十有二年矣 區區螻蟻之誠 得以少伸 皇皇陟降之靈 庶有所慰而只以廟宇僻在窮峽 絶無祭田 年年俎豆之需 無力辦備 不惟卽今拮据之多艱 將來廢墜 誠極可慮豈非悶然之甚者乎 惟我閤下 早承父師之訓 講服斯義 固已稔熟矣 下車以來 一誠顧護 靡不用極其爲光幸何如哉 闔境之愛戴方深矣 瓜期遽熟 鳧舃將返 從此本祠實無依賴 不徒士民 於此益切願借之誠 竊計閤下亦必眷念於守護之方也 嘗竊聞甲申筵中 有一大臣 嘗以賜給田民事陳請 則自上下其議 而拘於事體 不卽施行 此則勢雖使然 今閤下如以若干屬公田民 循例畫入 則事體少無所拘 而大有補於守護之道矣 每歲粢盛之具 庶幾無闕 而將使華陽一區 永作爲大明天地 豈不誠大幸也 噫我皇上盛德大功 天覆地載 今此皇祠之祀 雖盡天下之物 曷足以擬其萬一也 禮貴從少 祭之以士 而楚楚籩豆之實 尙患不給 無以爲久遠計 誠可憐而亦可愧也 及今明府在官之日 若不建立基本 則更待何日而復誰告乎 伏願閤下 追念先師屬托之遺意 俯察多士守視之微悃 許入屬公田民 以爲永世保守之地 則禴祀長存 灑掃無缺 將與堯舜夏禹及光武昭烈廟 同其傳矣 豈不有辭於天下後世乎 觸冒威尊 敢此覶縷 竊不勝悚仄(鳳巖集)

祀典第四

與權致道書

華陽洞皇帝祭祀 依滄洲祭孔子禮 旋設紙牓 祭訖焚之(宋子大全)

儀註

前一日 有司掃除廟之內外 設饌幔於東門外 執禮設初獻官位於庭中 北向西上 設飮福位於階上前楹近東西向 設亞獻官終獻官位於初獻官之下 設執事位於其後 北向西上 設執禮, 贊唱, 贊引位於東階下 贊唱分東西立 西向北上 設諸生位於諸執事之後 北向西上 設獻官以下門外位於外庭 每等異位(一如門內位次) 設望瘞位於瘞坎之南 初獻官在南北向 祝及執禮在東西向北上 [陳設]設神位(小卓置紙筆硯) 及床卓香爐香盒燭臺陳幣篚二於尊所 設洗於東階(盥洗在東 爵洗在西) 點牲 三獻官序立於門內東向 諸執事序立於門外西向 牲入 諸執事祗迎 置牲于獻官之前 諸執事皆入門西向立 掌饌繞牲而詣初獻官前告腯 由獻官後而復位 祝繞牲而詣初獻官前告充 亦由獻官後而復位 祝及掌饌位 設於東西位之間 並南向 牲出 享祀日丑前五刻 掌饌入 實饌具畢 贊引引三獻官 詣門外位 贊引引初獻官 詣題牌卓前跪 祝退神位前題紙牌 祝奉紙牌 安於神座 贊引引初獻官 出門外位 執禮, 贊引, 贊唱入自東門 先就階間拜位 北向西上四拜 各就位 贊引引祝及諸執事入 就階間拜位 西上北向立定 祝以下四拜 詣盥洗位洗訖 各就位 贊引引獻官及諸生入就位 贊引進初獻官之左 白有事謹具請行事 退復位 獻官諸生皆四拜迎神 祝當西階上東向立 唱迎神詞 唱畢復位 行奠幣禮 贊引引初獻官 詣盥洗位 北向立 盥手拭手 仍詣第一神位前跪 執事一人奉香盒 執事一人奉香爐 跪進三上香 執事奠爐于香案上 奉爵以爵授獻官 獻官受以灌于茅上 以虛爵授奉爵 祝以幣篚自右授獻官 獻官執幣授祝 祝自左受之 奠于神位前 俛伏興 次詣第二神位前跪 執事一人奉香盒 執事一人奉香爐跪進三上香 執事奠爐于香案上 奉爵以爵授獻官 獻官受以灌于茅上 以虛爵授奉爵 祝以幣篚自右授獻官 獻官執幣授祝 祝自左受之 奠于神位前 俛伏興 降復位 行初獻禮 贊引引初獻官 詣第一位尊所北向立 司尊擧冪酌酒 執事受爵 贊引引獻官 詣神位前跪 執事進獻官之右 以爵授獻官 獻官受爵祭酒 以爵授執事 奠于神位前俯伏 祝進獻官之左 東向跪讀祝文興 次詣第二位尊所 北向立 司尊擧冪酌酒 執事受爵 贊引引獻官詣神位前跪 執事進獻官之右 以爵授獻官 獻官受爵祭酒 以爵授執事奠于神位前俯伏 祝進獻官之左 東向跪讀祝文興 降復位 行亞獻禮 贊引引亞獻官 詣盥洗位 盥手拭手 仍詣第一位尊所北向立 司尊擧冪酌酒 執事受爵 贊引引獻官詣神位前跪 執事進獻官之右 以爵授獻官 獻官受爵祭酒 以爵授執事 奠于神位前俯伏興 次詣第二位尊所北向立 司尊擧冪酌酒 執事受爵 贊引引獻官詣神位前跪 執事進獻官之右 以爵授獻官 獻官受爵祭酒 以爵授執事 奠于神位前俯伏興 降復位 行終獻禮 贊引引終獻官 詣盥洗位 盥手拭手 仍詣第一位尊所北向立 司尊擧冪酌酒執事受爵 贊引引獻官詣神位前跪 執事進獻官之右 以爵授獻官 獻官受爵祭酒 以爵授執事 奠于神位前俯伏興 次詣第二位尊所北向立 司尊擧冪酌酒 執事授爵 贊引引獻官詣神位前跪 執事進獻官之右 以爵授獻官 獻官受爵祭酒 以爵授執事 奠于神位前俯伏興 降復位 飮福受胙 贊引引初獻官 升詣飮福位 西向跪 執事就第一神位前 取爵進初獻官之左 北向跪 以爵授獻官 獻官受爵飮 卒爵 執事受虛爵 復於第一位尊所卓子上 祝取第一位魚脯 授獻官 獻官奉而授執事 執事受俎降東階出門獻官俛伏興 贊引引獻官降復位 三獻官皆四拜 撤籩豆 祝取籩豆各一 少移故處 獻官諸生皆四拜送神 祝當西階上東向立 唱畢復位 望瘞 贊引引初獻官 詣望瘞位北向立 執禮西向立 祝以篚取各位祝文及幣 降自西階 至望瘞置於坎 置土半坎 贊引進初獻官之左 白禮畢 遂引獻官及諸生出 執禮復位贊引還位 贊引引祝及諸執事 俱復庭間拜位立定 祝以下皆四拜 贊引以次引出 祝姑留 贊引還位 直日執禮贊引贊唱俱就庭間拜位 四拜而出 祝奉神位紙牓 焚於楹外小卓上 掌饌率其屬 撤饌而退

祝文式

維崇禎幾年歲次某年某月某朔某日干支 朝鮮國陪臣某官姓名 敢昭告于神宗顯皇帝神位 伏以德合天地 化流無疆 三韓大恩 百世難忘 玆値 春秋 季 式薦芬馨 尙冀降臨 歆我微誠(右第一位) 維崇禎幾年歲次某年某月某日干支 朝鮮國陪臣某官姓名 敢昭告于毅宗烈皇帝 伏以蒙難守正 大義光明 京周之思 最切東氓 今丁季 春秋 敬陳泂酌 願垂顧享 永世無斁(右第二位 ○陪臣權尙夏製)

祭品

每位幣帛十八尺 牲用犢長六尺 祭酒二斗 稻米精鑿二斗 粱米精鑿二斗 栗黃二斗 乾棗二斗 魚鱐二尾(長三尺 廣三尺) 乾雉二首 魚醢五升 肉醢五升 菁菹二器 芹菹二器 黃燭二雙(各重十二兩) 香二封 黃筆二柄(用紅色柄) 眞墨二丁(用塡金) 祝文紙二張(用大壯) 油紙四張(用大壯)

享祀陳饌圖

迎神詞

擇良辰兮虔余誠 穆將愉乎皇靈 蕙爲肴兮桂爲酒 籩豆孔嘉兮有序 靈皇皇兮陟降以時 上天下地兮無不之 瞻彼中土兮不可留 飈遠擧兮周流 獨我東方兮受賜罔極 一草一木兮孰非餘澤 澡余身兮姣余服 中心好兮無斁 駕飛龍兮雲爲車 遵吾待兮山之阿 御蘭舟兮蓀爲檣 澹延佇兮水中央 至誠攸屆兮神所監臨 皇庶幾兮我歆 福我兮壽我 千秋萬歲兮報事無怠

送神詞

華之陽兮巴之曲 中有壽宮兮翼翼 桂爲棟兮辛夷楣 蓀爲壁兮薜荔帷 靈於焉兮周章 芳菲菲兮滿堂 旣康樂兮娛嬉 舍此兮將何之 思九州兮博大 天路險艱兮焉所屆 俯故都兮盤桓 越宇宙兮無與爲隣 無以下土兮鄙夷 我衣光華兮我佩陸離 春蘭秋菊兮無期 靈莫我違兮毋使我悲 禮旣終兮樂旣闋 乘雲氣兮倏忽 極勞心兮不可攀 山蒼蒼兮水潺湲(陪臣鄭澔製)

享事初行以孟春上丁 大報壇行祀在於季春 則士庶先行享禮 有所不敢 故改用季春季秋上丁 南軒唐虞二帝廟 亦有以素秋行祀之義故也 遂菴權公所定云(華陽舊志)

華陽享禮 初以正月上辛爲定矣 昨見大臣所示 壇祀用二月東巡之義 將行於仲春云 洞中之禮 亦欲依此退行於仲春 以爲永久遵行之定式 須以此意趁速通告于同志諸賢如何(寒水齋集)

與李箕洪書

山中之禮 欲行於仲春仲秋者 盖取殷月也 然此出臆見 未有古禮之可據者 方以爲疑 適考古禮 周公以季秋宗祀上帝於明堂 而以文王配之 張南軒之祭虞帝文 亦曰玆以素秋 恪修常事 旣得此明證 決欲以九月上丁 永爲定式 如何 皇明亡於三月 大報壇祀之用三月以此也 今也春用三月 秋用九月 亦似齊整矣(寒水齋集)

與卞東尙書

萬東祠祭奠 初以二籩二豆爲定者 取以少爲貴之義也 移院之後 同日將事 則先生位前之設 反有加

焉 此甚未安 故上祠所陳 欲以四籩四豆 自今改式 以別差等 而第與當初貴少之意有違 未知兄意以爲如何(寒水齋集)

古蹟第五

太祖高皇帝御筆忠孝節義四大字 有模刻印本 藏之雲漢閣(華陽舊志) 鋟木板本 在嶺南順興府 陪臣鄭經世奉至者(華陽實記)
神宗皇帝御筆玉藻氷壺四大字 陪臣尹陽來奉至 卽模本 肅宗丁酉 陪臣權尙夏更模勒瞻星臺下崇禎皇帝御筆非禮勿動之左 作帖藏之(華陽舊志) 又刻于片石 藏于閣(華陽實記)

陪臣權尙夏跋

神皇罔極之恩 東土含生 萬世不忘 今其手書四大字 流傳於我東 天意夫豈偶然哉 故陪臣宋時烈門人權尙夏, 李先稷等 刻于毅宗御筆之左 庶幾幷傳於千億矣 時崇禎九十年丁酉八月日也 臣尙夏敬書(寒水齋集)

神宗皇帝思無邪三字 陪臣李選模于江都國藏 刻于石 又作障軸 藏于雲漢閣(華陽舊志)
神宗皇帝諭元輔一幅印本 藏于閣 丁酉粧(華陽舊志)

諭元輔

卿公淸正直 朕素所倚賴 今衝寒馳驅 疾趨來京 忠勤可嘉 朕心忻慰 欲出與卿一見 昨者連日侍奉聖母 稍覺勞倦 今早覽卿密奏揭帖 悉見卿忠君爲國之誠 朕雖去歲有旨 今春行冊立之典 且朕昨讀皇明祖訓內一條立嫡不立庶之訓 況今皇后年齒尙少 倘後有出 冊東宮乎 封王乎 欲封王 是背違祖訓欲冊東宮 欲二東宮也 故朕遲疑未決 旣卿奏來 朕今欲將三皇子 俱暫一併封王 少待數年 皇后無出在行冊立 庶上不背違祖訓 下於事體兩便 卿可諭旨來行 萬曆二十一年正月二十四日 元輔卽王錫爵正月歸省還朝 故有衝寒馳驅之語

神宗皇帝諭內閣二幅印本 藏于閣 丁酉粧(華陽舊志)

諭內閣

朕昨覽卿等奏 悉見爲君憂國之誠 況此費乃不得已 若當冊立之用 十難充一 且冊立上而尊上徽號下而儀仗器物及鋪宮等項所費甚多不㲄充用諭 卿等知 萬曆二十一年十二月初十日 元輔卽申時行(下同)

諭內閣

朕今日覽文書 見刑科給事中揚來明饑民圖說 朕心甚驚惶憂懼 卿等可傳 與該部可蠲可賑 作速看議來說 萬曆二十二年二月十一日

神宗皇帝諭元輔十九幅印本 丁酉粧潢 奉藏于閣(華陽舊志)

諭元輔

朕昨覽王士性等所奏 波及於卿無根之言 昭已洞悉 卿淸愼公忠 缺六字 倚毗 豈因小 缺六字 休 舍朕求退 卿宜卽出輔政 贊襄朕躬 共成太平之治 以副朕勉留至意 萬曆十二年四月初五日

諭元輔

旱魃爲沴 屢禱未孚 乃朕之精誠未竭 非卿之過也 卿耆碩元輔 勳猷茂著 朝夕納誨 啓沃朕躬 豈可因災引咎求退 卿可卽出輔政 以副朕意 萬曆十三年四月十八日

諭元輔

壽宮吉地 朕躬自徧覽親擇 大峪山佳美毓秀 出自朕定 又奉兩宮聖母閱視 原無與卿面議 李植等彼時巡歷地方 亦列隨從 初無一言 今吉典方興 輒敢狂肆奏擾 誣搆排擠 搖惑朕心 朕意以定 不必另擇 卿忠義廉約 持正克己 宜安心輔理 不必介意 萬曆十三年八月初四日

諭元輔

四方水旱爲灾 人民相食 父子流離 乃朕之愆 非卿之過 卿淸公端謹 碩德元輔 正賴贊襄朕躬 以匡濟時艱 朕方切倚毗 豈可捨朕 累疏求退 卿宜卽出輔理 不必再有所辭 以副朕勉留至意 萬曆十六年四月十六日

諭元輔

朕念國家事重 非卿碩望忠猷 不能匡贊政機 主持朝論 見今虜雖暫退 邊臣不知作何經營 預防後患 朕心方切隱憂 卿豈可止顧一身毁譽 不出料理 若朝廷信賢不專 大臣任事不勇 是政體先紊 邊境何由而安 今特遣鴻臚寺官宣諭 催卿卽日進閣 以示朕終始信任至意 卿宜仰體 毋復再以浮言介懷 固求引避 萬曆十八年九月十一日

諭元輔

見今邊方未寧 天下災傷 朕近因多病 正賴卿等與朕分憂 卿淸愼忠謹 朕所洞悉 前已遣鴻臚寺 諭卿入閣視事 如何因小人之言 杜門不出 執意求退 奈朕何 奈天下蒼生何 且孔子至聖 尙招臧袠之謗 卿豈不知妄言 的朕已薄罰了 卿不必介意 可卽出佐理 以副朕懷 萬曆十八年九月十九日

諭元輔

朕倚任閣臣贊襄治理 所賴分憂共念 一德相成 頃者西陲不寧 煩曉沸起 一切妄言 朕悉置不省 昨已從首輔所奏 命廷臣會議軍國大計 示頒卿等主持 至若冊建元輔儲 倫序已定 少待時日 候旨擧行 示頒卿等策 乃卿等杜門不出 交章乞休 但知潔身 其如致主何 今特遣鴻臚良宣諭 卿等尙念股肱之託 共圖羽翼之功 勉爲國留 亟出任事 勿復疑阻 負朕眷懷 故諭 萬曆十八年十月二十三日

諭元輔

卿持身端亮 調元贊化 夙夜憂勤 爲國宣勞 朕倚任勵勷 玆歷一品 九年考績 朕心嘉悅 特於常典外

加賜銀二百兩, 靑紅坐蟒各一襲, 綵緞四表裏 以示優眷 其欽承之勿辭 萬曆十九年三月十七日

諭元輔

昨因玄象示異 姦惡不軌 故特諭內外臣工 恪修乃職 省己秉公 用弭天變 以圖治安 今各不任所責 歸咎元輔 前萬國欽誣搆詆辱 朕念係言官 已薄罰了 湯顯祖以南部爲散局 不遂己志 故假借國事 攻擊元輔 本當重治 姑從輕處了 卿等可說與元輔 不必以浮言介意 卿等俱安心供職 還着鴻臚寺傳示元輔 卽出辦事 勿負朕意 吏部知道 萬曆十九年五月初三日

諭元輔

政本之地 心膂之臣 接跡引去 强以艱難遺於君父 卿心何安 且首臣總政 恩怨所歸 卽有煩言 何累德望 朕信任老成 洞察讒謗 雖卿百疏 必不允辭 着鴻臚寺官宣諭 亟出輔朕 以副倚毗至意 吏部知道 萬曆十九年七月初一日

諭元輔

朕以卿爲元首股肱 輔弼有年 爲國宣勞 朕近來多疾 不時舉發 又値中外多事 正賴卿等協心共理 豈可因小臣讒言 卿故爲身謀 意欲高蹈 且伊尹在山野 未嘗不懷致君澤民之念 今欲捨朕而歸 卿心何安 近聞卿前疾稍瘳 還着鴻臚堂上官 宣示朕意 宜卽出入閣視事 爲朕分猷贊化 以副朕懷 卿其欽承之 萬曆十九年七月初五日

諭元輔

朕鑒卿忠愼 屢旨慰留 卿乃堅辭不出 豈以前章未下之故 朕實優禮首臣 而惡其傳播 以亂觀聽 非有他意 卿若決去 是彰朕之不明而隳國體也 自後小臣爭彈射 大臣益難展措矣 卿宜深體朕意 明晨卽出 勿復疑阻 再有妄言 的必罪不饒 萬曆十九年七月二十二日

諭元輔

朕見近來中外佞言煩興 尊卑陵夷 朝綱紊亂 體統混淆 朕是以將李琯之疏留中 以寢其邪言恐惑聽耳 今國事多艱 邊方擾攘 四夷內侵 朕實朝夕兢惕 正賴卿等協濟時艱 安忍言去 且爲臣子 豈不體念君主之德而盡忠心 以垂名於竹帛 何乃堅志求去 卿雖屢疏 義難所允 還着鴻臚寺 宣示朕意 亟卽出入閣 與朕分猷贊化 以副眷懷甚 勿固辭 卿宜承之 萬曆十九年七月二十四日

諭元輔

朕嘉節 賜卿等銀兩彩幣 是節年常典 卿如何堅執懇辭 有負朕眷 卿宜欽承之 內閣機務繁重 邊方多事 近聞卿恙稍愈 卿卽出入閣辦事 以副朕倚毗至意甚 勿固辭 再有托陳 萬曆十九年八月十二日

諭元輔

卿昨因朕嘉節 到門拜賀 以知卿疾愈矣 方今國家多事 中外憂疑 卿可體朕眷注之意 亟卽出入閣 共圖治化 以慰朕懷 不可再有托陳 卿可承之 萬曆十九年八月十九日

諭元輔

卿忠猷盡已洞知 若使姦小之事 如卿度何 誤大典冊立之旨以明白 不可再煩以遲厥事 卿可卽出佐理 不得以借此佞誣之語介懷 吏部知道 萬曆十九年九月初五日

諭元輔

朕近年以來 因痰火之疾 不時擧發 朝政久缺 心神煩亂 昨因張有德違旨瀆擾 以致朕怒 卿等正當調元贊化 寅亮天工 乃宰相之職分 反隨小臣 雷和疑貳 朕豈不怒 自古宰相協和 然後可以保國 卿等今各爲身謀 不爲國計 意欲高蹈 置朕孤立 則天下國家萬民庶政 望誰理乎 忠君者顧如是乎 事君者抑如是乎 昨家屛在閣 今日陡然有疾 冊立之事 昨已明白傳示 父子至情 豈不在心 今四方多事 閣務繁重 卿等宜遵屢旨 亟卽出入閣 共成康濟 勿得再有托陳 卿等其欽承之 故諭 還着吏部 傳示朕意 萬曆十九年九月初六日

諭元輔

邇來四方多事 大小臣工 正當鎭靜 不意姦邪小人佞言煩興 尊卑陵夷 國是紛紜 詆誣叢生 謠議大臣 以致卿心不安 密務樞機之地 全賴忠良之臣 卿爲朕股肱 正當任勞而理國 豈可因譭怨而息肩 況周公不免管蔡之流言 孔子至聖 尙遭譭譽之謗 且宰相之量 容納百川 卿雅度冲襟 董率百僚 以厭封彊之難 豈可托陳而求退 還着鴻臚寺官 宣示朕意 卿宜卽出入閣辦事 勿負朕眷注至意 卿其欽承之 故諭 萬曆十九年九月初九日

諭元輔

卿當上密揭 屢言儲位久虛 勸朕早立 以固國本 朕久已在心 不意小臣要名瀆激 以致朕怒 卿等見小人妄言 紛紛求去 卽今四方多事 正賴卿與朕分憂 今屢疏乞休 朕慰留再四 卿急迫愈懇 玆特准暫回籍調攝痊可之日 着撫按官具奏召用 着馳驛去 還差官護送 該部知道 萬曆十九年九月十三日

申用懋跋

伏念先臣文定柄政九年 效忠殫力 荷蒙神宗先皇帝倚毗之隆 備極光寵 嘗呼爲先生而不名 又曰先生是朕股肱 心非股肱 安能運動 具在召對錄中 至札子批答 間有出神謨手筆者 除詔付內閣 繳還御前餘褒美慰留諸諭 珍襲家笥者 共二十二道 臣薰沐跪誦 亡論鴻筆鳳藻 絶衆超群 而德意恩私 藹若家人父子相爲告語(缺一字) 時官府之一體 魚水之交歡 乞今猶可想見 信天縱之能(缺一字) 獨雲漢爲章而已 萬靈呵護 千古常新 而臣猶紙墨易渝 久而失眞 敬勒貞珉 永垂不朽 古人所謂抱烏號之弓不若藏此筆 寶曲阜之履 不若傳此書 臣不佞實欲貽厥子孫 比諸琬琰(缺三字) 君賜於羹墻(缺一字)報國恩於頂踵云爾 若僅僅侈(缺五字) 則臣何敢 因哽咽綴言于左(缺四字) 年春王正月 太僕寺少卿臣申用懋拜手稽首

神宗皇帝御用金管一柄 其制作極妙 而筆管刻泉磬帶茅茨 雲霞生薜帷 竹憐新雨後 山愛夕陽時 閑鷺棲常早 秋花落更遲 家僮掃蘿逕 昨與故人期 谷口寄友四十四字 又其幹刻云 離離金粟花 深翠糝輕黃 無人賦招隱 自倚巖穴傍 要是月中桂 人間無此香 仙槎不得至 誰爲問吳剛 右詠桂花四十四字又刻文林便用四字 藏之煥章菴中(華陽舊志)

毅宗皇帝御筆非禮不動四大字 顯宗甲寅 陪臣宋時烈刻于瞻星臺下巖厓 又刻于石片 藏之雲漢閣 又粧簇子一軸 藏煥章菴中(華陽舊志)
毅宗皇帝御筆 陌上堯樽傾北斗 樓前舜樂動南薰 非澹泊無以明志 非寧靜無以致遠 玉蘊山含暉 珠藏澤自媚 右三十八大字 陪臣李選模出江都國藏石八片 藏于雲漢閣(華陽舊志)
毅宗皇帝賜楊嗣昌一絶 鹽梅今暫作干城 上將威嚴細柳營 一掃寇氛從此靖 還期教養遂民生 賜督師輔臣楊嗣昌 崇禎十二年九月 右四十三字印本 丁酉粧潢 奉藏菴中(華陽舊志)
崇禎十年大統歷一卷 皇朝丁丑所頒我國者 仁祖賜陪臣金尙憲 今藏菴中(華陽舊志)

陪臣權尙夏跋

右皇曆 崇禎丁丑之所頒於東國 而仁廟以是賜石室金文正公者也 公嘗十襲荐藏 末年手授庶孫壽徵曰 善守此 毋或傷汚 異日必有知愛此書者 爾其與之 公沒後五十四年甲申 多士建祠于華陽洞中 名以萬東 享我神宗, 毅宗二皇帝 此盖先師宋文正公遺意也 於是壽徵甫袖此書 付之尙夏曰 今天下陸沈 無一片乾淨地 而公等不忘師說 乃有尊周盛擧 吾祖所謂知愛此書者 顧不在於今日諸公耶 謹盥手拜受 賚入洞中 與毅皇御墨同其珍奉焉 嗚呼 此豈偶然哉 嗚呼 天朝頒曆 至此而止 今安得復見此事 金文正之所以丁寧付囑者 意甚悲切 倘使先師見者 想必掩泣於斯也 此可使知者知之 難與俗人言也(寒水齋集)

陪臣李箕洪跋

嗚呼 崇禎皇帝甲申之禍 尙忍言哉 甲申之前 我國先被丙丁之亂 而竟至天地崩析 中國爲夷狄 人類爲禽獸 天下不復知有皇明者久矣 今去丁丑 已換七十年蓂莢 而得此丁丑皇曆於今日 則怳然如覩皇明日月 而自不覺感涕之縱橫也 華陽萬東祠 成於回甲之歲 今此皇曆出於翌年乙酉 而歸之於萬東祠 可異而亦可悲也 此書所從來則遂菴之跋詳矣 嗚呼 皇朝之禮樂文物 不可得而復見矣 獨此一書幸存 不知泯滅者 倘非我聖祖之賜賢相 賢相之受而傳其後 則何以至此哉 當日眷眷之遺意 可以想矣 噫 天下之亂極矣 亂極思治 理之常也 醜虜久居神州 天厭穢德 則安知無白水眞人 起於舂陵 而此書豈不爲他日之考信者耶 謹深藏而勿失可也(眞齋集)

陪臣鄭澔跋

嗚呼 皇明屋社甲子 已一周矣 典章文物 邈然無徵 矧其太平盛際 如若天授時 協月正日之制 欲尋其彷彿於影響之末 何可得也 此後人所以寓感於匪風下泉之思 愈遠而愈切矣 一日余訪遂菴權公於寒水之精舍 遂菴出示一冊子曰 此乃崇禎丁丑皇曆之頒賜我國者 而偶得於淸陰金文正公之裔孫也 余嘗與共遊於尤菴老先生之門 得聞春秋尊周之義 且昨年萬東祠營建之事 子實與聞 今於此書之得 子烏可無一言乎 余曰然 此果皇朝恩頒遺書耶 嗚呼 今世安得復見此事 昔夫子因魯告朔之餼羊 至發我愛其禮之歎 是時周尙未亡 夫子猶愛其名之存而惜其禮之廢 眷眷乎東周之感如此 且欲存其羊 使後人因其名而考其實 庶幾有望於其禮之復也 況此一統遺書 可以徵信於後 可以若天而授時 協月而正日 非特餼羊之因名考實而已 則其愛惜感歎之意 當如何哉 然則此書之不亡於天地翻覆之餘 晦而復顯者 豈天意將使吾東民得復覩皇明日月之重明歟 公姑深深藏而有待也(丈巖集)

宣祖大王御筆萬折必東四大字 刻于瞻星臺邊(華陽舊志)
英宗大王御製御筆毅宗皇帝御筆非禮不動四字序刻本一軸 藏之雲漢閣(華陽舊志)

御製序

予於昨年冬 因北關人胡斗弼上言中 以萬東祠事 問于喉院 始知其建祠之由 而取覽日記 則甲申春故判書閔鎭厚亦以此陳達於先朝者矣 其由何 粵在辛亥 故相閔鼎重之燕行也 偶得崇禎皇帝御筆四大字而來 付與於故奉朝賀宋時烈 仍以貞珉建祠其傍 名曰萬東 盖取一間茅屋祭昭王之義 嗚呼 此豈非體聖祖尊周之大志歟 其板本在於領府事閔鎭遠之家 故命入諦審 則造化若動 寶墨如新 再三欽奉 涕泗被面 敬模入梓 略記梗槩于末 以伸追慕之忱云爾 皇明崇禎紀元後九十九年丙午仲春之日謹識(列聖御製)

陪臣宋時烈筆大明天地崇禎日月八大字 嘗與申曼者 門人權尙夏模刻于皇筆之下方(華陽舊志)
權尙夏跋 此八字 陪臣宋時烈嘗書與人者 正宜於此山中 謹摸以勒(華陽舊志)
大老筆蒼梧雲斷武夷山空八大字 刻于巖棲齋下石壁
泣弓巖碑 在冽泉齋之外 大老哭孝宗諱辰處也 刻詩一絶 此日知何日 孤衷上帝臨 侵晨痛哭後 抱膝更長吟
門人權尙夏題其背曰 先生嘗於孝廟諱日 曉起痛哭於巖上 仍吟一絶 後人號其巖曰泣弓 盖取荊湖故事也 歲丁酉 方伯尹公憲柱謁廟訖 大書泣弓巖三字 刻石以示後 尙夏謹書先生絶句 仍畧記之

蔡之洪華陽洞異蹟說

人固靈於物 物亦有靈於人者 天所賦予之理 初豈豊於物而嗇於人哉 人爲欲所蔽 往往失其天而冥然無知覺 物則不蔽於欲 故其得於天而昭昭者自在 或能知氣化之盛衰 而發禎祥以示人 若是者不可謂不靈於人也 華陽之草堂下 舊有紅梅一樹甚盛 己巳初 無端枯死 至甲戌春 復生花葉依舊 先生又於孝廟諱辰 嘗作五言詩一絶 多士刻石爲碑 植于泣弓巖(先生每年五月四日諱辰 必西望哭臨於此巖故名以泣弓)之上 辛丑 忽漂沒水中 至乙巳 樵人得之沙上 可異也 彼頑然一樹石 顧何與於斯文之興廢 世道之翻覆 而其一枯一榮 一沈一出 若有所相關者何也 豈以天地之氣 人與物無間 故吉凶消長之際 自不無相感者而然歟 抑大賢人屈伸榮辱 實陰陽否泰之一機會 故雖木石之無知者 亦隨而變動也耶 在物尙然 況最靈之人 不復知有先生者 禀何氣歟 噫 梅固歲寒姿也 其貞節異徵 可與孔廟之檜 幷傳於無窮 而後人看護不謹 根株今無存者惜也 且其碑之沈水 意若不偶然者 而不待深谷之爲陵 復出於地上者 又何意也 無乃荏苒之間 奄忽滄桑之變耶 未知自今以往 混沌世界 凡幾開而幾闔也 吾將從造化翁問之也 洞僧輩又言每當時事變嬗之時 洞中大松輒多萎黃者 余嘗屢至而目擊之 其言果不誣 事亦可異 故幷書此以爲識

甲申筵話一卷 藏煥章菴

李縡跋

甲申正月十日筵話 縡爲史官時 錄出一通 報于遂菴權文純公者也 大報壇之成 實肇於是日 而萬東祠營建顚末 亦因是而得徹宸聽 吾東邦君臣上下一脉尊周之義 於此槩可見矣 今日偶到華陽之煥章菴 閱菴中故藏 得此本讀之 不覺涕泗交頤 嗚呼 我老先生嘗詔人曰 我東之人 秪當以含冤忍痛迫不得已八字 揭在額上也 先生之歿 此義寢晦 縡於其時親聆玉音 有曰復讎雪恥 雖未易言 而言辭慷慨者 亦不得聞之矣 況今去甲申幾四十年 世道人心 益無可言 幾乎伊川被髮之歎矣 直欲抱得先生遺書 走伏此山而亦不能得 其將如之何哉 嗚呼 明陵之木已拱矣 遂翁亦不可復作矣 支離不死 閱歷萬

變 俯仰今昔 愴傷無窮 惟此本之傳 猶可使深山窮谷之人 與聞當日廈氈吁咈之盛 得以感發其沒世於戱之思 亦豈可小也哉 遂敢略識于卷尾 以諗後人云

李宜哲跋

右寒泉先生親書肅廟筵話後者 其載先王之敎 有曰復讐雪恥 雖未易言 而言辭慷慨 亦不得聞之 嗚呼 春秋之義 莫盛於尊周而攘夷 雖曰載之空言 而其能立天下之大防 使天下後世得免於夷狄禽獸之歸 乃聖人之精義也 然則言辭慷慨 固未必無助於世敎 而今之人往往不識此義 直以强弱虛實爲言 此乃經義不明 人心陷溺之驗也 於是有以見先王所以憂患衰世至深遠也 先王之表章於當日者 豈無意義於其間哉 嗚呼唏矣 後十六年甲戌春 宜哲以使事過此 奉讀遺文 爲之涕泗 仍敬題其下如此

陶菴亭子在巴串 今廢

李縡與華陽院儒書

伏惟春寒 僉齋履萬毖 縡酷愛巴谷巖泉之勝 且以老先生杖屨之地 風流弘遠 庶爲後學依歸之所 昨年募僧縛得數間屋子於巖間 以寓高山之思 結搆幾完 而不幸遭罹禍釁 走伏雪嶽下 此計左矣 竊念朱子武夷詩 有居然我泉石之句 旋又曰一我字生出無限病敗 愚嘗服膺於此 不敢看作平泉之草木矣 況南北渺然 無力看護 竊願以此屋歸之書院 以自見其微誠 區區此意 庶不獲罪於朱子法門耶 仍記先祖在嶺臬時 有周急於老先生者 社倉之設 實由是始 今以小築爲書院補久缺 得與一鄕諸君子同此仁智之樂 則亦或無忝於先美耶 他日獲償未了之緣 則抱得朱子遺書 徜徉於其中
不妨容作主人否 惟僉尊之財諒也

附 華陽書院

丙午 先生六十歲 四月 借寓清州枕流亭 先生厭鄕里紛擾 又愛俗離洛陽山水之勝 欲滅景其中 常往來仙游洞巴谷之間 至是借寓黃氏亭舍 甚愜素心云 ○八月 移居華陽洞 華陽洞在俗離西麓洛陽山之下 先生取其水石甚奇而卜築 至是小屋新成 遂移居 常著華制襴衫平頂巾以處 盖亦朱先生樓下詠柏之意也 ○十一月 至馬巖
己酉 先生六十三歲 十月 入華陽 ○十二月 歸蘇堤
庚戌 先生六十四歲 正月 入華陽 ○三月 作清風之行 聞朴和叔來訪 促駕歸華陽
壬子 先生六十六歲 三月 入三山 ○十月 入華陽
癸丑 先生六十七歲 七月 發赴召之行 ○十月 至華陽 先生之歸自驪江也 打愚李公同舟隨至 李草廬, 閔老峯亦追至 先生至忠州彈琴臺下 下岸而歸 老峯歸其鄕舍 草廬, 打愚仍至華陽 打愚先歸 及草廬歸 先生送至空林寺 留宿而歸
甲寅 先生六十八歲 二月 王大妃昇遐 時先生爲行節祀 自華陽洞向懷德 聞國哀 至興農書堂擧哀 ○三月 發赴臨行 至竹山 聞禮官初以朞年之慈殿服制 旋覺其非 改以大功 致上詰責至吏問 其原實原於己庚禮論 先生不敢冒入 遂陳疏 退歸華陽洞 ○模刻毅宗皇帝御筆于華陽石厓 ○五月 發向山陵 迎哭大行王大妃廞衛于楊根白楊浦 入龍門山
己未 先生七十三歲 四月 移配巨濟 先是庚戌歲饑 先生在華陽乏食 嶺南按使李公翽周之以俸餘米

十斛 而時顯廟已有周急之恩 先生以爲旣受恩賜 又受此米 義有難安 累辭累還 李公輒復輸送 會朝家用畏齋李公端夏言 令諸路行朱子社倉法 先生遂與同志士友及李持憲秀彦兄弟相議 以其米置社倉于靑川 復募民願入者 各出若干穀添補 而斂散之規 一依朱先生所定 又令煥章菴僧徒入於社中 俾免無食散去 以永崖刻守護 仍與士友約束爲契 一如崇安之爲 凶徒因是搆誣 於是吳挺緯, 權大載, 宋挺濂, 李命殷, 趙祉錫, 裵正徽, 李玄錫等 合契以爲交通煽動 請移配先生於于絶島 嚴加栫棘 上允之

庚申 先生七十四歲 六月 入華陽 揭示客位咨目曰 勿言朝廷是非州縣得失 只評山水說桑麻而已 閉門却掃 諷詠詩書 若將終焉 ○九月 還蘇堤

辛酉 先生七十五歲 四月 入華陽 還冷泉 ○七月 歸板橋 入華陽 八月 往黑巖 還入華陽 ○十月 自華陽赴國祥 至陰竹疾作 上疏待罪 ○十一月 歸華陽

壬戌 先生七十六歲 八月 入華陽 ○十月 聞上患痘 卽發西行 時先生方與權公尙夏諸人 校書于華陽書齋 聞上候未寧 卽夕以匹馬發行 觸冒風雪 驅馳入京 ○十一月 還華陽 尋至馬巖墓下 時孫疇錫登第榮歸

乙丑 先生七十九歲 正月 入華陽 門人權公尙夏來謁 與校朱子書 還懷川 ○二月後會權公尙夏于華陽校書 ○三月 歸板橋齋舍

丙寅 先生八十歲 三月 入華陽 與孫疇錫及門人權公尙夏, 李公喜朝, 閔公泰重等 校朱書箚疑 仍欲更登俗離 率諸人發行 歷巴谷仙遊 至空林寺 先生有疾患 獨自徑歸 有諸君正有三湘興 老我空慚雙眼昏之句 ○四月 還橋齋 ○閏四月 至華陽 尋還板橋 ○八月 入華陽 ○九月 還板橋

丁卯 先生八十一歲 八月 至華陽 與權公尙夏相會 ○至報恩謁家廟

戊辰 先生八十二歲 四月 入華陽 ○遊屛川 時先生與權公尙夏, 金公昌協諸人 約會于山中 校朱子大全箚疑 孫疇錫亦自龍潭任所來侍 聞尙州聞慶界屛川水石絶勝 而去巴溪一息而近 校書之暇 遂與諸人匹馬往訪 嘯詠徜徉 夕宿松面山村 翌日歸華陽 ○歸興巖

乙亥 湖西諸生 建書院于華陽洞外萬景臺

開基祭文 黃世楨

伏以我尤菴先生 考亭正統 隆中大義 賓師王國 領袖士類 若將有爲 聖考殂落 欲報神孫 丹衷彌灼 讒奸蝟起 禍竟罔極 尙何忍言 理不可測 天道循環 日月重明 愍章沓下 褒典增榮 凡係遺躅 罔不享宇 矧彼華陽 講學之所 是宜俎豆 用寓慕忱 第念伊地 峽束川深 峽束莫容 川深難揭 人實自遠 設饗何賴 所以改圖 于晩景臺 臺則如何 水繞山開 空林聯壑 碧縣接原 隴雲汀樹 掩映前村 比華論勝 此愛寬暢 且喜去華 隔一翠嶂 暇日先生 杖屨來去 至謂門人 吾欲恒處 欲來妥靈 舍此無適 乃涓吉辰 誅茅芟棘 廟貌倚東 齋室翼西 位置合度 大額可題 俾永肹蠁 寔神之惠 其始自今 敬事無替 瘠豚雖薄 旨酒潔淸 伏祈明神 降歆玆誠

祠宇上梁文 郡守任埅

伏以大賢留百世之澤 擧切江漢之思 名區刱一畝之宮 肇設春秋之享 奚特家塾之重 實惟邦國之光 恭惟我尤菴宋先生 命世眞儒 受天間氣 授受正大 直承沙老之統傳 淵源遠深 一遵晦翁之規畫 造詣踐履 建天地而不違 出處行藏 質神明而無愧 大哉道學之臻極 久矣士林之推宗 負一代山斗之望 蒼生有不起之懼 値千載風雲之會 聖祖發何晩之歎 漢諸葛之鞠躬 欲伸大義 燕樂毅之攬涕 恐傷先王 天未欲治耶 竟齎陶鑄之志 道不行命也 其奈消長之機 嗟乎一網之彌空 忍言金罌之受禍 南竄北謫

幾作涪陵之行 白日丹忱 復聞竹樹之詠 百身願贖 競諸生之叫閽 千里含哀 紛四方之赴葬 幸蒙天日之回照 得覩寃枉之快伸 恩綍丁寧 悔傷之意至矣 輿情感謝 悲喜之心均焉 君子終莫能諼兮 入人也深 先生沒而可祭者 非公而誰 睠玆華陽一區之棲 曾是滄洲晩歲之卜 不容何病 旣慍群小之多言 可卷而懷 惟恐八林之未邃 窮巖幽谷 隱者之所盤旋 智水仁山 賢者而後樂此 遂誅茅於澗底 仍架椽於雲邊 白石淸流 何讓武夷九曲 靑山明月 殆同安樂一窩 源頭之水不窮 庭畔之草交翠 若將終老 悠然身世之徜徉 宛如隔晨 倏焉人事之變易 苔侵浴沂之路 過者傷心 蓬沒藏書之居 望之流涕 遺澤未斬 過化偏存於是鄕 沒世不忘 追思最深於吾黨 顧以羹墻之慕 共切俎豆之誠 相新基於靑川 遵舊制於白鹿 惟其入洞之太險 是用去宅而稍移 旣詢謨之僉同 聞風共起 何經始之足慮 不日卽成 棟宇翬飛 驚眼前之突兀 岡巒鳳舞 喜頭上之崢嶸 揭虔妥靈 儼先師之尊奉 藏修肄業 得後學之依歸 相與講磨乎前聞 如聽謦咳之餘訓 溪山依舊 難陪暇日之遊 風月無邊 緬想陽春之座 盖自牛栗諸賢以後道莫大於吾師 歷觀湖嶺數州之間 地最勝於玆境 作斯院烏可已也 求諸國罕有比焉 若有神相之 天發慳而地發秘 不待飾奐矣 水增廣而山增高 宜唱巴謠 用贊郢匠 抛梁東 舊宅前山在眼中 捲盡浮雲靑髮露 吐來朝日照牕紅 抛梁西 蹇芝山下卽鍾溪 看他萬折朝宗意 今古誰人得與齊 抛梁南 孤雲臺上片雲含 須知名敎眞堪樂 學士昇仙儘妄談 抛梁北 天半群山靑簇簇 世上一何培塿多 無人知道尊東岳 抛梁上 景物古今同一樣 到來玆境尙依然 霽月光風佳氣像 抛梁下 靜把陰陽觀物化 牕外芳草爲誰靑 夜院無風花自謝 伏願上梁之後 道運亨泰 文風蔚興 西廡東廂 何必渠渠之大 夏絃秋誦 自致濟濟之多 瞻禴祀而罔愆 永俾苾芬之香火 奉敎訓而無墜 益務學問之工程

奉安時祭文 大司憲李喜朝

天地之間 曰有正氣 或鍾於人 師表百世 惟我先生 實乃其人 旣禀純剛 早探道源 沙老嫡傳 石潭正脉 克遵成法 踐履斯篤 道備體用 學造博約 其所受用 惟紫陽法 功存繼開 文實在玆 欲掩彌彰 爲世蓍龜 喪亂以來 九有昏墊 一部春秋 公獨爲任 際遇聖祖 密勿疇咨 前席謨猷 人莫聞知 千載昭融將大有爲 天不祚東 業虧中途 至痛在心 沒世永悼 每逢諱辰 號哭深山 獨抱遺經 長事考槃 身雖江湖 憂實在君 道大難容 從古則然 況當衰季 邪說橫肆 禍人家國 害甚洪水 辭而闢之 如刀斯截心存衛道 身豈暇恤 所以罹禍 比古尤酷 放逐聯翩 于南于北 素患而行 髭髮勝昔 天心悔悟 眷遇益隆 曾未幾時 讒說再行 茫茫瀛海 一任風波 時乎罔極 天獨奈何 哀哀楚山 竟受金甖 天日丹衷 孰不畵傷 陰翳再廓 黃道重明 恤焉追懊 藹然綸綍 凡係愍章 靡或有闕 士氣方伸 爭請俎豆 矧玆華陽寔講道所 樂山樂水 幾年於斯 退翁陶山 考亭武夷 瞻彼磨厓 四字煌煌 獨保殷日 奚但首陽 尊周微意 盖寓於玆 地老天荒 其永有辭 顧今揭虔 舍此何之 然其地勢 太艱而阨 建宇設享 有欠殖殖 爰卜玆基 不遠而邇 活水自源 遺躅盈視 勝賞無遜 結搆有裕 亦嘗平昔 杖屨攸憩 肆謀經始 不日事擧有庭有廡 咸得其序 傍開小堂 奉妥遺像 儼(缺)若臨 疇不愴恨 靑衿列侍 怳疑疇曩 玆涓吉辰 敬陳牲幣 有來千秋 永言勿替 尙冀明靈 歆此崇巵 俾我後人 庶有依歸

享祀祝文 參判李畬

洛閩正派 宇宙大義 喬嶽巖巖 百世仰止

享祀陳設圖

影幀移奉祠宇時告辭

朱夫子有言曰 古禮廟無二主 槩精神旣散 欲其萃聚於此 故不可以二 又曰二主常相依 則精神不分 先生嘗引據此說 論破圃隱廟別立影堂之非是矣 此院經始之初 不知有此敎 別搆小堂 以奉影幀 而到今多士之意以爲夫子之旨 先生之敎 旣有明白可徵者如彼 則宜卽奉遵 不可違貳 將於今月某日 移安影幀于祠宇之內北壁上 而略有修粧之役 喧撓未安 敬請權奉于東齋 謹以酒果用伸虔告

丙子 諸生上疏請額 該曹以先有梅谷考巖龍津書院 而疊設有禁 難於回啓 筵臣李畬陳白以爲宋某甚愛華陽水石 築室藏修 講道其中 實同朱子之武夷 旣今爲某設院 則華陽比他尤重 宜有特恩 上敎曰 雖有疊設之禁 奉朝賀平日禮遇殊異 與他儒賢不同 華陽又非他處之比 刱設書院 在所不已 特命賜額華陽 遣官致祭

請額疏 疏頭蔡之涵 掌議宋有吉，李先稷 色掌洪胄亨，張柱韓 製疏李秀衡

伏以書院之設 乃所以崇報先賢也 則凡其遺躅之所在 宜皆揭虔而腏享矣 今夫有以一言一行而名世者 有功存繼開 師表百世 愈久而不可泯者 其以一言一行而名世者 則雖其遺躅之所在 固難遍擧腏享之典 而若夫繼開之功 質神明而無怍 俟百世而不惑者 則雖家尸戶祝 亦不爲濫 況其所嘗卜居講學之地 豈可無俎豆之所 以盡崇報之道乎 乃者先正臣文正公宋時烈揭虔之所 於圻內則有水原焉 於湖南則有井邑焉 於北路則有德源焉 此三處則旣已上達荃聽 獲蒙準許 逮夫妥靈之後 又宣恩額 用示崇報之方 則我聖上崇儒重道之典 孰不欽仰 而第聞時議以財力之冗費 盛陳疊享之爲非 嚴勅道臣向前三處外 皆加禁抑 俾不得更設 至使聖朝表章斯文之德意不能均布 臣等竊以爲過也 夫三處之設享 或以體魄之藏 或以受命之所 或以居謫之地 其於尊賢之義 誠有所不可忽忘而無傳者也 如有不可忽忘而無傳者 又有甚於三處者 則其可以疊享爲拘 而不爲更許其俎豆也耶 惟此淸州之華陽洞 卽時烈卜居講學之所 多士從遊於此 以資其誘掖漸磨 故淸州之人 賴有洙泗之遺風 雖以臣等之蒙陋者稍知以學業自勉者 盖時烈過化之功也 且華陽山水之勝 甲於湖左 故時烈以仁知之性 愛而樂之 此實與晦翁之武夷 異世而相符 今若於華陽而不享時烈 則是於武夷而不享晦翁也 其可乎哉 況其所居之齋舍尙存 所讀之書策尙存 至今章甫之過此地者 撫跡興懷 益切其山樑江漢之思 而想時烈之精靈亦必眷戀於此 無異平日矣 且時烈嘗於洞之巖石 鐫刻崇禎皇帝宸翰 以寓其尊周之深意 則此亦不可使之泯滅者也 噫 體魄之藏 受命之所 居謫之地 固不可無享 今以此地之遺躅見之 則反有重於玆前三處者存焉 三處或可無享 此則決不可無享也 是以臣等自昨年朝家褒恤之後 雖未能上章陳請 如三處儒生之爲 而顧其謀所以俎豆之誠 則不後於他人 卜地鳩材 幷力始設者 粤自前冬之孟 而役鉅力綿 功未易就 適聞朝家禁令之下 而不但垂成之功 中止之爲可惜 於其朝令之中 且有旣已始役者 勿令毁撤之敎 故乃敢仍加董役 歲周一朞而後 始乃訖工 亦旣涓吉以行妥靈之禮 則今而後時烈遺躅之在此地者 可無泯滅之患 而多士景慕之忱 亦庶有寄寓之所矣 所欠獨未上聞于朝而有所表章之典也 嗚呼 惟此華陽宋時烈書院 終不得表章之典而止耶 時烈之於華陽 其愛好之篤如此 其講劘之功如此 其於當天地晦塞之日 獨持春秋大義 昭揭於玆 然則時烈腏享之所 擧一國之中 而宜莫如華陽 於此而終靳朝家表章之典 則不惟斯文之一大欠事 環湖中士林 擧將缺其望 竊恐我聖上崇儒重道之德意至此而終有所歉然矣 豈非大可惜者乎 臣等玆敢相率叫閽 仰塵天聰 伏願聖明克念大賢崇報之禮 有別於鄕賢 俯察此地遺躅之夥 有異於他所 亟命有司 頒降恩額 以闡朝家佑賢之盛典 以副士林顒望之至願 則斯文幸甚 世道幸甚 臣等不勝激切祈懇之至

賜額時致祭文 大提學金鎭圭

道出於天 由人以明 人之存亡 世以重輕 粤麗之鄭 遠紹朱程 本朝文正 曁純與成 迭闡正學 踵起而鳴 惟文純成 再傳而卿 卿實間氣 天挺豪英 有卓其見 而力其行 敬義交持 外內彪弸 盛德之象 巖

于泰衡 尤嚴邪正 如水土平 卿於斯文 孟氏復生 聖祖求賢 乃輟莘耕 彌綸妙契 佇布義聲 中途天崩 志士淚盈 寧考繼志 任以和羹 追報之忱 彌老彌精 卿於兩朝 武侯忠誠 予冲而辟 有奸盈庭 媒孽邦禮 誤我聰聽 使卿顚沛 于塞于溟 赤舃安重 不怵不驚 鵩鴞斯得 繡袞新迎 卿之遘愠 元聖東征 國有達尊 禮隆老更 而俗之蚩 自絶高閎 日月之踰 近出門屛 何尤乎人 保我幽貞 龍門休退 身否道亨 卿之處困 叔子暮齡 世趨於陂 百六仍丁 輪輝之慶 喜倍凡情 琅玕一封 肝血是呈 萋斐罔極 禍網卒嬰 賢人之殞 天地晦冥 譬樑木摧 大廈傾矣 譬砥柱倒 狂流橫矣 而予靡察 久屈九京 天道善勝 豈人所爭 倫常復正 朝野載淸 昧昧追悔 靦然以騂 宣綸復誥 予悔之旌 念卿之學 所立甚宏 尊周之旨 本諸麟經 節義是尙 媮懦則抨 體道之勇 祖乎考亭 力觝詖淫 若去螣螟 聖路廓如 免抵榛荊 伊彼仇疾 亦於是萌 嗟功旣鉅 報豈不嬴 宜尸而祝 彷彿典刑 肆其有廟 楚山隋城 維彼華陽 予舊聞名 山川之美 杖屨攸停 矧伊帝翰 于崖有銘 匪風遺意 寓此巖扃 所以衿紳 悲慕斯幷 遂卽山門 立屋妥靈 爰擧恒典 修其幣牲 錫以華扁 俾煥楣欞 巴谷窈深 武溪淸冷 昔所薖軸 今則廟庭 籩豆有楚 苾芬孔馨 卿之眷顧 豈間顯冥 庶使後人 知所範型 丕振儒風 興我序黌 實裨予化 奚但卿榮 卿其有知 歆此豊盛(禮曹佐郎柳格來宣)

甲申 門人權尙夏以先生遺敎 建大明神宗, 毅宗兩皇帝廟于華陽洞 號曰萬東 仍行享禮 權公旣受先生遺敎 與同志士友 經營有年 趁是歲毅皇殉社之周甲 依廈屋制 建廟于去厓刻一里許面北之地 號曰萬東廟 以正月上丁 用牌子書神宗顯皇帝, 毅宗烈皇帝 設位而祭 自製祝詞 薦以四籩四豆 牲用大牢 獻三爵 又以一體君臣祭祀同之義 奉先生眞像於先生書齋 薦以一籩一豆 而仍告廟享禮成之意

萬東廟營建後告辭 李喜朝

春秋大義 洛閩正學 遺像凜然 泰山喬嶽 旣祀兩皇 仍薦一酌 英靈如在 庶幾歆格

萬東祠成後尤菴先生影幀告文 權尙夏

伏以神宗毅宗兩皇上俎豆之事 曾受明敎而未易成就矣 近者幸賴同志諸人之致力 廟宇之役纔完矣 今當甲申之歲 人心之思漢益切 謹以孟春上丁 敬陳享事 次第之禮 姑俟他日(鄭澔注 次第之禮 老先生議建祠宇 奉享神毅二皇帝 擬以我孝廟配之 而甲申 先奉二皇 配議姑俟他日故云) 仍伏念蜀中之祭先主也 一體同薦於武侯之祠 杜工部詩可以取證 故玆奉眞像於舊堂 敢用一籩一豆之禮 幷伸虔告 伏惟鑑臨

庚寅 移建于洞中萬東廟之下 春秋釋菜 行於皇廟享祀之同日 院下數武許 有先生書齋 書冊硯匣杖筬璣衡等物俱在 始奉眞像于齋中 後入奉書院 先生眞像凡三本 其一卽畵師韓時覺所寫 而奉于家廟 是先生七十七歲眞也 其一卽門人金尙書鎭圭所草 而指揮畵師所傳寫也 華院書院最初所奉本是也 先生平日未嘗擡眼視人 而此本却不然 盖金尙書忽至 揚聲上堂 先生喜甚 開眼迎勞 故其所草如此云 其一卽金進士昌業所草 而畵師所傳寫也

萬景臺書院請移安華陽告辭

頃年院宇之設於此 只爲守護之便 而近日以來 村里凋散 殊無長久守護之勢 且念華陽之洞實先生平日考槃之所 朝家旣以華陽頒額 則去此頗遠 名實乖舛 故多士合議刱立新宮於洞中草堂之上 工纔告訖 敢請移奉

華陽洞移安時祭文 權尙夏

惟此華陽 如昔武夷 平居所樂 神亦安之 睠彼南皐 皇宮密邇 想惟英靈 陟降陪侍 爰刱新祠 棟宇旣備 於焉奉安 肅恭將事 巴水淸冷 洛山高峙 萬歲千秋 瞻仰在此 謹以籩豆淸酌 用伸虔告

與洪冑華書 權尙夏

春享之日 章敬王后忌辰 萬東將事 似不可以是爲礙於書院享禮 無或有不安之端否 但京外釋菜 雖値國忌 本無不可行之義 而我東從祀之位 亦皆一時行之 以此推之 則今此春享 所重在萬東 亦與釋菜無異 而此間或有疑問之人 如或礙人耳目 則院禮退行於翌日 亦無所妨否 幸與諸賢商量爲之如何 其後依此書遵行

答季文 弟尙游 書 權尙夏

華陽之事 非吾義起 先師於三臣傳曰 進士李重明者 上疏乞立神宗廟 上下其事 朝議不一故卒不行 然上意則以爲是 故卽官其人 愚嘗謂此議早晩有成 我孝考當配侑 而彼三臣者 亦宜從享廟庭也 據此則陪臣之不當庭享 愚未知其必然也 特以士民私祀 異於國家之享禮 故只擬武侯祠屋一體祭祀之義 別祀於書室 求知當時武侯一體之祀 亦以同日爲罪乎 亦未可知也

丙申 上命入尹宣擧墓碣文及尹拯辛酉擬書 手書華陽院額 遣承旨致祭宣揭 是冬 特下備忘曰 予惟琅城有華陽書院 商山有興巖書院 乃兩先正賜額書院也 揭額歲月已久 病裏筆畫尤拙 而必親書鏤板以下者 所以寓予尊敬之心也 噫 人主尊賢 出於至誠 則庶幾定士趨而熄邪說 予意夫豈偶然哉 其令儀曹並卽懸揭 仍爲賜祭 政院請並以備忘入梓懸揭 以詔後世 遂命左參贊閔鎭厚書備忘 承旨兪崇奉往懸揭致祭

致祭文 丙申○文學尹鳳朝

上帝憫世 乃眷東視 寧廟應命 以擬袞否 寧廟之時 倒此冠履 白日靑天 寧廟之義 坐火握氷 寧廟之志 出雲相感 疇我當意 舊學惟卿 厥篤卑卿 卿生命世 道全德備 胸懷海廓 氣像山峙 石透功力 絲櫛義理 光明磊落 表裏洞粹 淵源百代 維子朱子 時勢卽同 言行曷異 寧廟察卿 曰卿知己 同心卒功 咨我與爾 蒲璧其禮 賓師其位 卿惟感激 死生之以 謨深幄對 義形封事 炯炯一心 可質神 鬼 龍髯墮地 貂裘染淚 業雖未究 義則罔墜 翼翼聖考 遺志克嗣 維斗在天 王國有恃 讒奸莫售 如樹撼蟻 小子仰成 誠豈或弛 恩禮未終 囊事多愧 悔遄風雷 榮溢泉隧 觀卿屈伸 道與終始 證發太陽 尤被娼忌 彼侮聖者 心實覺贔 卿曾力斥 苦心抵死 有誰陰扶 以滋以熾 邢七狼狽 自叛程氏 始若折節 末乃揚臂 執爲資斧 墓文是諉 賢邪泯汶 師道遭燬 始予罔覺 不無疑貳 故天啓牖 今日有俟 凡諸事實 曁厥文字 旣覽旣詳 若醒予醉 乃明是非 乃定眞僞 予心旣堅 其怨益肆 喙喙交搆 紛然投匭 匪惟毁卿 大義是毁 彼毁大義 靡不玷累 痛念世變 惄焉無寐 追悼若新 景尙尤摯 睠彼華陽 寔卿專祀 傍瞻舊齋 卿所棲止 寶字煌煌 雲壁孔邇 有洞窈窕 有水淸泚 日月高臨 有明天地 玆焉特感 思所表示 四字華扁 親手書賜 力疾泚筆 涕隨墨漬 揭此誠心 警彼朋類 閑邪拒淫 士趨可指 同德有臣 道義齊美 一體褒崇 亶表予思 於皇寧廟 日監在此 卿應左右 陟降庭只 肆頒禋典 爰命近侍 靈其來格 歆予一觶

乙巳 遣官致祭于華陽書院 北關人胡斗弼上言自以爲胡文定之後 而其先來自中國 請世爲萬東廟守直官 略陳萬東廟建設委折 上始知皇筆崖刻事 又聞模刻板本在大臣閔鎭遠家 取入奉覽 仍下備忘諭以追慕皇恩之意及我東賴聖祖聖考之伸大義而知尊周之意 仍命賜祭南漢江都死節諸臣 以示褒忠勵世之意 承旨李準備陳先生蒙孝廟際遇 以尊周攘夷爲己任 孝廟中途崩殂 而大計未遂之事 又以爲先正平生扶大義斥邪說 闡明孝廟之志事 俾有辭於天下後世 故發之言語文字者 峻正森嚴 其尊周文字 盡在其別集 而進孝廟御札遺疏及臨命遺疏 尤極正大激烈 若賜乙覽 可以俯燭先正心事 又以爲我國自文正公金尙容兄弟, 三學士以後 撑拄氣節 可暴聖祖聖考之志事 而惟宋某文集 可以憑信也 此其尊周之功 豈下於殉節諸臣乎 宜特命詞臣 專以尊周一事 撰祭文致祭 上從之

乙巳致祭文 徐宗伋

天地大義 一部春秋 試看今日 誰識尊周 獨卿屹立 擔負於己 際遇寧陵 贊薪膽志 忍痛含寃 矢心復雪 囊封幄對 經緯密勿 武侯貞忠 阜陵志事 天胡不祚 弓劒遽墜 逮至肅考 先志寔遵 歲在涒灘 壇于禁垣 二聖徽烈 卿實揄揚 功雖未卒 義則愈彰 萬東一心 何可(缺)托 瞻彼華陽 緊卿攸宅 毅皇遺墨 鐫彼穹崖 煥乎有章 菴扁孔嘉 設位薦簋 思以義起 禮若無徵 古亦有擬 桂廟享舜 茅屋祭昭 於焉一邱 獨奉皇朝 臨沒眷眷 廟宇之營 爰有文純 遺志克成 一府洞天 大明日月 極天倫彝 賴以不絶 盖卿道學 動遵考亭 尊王之義 佩服平生 志業炳炳 有辭天下 不有我卿 萬古長夜 卓彼所樹 光我聖祖 謂虛僑者 邪說敢鼓 壞亂世道 迷惑士趨 肆我寧王 惟是之憂 明明聖訓 貽厥燕翼 煌煌寶墨 賁彼院額 一片乾淨 祠屋相隣 事實曠前 予始有聞 中州北望 下泉興思 九原難作 恨未同時 賞卿苦心 酹卿英靈 所以褒卿 豈獨爲卿 庶追先志 用勵衰季 伻官設奠 尙歆玆觶

英宗丙子三月 特贈議政府領議政 遣禮官致祭從享 敎文官啣 誤書以領議政 大臣兪拓基等陳達 上曰 付標未安 令政院改書敎文 安寶以下 仍下詢先賢贈職之例 敎曰 一間茅屋祭昭王之義 至于今年益知其忠誠大矣 特贈元輔 以示崇報之意

賜祭文 知製敎李宜哲

天地之氣 至大以剛 其在於人 陽德渾方 春生秋殺 各有攸宜 君子之宜 卿則以之 惟卿之質 峻正莊嚴 壁立萬仞 其象巖巖 惟卿之學 廣大高明 博約兩至 集厥大成 斯文正脉 朱子爲師 涵負地海 渉入忽絲 王伯義烈 邪正是非 一刀兩段 謹之必微 江漢悠悠 志在春秋 二創餘事 莫大尊周 際我聖祖 密贊大圖 囊封貼黃 垂拱遺模 日暮途遠 難平者事 樓下幽吟 弓劒永閟 閟矣巴原 先帝有廟 卿所義起 其義匪小 微卿之功 民胥爲戎 旣學之正 又功之隆 歷選群賢 卿實爲宗 三朝開濟 禮際彌恭 時運屢嬗 道有屈伸 邪說橫流 正路斯蓁 辭闢之廓 依我文公 群理遺書 導牖群蒙 明理正心 盖有所受 百千狂鬪 孰敢少售 不待百年 義理大定 昭垂典則 聖訓煥炳 吾道增重 世敎維新 逮予嗣服 先志是遵 敬慕之至 崇報斯敦 躋享文廟 實循輿言 統系有歸 士趨克咸 顧其敎書 誤結貤銜 事涉不虔 爰命是正 適當今歲 倍予愴哽 風泉之思 日月彌深 一間茅屋 想見卿心 何以贈之 上卿之崇 密草覃榮 以表其忠 感時撫事 嗟我暮年 皇壝祠回 俯仰愀然 寧王圖事 孰予其卒 老成旣邈 世級逾末 士鮮讀書 民不興學 脂韋成俗 斯道靡託 表章正學 明示法門 高山景行 百世彌尊 伻官告祭 敬酌彼泂 尙有英識 歆此嘉命

正宗丙申四月 李明徽投疏詆斥皇廟事 上嚴鞫遠配 十月 上遣承旨揭額萬東廟 仍下御製跋文 致祭于祠堂 上手書萬東廟額 特命左承旨金鍾秀奉揭于皇廟

賜祭文 藝文提學李宜哲

惟卿山河間氣 伊洛正脉 其道浩浩 其象嶽嶽 博而約之 敬而直之 集而成之 考亭我師 義理邪正 毫釐千里 力爭疑似 戰兢臨履 時丁大艱 天傾地壞 九五利見 風雲際會 春秋之義 其指數千 惟卿必廣尊周爲先 天降之任 明理正心 中道而已 天則難諶 蒼梧暮雲 白首遺臣 世道推遷 時有亨屯 日月昭懸 陰醜並藏 蹐之文廟 吾道愈光 天子之祠 于彼華陽 風泉遺思 宸墨煌煌 貓予初服 遹?追先志 表章隄防 俾正厥事 先祧庭配 皇祠書揭 高山景仰 可徵百世 宣拯之醜 餘孽猶熾 邪說橫流 黑昧大義 侵詆建廟 誣及編史 咸正厥罪 昭我義理 續跋短辭 庸見予意 俯仰曠感 予懷曷已 嗚呼惟卿 今之朱子 自在春闈 嚮往有素 讀書誦詩 如朝夕遇 逮至于今 增予興慨 歲月其遙 聲光愈晦 風塵暗想 江漢悠悠 何以酬之 有酌在舟 伻官致奠 匪秩常文 靈如不昧 歆此精芬

癸卯正月 遣閣臣致祭華陽書院 仍命閣臣書揭崇儒重道綸音及傳敎 時先生玄孫德相背祖負國 附麗賊臣國榮 受其陰嗾 投進凶疏 逆節畢露 聲討方嚴 而湖海之變繼此而起 上乃下崇儒重道綸音 仍傳敎曰 逖矣關西 距京敻越 尙無怪乎土俗之貿貿 至若湖西海西 皆是先正俎豆之鄕也 杖屨之所也 不幸近日承訛襲訛 因疑傳疑 未見有衛正闢邪之效 職由予忝位君師 敎未下孚之致 豈道內一二人士之罪也 予方反省歉歎 倘使先正在世 世道胡至於此 此時曠世之感 尤不容已 西原華陽書院 海州石潭書院 遣閣臣致祭 西原則獨享宋文正 而海西則趙文正, 李文純, 成文簡, 金文元, 宋文正五先正與李文成配食云 祭文各當親撰以下矣 適値歲首 宣此十行 予意竊以爲目下要務 莫大於是故也 於是閣臣金憙奉往綸音傳敎致祭訖 書以鏤板 揭額院之傍

御製致祭文 正祖

僾僾皇靈 萬東之霄 桂林享舜 楚鄕祭昭 緣情義起 俟百無疑 陪臣院享 隣近其祠 公維間氣 大賢東方 義則春秋 學則紫陽 淪彛絶學 賴以不墜 予實興慕 配廟題隧 德賊藉蔭 玷辱家聲 誤加虞旌 反資寇兵 表裏權奸 受嗾投匭 鼪我內治 沮我大計 反註四字 以訛以煽 聚首發通 幾汚斯院 殲魁赦從 罔或感憚 澤泓逞兇 仁京謀亂 千岐萬徑 同湊一轍 公而在世 手先勦絶 禹山作逆 博陸無愧 伲胄亂國 魏公何累 矧予尊尙 終始無斁 中心是罄 明靈庶格

本院山長 李秀彦(字美叔 韓山人 號醉夢軒 登文科官判書 爲尤翁門下之先進 居淸州 州人俎豆之始書院在晩景臺時爲山長 ○自甲戌至于乙丑) 權尙夏(字致道 安東人 號遂菴 以學行遺逸 官至議政 謚文純 爲尤翁傳道弟子 ○自丁丑至于辛丑) 鄭澔(字仲淳 延日人 號丈巖 遊尤翁之門最久 登文科 官至議政 謚文敬 爲士林領袖 善類宗主) 閔鎭遠(字靜能 驪州人 號丹巖 老峯之從子 同春之外孫 登文科官至議政 謚文忠 爲士林宗主 丈巖末年 爲副院長) 李宜顯(字德哉 龍仁人 號陶山 登文科官至議政 謚文簡 爲善類宗主 文章宗匠) 李縡(字熙卿 牛峯人 號陶菴 早年登文科 晩而篤學同春堂之彌甥 爲儒林領袖 斯文宗匠 官至參贊 陶山末年 爲副院長 謚文正) 朴弼周(字尙甫 潘南人 號黎湖 玄石之從孫 自少篤學 以遺逸官至吏曹判書 陶菴末年 爲山長 謚文敬) 閔應洙(字聲甫 老峯從孫 登文科官至議政 謚文憲) 趙觀彬(字國甫 楊州人 號悔軒 登文科官至判書 典文衡 謚文簡) 兪拓基(字展甫 杞溪人 號渼陰 登文科官至議政 謚文翼) 金元行(字伯春 安東人 號渼湖 農巖

之孫 以遺逸官至贊善 謚文敬) 金亮行(字子靜 號止菴 農巖從孫 以遺逸官至參判 謚文簡) 金鍾秀(字定夫 淸風人 登文科官至議政 典文衡 謚文忠 丁卯追奪) 宋煥箕(字子東 號性潭 尤翁五世孫 以遺逸官至贊成)

西原士人柳祉錫居武陵 距華陽五里 當戊申三月 逆賊麟佐起自松面 路出華陽 祉錫揣其必犯皇廟及尤翁畫像 率子挺箕, 挺斗兄弟 先向書院 抱影幀及位板 至于院後最深處彌勒菴 使先生家奴許一萬及院隷守護 一萬卽先生炊婢七禮外孫也 麟賊果到華陽索之 無有乃已 祉錫卽出自華陽倡義兵 先是賊柳海劇盜也 爲南忠壯延年所捕被刑 海憾之 從麟佐殺忠壯及李忠愍鳳祥 祉錫識其貌 及戰 祉錫指示忠壯子德夏斮之 召募使兪崇聞于朝 賜鞍馬 又賜錄券 事載勘亂錄 祉錫旣斬海 還入華陽 奉尤翁畫像 安于書院

華陽洞志 二

詩文 上

華陽洞[宋時烈]

華陽洞與首陽山 萬古綱常樹此間 客到試看千仞壁 腥膻天地別人寰

巖棲齋

溪邊石崖闢 作室於其間 靜坐尋經訓 分寸欲躋攀

又

一峯雲外起 微茫有無間 雪後分明見 孤高不可攀

次後雲翁煥章菴七十二韻

生民有此身 仁義卽固有 兼玆塞與帥 天地大父母 匪懈無所忝 可背其高厚 禮樂自宣朗 不待龍圖負
恭惟精一傳 昔自聖三后 大經大法明 盖有魯西狩 中庸踵而作 繼開天實佑 首明道不遠 鳶魚泪夫婦
因叙帝王統 盖皆秀之秀 大哉哀公問 接之文武後 達道與達德 憲章率由舊 是皆天所叙 誰舍復誰取
匪如伯者道 假借雜臧否 滅不隨秦焚 出豈俟漢購 維玆九經目 千聖所授受 宏綱大昭揭 衆星如有斗
這中修身說 最可拜手受 惟身何道修 曾以告顔某 非禮勿動云 捨此將何守 外物雖牽引 此志不馳走
衆欲縱汨亂 此心不眩貿 動靜與云爲 豈復少差謬 千姦與百邪 窺伺終莫售 所以子思子 表爲九之首
維昔我毅皇 何處先下手 手寫此一語 對越無夜晝 聖學日日新 表裏皆悠久 每於敬肆間 卽辨堯與紂
旣出舊科臼 脫若登崇峀 道純治亦升 四海祝萬壽 奈何在庭臣 珷玞混瓊琇 肆欲無忌憚 皇綱遂解紐
祥刑且非陶 大憝亦網漏 亂棘致葛榮 厲階非鄭袖 甲申三月事 思之心欲剖 國亡君死之 古今從騰口
吾皇獨辦此 天壤壞不朽 萬邦劇喪考 猶自稱天佑 秀夫保崖海 晦父哭永阜 苟或動非禮 聖德那此懋

有美老峯公 逮被恩偏覆 雖有慷慨心 事勢空掣肘 嵬嵬我寧考 嘗獨坐靈囿 招之謂汝來 堂宇深而黝 都兪罄所懷 如渴飮水救 敎謂世陸沈 鯨鯢恣噓吼 予思明大義 此志誰與就 文渴百七十 常愧於尙友 今人畏不言 膠漆呑不漱 予心中鬱結 日夕如雲逗 老峯稽首謝 此義亘宇宙 聖志久不酬 臣下之罪咎 出曰我聖度 不啻雲夢九 精神亦旣到 金石將可透 九土豺狼心 上天庶幾誘 從玆魚水契 密勿深結搆 聖心旣卓然 外人懼致寇 俄然龍御忙 血泣心胸叩 頃嘗入燕都 犬羊雜猴狖 腥膻九衢上 寶章糊戶牖 幸遇悲歌人 眉宇得心趣 謂此先皇筆 曾被戎馬蹂 爾須懷此去 爾邦孔不陋 煌煌四大字 不敢狎而覯 何況至要訓 出自魯中叟 欲償掉其金 其義亦峻茂 歸來托幽人 刻之蒼巖竇 亦述寧考志 仁義驚心獸 華陽一洞天 萬古明星宿 丹溪有一士 於世身如僦 作詩歌其事 老峯同脉候

次後雲翁煥章菴歌

檢丹之山鬱嵯峨 後雲句律何堂堂 齊梁諸子氣卑弱 況見古文於大航 況玆前後累百韻 一一皆是尊周王 記昔胡元盜乾符 帝王禮樂還泉狂 高皇按劒起草萊 掃淸九有無豺狼 聲名文物大鋪舒 黎庶拭目覩軒皇 聖繼神承十五世 宇宙淸夷日月光 本朝執壤儘役志 渥注龍種兼水蒼 車書旣同雨露均 但見耕無爲埸 如何萬曆壬辰歲 海寇妖氛來建章 廟社塵昏萬姓肉 玉輦西狩指鳳凰 神皇赫怒亟持危 百萬旌甲何煒煌 存亡生死指顧間 大德如天誰能償 表曰臣某昧保邦 仰勤武帳分牙璋 野處初如衛布衣 海晏今同周越裳 臣身元自星拱極 臣誠奚止葵傾陽 表至屢頷皇帝顧 爾治久已聞馨香 今玆再造亦爾賢 奬詔殷勤落紙忙 宣宗從此益虔恭 咫尺天威常肅將 漂淪五六十年間 大朝羣陰剝陽剛 甲申三月皇帝陟 賊迺虜入屠心腸 我東偏深恩渥被 一天讎恥何能忘 孝宗大王矧天縱 天理民彝常主張 老峯最有魚水契 大義未伸弓履藏 老峯欲死猶未死 兩眼血淚流尋常 頃年奉使至燕都 慘惔何心吊興亡 幸得先皇遺筆蹟 天香猶襲鸞鳳翔 歸來刻石華陽洞 衛護付與三乘行 孝考於玆想陟降 勿謂幽明徒杳茫 烏呼此義知者誰 世人心志昏如潢 後雲作詩歌此義 詞鋒上與星翻鋩 願將此詩贈老峯 讀來西望心轉傷

巴谷 用宋龜峯韻 和示李生後望

人言巴谷勝 閑日可淸遊 駕我時方好 逢君處最幽 溪聲淸似瑟 松籟爽如秋 出谷仍無事 惟看飯午牛

巴谷

水行靑龍去 人從翠壁行 武夷千載事 今日此分明

巴谷和金仲和

觀瀾詞一唱 臨水屋三間 謝客渾無事 看書却未閑 巴溪寒碎玉 離石削爲山 興至携朋去 長吟信馬還

仙遊洞

巴谷勝於此 此評恐未公 幽深兼灑落 還憶石塘翁

枕流亭

昔日煩囂地 孤棲恨莫深 玆來塵不到 那有客相尋 澗送幽禽話 庭宜好木陰 看書神思倦 時復費閑吟

又

小亭起林末 前溪日夕鳴 我來讀經史 南耗不須驚

無量村 和李生子久韻

武陵居士在 三徑碧苔封 喜我東隣卜 憐玆衆謗叢 好成春暮服 同撫歲寒心 志氣何曾老 梳頭笑爾童

又

流水桃花在 桑麻雨露多 地傳無量號 疑是武陵訛

空林寺絶句

空林禪釋號 我輩此中行 威儀伯子說 須向晦翁評

詠懷

洞裏烟霞鎖欲開 夜深星斗暫徘徊 想得潭溪秋月白 此生何日溯洄來

和杜韻示遊山諸友

獅子菴中開四門 平林湖海小如盆 諸君定有三湘興 老我空嗟雙眼昏 白首論交惟子在 青箱談理幾人存 閑時且欲成書會 須占平沙近水村

又

山中老翁欲無言 禍福乘除久任天 處靜還嫌泉觸石 愛閑頗愛佛逃禪 休論萬事紛如繡 且喜雙靑不用錢 自笑當年迷揣 知求明道不求全

又

不管諸山花姤妍 只宜閑傍舊書編 夜簷靜透花間月 晝榻晴生窗下烟 事到悔時嗟未及 意纔平處且悠然 莫敎從此成遺恨 長記知非伯玉年

華陽山寺 吟示諸生

夏夜山深猶杜鵑 仰思衾薄未成眠 如何明睿生知近 却困其然所以然(自注云朱先生嘗向山寺 馬上思索程子其然所以然數句未透 至寺鵑啼 衾又薄不得眠 終夜思索甚苦 其後每聞鵑聲 則輒思當日苦索時云云)

雨後

峽裏苦多雨 奔流亂石間 雷驚逃魍魎 獅吼讋巖巒 縱破龍門口 難傾砥柱山 俄然駭浪急 依舊聽潺湲

和洪元九韻

溪堂盡日氣凄凄 林靄山嵐四望迷 悠然靜對琴書坐 盡日幽禽向我啼

和趙凝望韻

洛陽山石削如屛 山下淸溪日夕鳴 艸堂無事門長掩 時有巡田亞使行

書懷示諸生

洛陽蒼壁千尋立 要與書生壯志爭 醉後長吟垂拱奏 不堪肝膽起峥嶸

詠菊

故人東籬菊 移來倚石牆 佇待村醪熟 秋英泛滿觴(自注云移栽洪元九菊叢于齋堂牆下 詩以寄之)

詠梅

壽樂堂前樹 移來白石灘 山中氷雪早 淸影不勝寒(自注云申伯久送梅一樹 植之溪堂前 詩以謝之)

校朱子書示諸生

雪打牕櫺風打戶 沈思萬事成今古 燈前校得數篇書 更覺良工心獨苦

煥章菴行[金壽恒]

荊湖龍升攀不及 地上羣臣抱弓泣 宣和天子漠北老 花鳥春愁寄奎藻 千秋嵬烈嵬前軌 別有吾皇四大字 聖人文章自天成 昭爲雲漢爲日星 尙思香案揮洒時 淸燕從容臨硯池 分明心法在克復 率土歸仁此可卜 天崩地拆更堪說 海水桑田眞一瞥 驪山事異幽王禍 陟方悲甚蒼梧駕 風馬雲車已渺邈 瑤函金篇俱零落 昭陵有書殉不得 一任腥膻汚殘墨 三韓使者幽燕市 邂逅悲歌慷慨士 提携相贈不論直 十襲歸來詑海域 海域蒼生覆冒同 苦心獨有華陽翁 華陽洞裏萬丈石 好事何年鬼斧劈 秖今鑱刻若有待 開方知天意在 鷟鸞回鳳映翠壁 日表儼然瞻咫尺 巖邊有屋傍澗隩 屋角新揭煥章號 緇流相感亦意氣 發願齋心謹守視 剝落寧容牛角觸 摩挲不遣苔紋蝕 祥雲環衛彩虹吐 谷魅山魈共呵護 寃禽夜啼石欲裂 水到蘭亭水亦咽 回看四海倒冠屨 大明乾坤一洞府 尊周微義寓於斯 一心炯炯誰復知 惟應天壽山頭月 照見孤臣滿腔血

煥章菴 并序[洪錫箕]

余在丹邱 得見尤菴在蓬山書別紙 有云昔老峯閔台奉使於燕 求得崇禎皇帝御筆 以爲如有貨者 雖萬金無愛也 有一明人來示非禮不動四大字 將以金償之 則不受而却走 盖感閔台之誠心也 曾與閔台謀其久遠之圖 模刻於華陽之石崖 上覆傍遮 可庇風雨矣 始結屋於其側 守以山僧 名曰煥章 盖取論語煥乎文章之語也 事未就而罹此禍罟 勢將朝夕就盡矣 念昔孝宗大王念此虜之不可共天 痛憤怨疾 期伸大義 上天不仁 遽爾上賓 閔台聿追其志 略寓葵忱於此事 其情可謂慽矣 屋旣不就 則抑恐此志又成埋沒 遂移其名於東邊僧舍 此不可無發揮之詞 願執事之先之也 昔朱奉使孤囚冷山而龍莫及之句發於道君之祭文 至今流傳天下 雖在今日 亦或有喜聞者矣 勿外勿外 噫 崇禎以後無天地也 無日月

也 非萬曆父母之恩 則東社不血矣 東民無孑遺矣 無吾父祖矣 無此身矣 崇禎皇帝 乃神宗之神孫也 皇明不亡於四字之傳 老峯之義 尤菴之志 與終始矣 尤菴不以余卑鄙 至勤發揮之敎 不敢以短拙辭焉 五言長篇七百一十字 猶有未盡之意 繼以三律

天下昔同文 皇朱有九有 吾鮮小事大 列帝世父母 洪惟我神皇 聖明配高厚 東社幸不屋 洪造詎可負 神孫率乃祖 萬邦戴明后 逆豎逼丹極 陟方非舜狩 大井寒未焰 嗚呼天不祐 崇禎豈忍說 血淚看愚婦 老峯閔尙書 歲寒孤松秀 西行吊首陽 泗涕東渡後 金臺哭昭王 物色已非舊 玉璽竟何歸 瑤圖誰所取 龍顔不復覩 王氣尙在否 軒弓覓無處 天筆在可購 煌煌四大字 得之何人授 至寶不論價 非愛金至斗 酬之欲傾囊 掉頭辭不受 無乃悲歌士 不知名姓某 漢民宜思漢 匹夫有所守 魯連若同時 何曾獨東走 亦知尙書公 誠意感貿貿 胸中有西山 奈今時大謬 東歸十襲藏 畏狙向誰售 尤菴老先生 有志空白首 況若近天香 流涕拜以手 大明在遺墨 日月如再晝 字字重白璧 何以傳永久 華山山之陽 歸馬想誅紂 高崖立千丈 白石映玉峀 礱磨模且鐫 可與石俱壽 輝如動圭璧 煥若含瑩琇 莓苔不敢蝕 何用金繩紐 鬼護神亦祕 山靈豈洩漏 我亦未死臣 撫書沾衣袖 戴天還愧天 臣心但未剖 臣拜舊天子 咨嗟心語口 錦障久或弊 石刻長不朽 明亡猶未亡 在天靈必佑 雲根縱頑然 得此異衆阜 仍念御宇時 堯德非不懋 鹿馬敢用事 羣凶蔑天覆 豈有動非禮 胡爲禍生肘 青鯨吸黃河 白鳥失靈囿 文明入長夜 天地慘黯黝 崖山未覆舟 恐無隻手救 衡門亦寂寞 蠻海風濤吼 卿月辭丹墀 聖朝迷去就 一爲猿魅隣 一爲猿鶴友 寧陵更一叫 銳意曾未究 九疑鳳凰飛 中原龍虎鬪 可哀溪上石 空遣湍波漱 不見五彩隨 寒雲爲之逗 鬱鬱老龍蛇 餘光照宇宙 賴有二君子 在易貞无咎 葵忱寄銀鉤 那得反陽九 尊之且盖覆 欲無風雨透 又思架崖广 守豈逃役誘 瞻如皇極殿 擬見雲邊搆 牧夫與樵夫 預備若禦寇 此計落淸湘 天門邈難叩 袯襫對蛟鰐 巖扉依猿狖 義聲聳天筊 何但斯道牖 隣僧知愛護 儒釋無異趣 在物必有感 鹿豕避不蹂 菴名謂煥章 佛雖夷不陋 北面寓於斯 天表如在覯 摩挲更咄咄 世無隆中叟 玉座灰已寒 喬山草自茂 石帶會稽色 幽泉咽巖竇 我悲相公志 東韓豈禽獸 欲成相公志 鳩功議老宿 願以身代工 敢恨不酬僦 早晩赤舃歸 蘿逕吾先候

皇朱神器屬誰家 字字千金不用賖 故國山河悲犬豕 華陽風雨泣龍蛇 巖頭御氣雲猶色 玉手餘香墨自花 是處豈非歸馬地 歲寒孤節亦天涯

磨崖刻石是誰模 臣拜天章涕泗俱 燕市何人傳御筆 虜庭無處叫蒼梧 杜鵑啼血悲皇帝 漁父誰醒問大夫 墨跡縱存羞未雪 華山空屹老峯孤

此時誰是大明忠 聖帝傳心障子中 書以爲箴惟四字 動無違禮豈三風 殂非舜陟悲天下 秘亦堯光照海東 山鳥似啼興廢事 彩霞猶學瑞雲籠

煥章菴歌

大明太祖龍御天 垂衣南面開明堂 聖神相承十五帝 四夷八蠻爭梯航 東藩事大三百年 孰壞自我康獻王 恭惟宣廟値百六 涅齒承突何猖狂 神宗皇帝按劒怒 出師十萬驅豺狼 宗枋再血社不屋 天地父母吾神皇 神皇三世逮崇禎 逆豎逼宮闈明光 甲申之春不忍說 呼天痛哭天蒼蒼 辮髮來登皇極殿 中原奈爲狐兎場 西山之志閔老峯 在宋豈讓朱少章 蹈海不得西拭玉 欲向九疑追鳳凰 不惜千金求御筆 有四大字書煌煌 孰謂燕市無義人 却之不受傾囊償 老峯得之如帝賜 十襲不啻懷珪璋 東歸奉示老先生 手摩袖拂沾衣裳 謀傳萬古永不朽 模刻華山山之陽 石崖千丈帶銀鉤 雲霞似欲吐天香 龍蛇鬱若拔厚坤 巨靈奔走夸娥忙 却恐造化愛天翰 電母雷公來所將 莫以亡國譏聖帝 國亡與亡猶乾綱 況吾未報再造恩 欲言萬曆摧心腸 天下同文已昔時 偏覆東韓那可忘 神孫繼述豈忝祖 運否坐失威弧張 吾知是書秘有神 虜燹焚天誰得藏 終歸老峯必華山 華山屹欲扶綱常 動無違禮帝所箴 非帝召戎惟天

亡 石刻有待須愛護 東南馬化王氣翔 煥章菴高近北辰 溪禽谷鳥疑鵷行 空山杜宇啼夜月 故國何處塵茫茫 寧陵彩雲亦飛來 雪恥曾欲傾天潢 義旗如何西渡江 華陽石劒磨霜鋩 字字墮淚臣拜手 悲風慘淡增惋傷

煥章菴詩

大哉四海內 王者之所有 配天爲民父 配地爲民母 其視無遠邇 其仁無薄厚 天地不可違 父母不可負 皇朱昔南面 世承明明后 忍言甲申春 賓天異遠狩 繼述固無愆 祖宗胡不佑 當時將相臣 多見巾幗婦 黃河待聖人 白水望劉秀 回首崇禎前 流涕崇禎後 欽惟四字書 御墨新猶舊 至寶鬼所祕 非爾奴可取 欲問老峯公 得之燕市否 義以千金却 義以千金購 金輕宜必辭 義重宜必授 字字應天象 光不掩星斗 老峯泣舊帝 奉若稽首受 左衽有明人 欲褒知誰某 歸橐爲之重 漢節殉以守 鐫之華山陽 石上老龍走 虜塵非敢汚 天章豈貨貿 撫石爲歎息 天下事已謬 嗚呼我寧王 有志曾未售 隱忍牛後恥 椎髻爲元首 金戈雖誓心 玉帛猶在手 狐兎穴華夏 鵩梟舞白晝 胡運無百年 鳩居亦已久 大明何無人 驅民彼亦紂 吳孫未渡河 烽火燒燕峀 聖宋天奪曆 胡元祚得壽 禹貢輸巨壑 海珠而山琇 太祖立皇綱 一墜須再紐 蜂蠆縱自螫 鯨鯢詎終漏 石刻似有待 臣拜拂以袖 精神入山骨 心血可以剖 感慨此時事 欲語還畏口 字與石俱傳 石在字不朽 石字神亦護 明社天或祐 蒼茫地一角 峭崒山一阜 筆蹟見氣象 仍想帝德懋 未報雨露私 小邦偏所覆 先后莫攀髯 孤臣孰挽肘 黑祲滿中原 豺狼在麟囿 誰提百萬兵 一掃開昏黝 馬或化爲龍 崖舟尙可救 壯心老未已 靑萍時一吼 龍顏願夢見 虎口非樂就 蹈海魯仲連 千載尙可友 陰陽互翻覆 此理未易究 天翰天必惜 却恐雷電鬪 石泣雨淋漓 山哀風攪漱 鳥疑淸蹕下 雲如紫盖逗 銀鉤與鐵索 照宇而炳宙 聖無動非禮 亡國是誰咎 直欲叫虞舜 何處山疑九 湘累非戴盆 白日光不透 犬羊自歸窟 奈何天不誘 王氣如不絶 明堂重肯搆 燕山可勒石 更無雲中寇 欲訴十五帝 天闕血面叩 老峯亦何罪 淸時伴魑狖 嗟余守蓬茅 豈堪死甕牖 思附大君子 雖忝亦同趣 一檄倘西飛 遼薊入大蹂 堯裳耀紫極 無復氈裘陋 國如此磐石 中興拭目覩 不然被髮去 乘桴從魯叟 爲謝老先生 松柏寒更茂 何辜去巖廊 暮道容棘竇 大義在綱常 噫嘻人豈獸 石尊山爲高 北辰於衆宿 嵬乎煥章菴 造化不論僦 皇極在於斯 盍歸吾且候

又

時龍失御何嗟及 西望燕山撫膺泣 宸章傳與天地老 臣欲揄揚乏文藻 歌詠猶堪播同軌 皇朱不亡惟四字 筆法無乃造化成 奎光欲奪蚩尤星 想得金牋揮翰時 龍驚風雨騰墨池 聞有神孫志恢復 中興不待赤符卜 往者喪亂豈忍說 乾坤翻覆在一瞥 否運雖無百年禍 恨未去逐軒轅駕 痛哭呼天天更邈 大明何處殘暉落 挽河洗甲不可得 空使陪臣拜遺墨 不見文山死柴市 老峯西行遇義士 投之豈論萬金直 有若帝賜來東域 感慨誰與老峯同 晦菴之志尤齋翁 蟠虬變化入穹石 磅礴不受夸娥劈 歸馬之山豈無待 崖間似有龍文在 兩相詩篇可鐫壁 華岳增高幾千尺 煌煌珠貝照溪隩 況復山菴得美號 雲根恍帶天子氣 跪向崇禎拭淚視 巖頭噴泉如怒觸 千古莓苔不敢蝕 五彩疑從字字吐 雲霧掩映雷電護 杜鵑夜叫山欲裂 葩水爲之聲嗚咽 左衽今非舊巾屨 北朝何多庾開府 天下文明猶在斯 上有列帝精靈知 嗚呼甲申之三月 山龍衣無侍中血

又

帝崩悲陟嗟莫及 燕山雨暗萬邦泣 南渡無歸龍亦老 朝周不復歌魚藻 書昔同文豈異軌 天遣東來四大字 字字龍蛇變化成 宸章上照文明星 洪武以來全盛時 恒岱爲城海爲池 禹績聞有一旅復 再掃金臺

龜可卜 興亡請以終始說 二百五十五年瞥 今日皇天宜悔禍 幾時南紀回龍駕 孤舟社稷縱云邈 崖海殘暉猶未落 將如田單不易得 誰守孤城保卽墨 御筆何曾貨於市 不受千金天下士 荊璧隋珠未爲直 鐫崖可鎭三韓域 老峯志與尤齋同 好事起我丹丘翁 華山之陽開闢石 鐵削如經禹斧劈 傳之千古何所待 滄海成田字猶在 壯哉嵬嵬千丈壁 休道明無地寸尺 天子餘光在澗隩 是菴合以崇禎號 拜手摩挲挹眞氣 敬若至尊南面視 森如兵衛石可觸 斑似錦文苔豈蝕 紅雲彩霞半呑吐 九巍珠鳳應來護 回首中原地維裂 黃河蕩潏渭水咽 坤以爲冠乾作屨 佐漢疇能一宮府 北辰之居如在斯 二臣忠義天應知 菴前杜鵑啼夜月 甲申遺恨聲聲血

華陽御筆宣額時 次李水原 喬岳 韻[金昌集]

吾皇聖德慕賢深 二院恩頌孰不欽 鸞鳳交回宸翰降 苾芬均享侍臣臨 事同岳麓榮還侈 感激儀林涕欲淫 義理大明邪說熄 百年尊仰兩高岑

又

高山漠漠水仍深 氣象淵源俯仰欽 遺恨未隨歸馬去 遐情尙想採芝臨 皇天肯使斯文喪 聖代難容彼說淫 寶墨煌煌新降額 祥光先已燭遙岑

陪尤翁遊芭谷[金昌協]

杖屨追幽踐 經行萬木間 晩晴陰駁解 遲日鳥聲閑 纓濯蓮花水 歌吟桂樹山 悠然冠童興 似自舞雩還

叙九以余品第仙洞在葩谷上 意頗不悅 有詩爲諷 次之

葩谷寬平仙洞奇 眞同和惠與淸夷 須知廣度能容物 未若高標凜自持

仙遊洞

輿入桃源路 行隨稻畝衣 洞陰花木合 澗馥藥苗肥 洗飯臨淸溜 持觴望翠微 先生方宴坐 弟子莫催歸

又

石門啓初奇 鶴臺建高標 見此意已傾 深入彌迢迢 絶境破幽蘊 造化固難料 霜厓下離列 雲壁傍岧丄嶢 噴薄瀉湍瀨 晶熒散瓊瑤 巖流非一滴 澗英擢千翹 耳目際崇深 俯仰心朗寥 夫子非綺皓 猶懷紫芝苗 深寄詎易測 高興方飄颻 坐石久不瞬 臨川屢輿謠 神凝萬物妙 道期千載遙 紛吾慚薄劣 抗志空雲霄 符紱秪爲累 山林久見招 願留奉杖几 卒歲謝紛囂

華陽洞[金昌翕]

欽惟崇禎帝 萬方所悲慕 能爲社稷死 豈無心法素 遺墨煥四字 孔訓納此句 從容淸燕硯 波點宸情注 事異花鳥戲 如何窘天步 神州亦云大 乃無此可寓 飄落燕市間 朔風卷回互 華陽一老傍 永托金石固 巖簷自天成 竟劫不風露 朝鮮大明私 至恩浹草樹 誰非孝廟人 老臣自肺腑 長溪進朝宗 深洞儼際遇 大義所感激 山僧迄勤護 含淚說洞主 曾此拜跪屢 凌兢石梁厲 導容仍故渡 銀鉤聳淸瞻 泗落捲林霧 森爾百神衛 逈非外塵汙 冥會係至誠 玆事有分付 山中獨此意 世事一云暮 經過更有誰 我策亦暫住

入華陽洞

入谷斂余襟 下馬轉以東 層壁百仞峻 列峙距奔 金碧淨雲根 凜然秀杉松 錯愕有未暇 移步換巖容 泉源更紺寒 似自蓮花峯 泗落有玆境 凌踐愧凡蹤 藏修萬古間 自其乃尤翁 魂魄來思此 俎豆竟野中 嗟爾縫掖徒 不知所奉崇

書院

斯文屬末運 鉅人始承當 磅礴間氣鍾 邂逅降偏方 山立仰逾尊 獅吼響亦長 巍巍沙老門 恢恢栗翁墻 深造豈淺測 用處觀文章 大標建峭崒 洪波任激揚 龍門風格整 艸堂出處光 邱園半顯晦 進退非無常 天開實龍作 道消竟麟亡 嗚呼寧有此 欷廈斧虹梁 沈霾寧陵雲 淅瀝楚山霜 斯人不可無 斯世日頹綱 繪眞墨彩淡 釁宇野色荒 氣象無彷彿 典刑獨難忘 深洞思進步 繞流以佪徨

艸堂書室

山空環堵廢 數椽只書廬 蒼蘚上扃鐍 莫窺所藏書 循簷想謦咳 感淚已盈裾 來參恨余忥 長者住有初 巖流良美矣 隨分豈此居 蹉紅綠時 撫存諷詠於 俳佪欲有詢 所逢捻樵漁 風泉聒未休 石白霜木疎 老梅猶昂藏 儼若護扃除 孤芳歲云暮 寥落翠屛虛 悠哉先生風 延賞景有餘

葩串

沿溪信疊疊 所歷悉淸幽 未及抵芭串 我策不能休 披拂亦已勤 豁爾見上游 山開數百步 皓石一勢周 胡床十八九 未足喩廣修 盤陀亦有級 渟瀉水自由 簾垂或澄映 脉散更紆柔 止鑑在歸泓 變態觀殊流 漱弄有餘玩 興孤始欲愁 洞叟昔流憩 吾兄偶陪遊 品題亦云云 賞廢歲幾遒 遙懷遡長風 俯視水悠悠 聊爲石上飯 未有一觴浮 邂逅景氣佳 奈何楓桂秋 山晩我馬動 颼颼向林陬

巖棲齋

高山與深澤 望者知難立 復有嶄絶處 憑虛示階級 壁立固同體 坎洊亦便習 於焉觀氣象 邈乎不可挹 山頹無幾何 欞檻莫修葺 秪今便空基 凄其鳥獸泣 循澗試余策 未躡足心澁 羽人如可仍 蟬蛻足遺粒 危坐想深衣 儼臨萬仞急 潭月曉幔捲 松風夜絃入 百源共襟韻 雲谷通呼吸 蠛蠓滿世間 蕘蕘豈此及

煥章菴

招提摠諸勝 簷牖澹淸輝 幽壁背窈窕 美石下列圍 偉哉道林麓 擧目對翠微 秋陽暴霜庭 白雲渡澗飛 流憩得所愜 欲起復依依 名山費棕竹 斯實所見稀 釋子雅純潔 韻勝能忘饑 先生有取爾 免夫門墻揮 客至每借榻 夜靜或叩扉 山中無隻雞 淸齊共木薇 明牕紫陽編 細注發天機 煥章况佳號 何由永歸依

萬東祠[李箕洪]

甲申元月丁未日 來詣華陽萬東祠 敬薦籩豆兩皇上 皇靈陟降如在玆 明燭殿上禮數畢 仰看天中星斗燦 誰言斯擧僭不敬 先主閟宮此可看 况値涒灘回甲年 東土悲慕當如何 藩邦再造是誰力 追惟萬曆恩無涯 國亡身死處得正 言念崇禎膽欲墜 嗚呼我國丙丁事 忍說當時城下恥 明明寧考志復讎 思得賢人辦大事 曰維同德契合深 密勿謀猷獨對時 皇天不佑弓劒遺 弘濟園陵松柏悲 今玆建祠豈偶爾

爲是先師明敎存 蒼巖石刻四大字 萬古煌煌瞻仰尊 誰知此山一區地 獨有皇明舊乾坤 青衿齋罷出洞來 回見山光鬱葱葱 此事誰將奏冕旒 聞來亦應感宸衷

華陽御筆宣額時 次李水原 喬岳 韻[權尙夏]

聖主恩波河海深 衿紳鰲抃頌堯欽 心香特命銀臺奠 手筆眞如座臨 要使多方承敎化 卽同三聖放詖淫 師宗百代齊瞻仰 嵬若魁畵與岱岑

萬東祠詩[鄭澔]

於戲萬曆恩 沒世不可忘 慘慘甲申事 欲說不忍詳 字小德至大 可以濟禹湯 國君死社稷 未曾聞漢唐 率土莫非臣 孰無黍離傷 東民悲憤切 獨謠三戶亡 域中看今日 孰主伊誰糧 昔日衣冠地 變爲氈裘鄉 何年絃誦邦 直爲弓馬場 東國聖君作 事業何煒煌 泗恥志斯銳 尊周義彌彰 忍痛仰天誓 月星晦光芒 如何中途殂 萬姓呼彼蒼 曰有同德臣 如傅說聘商 密勿魚水契 期噓漢灰煬 遽哭永安詔 撫貂涕滂滂 天運屬方蹶 難將隻手障 麟筆一部書 抱入深山藏 燕市得遺墨 燦燦雲漢章 義士辭千金 不消錢傾囊 陪臣奉而歸 寄與華山陽 主翁抱持泣 况聞仙案香 相與圖不朽 鐫石斲高岡 誰知一洞天 大明日月長 一株西山青 千古與頡頏 不聞二子祠 陪享六七王 雲山鬱蒼蒼 江水流泱泱 翼翼有明宮 不愆昭穆行 涒灘適又回 六十有一霜 盛事若有待 其德何洋洋 春蘭與秋菊 齋誠謇肅將 青衿駿奔走 佩聲鳴鎗鎗 士女祈壽福 語言聽琅琅 椒桂以爲醴 瓊靡以爲粻 肴蔬雜蕉荔 玄黃錯筐 世世欽于我 報事無怠荒 千山杜宇聲 居民暗摧腸 萬折必東意 渺渺望西方

華陽御額之宣 寔千古斯文慶也 玆搆燕語 以寓高山仰景之思 仍錄呈太學士詞案 若蒙斤敎 則幸甚幸甚 此與他吟詠有異 輒敢忘拙奉塵[李喬岳]

聖訓分明致意深 淸時縟典士林欽 纔看寶扁宸題降 更報儀官法從臨 吾道如今增氣脉 斯文從此息邪淫 門墻小子瞻依地 翹首巴山與萬岑

又

澗水淙淨洞壑深 先生遺蹟後人欽 祗看院宇琴書在 無復溪山杖屨臨 盛事親逢身莫致 感懷慄激涕交淫 遙知此日宣恩額 廟貌輝榮繞碧岑

又

門下餘生感慨深 斯文盛節世爭欽 輝煌廟額宸章揭 咫尺祠南帝座臨 士氣一時趨路正 王言千載闢辭淫 春翁院宇長隣近 葩谷輿巖屹兩岑

臨發 夢窩相公送示御額志喜唱和詩 此誠斯文盛事也 謹步其韻 錄呈銀臺僉伯仙案求敎[兪崇]

尙德君仁感悟深 恩頒兩額士林欽 爭瞻雲漢昭回字 恍若天威咫尺臨 百世將期明道義 一時奚但距詖淫 幸叨邇列啣綸綍 洛水華陽杳遠岑

又

巴山谷邃洛源深 道學長爲聖世欽 恩額自天勞御手 侍臣將命若親臨 斯文已得吾門正 士氣寧憂彼說淫 祇事儀宮瞻拜日 緬懷遺躅仰高岑

次李水原 喬岳 韻[宋相琦]

兩賢遺澤入人深 祠廟猶爲聖主欽 寶墨蛟龍新降扁 昏衢日月共高臨 卽看吾道重回泰 敢有何人更設淫 千古淵源眞氣像 洛川應與並華岑

又

華山雲谷一般深 洛水嘉名異代欽 金版書從天上降 銀臺人自日邊臨 陰陽莫道相消長 雅鄭今看判正淫 遙想士林爭吐氣 却回春色遍寒岑

又

江漢秋陽感幾深 憶昔函使共欽欽 高山亦被春風過 葩谷空留霽月臨 天意故應生兩哲 聖心端欲破朋淫 遺祠寶額高懸處 萬古斯文重泰岑

又[閔鎭厚]

吾道衰微聖慮深 緬懷先正起追欽 煌煌大字親題下 肅肅遺祠迥侍臨 簡冊流傳恩曠絶 衿紳感喜淚涔淫 高名千古誰相似 兩院中間萬丈岑

又

巴山屹立洛江深 遺蹟留傳世共欽 誣枉竟蒙明主燭 恩榮今見近臣臨 士趨一定寧迷向 聖訓長垂可熄淫 自幸賤臣逢盛事 猥書綸綍揭楣岑

又[閔鎭遠]

華岳巖巖洛水深 二賢遺躅後人欽 深山虎去狐狸舞 長夜天開日月臨 寶墨揭楣▣炳煥 綸音代斧闢邪淫 從今聖代尊周義 撑拄應同萬仞岑

又

中朝發歎聖憂深 悼念先賢起遠欽 心畵寓誠題處濕 喉官啣命儼然臨 四方自此咸趨正 一治從知在放淫 二老遺風師百世 爭瞻伊水與華岑

又[趙道彬]

兩賢造詣並高深 道德長爲百代欽 契遇風雲魚水會 誠忠天地鬼神臨 祠懸新額頒宸翰 運旺斯文闢彼淫 末學瞻懷知有所 屹然華嶽與商岑

又[俞命弘]

鳳逝龍亡歲月深 遺祠尙起聖朝欽 親題字帶銀鉤下 近侍臣將玉札臨 一世共瞻周道直 千秋永絶鄭聲淫 蘆廬舊事寧專美 華岳商顔屹兩岑

又

此際寧陵托契深 當時事蹟後人欽 兩鄕俎豆遺風遠 大義春秋白日臨 寶額特宣■永久 綸音一播息邪淫 淵源氣象求何處 萬古雙■泰華岑

又[李敏英]

巴山洛水共高深 聖主懷賢久益欽 思扁手題金字下 侍臣躬奉玉音臨 士趨已識從玆定 邪說何憂似舊淫 想得儀宮將事地 ■雷淸曉殷■岑

又

源流有自共淵源 尙德君心起遠欽 兩額親題遺廟揭 十行催降近臣臨 惟天必欲扶吾道 斯世何難闢彼淫 從此千秋瞻仰地 屹然商嶺與巴岑

又

華谷山高洛水深 先賢遺澤聖心欽 親書寶扁知非偶 昭揭恩綸儼若臨 庶使千秋尊二老 豈徒今日廓羣淫 儀宮自此生顔色 天眷爭如萬仞岑

又[許玧]

山若增高水若深 兩賢令德聖朝欽 親題院額皆觀美 敬祭司喉遠賁臨 天札十行詞議正 士林千載詠歎淫 請看杖屨逍遙處 樓閣空中幾仞岑

又[鄭必東]

斯文世道聖憂深 一念崇儀擧國欽 大字揭來鸞鳳舞 羣陰消盡日星臨 侍臣宣命瞻聆聳 多士啣恩涕淚淫 岳麓賜題寧獨美 今看商嶺並華岑

兩賢院額特宣 士林增光 近聞諸公詩以志喜 謹步原韻 用寓欽頌之意[李晩成]

嶺湖人士慕賢深 兩院遺芬久益欽 聖代重瞻吾道泰 近侍親奉御書臨 宸綸豈啻嚴鈇鉞 異說應難逞詖淫 千載高風爭仰止 屹然華嶽接商岑

又[趙泰采]

魚水當年契遇深 兩賢徽躅入追欽 遺祠特遣宸題降 近侍遙擎寶額臨 已幸斯文逢國泰 寧容異說肆詖淫 華山屹屹輿巖峙 道脉千秋接二岑

又

俎豆有儀廟宇深 先生正學後人欽 遺風魯邑絃歌在 大義崇禎日月臨 世降幾嘆斯道▣ 時淸自熄彼朋淫 吾王病裏尊賢意 寶墨煌煌映兩岑

又[李綷]

三復緇衣詠歎深 恭惟睿學篤誠欽 講筵尙想春風坐 賓席如瞻泰岳臨 長夜卽今回日月 正聲從此破哇淫 御書永鎭遺祠在 寶氣應同蘊玉岑

又[許浩]

聖主尊賢敬慕深 士林歡抃國人欽 懸楣額字重宸降 薦苾侯官兩院臨 陽長如今回道泰 陰邪泛此熄辭淫 巖巖氣象瞻何地 仰止商巴壁立岑

敬次尤菴先生煥章詩韻 詠萬東祠 求和諸友[李柬]

皇天命萬物 正通我卽有 懿德在孩提 誰不愛父母 直養充其有 高明而博厚 一豪不克肖 帝衷實爾負 人文溯厥初 二帝而三后 大哉集厥成 命討訖魯狩 河洛嫡鄒傳 勃興天所佑 全閩大英確 百世振髥婦 祖述憲章際 卓越兄弟秀 海濶蠶牛細 博約夫子後 南渡匪東遷 時勢今猶舊 拳拳經中史 大義數十取 生孔不生朱 世識堯舜否 詭經侮聖徒 極天罪難購 石潭元氣會 越宇親受授 明誠繼開業 萬古星有斗 偉哉鄒孟氏 私淑盖有受 東方得晦父 姓宋名曰某 天經與地義 建質確乎守 恢張五典叙 攘斥百氏走 世入缺陷界 人心日蠹貿 得君百王上 誓誥天下謬 痛哭寧陵遠 大計終未售 空言與行事 四海餘白首 零落天王筆 出自陪臣手 光芒四大字 天日若再晝 百襲驚老身 抆血泣良久 豈惟觀心畫 至訓判舜紂 益歎聖學尊 仰止如崇峀 鐫鑱入鐵崖 直恐山不壽 滙膽大鋪舒 山海漉珠琇 此事正不細 實亦綱常紐 充類至義盡 庶不忝屋漏 崩心甲申事 無血濺衫袖 含痛十數載 戕天丹未剖 遺墨出人間 飮氣還掩口 此義縱未伸 此志竟難朽 誓乾又盟壤 此理神或佑 嗚呼其意戚 憤氣宿山阜 感祝上萬曆 至矣帝德懋 橫艾再造恩 頂踵皆天覆 民彝所同得 疇不扼雙肘 奈昔仁義邦 半今豺虎囿 甘心倒冠屨 貿視混巠黝 澒洞千丈潢 難以一寸救 倚劒發孤嘯 滄海蛟龍吼 哀哉楚山訣 志緖尙未就 悵望歌虞帝 丁寧托親友 滄桑百變後 善繼事終究 天地一閟宮 仰霄雲霓鬪 禮殺事面洞 對越謹盥漱 陟降儼昭穆 環衛祥雲逗 放之東海準 垂之炳宇宙 三韓賴不夷 寒水執厥咎 天之迫於數 古今十八九 同胞隔一膜 仁義已不透 况彼腥羯種 禽焉理難誘 含忍萬世防 秪玆一小搆 噫嘻賊義徒 豈獨境外寇 千秋鄭衛郊 不聞抽矢扣 狂足蚊蚋 附麗雜䰩杌 一世皆墻壁 誰爲穴戶牖 簪裾對胡 難與論心趣 惟彼園中葵 恐入鄰馬蹂 俯仰乾坤晩 嗚呼我生陋 引領上游會 未與丈人覯 前年歷華陽 始謁瀛洲叟 儼然山岳姿 遺像極森茂 世事隔一溪 竟孤筭巖竇 御氣鎖明宮 未及啓鑰獸 靈臺一點明 耿耿如星宿 早晩辦一行 宿春不計儆 感慨理餘韻 淺深一氣候

先生嘗曰 天生朱子 實生孔子之心也 噫 三王不作 秩叙命討 不復行於天下 而堯舜之道 幾乎熄矣 天縱將聖 文不墜地 空言之化 反有賢於堯舜 而春秋一書 見諸行事 尊君父討亂賊 闢邪說正人心 用夏變夷 撥亂而反之正 聖人之用大矣哉 濂洛輩出之後 時勢下於東周 世變甚於春秋 於是又生一箇人 以卑其責 黼六經 梳洗百代 天之經 地之義 民之彝 物之則 昭揭乎宇宙 炳朗乎日星 不惇者叙 不庸者秩 不章者命 不用者討 天理明而人心淑 中國尊而夷狄攘 則天之所以眷佑生民 可謂闊千古如一日矣 肆我先生 仰洙泗之淵源 得晦翁之丈尺 而不幸際丙丁之後七八年間 天下無復人理 於

是所謂經所謂義所謂彛所謂則者 未嘗不明目張膽 竭力扶植 寄之空言 見諸行事 充闡發揮者 遍滿寰宇 撑拄綱紀者 屹若砥柱 而春秋大一統之義 將有辭於天下萬世 萬東之祠 卽其尤重且大者也 人之異於夷狄禽獸者 其不在斯 其不在斯歟 惜其浴日旋乾之志 含忍不已之痛 不能少伸於當世 而一畝精禋之宮 萬世臣子之防 董克有成於遺命也 嗚呼 其亦戚矣 然而樹風聲警心獸 使痦聾跛躄 亦知增百倍之氣者 則可謂與天壤俱弊矣 而且或天道自能洄泬重陰之底 倘有陽復之期 則傾東海洗乾坤之機 未必不權輿於是 是可以少慰來裔無窮之心乎 而天之眷佑生民之意 抑亦終可驗歟 嗚呼噫矣 是豈易與俗人道哉 昨歲萬景之行 事故掣肘 巖竇之刻 溪上之搆 皆未及遍觀 今坐疾憂 又不可作矣 輒因先生煥章詩韻 以攄孤憤感慨之萬一 尙幸同此志者 不以僭易爲誅 而特賜郢正焉 則在區區 固極光寵 而且又聯以和之 以張大之 亦豈非當日歌詠贊歎之遺意歟 伏乞諸君子有以敎之也

感事示晦甫求和

南紀萬東廟 璇霄百尺壇 大明揭昏夜 回甲値涒灘 聖朝煌煌業 賢師炳炳丹 君臣各勉力 來世足民閒

華陽感懷

未濯人間九斛塵 關情何處最傷神 巖崖大刻天王筆 雲屋精光社老眞 楚廟虞祠山海濶 民彛物則性靈均 至今一世誰高識 路邈寒溪恨未親

萬崇二聖之祀 老先生之意 固已戚矣 其義理當否 則當百世以俟知者 未必與夫世之悠悠者論 而近聞寒溪金子益丈 或不能無疑於此 雖未知其指謂之如何 而但念此丈之高智獨識 必有精到不易之定論矣 遠不能扣篋躬造 以承其緖餘 可勝歎哉 惟彼悠悠之論 則率以爲我鮮是海外偏邦 自與楚廟虞祠者有間云 噫 天之所覆 地之所載 日月所照 霜露所墜 舟車所至 人力所通 其有血氣而尊親之理 豈終以山川遠近 夷夏外內 區區限隔於其間 而夫所謂天經地義民彛物則 亦豈嘗豊嗇於彼此哉 此則風氣所局 見識太陋 恐不足深論 而但彼未詳得長者 精義之所在 而徒藉以爲重 張皇其不滿之口 則其悖理害義 亦甚可悶矣 頃入華陽 率有近體一首 以詠所感 詞極陋拙 誠不足有所發明 而區區未釋之疑 則恨不得質之寒溪丈席 姑識此 聊訟自家之不敏云

入華陽洞 坐老先生書室 有感口占[尹鳳九]

先生血淚當年志 寒老終成二帝祠 舊躅猶存闕里宅 一邃深取錦城規 九原庶可英靈慰 此事能爲孝廟知 草木元來同一氣(短梅生死亦關時 庭前有一樹紅梅 實老先生手植也 己巳禍變後 梅樹枯死 至甲申享祀 自然生意發動 年年花開爛熳云 誠異事也)

萬東祠

何事明天子 令悲中國民 恩深萬曆歲 享自甲申春

崇禎皇帝御筆所刻石龕

孝宗邃陟方 經營事墮空 若有臣一介 血泣悲莫窮 當時契會隆 區畫固密勿 寧爲大朝斃 不忍讎虜屈 痛哭事大去 胸中徒勃勃 閔公昔使燕 奉歸毅皇筆 持之泣慷慨 永思以壽傳 巖竅鬼設龕 煌煌丹其鐫 含寃忍痛志 出於不得已 腥塵滿四海 一洞明大地 皇靈托何處 庶幾歸來兮 僭言夜靜時 其上子規啼

坐泣弓巖

中宵血淚叫蒼穹 陟降神應鑑我衷 當日君臣大志事 可憐終止一靈宮 大義未伸 而只成萬東祠故云

次文谷煥章菴韻[尹鳳五]

歌詠聖化臣未及 感慨每念崇禎泣 寶墨流傳歲月老 四拜肅如瞻玉藻 畫若屈鐵超凡軌 山嶽動搖斗大字 天東知有氣象成 奎光遠壓箕尾星 恭惟四勿服行時 心如皎日出咸池 堯舜之治庶可復 昇平不待蓍龜卜 潢池妖孽豈曾說 壽山佳氣俄一瞥 國君身殉宗社禍 義烈百王誰曾駕 看花天上雲路邈 文物聲華摠寥落 此寶還從何處得 腥氣百年昏如墨 使者曾購燕南市 有人志類唐義士 不願相酬金銀直 只願送歸乾淨域 東還孰與忠義同 樓下苦吟巴溪翁 巴溪鬼秘鴻濛石 補天餘痕神斧劈 天章入石石如待 其上盖有祥雲在 晉家甲子此一壁 菊露洗出光千尺 守之有菴小溪隩 魯叟遺語爲佳號 僧言壁間出光氣 銀鉤不敢擡頭視 孤高波豈龍門觸 瑩明苔不蝸涎蝕 鸞回鳳翥彩霓吐 天神爲之潛呵護 皇天厄運已曾裂 獨有朝宗巴水咽 块莽天冠與地屨 此山堪作登眞府 皇靈於赫必臨斯 杜鵑啼時寃恨知 下有祠廟春暮月 舊黎心香薦毛血

華陽御筆宣額時 次李水原 喬岳 韻[蔡之洪]

仙官來自五雲深 禮享先師表景欽 四字宸題鸞鳳翥 十行綸綍日星臨 百年公案從今斷 一世洪流不復淫 濟濟衿紳將事地 華山休氣接商岑

又次丈巖鄭公 澔 韻

吾王盛德猗歟休 掃盡陰雲日下浮 豈但彝倫明一世 應教盛事耀千秋 恩宣寶額兼溫綍 禮相靑衿雜佩璆 天意丁寧扶正道 澄源何患不淸流

謹次金水原 鎭玉 華陽九曲畵出時韻

華陽水石幅中新 伊昔先生愛玩新 曲曲淸溪洙泗派 峯峯秀色武夷春 相公借手風流伯 造物歸功繪畫人 從此臥遊諧宿計 不煩眞境夢尋頻

華陽示同志士友

兩皇崇奉地 悲慕八方同 鐵壁千尋翠 神雲一朶紅 山餘中華土 民襲大明風 欲識朝宗義 須看萬折東

華陽享禮 同丹巖閔相公 鎭遠 謹春秋三首

一治堂前冽彼泉 靑衿赤舃共周旋 春秋大義聞衰世 無乃皇天有意然
尤翁盛德似淵泉 斯世陶匀一轉旋 百變滄桑文未喪 春秋一部義森然
風末曾聞係下泉 純坤還有一陽旋 從知四海腥膻日 天理人心不泯然

次鄭聖瑞 義河 萬東廟享禮後留題韻

仙區不入犬羊叢 壁立千巖倚半空 絃誦尙傳尤老化 衣冠猶襲大明風 旌旗日夜人望北 俎豆春秋禮在東 彷彿皇靈迎送地 感君詞意繼張公

華陽瑞雲

鳳飛寥廓洞天空 一世滄桑一瞥中 千載翠華徒想像 五雲何處駕長風

上黨宿雲

山鬼出雲覆古城 乘風變化勢縱橫 何時去作中原雨 一洗腥塵四海淸

金參議 鎭玉 挽

黃岡翁後世多賢 一羽猶知五色鮮 詩禮直從沙老得 典刑旁自愼齋傳 剛柔互克心源正 仕學俱優德器全 肯綮恢恢游刃若 是非斬斬截釘然 魯姿素乏澹臺譽 儒化偏蒙偃室延 胸次尙看秋水月 心期共許歲寒天 回思改葺巖棲日 恰似重修鹿洞年 肇錫嘉名知有自 追揚盛意恨無緣 人間厄運驚辰歲 天上星光晦壽躔 百怪蜿蜒公不識 斯文世道孰扶顚(華陽之巖棲齋 初無定名 公莅任西原 仍其頹廢 改建如舊樣 以其所嘗聞於先生者 始號爲巖棲齋 寒水先生題其額而記其蹟 然記文中偶闕命名一款 公屢書於不佞 要作一語以補其漏 而事有所未敢 孤負慙恨 第惟此事獨吾輩知之 後無有知者 故第七聯及之)

泣弓巖碑

一片溪邊石 孤臣不盡哀 鬼神應感泣 天日尙昭回 白鼠曾漂去 靑蛇復出來 斯文同顯晦 玆事亦奇哉

華陽行

維天賦吾人 厥性仁與義 人而無此性 亦一禽獸耳 仁以愛爲主 義者宜之謂 行若得其理 萬殊歸一致 生族曰有三 君親居其二 深恩與厚澤 豈若昊天啻 事亡如事存 報生當以死 忠孝本無間 至情寧有異 先王制以禮 品節各殊次 庶有匹嫡嫌 不得祭考妣 臣有僭上疑 未敢擅君祀 大防信難踰 千聖同一揆 事有隨時別 禮或緣情起 惟聖可以權 低仰必稱錘 夷攷二戴記 炳若丹靑備 支庶祭其親 匹夫祭天子(禮記曾子問子曰 宗子去國 庶子望墓而祭 又曰 宗子死 庶子祭於家 小記曰 父爲天子 子爲士 祭以士 其尸以士服) 經變縱不一 制事均得誼 惻怛誠意同 義盡仁之至 人性與天理 固所不能已 矧有不世主 神功入人髓 滄桑雖百變 爰想猶不匱 金火雖迭遷 彝常無時墜 所以報效道 靡不極其意 我觀古聖王 世絶祀不止 奧若堯與舜 廟享迄千祀 吳越建禹祠 商邱主殷器 洪皓祭道君 忠悃篇中寄 徐民祀偃王 石室山上 有漢高光廟 歷歷皆可指 國人懷楚王 茅屋陳饎饋 村翁募蜀主 伏臘薦胡簋 南軒若晦翁 昌黎及子美 迭興曠世感 篇什垂後示 退陶濯纓翁 立言亦精緻(退溪先生曰 自古帝王廟立於民間而人得以祭之者非一 此其始立之時 豈皆出於朝令云 濯纓先生曰 自古帝王有功德者 絶世之後 其土民莫不立祀 雜出於傳記者 雖不應經文 而邦人所以懷不盡之思 起千載之敬 在所不能禁也)盖以微誠寓 實出愛之理 雖非紀常典 寔無僭踰忌 翼翼吾皇祠 亦在華陽阯 盛事誰權輿 烈烈文正旨 大義諒斯存 我請言終始 昔我康獻王 忠義參天地 際會高皇帝 至德配姚姒 威島返義旗 彝倫賴不隊 梯航久不替 職度勤包匭 世世愈恪謹 燕謨垂後嗣 見待頗異禮 一如心腹視 逮至歲龍蛇 左海丁運否 漢儀尙整肅 島夷忽覦覬 凶謀逞假虞 殺氣纏東鄙 獰鋒力難制 王師輒顚躓 三京已失守 八路如鼎沸 回瞻關西路 玉趾多跋𧟘 慘惔■■■ ■■七廟燬 川瀆血漂流 邱原骨委積 人烟杳蕭瑟 神民共憤恚 時維萬曆帝 惻若瘝在己 疾痛呼顣急 父母欣孔邇 鴻恩特字小 赫怒東出帥 士卒風霆馳 惠渥雲雨施 先烈慕鐔海 祖訓追夢魏 成算在同仇 不憚邦力費 將軍誰最碓 赫赫楊與李 威伸日出處

巨酋心膽惴 經營六載間 海岱妖氛弭 羣醜蕩巢穴 四郊無壁壘 神武且不殺 元后信聰智 藩邦喜再昌
宗社起頹圮 春陽及朽株 雨露沾枯骴 邊境臥刁斗 連山絶烽燧 耕織始安業 士女相歡喜 大哉生成化
昆蟲艸木曁 德與乾坤合 澤可江漢比 含生悉尊親 樂樂利其利 沒世銘肺腑 不敢忘有斐 邇來五十載
俟度益虔摯 痛哭崇禎禍 凶孼敢橫肆 黃圖入狼望 蚩尤逼中冀 國破君效死 舍生如脫屣 身爲社稷殉
義不經竇避 毅烈爭秋旻 萬古立人紀 臣謀竟不臧 遼城反自毁 乾綱掃地盡 羯狗擅玉璽 華夏氣甚逆
視天一何醉 衣冠盡汙辱 生靈慘艾薙 蕭條南渡業 反爲奔鯨餌 嗣皇恨血碧 帝胄逃蹤悴 宇宙一腥膻
冠屨痛倒置 寂寞天壽山 松柏空蒼翠 率土均含痛 最偏東海涘 追惟赤鼠冬 胡騎忽縱恣 下泉浸苞稂
拒轍如螗臂 非無蹈海志 忍辱諒有以 寧考奮大猷 一恢唾手矢 錦玉忘宵旰 方圓慙戴履 如漢有武侯
比夏餘臣靡 杖鐵追宋辟 塗厠聞豫匕 曁臣一介同 鞠躬期盡瘁 雲龍契密勿 丙夜籌策秘 二三爲時出
拔茅茹征彙 十載勤聚訓 北望恒切齒 金幣往來間 常寓薪胆志 區宇佇廓淸 一掃腥穢氣 成敗豈逆料
彼蒼謂可恃 仙馭痛莫攀 大業中途委 支廈失巨木 爲山虧一簣 天若假以年 功烈豈如彼 白首孤臣在
抱恨窮山邃 年年五月日 謾泗窮天淚 長吟出師表 獨懷傾瓶恥 哀哀匪風感 眷眷尊王思 截彼千丈崖
煌煌四大字 石龕勢穹崇 足以風雨庇 蒼梧帝駕遠 鼎湖遺劒置 翔鸞舞半壁 惝怳驚神鬼 問公從何得
老峯求燕市 誰人爲相贈 悲歌慷慨士 至寶不論直 千金土芥棄 歸人詑海域 奉若帝手賜 思傳修身要
分明揭在是 所以懷綏化 蕩乎難名矣 摹勒若有待 天意非偶爾 守視憑緇流 煥章名其寺 環衛簇山靈
呵護羅谷魅 摩挲自感激 雪涕悲風贔 仍思故皇靈 久矣香火閟 神州不可托 躑躅將何倚 謀營一小屋
擬享神與毅 報效同犬馬 精誠體螻蟻 舊德表不忘 英靈庶少慰 時命忽大謬 好事嗟莫遂 流離顚沛際
一心耿不弛 丁寧將死語 托後頗疊疊 賴有門下賢 繼志克愼毖 禮意愚不測 人見或歧貳 公議久乃定
經度仗士類 民庶若子來 輪奐不竟朞 規制倣殿屋 結搆猶不侈 堂廡儼跂翼 東西兩皇位 古禮雖可徵
時勢多忌諱 空山鎖虛殿 神牌用素紙 春秋縠朝差 奔走供蕉茘 遠近聞風至 濟濟纓弁頍 循規素王祀
酙酌滄海事 奠獻禮至三 籩豆數列四 冠服襲明儒 牲牢展特豕 誰言禮未豊 有以少爲貴 禮曰 禮有
以少爲貴者 擧天下之物 不足以當之 洋洋萬世澤 盡物無與擬 祭用生者祿 聖言信有誘 況又士於
帝 本自無嫌擬(疏注曰 士卑本無嫌於僭云) 一氣通上下 克成其饗只 不以人爲微 不以物爲非 君蒿
在左右 僾然臨尺咫 夜聞蜀魄啼 花土寃血紫 工部一掬淚 北面勤拜跪 循除九曲流 盡是朝宗水 嗚
咽若有情 日夜去瀰瀰 祠號揭萬東 過者必欽唏 院宇傍鄰近 中垂一幅綺 大老遺像儼 宸居宛密侍
皇祠禮纔訖 肅齋仍奠饎 應有不昧魂 下上陪風騎 時於供事夕 復擧公冏觶 賓主迭獻酢 二南諸宮徵
升降揖遜間 王道知易易 澤宮千載後 不意今復觀 哀彼一統曆 正朔終于此 先正十襲藏 保得堯庭瑞
百刻遺憲在 內記欽天誌 開卷感慕新 禮廢猶存餼 復有中山毫 天香尙染漬 螺刻足爲徵 流傳問何自
至誠宜有感 得非神所遺 悲慕寓羹墻 此義知者幾 尊周一部書 美意須臾味 麟書置無地 洞雲爲篋笥
山號亦稱華 名言實非僞 異日歸馬地 禎祥已先萃 岳帶精秀氣 水洗氛穢累 羣墅摠雪色 石面渾如砥
汗漫排素壁 潔淨無點滓 或鋪如簟席 或窞如圈酡 奇巧各千狀 逐處心魂悸 疑從玉京遊 宛陪瑤池戲
嵬乎落影岑 萬仞不可企 何年映中華 叩跡傳秘詭 龍巖復蜿蜒 幾日臥淸沚 風雲會有時 神變倘一試
巴谷境幽窈 石路何逶迤 冬青遍成林 森然雜松榧 梅比孔廟檜 菊垂東籬蕊 派分武陵溪 巷接桃源里
中朝一區土 怳惚於斯徙 王家舊日月 留照此山裏 文物獨皇明 謳歌尙朱氏 回首犬羊天 九有腥塵熾
烈士氣激仰 忠臣血涕泗 適玆涒灘歲 甲子一回値 皇業尙未復 身上簪纓愧 人情倍惻愴 時事增感喟
於休我聖上 臨筵亦興慨 皇皇大報壇 志業追前軌 睿想酌時宜 乾斷廓羣議 聖躬親祀事 泣涕瞻扆
紅雲儼陟降 彷彿回玉駟 酒用包茅縮 庭看佾舞佌 星辰北拱如 羽旄東廻似 禹鼎雖沈泗 夏禮猶在杞
嵬烈竹帛垂 偉績管絃被 君民不協謀 異事增光賁 非徒秉彛同 諒知時運使 人心旣未絶 天數從可揣
胡命無百年 匡復指日俟 絳衣何當見 拭目長延跂 陰盛必有陽 亂極當思治 宣聖述詩易 托意警衰季

芃芃黍苗句 編居變風尾 碩果不食象 著在剝盡底 天道古來然 聖訓豈不懿 勉旃同志士 共惜光陰駛 東韓數千里 庶免爲獸虫 民性由是明 禮俗從今蹕 綱常幸不墜 崔兀山並峙 彼哉忘義徒 何心妄毁訾 世無魯連子 誰識牛後剌 他日玉河道 其顙應有泚 藐余一書生 斷兮無他技 戀舊心如結 傷今掌頻抵 平生倚天劒 無路斬長虺 百感來嬰懷 中夜耿不寐 遂爲綴新詞 聊以闢邪詖 此言如不信 更請質經史

萬東祠詩[姜錫夏]

仰惟神皇帝 萬世恩不忘 伊昔壬辰亂 故老傳之詳 島夷恣呑噬 鰈域如沸湯 帝德同堯舜 兵力邁隋唐 宣后乞援師 帝心增悲傷 維揚九伐威 乃復三京亡 遺民感洪造 皇祚祝無疆 吁嗟毅皇世 氛祲迷帝鄉 赤縣盡崩坼 紅閣淪戰場 維皇殉社稷 大義獨炳煌 孝廟志尊周 赫業期益彰 仙馭遽賓陟 欃搶未掃芒 雖未集大勳 可以質上蒼 陪臣入幽都 宸翰得燕商 久矣落腥塵 幸爾免焚煬 持歸寄華山 山人涕自滂 春秋義獨明 狂瀾手以障 奉此先皇筆 不敢篋笥藏 謀欲鑱諸石 永世傳奎章 先君送緇徒 幷使擔糇囊 層崖斲雲根 巨役訖華陽 山人分一本 恍如襲天香 然煥章菴 架彼雲雪岡 日月明洞府 天地與久長 綱常賴扶持 義烈誰頡頏 吾知此山人 遺敎追先王 人亡道不亡 山高水泱泱 遂老暨丈巖 秀出弟子行 回甲値涒灘 感歎變星霜 靈宮祀二帝 左右如洋洋 爲繼先生志 齋沐籩豆將 新篇更鋪張 逸韻何鏗鏘 晴窓每圭復 如聆語琅琅 恨不陪盛儀 躬自奠瓊粻 猶幸得寶什 不啻金盈筐 丈巖要余和 老夫慙詞荒 惟將感慨語 奮筆寫心腸 何處萬東祠 回首天南方

煥章菴歌

憶昔大明全盛時 天子穆穆臨明堂 普天率土莫非臣 四方萬國通梯航 帝眷偏深我海邦 侯度益謹吾先王 黑龍之歲遭陽九 倭奴秀吉恣猖狂 剪我箕邦 缺 劉我 暴如猛虎貪如狼 慘憺仙仗去豳日 西赴天朝訴神皇 神皇按劒赫斯怒 上將受賑辭明光 六師電擊越泪水 萬鼓雷轟掀上蒼 皇威所及廓妖氛 復我三韓舊疆場 先王感激再造恩 拜手稽首陳謝章 江山萬里走玉帛 冠盖年年度鳳凰 皇華使節亦屢降 十行天札何煌煌 我東于今國猶活 神皇功德誰能當 聖子神孫丕承烈 五侯九伯共秉璋 地坼天崩是何年 說到涒灘沾我裳 闖賊犯城城不守 白日箭雨飛昭陽 毅皇殉義樹大經 昭昭靑史流芳香 倏忽六旬回舊甲 人間歲月空自忙 壽山寂寞煤閣灰 故國無人芬苾將 吾王欲伸尊周義 祀事躬親卜日剛 雲車風馬想依俙 侍臣誰不摧心腸 回看神州漲腥塵 聖祖遺意何敢忘 窃聞明敎飭有司 臣民拭目佇更張 華陽洞裏主人翁 已刊先皇遺筆藏 建宇妥靈且有期 君臣前後扶綱常 淸時盛擧獨不見 可惜斯人今也亡 尙傳斯人煥章歌 句句飛動鸞鸞翔 人亡詩在詩益貴 一回吟來淚雙行 腐儒衰晩亦增氣 天理何曾墜杳茫 人人各有秉彝性 此心不應昏似潢 擧喜吾王明大義 可與日月爭光芒 我作此詩和遺韻 長歌一曲心悽傷

萬東祠詩[俞命賚]

洛陽山高溪水淸 中有皇明兩皇祠 地有華夷世有後 淸廟遺儀胡在玆 中州冠佩已腥膻 獨於吾東文物燦 傍人莫道此何禮 楚地茅屋猶可看 當年涒灘適又回 感時其如追慕何 神皇聖德不可忘 東土深恩寧有涯 毅宗當日死社稷 正義千秋賴不墜 三田我事豈忍說 鄭楚甸夷良可恥 宣文聖祖願一洒 仄席孜孜惟此事 甘盤舊學有同德 幄對申申千一時 綢繆未半中途殂 八域空含如喪悲 麟經獨抱入窮山 擬建明宮深意存 門徒繼志事有成 肇稱殷禮體貌尊 況有懸崖鐫刻字 此洞猶保明乾坤 衿紳濟濟肅將事 曉色蒼茫雲樹葱 工部遺詩今尙在 一回吟來堅余衷

又

憶曾壬辰事 痛矣其何忘 萊夷敢鰲逆 欲言難盡詳 九廟入灰燼 萬姓蹈大湯 龍灣帳殿遠 危甚奉天唐 維時我神皇 眷顧增惋傷 徵兵復輓粟 竭力思存亡 天威迅風霆 復我文武疆 拯之塗炭地 置諸衽席鄉 環東數千里 咸囿歌舞場 藩邦再造業 千載何煌煌 事大誠愈篤 字小德彌彰 居然天數變 旄頭動光芒 毅宗縱聖神 奈何彼昊蒼 君亡國亦隨 士民猶戴商 萬邦衽皆左 誰噓旣冷煬 宣文我寧王 忍痛哀淚滂 狂瀾倒天地 擬作砥柱障 爰起甘盤舊 說盡中心藏 獨對熙政堂 遠邁宋天章 夫何哭龍髯 卷懷括坤囊 最是老臣痛 剝極未見陽 空餘舊賜貂 抱持泣天香 收將尊攘志 抛在華山岡 誰知聖皇筆 流落人間長 飛騰四大字 爛然孰頡頏 非禮不動意 想見吾皇王 刻石寓永慕 朝宗水泱泱 幸今廟宇刱 籩豆儼成行 追惟壽亭事 閱盡幾星霜 精靈遠不隔 況在上洋洋 薰蒿復悽愴 太室如祼將 宛若相辟公 鍾鼓何鏗鏘 禮成威儀罷 撫古涕琳琅 汀洲搴杜若 可以替瓊粻 粢盛潔且馨 牲幣盈傾筐 千秋報事勤 可與齊天荒 乾坤再甲申 感時益摧腸 長吟悲風詩 好音懷西方

又[朴啓三]

地是周王歸馬山 山下淸溪溪上祠 俎豆皇明兩天子 精靈彷彿臨在玆 杞宋縱無文獻徵 韓杜猶傳瓊玖 燦 閟宮之祠茅屋句 請君試就卷中看 世人或言此非禮 借問其心亦獨何 神皇救我壬辰亂 欲報之德 天無涯 毅宗死正甲申變 社稷雖顚義未墜 秦帝連懷東蹈願 殷亡夷有西登恥 奧我聖祖志尊攘 密勿 謀猷巨濟事 波寒鼎湖哭遺弓 已矣大義伸何時 元老空餘同德臣 獨抱麟經無限悲 卷入深山不忘周 靈宮一計於焉存 遺意丁寧托門下 玉洞奄見淸廟尊 萬曆年中舊日月 落影山裏新乾坤 帝車煌煌煥鐫 刻 丹崖瑞氣雲葱葱 香火千秋永勿替 庶效萬一臣民衷

又

國朝多禍變 壬辰最難忘 事往百載餘 故老傳猶詳 島夷初越海 城池共金湯 金虜欲亡未 緣兒思無唐 天地慘崩裂 莫救金甌傷 赫怒我神皇 命將扶危亡 千里掃氛祲 山河復舊疆 率土沾聖化 不覺遙帝鄉 豈意崇禎世 皇綱墜兵場 天子死於正 烈日爭煒煌 寧考志尊周 密圖大義彰 謀猷托尤老 計不遺毫芒 嗚呼業未就 中途棄羣蒼 元亮不忘晉 伯夷期死商 麟經有一部 幸免秦火煬 抱入深山裏 感涕不禁滂 身思大廈擎 手欲狂瀾障 老峯適有寄 十襲誇珍藏 披來毅皇筆 四字成文章 云自燕市得 義取不費囊 龍蟠合瑞氣 鳳翥儀朝陽 怳若覩聖姿 再拜奉天香 仍思不朽謀 鐫刻煥華岡 人去洞無主 澗水流恨長 蕭條俎豆計 山鳥空頡頏 遂翁繼遺意 一堂祭二王 萬東奚取義 朝宗水泱泱 譬如星拱北 靑衿儼成行 惻愴逢重甲 不忍履曉霜 英靈想彷彿 陟降何洋洋 人皆駿奔走 孰不敬自將 威儀瞻肅穆 環珮聽鏗鏘 丈巖賦其事 一字重千琅 至誠必有感 倘或歆瓊粻 從此歲春秋 村翁奠幣筐 護靈 三字缺 庶無草萊 荒 人或謂未禮 不知是何腸 當年微帝德 誰濟吾東方

又 并序

泝夫四面環繞 衆星拱辰 萬折奔流 百川朝海 小固從大 卑必仰尊 恭惟我國家 太祖肇刱洪基 倡明 大義 烈宗丕承休緖 克篤前光 臣服西周 誓山河之帶礪 地偏東魯 作王室之藩維 執壤天庭 有三年 五年之朝聘 織轍皇路 無千里萬里之江山 奧其歲在龍蛇 島夷稱亂 備踈陰雨 城守無堅 烟光漲空 干戈滿地 玉燼萊府 宋泉谷之成仁 璧碎錦州 趙重峯之取義 旣失江淮之保障 遂纏伊洛之腥膻 天步 斯艱 慘龍灣之顚沛 月暈將急 絶蟻子之赴援 乃者哭遠臣於秦庭七日 效存楚之悃 赫斯怒於周后六 日 決征狁之謀 爰命六師渡江 期使一戰退虜 元戎杖鉞揚武 風雷自生 大賊褫魄怖威 蜂蠆用戢 不

熕縱牛於墨野 已見埋猰於青邱 存宗社於必亡 功光再造 拯生靈於已溺 澤流一方 豈惟有職之人民感戴聖德 抑亦無知之草木 誇耀皇恩 用是小邦 思百世職貢之恭修 賴以生者 有幾年正朔之敬奉 願爲死之 邦運忽否於丙丁 山戎肆毒 兵力不敵於甲乙 廷臣議和 不得已焉 實切心中之痛 何爲此也 窃愧城下之盟 薪中枕匕首之凝霜 天上佇旄頭之滅彩 其情戚矣 暗祝蒼穹 此心炳然 欲質白日 噫嘻皇綱墜地 甲申之消息奄傳 帝德如天 壬辰之圖報何處 惟其國滅君死 所以義正事光 民有秉彝 孰不灑血 士懷敵愾 爭欲奮身 我孝廟尊王義彰 刷恥誠切 元龜應兆 周文王之卜賢 上帝賚良 殷武丁之感夢 尤菴先生 兩朝元老 一代宋儒 道德文章 復續紫陽之絶 經綸志業 庶濟赤縣之沈 肆以魚水歡深 被獨對於便殿 風雲契密 幾辰告以遠猷 民徯十征之王師 胡無百年之天運 固將一旅興夏 三戶亡秦 掃淸中原 慰四海之輿望 贊襄大業 垂萬古之鴻名 豈知夫越王未振會稽之棲 武侯遽哭永安之詔 大義莫伸於天下 幽貞擬保於山中 栗里種晉園之松篁 元亮養節 首陽採殷山之薇蕨 伯夷忍飢 于時老峯相公 啣命作北館之行人 懸購訪前朝之遺事 乃有燕市一介之士 密投崇禎四字之題 煥乎有文 驚奉聖皇之手跡 取之無物 敬揖義人之心期 玆以十襲珍藏 不啻萬錠奇寶 携歸遼左 聳一域之觀瞻 奉寄華陽 增大老之愴感 龍蟠鳳翥筆下 仰天容之有嚴 璧燦奎輝石面 揭華刻之不朽 村翁享帝 思蜀州之閟宮 野人祭王 想楚鄕之茅屋 仍營俎豆之計 庶寓羹墻之懷 拘於財匱力綿 幾歎淹滯 繼以北遷南竄 終恨睽違 楚山之遺命悲哀 聞者至今流涕 巴水之寒波鳴咽 遊子撫古傷心 遂菴丈人 傳鉢英才 升堂高弟 善繼志而述事 任爲己憂 要盡職於遵師 謀創靈宇 響應同門之輩 咸效心誠 風動慕義之徒 爭趍工役 遂搆三間之室 膚號萬東之祠 幷享兩皇 永期千秋 命名何義 盖取江漢之朝宗 托慕於斯 欲報天地之罔極 適値歲星之回甲 爰卜春王之孟丁 緬想當年 忍說宗社之投燼 重逢此日 共賀明宮之妥靈 牲幣肆陳 籩豆有楚 濟濟章甫 攀戶牖而駿奔 秩秩班行 瞻東宇而鵠立 威儀匪懈 誠意可觀 悽愴焄蒿 儼皇靈之陟降 屈伸興俯 悦仙馭之送迎 碧洞作朱氏之乾坤 萬曆猶在 丹崖照明天之日月 崇禎不亡 是夕星斗昭明 雲露葱郁 廟貌高聳半天 拱紫極之宸居 燭影煇煌中堂 耀紅雲之寶座 偏壤祭中原之主 義激含生 重泉慰先師之魂 憾釋賫志 其天固有 雖婦孺而亦欽 是性皆同 宜遠邇之咸服 嗚呼 人心不淑 世道無良 異己交攻 何多簪犬之吠 同聲相應 隨處亂鴉之噪 抑何傷乎 彼亦妄已 啓三忠義自許 身世固窮 恥處士之大言 敢獻係單于之策 揖聖人之嚴筆 嘗讀誅亂賊之經 空作楚囚 有新亭之涕淚 欲嘘漢火 無草廬之謨猷 不意殘齡 獲覩盛禮 誠則有享 庶忝嘗答前王之恩 事豈無傳 要篇章貽後人之覽 詩曰

尊周聖后覲瑤京 匡漢英臣去錦城 遺澤永違酬萬曆 深羞終未雪崇禎 千秋香火從今日 一洞乾坤闢大明 泉壤政知魂不昧 尤翁感泣遂翁誠

又[禹致龜]

人有秉彝天 盛德終難忘 我聞壬辰事 可得言其詳 漆齒自南來 所向無金湯 危如虎口晉 窘似驢背唐 明明我神宗 恤小視如傷 發卒掃中土 必欲存其亡 揚威拂天戈 猰貐埋靑壃 到今民受賜 免作左衽鄕 崇禎豈忍說 王業一夢場 守正死社稷 大義何煒煌 孝廟志重匡 拱北誠愈彰 同時挺眞儒 德星輝光芒 君臣協一心 奮義誓彼蒼 魯連肯帝秦 孤竹獨臣商 冠屨慘倒置 憂憤心如煬 遽受永安詔 泣弓淚橫滂 已矣吾道非 狂瀾奈未障 抱得泣麟書 去作霧豹藏 老峯遊燕市 匪風詠周章 求得毅宗筆 何曾費金囊 煌煌四大字 竟歸華山陽 拜受盈兩掬 冉冉聞天香 石崖留華刻 玉索映崑岡 平生俎豆計 冥漠泉路長 今始捌閟宮 賀燕爭頡頏 巴人祀先主 楚俗祭昭王 黃江接巴溪 一派流泱泱 周亡不忘周 掩袂淚數行 王春擧縟儀 重甲回星霜 葵藿向白日 江漢朝東洋 縫章若雲集 孰不敬以將 趍蹌拜傴僂 玉珮鳴鏗鏘 尤翁如在傍 宛聽德音琅 一體祭祀同 肴蔬雜瓊粻 虔恭奠幣物 恍若貢篚筐 二王在天靈 想應降偏荒

松江有賢孫 作詩敷心腸 看取萬東意 示人趍向方

又[李長馨]

曾當漆齒自南侵 國步蒼黃鴨水潯 倘使周王遲整旅 應看宋燕更巢林 惟玆薄海羣生命 摠是皇恩百世深 野廟數間何寓義 川流萬折必東心

四海腥塵裏 華陽帝廟新 人心思漢日 甲子再周辰 野薦雖無主 厓碑固有神 平生尤老志 付與遂翁伸

次丈巖韻[金鼎三]

恤小德如天 事大心不忘 痛矣壬辰事 不忍言之詳 南寇肆憑陵 鰈域如沸湯 魚肉慘西晉 驥背危大唐 我皇體仁恕 撫字視如傷 赫怒命六師 救亂思存亡 萬里振皇威 一擧清海彊 三韓禮義邦 免爲蠻貊鄕 崇禎更堪說 帝業一夢場 國破君亦亡 正道何煒煌 東國聖君作 尊周大義彰 賢豪爲時出 口德輝光芒 是君有是臣 匡復誓彼蒼 孔明魚水漢 傳說霖雨商 天下倒冠屨 憂憤心如煬 遽哭永安詔 號天涕泗滂 回首望神州 天地烟塵障 時命乃大謬 慨然身退藏 使臣遊燕市 義士遺宸章 云是中心貺 何須罄金囊 十襲敬以持 歸來寄華陽 如瞻日表儼 恍聞天案香 主翁鑱石崖 雲漢映高岡 天意竟莫回 冥冥一恨長 遂菴繼遺志 丈巖同頡頏 廟貌不日成 虔享二聖王 山色更蒼蒼 水意添泱泱 靑衿列左右 宛似鵷鷺行 甲申適又回 感時今幾霜 黃江接巴溪 萬折朝東洋 盛事亦有時 齋誠禮以將 趍蹌看濟濟 環珮聽鏘鏘 尙思先正意 拊事淚琅琅 雲驂怳降臨 庶幾歆瓊粻 蕉茘薦籩豆 牲幣奠筐筺 香火永千載 報事無怠荒 天壽一片月 應照義臣腸 感歌歌悲風 長吁望四方

詠華陽洞事實[宋相允]

落影山樊巴水湄 先生於此晩棲遲 中間世事移滄海 今古人心仰武夷 氣象尙留千仞壁 綱常猶揭萬東祠 年年芬苾靑衿走 一片華陽百代知

次宋相允詩[李朝海]

尊周猶在此溪湄 却恨天心悔禍遲 大業可嘆乖聖祖 中州尙見付蠻夷 恩深再造寧忘澤 悲切東民爲立祠 俎豆春秋崇奉地 兩賢忠義後生知

華陽書院詩[黃景源]

巴溪古靈源 院宇臨絶壑 露泉一淸駛 雲石何戍削 翼翼宋先生 講道棲叢柞 金管藏精舍 崖刻貯高閣 大義雖未伸 考槃以自樂 底柱屹亭亭 終古獨旁礴 絳帳鄰皇廟 素韠薦疏勺 武夷餘敎在 絃誦不寂寞 宋先生華陽洞詩曰 難傾底柱山

煥章菴詩

煥章上方深 凌霧遂獨往 迢遞暮山遠 澹灩春流廣 金管在雲房 瑤函映霞幌 煌煌二帝書 刻鏤丹崖晃 盤翥龍蛇錯 沸薄雷霆盪 神儀雖莫攀 墨澤猶可想 文思懸百世 榮光遶億丈 孰云大統絶 顯義窮天壤

雲漢閣詩

飛閣崢嶸雲漢垂 巴溪千嶂影參差 幽香入檻野花近 新雨滿池春水滋 月靜巖齋絃誦夜 烟昇皇廟燎燔時 御書零落留山谷 故老彷徨沒世悲

神宗皇帝金管歌

金管金管自萬曆 歲在天子華玉几 沈香以爲幹 斑竹以爲被 朔方貂鼠色正黃 長毛毿毿 天下美 巧工作筆妙鬼神 梁帝銀管不足比 上刻谷口詩 細靄冥濛緣字始 下刻桂花詠 微雲翔舞隨劃起 形如筆星誠奇玩 先皇常置深宮裏 紫泥初書罪己詔 九蓮碚薩中心喜 春秋臨幸萬歲山 每携鳳硯召學士 澄祥亭北題素綃 集成殿西書文綺 仙駕飄颻白雲遙 九服山川何多壘 墨澤沈翳百餘年 華陽幸遇宋夫子 史氏彤管雖不傳 秦國蒼毫尙在此 定陵松柏已蕭蕭 孰知空谷天香邇 一枝毛彩照英蕩 辛夷花發最相似 忠臣孝子今應有 請操斯管書諸紙 梁史 忠孝全者 以金管書之

華陽洞感賦[安錫儆]

大明堂堂久專天 于燕定鼎近朝鮮 朝鮮素有箕子風 受禮觀樂無間然 邦國正大視漢光 家行明潔比宋賢 灑掃金元陰濁除 表章孔朱日月懸 天開地闢宗萬國 千古英華析木躔 躔同壤接惟我邦 奮發人民與山川 魯秉周禮燦人紀 衛承武公多君子 朝廷無違洪武制 士林有繼考亭氏 陪臣繼踵玉河關 天使臨照淸漢水 翰墨文發宴好中 衣冠舞蹈聲明裏 太平文物二百年 長蛇封豕驚墨齒 左海含靈慘燔烙 龍灣血訴惟生死 實賴皇帝聖且仁 九重慘愴開秋旻 風飛雷厲再動兵 猛將如雲騁威神 三都旋復八路平 目極千里無餘塵 中原七載抽眞氣 瀉入靑邱爲一新 君臣父子安天地 至今誰非大明人 萬曆洪恩未及報 三田片石彼何因 有來牛觝更馬踶 孤城風雪天之蹶 寧以義死和不可 五臣碎首君垂涕 自古未有不亡國 一朝何忍負皇帝 學士唾遼爭取死 都督馳海空抱計 普天環哭壽皇亭 龍髥縹緲悲莫逮 玉帛凄涼向何處 崇禎甲申天地閉 由來末王每淫昏 坐受束縛如孤豚 赫赫天地以正終 存亡不愧堯舜尊 哀吟痛慕盡四海 況我文明舊東藩 寧考用國將有爲 華陽先生起邱園 尊周攘狄講春秋 復讎雪恥誓乾坤 精砲十萬議海路 本支百世求文孫 鐵杖木馬沛難禦 印轉符行眞可許 指心崢嶸漢日明 聳劒慘憺胡雲阻 感憤非爲萬全計 教訓猶待十年所 忽驚雲馭上賓天 天下已判無義擧 絶海窮山有擯斥 忠言血奏見違拒 寧陵霜露木已拱 楚山(楚山井邑號也)風霾事難語 哀歌寃哭久不禁 大東士類孰無心 華陽院裏忍淚入 萬東祠前自沾襟 秋聲一道水石明 落日千巖雲木深 二帝在天臨潔土 眞儒留影破羣陰 天書炳炳瞻老石 夜雨凄凄聽寃禽 泣弓巖寒想風雲 一治堂逈悲古今 平明伏讀山中記 一間茅屋知有自 同時上林大報壇 聖衷怵惕符士議 赤縣茫茫犬羊塵 東韓濟濟冠帶類 光恢望絶始爲此 先主先正身後事 區區香火敢云報 世世子孫永無墜 遺民戚戚於是甚 擧國昭昭以正華 華夏在玆薦馨香 對越庶幾瞻洋洋 亦知斯禮猶賢已 忍復向人爲夸張 昔聞先生方老病 齋沐百拜上封章 嗚呼永曆或能傳 漂泊天涯未敢詳 先朝北伐縱難繼 列聖東漸嗟可忘 風濤萬里惟君命 我明遺緖求渺茫

漫興詠華陽九曲[任相周]

有壁千丈屹 可以擎彼蒼 胡不於中國 獨此華之陽 中有二帝廟 是亦一中土 天乎勿傾頹 此壁立萬古 擎天壁

有潭淸且潔 活水源頭來 白雲溶溶起 其中影徘徊 譬彼君子心 湛然無塵累 終日鏡面開 永抱朝宗義 雲影潭

吁嗟彼盤石 云胡名泣弓 孝廟之諱日 有臣號蒼穹 年年是巖上 淚痕磨不磷 侵晨慟哭語 可以泣鬼神
泣弓巖

煥章菴邊水 巖棲齋下斜 日照委黃金 漣微曳白沙 常在空山裏 何處是滄溟 空山兮空山 山中有皇靈
金沙潭

嵬磊石層層 屹屹仍作臺 凜凜凌風雲 迢迢絶塵埃 山靄半空浮 儼然天中入 有類豪傑士 唾手燕雲立
凌雲臺

北辰居其所 衆星拱其下 噫彼旄頭光 奈何掩中夏 願言觀天象 四山鬱嵯峨 於焉上高臺 歷歷瞻星河
瞻星臺

維彼臥龍巖 若將乘風雲 宛在水中央 蒼痕背成文 知是南陽翁 變化爲此石 平生興復意 蜿蜿如宿昔
臥龍巖

鶴巢問何年 祇今猶有臺 神仙不可見 悵悵空徘徊 安得安期生 一問長年術 長年欲奚爲 願掃犬羊窟
鶴巢臺

憶昔漢昭烈 都邑在西巴 崢嶸彼劒閣 坦然成中華 嗟玆一巴字 地名胡相似 磷磷白石上 千載空流水
巴串

華陽九曲 和武夷棹歌 十首[權震應]

泓崢曲曲爽襟靈 巴谷還同雲谷清 箇裏誰能會眞趣 櫂歌聊復和新聲
一曲漣漪可泛船 擎天危壁逈臨川 虹橋北望皇祠近 松檜森森鎖翠烟 擎天壁
二曲澄潭抱碧峯 天雲終古倒寒容 高山漠漠靈源秘 流水桃花渺幾重 雲影潭
三曲巖如泛壑船 貂裘泣血問何年 君民大計空遺廟 杜宇聲聲聽可憐 泣弓巖
四曲金沙映翠巖 巖松汀柳共毵毵 書齋寂寞遺芬遠 秋月依然照碧潭 金沙潭
五曲蒼崖高更深 靄雲和雨鎖空林 煌煌寶墨腥塵外 永激東民拱北心 瞻星臺
六曲奇巖枕綠灣 重重雲樹隔塵關 天時冉冉羣陰剝 潭底潛龍臥自閒 臥龍巖
七曲淸流激作灘 鶴巢秋色錦屏看 徜徉盡日忘歸去 幽鳥不鳴空翠寒 鶴巢臺
八曲寬平眼忽開 素磐千頃水縈洄 蒼苔細逕渾依舊 尙想吟風詠月來 巴串
九曲仙游更窅然 巑岏峯壁瀉長川 游人誰解窮源派 除是華陽一洞天 仙游洞

大明稻 湖南稻名 有大明者 梁生濟身 送于華陽 以供萬東廟享故有詩

嘉穀新從湖海陽 顧名仍憶大明皇 下泉浸冷稂俱萎 西山春回蕨共長 不讓苞茅來遠國 行看秸粟獻深筐 年年盻蠁巴溪曲 酌以淸流薦我芳

巖棲齋[李思質]

亂流登石壁 其上一亭安 履險方平地 臨淵卽小欄 攀躋分寸學 師弟始終完 姑捨溪山景 遊人自可觀

葩串有懷

陶菴繼絶學 士望洽然歸 曩者來葩串 山阿寄石扉 啁啾饒舌頰 悵悵返驂騑 帝廟宗臣院 空門但自依

華陽洞諸詠[金相定]

松屛一疊畵難成 坐愛寒潭徹底淸 落日微波惆悵久 來雲去鳥摠關情 雲影潭
杜宇山深二聖祠 蒼苔不蝕萬年碑 東人尙識尊周義 天壽岡前冷雨垂 萬東祠
一路逶迤夾澗行 奇巖歷盡小橋橫 孤高不在千峯上 騎馬悠悠到却平 華陽書院
遺像巖巖拜院歸 柴門几杖宛摳衣 華陽洞裏書千卷 零落人間半是非 書堂
水抱巖前想墜弓 蒼梧哭望白雲中 松聲川響長幽咽 歸告華陽有萬東 泣弓巖
數里高低只一川 金沙受瀑澹成淵 巖間短棹閑應爛 漁子迷津五百年 金沙潭
金作蓮花翠作屛 小齋臨水鬪巖扃 蟠桃落盡無人見 惟有圓峯萬古靑 巖棲齋
邃林穹壁欲憑虛 倚杖寒天縱目初 金闕銀臺如夢寐 五雲長護石間書 凌雲臺
寥寥巖徑近黃昏 烟雨尋常鎖洞門 試向中宵臺上望 一天星宿帝居尊 瞻星臺
巨石蜿蜒勢若馳 當前數畝碧淪漪 君臣魚水千年少 日暮微吟古柏詩 臥龍巖
秋骨稜稜暮雲隈 下有澄潭一道回 古柱夕陽無限恨 腥塵滿目鶴歸來 鶴巢臺

大明稻[梁濟身]

春秋讀無地 宇宙長夜催 空懷豫讓匕 虛抛博浪椎 慷慨何所托 獨來問黃山 涒灘剝復會 圖書河洛灣 先生際孝廟 隻手扶傾天 興師欲問罪 早晩屠幽燕 哀痛永安詔 大業中途休 再造恩誰識 一天不共讎 誓將蹈海死 未忍拜犬羊 西山吊孤竹 茅屋祭昭王 堂堂尊攘義 奴隷亦知周 庶幾樹中字 神意迎鑾州 近有南畝穀 東土留嘉名 春耕秋穫日 遺民歌大明 暗灑志士淚 悠悠風泉情 何處獻芹曝 故都悲黍離 惟彼萬東廟 陟降儼在玆 厥篚非無粢 厥貢非無茅 粒粒皆精鑿 神明此可交 敢將一斗種 慇懃納華陽 華陽諸君子 及時播四方 芬苾通肹蠁 配食文正公 區區來助誠 可但祭祀同 天心倘悔禍 于以爲餱粮 何由薦報壇 空瞻北斗光

又[趙函]

物理日以極 天運日以催 詆及山東米 久已饒髾椎 特立腥膻外 天下無等山 山下有一士 再拜田水灣 佳氣何鬱葱 雨露大明天 父老相對泣 慷慨同趙燕 黃河之所潤 匹以千一休 遮莫鋤寄奴 靖節視爲讎 不是閒草木 莫敢近牛羊 使有魯叟筆 書葉必春王 采采西山蕨 墨氏不食周 三嗅好種子 程路問淸州 疇建一間屋 巡籩以顧名 三戶壤地小 萬折江漢明 澗蘋季女誠 野櫻臣甫情 將以供粢威盛 播之盍離離 昭昭陟降在 苾芬庶格玆 能繼大老志 義理不塞茅 擎天壁前水 下與驪江交 灌漑豈無田 時亦回三陽 春秋讀西湖 筐篚進南方 曷敢于我私 只要雨我公 猗歟梁夫子 奄有我稼同 可譬僵柳瑞 寧如瓊糜粮 匪直農夫慶 式是邦家光

又[李基敬]

碩果潛徵一線陽 嘉禾遺種憶神皇 伯夷樹粟遺名好 下土苞稂舊澤長 中國無王誰玉食 南方有士替玄筐 萬東祠外溶溶水 灌我公田薦藻芳

又[宋德秀]

一士欲扶一脉陽 大明稻享大明皇 根沾漢水朝宗遠 葉潤殷天雨露長 萬里黃河羞玉帛 數間淸廟奠茅筐 循名正起風泉思 留與千秋薦苾芳

又[閔百順]

四海窮陰此一陽 葩溪有廟享明皇 西山采蕨淸風在 南國留禾舊澤長 名襲大邦依日月 播同千畝備籩筐 年年香火星壇下 添得王春侑苾芳

又[宋煥箕]

野人香稻獻華陽 宜爾嘉名薦我皇 色映黃河千載近 芒垂南極一星長 涒灘秋日田家穀 蕭灑春風竹院筐 落影山氓應下淚 年年服力備芬芳

尊周彙編旣成 偕家督謁華陽書院 用陽字韻謹志[家大人]

在地江漢潔 在天日月光 經惟魯春秋 獨持萬世綱 攘夷尙餘事 大義實尊王 文公任道重 適當宗國殃 摧心忍痛寃 縮手事犬羊 嗟乎孔朱憂 胡萃我東方 北極皇綱絶 南城國恥長 仲連東海碧 句踐會稽蒼 憂周箕氏風 椎秦滄國霜 特爲天下正 東魯信莫强 寧陵集此義 大計主尊攘 亦有同德臣 尤老繼紫陽 道尊三顧葛 讎深九世襄 密勿荊幄對 珍重御札香 邦運再不幸 仙馭徑雲鄕 薄海均寃號 先生酷如喪 貂裘帶危涕 抱歸故山庄 卓彼華陽壁 天柱閱劫茫 崖面列宸翰 僭僚峙煥章 崇禎孰不悲 萬曆未敢忘 楚屋懷舊德 虞廟志永傷 所以萬東廟 屹立洞中央 祭祀同一體 芬苾儼帝傍 皇壇並時刱 舊甲北風凉 列朝崇報侈 金額煥相望 安所闢詖淫 實賴峻門墻 先王最曠感 斯文幸未亡 尊周有新編 聖謨正洋洋 賤臣亦承命 恩耀絶輩行 始從李騎曹 草藁雜盈箱 成書待吏部 家督又續卬 次第徵朝野 遺秩入褒揚 編摩關世道 袁鉞藉王明 敢詡一家榮 徒仰二公倡 文獻一失主 弓劒涕泗滂 羣書集標記 並入九疑藏 舊恩何當報 餘筆只自覆 八年書始成 遺恨溢縹緗 只幸東國重 催納上書囊 老病安能役 君靈若有相 適我就子養 縣近洛陽岡 幸哉天借便 偕覲夫子堂 曩與麟經役 亦幸劣雛將 是又惇史餘 乃復忝世當 第守長堅筆 無孤法玄牀 傳心炳御序 道義已先彰 及夫彙編出 宛如九伐張 持此謁尤翁 庶幾達二皇 霜降嶽勢竦 星斗耀寒芒 此實大老像 何況院宇傍 河淸共誰俟 百川尙可障 昴宿姑辨六 天意故未詳 再拜出山門 周道草猶荒

華陽九曲 依武夷櫂歌十韻

先生出處證山靈 兼愛巖泉絶世淸 況又皇靈憑几杖 隔林長聽子規聲
一曲層巖繫釣船 擎天危壁揷長川 洞門長護王春脉 俯視塵寰閱劫烟 擎天壁
二曲晴嵐擁碧峯 蘸淵雲影漾天容 方塘尙自淸如許 何況靈源灝氣重 雲影潭
三曲穹巖似跨船 攀躋長憶泣弓年 窮山血淚從誰灑 惟有河西曠世憐 泣弓巖
四曲金沙繞碧巖 巖棲逕仄草毿毿 琴書咫尺開光影 認是山南第一潭 金沙潭
五曲瞻星擇地深 斗南光氣耀山林 厓前寶刻天章爛 省識瑤躔拱北心 瞻星臺
六曲凌雲又一灣 水門烟雨曖常關 自崖高揖干霄氣 仁者巖巖智者閑 凌雲臺
七曲龍巖枕石灘 一方魚水臥雲看 草堂春睡今誰喚 思漢人心尙自寒 臥龍巖
八曲巖泉況復開 鶴巢臺下耐沿洄 莫嘆華表無歸影 猶有杉松引得來 鶴巢臺
九曲心眸頓擴然 長松白石瀉淸川 巴溪別是源頭水 宛在中央一洞天 巴串

依謝劉子澄寄羊裘二絶

九曲吾東又此灘 莘郊之耒渭濱竿 貂裘淚盡蓬山路 却似狂奴五月寒

鯨海旋來野服披 判知吾道與時違 燕居衣帶儆容目 又是文公丐院歸

華陽書院二十詠 依感興詩韻

維嶽降元精 符彩徹高廣 百世留形像 捨魯我焉往 小子嗟晩生 高山幸復仰 入室琴磬肅 出戶月星朗 人生一是直 魋倉適自罔 此理無古今 明者若示掌 宋子畵像

獨持天下正 宗周幸魯中 攘狄兼復雪 晦老復成終 麟經秉此義 一治後先同 我惟華陽在 猶足警羣聾 一治堂

奧若聖神皇 玄中運握機 脫我湯火中 羽檄九天飛 亦奧崇禎帝 天運一何違 獨秉死社義 長城振世輝 乾坤一翻覆 三光爲之微 英聲獨至今 江漢所同歸 神·毅二皇

緬懷春秋法 天王不書出 江南縱足王 帝車豈往役 正義冠中夏 遺廟峙東國 况復萬曆恩 列朝報未畢 獨戀楚昭德 如覩虞舜跡 每年三九月 馨香徹皇極 萬東廟

自從父師來 尼聖欲居夷 王風一委地 周道草離離 先生獨何人 此地特布玆 貂裘閟御香 麟筆載餘洏 方知魯縫掖 全勝楚執珪 大道懷千古 端居制百爲 生爲擧國仰 死爲沒世悲 曠然朝暮遇 吾黨尙庶幾 草堂

衆星懸窮昊 北極特爲綱 是爲瞻星處 千古泣秦良 雲章刻厓面 虹氣跨石梁 蔚然鸞鳳質 皦如日月光 崩壞任彼劫 流傳獨此疆 鮮人捧之泣 宛覩六龍翔 吾邦固東海 彼美尙西方 物理終必反 皇運倘再昌 天狼倒南極 弧矢儼北張 琬琰並赤刀 敬撫獨心傷 崇禎御筆

神皇眷我東 竭力救藩封 英威振朔雪 毒螫縮炎風 七年兵始息 神理實殲凶 朝鮮從此活 帝德配彼崇 無言帝何述 淵默獨玄穹 玉藻照氷壺 逾於鑄人功 燁然扆像 端拱服王公 獨爲東國幸 尋常覩天容 尙恨傳來晩 鐫勒後尤翁 猶敎此山重 如魯屹龜蒙 萬曆御筆

間氣涵衆微 渟峙比嶽淵 燁如列秋星 威如奮龍泉 先生後孔朱 書亦尙儒先 大字益碓健 心畫織綿 所以主華陽 淸風長凜然 直道正如此 獨立不外牽 文正大字

始爲隱仙菴 仙亦此山光 及移煥章額 百世所激昂 是亦尊攘義 夷醜詎敢爭 中藏二皇筆 衆星拱極煌 佛恩銘塵刹 雲漢儼帝傍 終見有來取 吾道廣西方 煥章菴

六師張有時 玄嘿實總己 江漢並武洸 今爲我東紀 云何二天章 流落此焉止 思則誠無邪 動則警非禮 炯然氷玉輝 淸若奉明水 卽此優聖學 雲漢足後軌 雲漢閣

帝遣臣嗣昌 督師整乾坤 兼將保民意 弁彼詰戎文 庸帥負主仁 莫遏悍流奔 滄桑恫一翻 雲漢愴猶存 佛靈勤扶護 光氣溢禪門 嗟乎洪範師 拯救義猶敦 崇禎贈楊嗣昌詩

勁毫表羣哲 柔毫正衆訛 寸管參萬幾 王者藝何多 玉藻來東土 書畵更幾何 那將獲麟筆 寫彼勑天歌 萬曆金管

昭曠集遐觀 幽獨愜深省 衡門隔魴鯉 野服謝錦絅 自哭弓劒後 君子蹙所騁 賴有華陽居 水石入管領 巖棲最孤絶 斯文益蔚炳 片舠纔涉飯 淸流截人境 巖棲齋

先生嗜鄒書 浩氣爲之根 著書高連屋 師道閱劫存 東溟一線陽 終破九州昏 何幸晦菴集 移貯考亭原 宋子大全板

在昔先正前 仙佛擅此山 天柱若神將 屹爲一水關 長松拂面翠 靈芝照頰丹 惟彼彩雲菴 棲鴿特褰翰 今依二聖筆 低視萬國難 憑止幸得所 長令佛地安 彩雲菴

日月比羣經 餘光牖衆愚 春秋最謹嚴 隻字詎落虛 前後聖一揆 書例古則無 孔經及朱綱 次第正世趍 同是丙辰歲 嘉惠燭迷途 草堂天香爛 吾東幸此書 內賜春秋

聰明似孔子 晦老信多才 詩亦繼風雅 藹然善根培 寧王選雅誦 牖世正路開 張此義理醇 正彼聲律乖

譬如列宿垣 北斗爲之魁 九原受此頒 寧不攢手哉 內賜雅誦

嵬嵬萬景臺 寔在洞左方 恰受西日照 那堪北風凉 曩爲文正院 巖峀儼升堂 及夫移棟宇 過者尙色莊 傍招舞雩童 共浴沂上湯 遺墟亦規矩 典刑今可詳 堂斧又孔邇 瞻謁衆趍忙 請看泰山顚 猶有浮雲翔 萬景臺

恫哉黍離後 皇稻獨我尋 豈關蘖兆 還耐雪霜侵 二簋堪帝享 一復見天心 芬芳自上徹 穄稗敢並任 遂令棵將生 悽愴益整襟 直以畎畝植 高出廟柏林 大明稻

念昔寒水翁 親受老師言 死生均大義 秋殺接春溫 廟院因此刱 訕侮任彼喧 一柱容高撑 四海豈長昏 道德猶可述 文辭敢憚繁 獨爲淵源重 緣溪問道原 書院

華陽洞志 三

詩文 下

巖棲齋記[權尙夏]

華陽水石之勝 甲於湖嶺 尤菴先生於丙午年間 築精舍於溪南 儘象外奧區也 精舍之東一喚地 有石臺陂陀 其高數十尺 上可坐百餘人 亦天作也 先生嘗搆三架小齋 時時游息於其中 甚樂也 嘗曰 自懷鄕入此洞 神心灑然 如在仙境 回視懷鄕 誠是塵寰 自精舍移此齋 此齋眞箇仙境 而精舍反爲塵寰 可謂十分淸奇 何必更覓桃源路也 臺下深潭 足以方舟 時泛一葉小艇 隨波上下 其澄澈底 可數纖鱗 夜憑軒窓 月色如晝 玲瓏映帶 彷彿水晶世界 先生乃曳杖嘯詠 響如金石 翛然有遺世獨立之想 其視武夷茅棟 淸興孰優也 不幸黃巳慘禍之後 齋舍傾圮 山阿寂寞 過者傷神 乙未之歲 牧使金侯伯溫 出財力重建 不大不小 不華不陋 依然昔日樣子 於是後生小子 莫不登臨想像 如坐春風 且頌金侯之誠不衰焉 今春 金侯爲花山伯 過余黃江之上 使余題巖棲齋三字 鏤板揭楣 又屬余爲記 余是當時密侍小生 不敢以不文辭 畧叙所睹記如右 昔有蟠桃一樹生於巖間 今不可見 老僧嘗取種于菴庭 待秋移植如舊云 崇禎後辛丑仲夏日 門人權尙夏識

華陽巖棲齋重建上梁文[蔡之洪]

伏以退栗後百餘載 道未有如文正之尊 湖嶺間十數州 境未有如華陽之勝 秋陽江漢 士多沒世之思 玉洞烟霞 地留考槃之軸 於焉仍舊而修葺 庶幾作新於瞻聆 恭惟我尤菴宋先生 承沙老之嫡傳 遵晦翁之規畫 門路造詣之正大 質諸鬼神無疑 風雲際會之昭融 譬猶魚水相得 以一身而任國家之輕重 大廈棟梁 以隻手而撑宇宙之綱常 頹波砥柱 天未欲治 痛大計之虛抛 道將不行 奈讒言之交極 睠玆青川之巴串 殆同紫陽之武夷 山明水佳 爰得我所 天慳地祕 以遺其人 銀索蟠空 崖角鑱毅皇之御墨 珠邱入望 巖頭泣孝考之遺弓 東海千秋 永挹魯連之高節 南山七月 獨抱澹齋之至痛 頃當誅茅之初年 別有棲巖之一屋 崖成墻壁 不待約之工 石作庭除 何煩礱磨之力 漚練俯挹 源頭之活水無窮 絳帳高懸 座上之春風不老 邇來歲月之幾度 倏忽滄桑之累遷 樑摧岳崩 人間之萬事長慟 墻空桶圮 石上之遺址尙存 院宇新開 宛故居之復葺 皇廟肇設 盖遺意之式遵 祇緣事役之不遑 尙恨別搆之未復 苔逕月照 遺躅增諸子之感傷 石壇雲空 荒墟閱幾人之指點 多士相告 仍故制欲以新之 太守曰吁 作斯堂吾豈已也 鹿工倕而董役 捐月廩而鳩材 見突兀於眼前 若有神相 喜崢嶸於頭上 不終日成 西室

東檻 宛然如昔 雲簷月榭 煥矣維新 謦咳如承 儀形若接 泉聲岳色 依俙暇日之陪遊 棐几晴窓 彷彿當年之列侍 恭伸善頌 助擧脩梁 兒郞偉抛梁東 雲漢昭回映半空 緇類齊誠勤守護 皇家天地此山中 兒郞偉抛梁西 燕塞風塵一望迷 天壽蒼茫何處是 空山夜夜蜀魄啼 兒郞偉抛梁南 朱麓碧瓦露晴嵐 知應義魄陪風馬 隣近廟祠上下參 兒郞偉抛梁北 循環一理分明識 潛陽已動地中雷 休運方知七日復 兒郞偉抛梁上 靑天白日人皆仰 雲翻雨覆古來然 一氣眞元猶不喪 兒郞偉抛梁下 混混源泉流不捨 日夜朝宗咽咽鳴 誰言水是無情者 伏願上梁之後 世道亨泰 儒化蔚興 精靈洋洋 焄蒿悽愴兮如在 人士濟濟 絃誦詩禮之罔愆 遺敎由是而復明 斯文在玆而不墜 雖光風霽月之氣像 杳莫追攀 而臨淵履氷之工夫 勉竭鹵鈍

答華陽院儒

昔者臨賜 迨不能忘 院宇修繕之報 聞甚喜幸 而役鉅力綿 將何以拮据 還不勝奉慮 稟目見悉 山長處分 想已還到 而無由承聞爲鬱 僕則頃與湖中士友商議 欲於過近後轉托筵臣 更以本院配享之意陳達于榻前 而如或終不允許 則繼以別立祠宇於洞中之意 定奪爲計 此若得成則影堂之役 似將中止 而材瓦則第須豫備以待之如何

又

書院之設 盖爲諸生肄業之所 而仍以報祀先賢 寓其尊慕之心者也 其所關係 顧不重歟 況玆華院 卽老先生平日講道之遺墟 而肅廟御筆揭額之地 則事體之重 與他院自別 凡百規模 允宜矜式於國中 而不但世禍斬伐之餘 士類解體 且以本院刱設未久 物力凋殘 諸生之恒居講業 勢固未易 而每當春秋兩丁 遠近章甫之來會者 其麗不百 就中多聞博識之士 必有平居講業之素 而院中執綱之士 汩沒薤塩 倚席不講久矣 遂使禮讓之地 反作喧譁之場 旣無一字講劘之益 又不能致其如在之誠 當初設院之意 果安在哉 苟究弊源 則實由於諸君子羣居終日 了無所事 故閑談雜說 不得不做閒雜之極 自不免紛紛譊譊 若此不已 則聞識何由而進 誠敬何自而生乎 實非老先生啓牖後人之志 而有乖先大王揭額表章之意也 惟我同志之人 自今伊始 革祛前習 遵晦翁鹿洞之規 體山長下敎之意 專心講學 益知其所未知 潔誠致齋 以齊其所不齊 以爲日新又新之地 千萬切仰

又

奉托崖刻事 果自營門有所探問之道耶 第付朱生 使之奉致印本於座下 考納如何 萬折必東再造藩邦八字中 物力若未給 則下四字雖未刻似好矣 與僉賢商量處之也

又

示來請配事 僉賢之論誠得矣 自遭山頹以後 卽有此議 而于今數十年 尙此囁嚅者 非謂此不可爲恰當道理 實以事勢有拘而然也 何年有一宰臣 果以此意陳達於榻前 則上敎以爲今有不可輕議者 事遂寢 士林之抑鬱 至今未已 來頭得準與否 姑未可知 而多士請配 斷然有不可已之公議 今僉賢始發此議於寂寥之中 甚幸事也 惡可已乎

萬東祠是非辨[成晩徵]

事有變常 道有經權 不可處變而語常 當權而論經 春秋之義 君不祭於臣僕之家 父不祭於支庶之宅

者 常經之道而不易之法也 亂世之將 掃除陵墓(如李孫堅晟事) 亡國之大夫 葬酹其君(如袁克洪皓事)者 處變之義 而直發於秉彝之天 惻怛之意 故抑有貴於常經之道也 三仁之行 不啻南北 而夫子同謂之仁 爲其至誠惻怛而弗咈乎愛之理心之德也 昔楚國亡而遺氓追祭昭王 則韓昌黎作詩而美之 蜀漢亡而後人奉祠昭烈 則杜草堂感歎而詠焉 至於南軒祭虞帝廟 則朱夫子作詩而賦迎送神詞 豈不以代絶之君 香火之薦 本無僭瀆之嫌 而實見秉彝之良心也歟 春正萬東祠享 禮雖非紀常之典 而允合天理人情之正也 神宗皇帝 於我國家 有萬世不忘之恩 至今生靈有父有子 免爲倭奴者 何莫非帝賜也 神州陸沈 九廟邱墟 宇宙昏蒙 大義晦塞 革世之歲 倏爾回甲 父老興感舊之哀 義士懷存本之思 於此不畏虜情之叵測 不顧世俗之頰舌 立祠山阿 用享芬苾 駿奔思成 若覩皇靈 一邱洞壑 猶爲大明天地 是誠天下之奇事 儘出於至誠惻怛而弗咈乎愛之理心之德也 若使韓, 杜詠歎 張, 朱述作 則發揮之美 興感之章 不止於荊蜀虞廟 而安知非三仁爲四哉 迺者一邊譏議之徒 或曰非其鬼而祭之諂也 或曰以士而祭天子僭也 强者怒於言 懦者怒於色 噫 彼莫非壬辰人子孫 而亦莫不有所謂秉彝之天者 然疵毁之不已者 只以此事始於尤老 成於遂翁 故黨論陷溺其心術 徒見逐鹿而不見泰山者也 抑無偏黨之私而尙有疑訝 則是不知變常之道殊塗而同歸也 然今世之人 忠義見識 如韓公杜子則可也 道德學問 如南軒朱子則可也 而不此之思 甘心爲俗論之嗃矢 無乃惑耶 愚於華陽 亦參享事而來 噂沓之言 不一以足 故不得已略書以辨云爾

華陽尊周錄序[尹鳳九]

天下之義 莫大於春秋 春秋之義 又莫大於尊王 况我國之於萬曆 義固君臣而恩亦猶父子 其尊之之義 何可一日忘之哉 華陽宋文正先生 以孝廟同德之臣 將明大義於天下 樹萬世之綱常 不幸泣弓歸來 事大差謬 抱經空山 悼義莫伸 及老峯閔公得毅皇手筆於燕市而歸 先生刻之所居華陽石龕 感慨歎傷以爲荊州之虞帝祠 朱子南軒表章之 下國遺民之祭天王 義已可據 此刻御筆 亦可以爲之兆也 欲就石龕傍 立二皇祠 事未集而遽値己巳之禍 臨訣 托我先師權文純公 俾卒成之 先師受命罔 甲戌更化 始與士友議 十載經理 建一廈屋 名萬東祠 至甲申京周淪亡之回甲 始祀二皇 先師祝而侑之 神皇以壬辰再造之恩 毅皇以國君死社之義 亦宋先生所授之意也 盖自石刻至祠享中間數三十年 凡係洞中文字 皆兩先生及老峯, 文谷, 丈巖諸公所述 而後來斯文羣賢 或詩以播詠 或文以叙事 莫不志切尊攘 義炳日星 是宜傳示天下 使千百世後 皆知我東之華陽 有此二帝祠也 收錄共編 總一冊 此所謂華陽尊周錄者也 嗚呼 四海腥膻 獨小華 而又此華陽一洞 能保崇禎日月 春秋一部 於此可讀 河淸他日 聖人復作 吾其藉手而有辭者 其在斯錄也歟 華陽院任任相周, 洪義瑞, 宋洙源諸人 將刊是錄而壽其傳 問序於屛溪尹鳳九 余以編名錄中爲榮 不辭而謹書之如此 時崇禎甲申後再辛巳初秋日也

送田節制奉皇明二誥往祭萬東祠序[趙泰萬]

萬東祠 盖取諸萬折必東之義 祠在淸州之華陽洞 湖西士人共立之 諸人士惟肅宗甲申 乃祀皇明神, 毅二皇 盖尤菴文正公之遺意 而三月十九日 是毅皇殉社稷之周甲也 上於是躬祭于大報壇之故 祠祀亦用是月之某甲也 尤菴晩居是洞 爲刻毅皇御筆 洞南石室 仍藏眞跡 石室東北 煥章僧菴 而祠當尤菴故墅西南 尤菴嘗曰 以我孝宗配食二帝 而以洪, 尹, 吳三臣配食庭廡宜矣 然孝宗已下 議者紛紜 不配食焉 田節制其父護軍公 丙丁後東來 蒙仁, 孝, 顯列聖置軍銜廩食 娶婦生諸子 遂畢命東土 諸子肅宗時用武起 列官于朝 益上恩隆摯 節制曾祖兵部尙書同知萊州時誥軸一 高祖御史誥軸一今在 神皇所命也 今節制手奉二誥 及春丁往于祠 朝衣朝冠 將與章甫諸生 駿奔走俎豆之間 二帝陟降

之靈 其必眷顧節制 而神皇若曰 爾成一來 嗚呼惟二誥 是朕昔所賜爾祖 今璽跡百載宛然 爾又朕孫遺孫 能父子遠避腥膻 不胡服 獨漢衣冠 又父子不絶官錄 天翻地覆 中華萬里之外 保有乃祖誥軸復列之朕前 其視朕宗廟不血 子孫不保 乃祖朒勝朕哉 毅皇若曰 嗚呼成一 如神皇言 二帝又若曰嗚呼成一 四海盡忘我 惟朝鮮獨不忍忘我 國先君築大報壇祀我 鄕人士立萬東祠祀我 朕顧海內 捨朝鮮安托 絶域窮山 春秋所見 盡朝鮮人 獨不見故國臣庶 汝今至 惟爾實朕遺臣 朕今日之祀 朕爲汝享之 予甚汝嘉 僾然肅然 必有見有聞也 我孝宗英靈 必又左右二帝 代揚二帝明訓 而召致三臣者暨洞之主文正公臣某 語節制此行曰 成一不忘本 成一義哉 節制今行 於天下後世 不亦有光乎 吾以是贈 崇禎紀元後九十四年辛丑春王正月 漢陽趙泰萬序

報恩縣二帝祭田記[黃景源]

二帝故天子 而清州非巡狩之地也 而吾邦之士 爭致力以成其廟者何哉 盖二帝有德吾邦 宋先生甚忠於天子 而清州之東 先生嘗家焉 故其弟子卽先生之居 立二帝之廟云爾 聖人制祀典 以勤事祠舜 以禦菑祠禹 舜與禹之祠 不惟其子孫若陳杞而後立之也 天下之民 皆可得而祀也 不然陳亡而舜不食焉杞亡而禹不食焉 烏得列於常祀之典哉 由此觀之 吾邦之士 祀二帝有以也 夫宋先生恩津縣人 孝廟時 以處士爲王賓師 欲章義以報大明之恩 恩未報而去 去而將立廟於華陽之下 以祠神宗, 毅宗 廟未成而卒 旣卒之十六年 廟始成 盖先生之志 弟子成之也 中國易正朔 去廟成時六十年 高皇帝之世絶久矣 而二帝獨得廟祀 非所謂德厚流光 民莫敢不敬之效與 祭田若干畝 在報恩縣南三十七里 宋先生諱時烈 字英甫 謚曰文正

雲漢閣記

文正公宋先生 作巖棲齋於清州東華陽洞 後十餘年 得毅宗皇帝御書 刻于石壁 直巖棲東百餘步 爲禪院曰煥章 煥章之傍 有大石長二十尺廣十二尺 石上有閣凡六楹 御書藏焉 故山中人取詩所謂倬彼雲漢而名之曰雲漢之閣 始瀋陽移書王朝 請爲其主進大號 王不受 奏于毅宗 及奴兒圍南漢城 毅宗詔遣陳洪範率師往救 是時奴兒入濟南 執德王由樞 而毅宗未嘗救之 獨於吾邦有難焉 出師救之 豈不盛哉 夫下有至誠而上不格者 未之有也 詩曰 鶴鳴于九皐 聲聞于天 謂誠之上格也 故先王北絶瀋陽 立奏毅宗 而毅宗爲救其難 誠之所格也 今華陽旣刻御書 又建閣而藏之 一邦之士過其下者 未嘗不歔欷而流涕 是徒知毅宗之恩厚於藩輔 而不知先王之至誠 感通於千里之外 啓毅宗拯救之心也 今年春 余自煥章禪院宿巖棲 登雲漢閣 觀先帝御書而歸 居月餘 華陽諸生 請爲記 余謂先生爲先帝求御書 藏之華陽 盖將使山中之人 追先王事明之誠而致敬於是也 今山中之人 爲之閣以尊御書 非特不負先帝也 庶可以不負先王之誠也 故余爲之記

清州皇廟詩記

臣自清州入華陽 祗見皇廟 退就齋次 祀之日 與州之士三百人皆適位 北面行事 自祼獻至于徹俎 士無不屛氣肅雝 若身履天子之庭而望清光者 臣聞王者施仁於下 必受報禮 禮之輕重 視其仁之深與不深 經 天子畿內之民 爲天子齊衰三月 諸侯之大夫 爲天子齊衰七月 諸侯之士與天子畿外之民皆無服 然天子施仁也深 則畿外諸侯之國 雖士庶人之無服者 亦皆懷之 故書曰 民罔常懷 懷于有仁 仁施於天下而民不懷者未之有也 密須氏距周之命 伐阮國 遂入共邑 故詩曰 密人不恭 敢距大邦 侵阮徂共 此阮國最大之菑也 於是文王整六師 往遏密人 故詩曰 王赫斯怒 爰整其旅 以按徂旅 仁至深也 夫天下諸侯之國 未有不懷文王者也 而阮國遇最大之菑 被至深之仁 雖百世其可忘耶 明興 倭奴

受約束 至萬曆世 平秀吉大治舟兵 自釜山疾趍平壤 神宗皇帝痛藩輔二千餘里沒於倭奴 詔大將軍李如松 率師渡遼 破秀吉兵二十萬於浿水上 遂定三都復社稷 及秀吉復犯釜山 詔大將軍劉綎, 麻貴, 陳璘之屬 拔曳橋圍島山遮露梁 焚其舳艫以千數 倭奴震懼 棄輜重 夜遁海中 盖是時中國將士 連七歲戰戍不輟 費入百萬 至今藩輔賴餘烈 東南無事 則神宗救菑之仁 誠可謂至深也已 其後崇禎中 瀋陽騎自義州入圍南漢 毅宗皇帝躬大義 惻怛東顧 欲爲藩輔救其急 命陳洪範率青州, 濟南, 登萊樓船之卒出長山 命金日觀, 楚繼功 率東萊, 卽墨, 昌邑之卒出東江 盖是時天下之力 東敝於虜 西罷於盜 公侯助戰馬 卿士佐軍食 子弟之國雖不守 無以救焉 而悉擧山東之衆 遠赴於大海之外 則毅宗救菑之仁 亦可謂至深也已 夫神宗有所成功 而毅宗亡所成功 然至仁被於藩輔 則二帝未始不同也 且毅宗之死社稷也 自京師至於四方 凡里巷耆老百姓戍卒戰士怨女孤子與被髮文身穹廬左衽之人 皆哭失聲 而逆賊亦爲之泫然流涕 是至仁溢於天下 豈獨救一國之菑也哉 故文正公宋先生時烈 命門人建二帝廟於華陽 祀之以四籩四豆 不敢忘二帝之仁也 周官曰 都宗人掌都宗祀之禮 宗者廟也 都之廟社古先王 故春秋傳曰 凡邑有宗廟先君之主曰都 都宗之祀皆賜禽 故周官曰 王之所不與則賜之禽 重其祀也 夫先王去民之菑 有大仁於天下 其世已絶 而都宗得主其祀 古之禮也 春秋傳曰 臨於周廟 周廟文王之廟也 魯立周廟祀文王 而周旣亡 咸陽又有周廟何也 盖文王旣遏密人 作程邑 其地於今爲咸陽 故咸陽有文王廟 豈非以共池之上阮水之旁 周師所臨 而遺民不忘其仁也 明制 州縣祀帝王凡三十六 每三歲 有司卜日 出祝冊發禮帛 遣太常寺樂舞生 函之以行 與周官賜禽之禮不殊也 伏惟二帝於藩輔 皆有至仁 廟食百世也宜矣 然有司不出祝冊 不發禮帛 不遣舞生 非所以尊厚先帝 光昭報禮也 王制曰 天子諸侯祭 因國之在其地而無主後者 夫因國猶可祭之 况二帝無主後者 廟雖在於山谷之中 豈不得比於因國耶 臣從州士過華陽 因得以將事廟下 乃具著二帝之仁及文正公建廟之義爲歌詩告于有司 其詩曰 肅肅皇廟 邦人來假 旣戒旣宿 旣掃旣滌 以其豆籩 與其鉶簋 以旅以將 以饗天子 天子齊聖 曰明二后 保玆邦人 樹仁維厚 神宗爲祖 毅宗爲孫 世樹厥仁 靡溺不援 有島夷自彼出日 淪釜及漢 焚我京室 誰拔箕墉 少保子茂 神宗命之 王國是救 島夷不順 薦作冦虐 穴居海滑 以噬以攫 誰拔順墉 少保子紳 曰陳曰麻 咸奏厥勳 三年于戍 四年于改 彊土旣定 神宗之功 於乎神宗 仁洽箕方 比于毅宗 克紹其光 瀋人來侵 圍玆南漢 毅宗肫肫 閔我多難 乃命虎臣 太師金公爰及洪範 鞠旅徂東 戈舟三千 率彼嚚磯 合甲交韔 朱英祈祈 旣進爾衆 其仁則駿 豈爾禦侮 必援爾刃 自古有國 皇不死社 烈烈毅宗 蹈仁維果 彼蠻與貊 靡不永傷 矧伊邦人 曷其敢忘 於赫神宗 仁此下國 毅宗篤之 亦仁斯則 其顧其响 其勤其拊 允也二后 邦人之父 翼翼文正 二后是懷 訓其弟子祠以明粢 文正有道 百世之師 弟子溫恭 不墜訓辭 串山峩峩 有栢有松 乃虔乃度 建玆廟宮 維此串山 文正棲遲 文正攸寧 二后維歸 清酒旣聶 大羹旣飪 三月維丁 享于路寢 維臭孔遠 靡所不通 肵俎加匕 四簋伊饛 神宗維右 毅宗維左 邦人踖踖 稽首于下 二后昭明 監我順德 報以多祉 俾爾保極 念彼程邑 文王是祠 制帛在篚 太常所釐 今我太常 亦有制帛 庶享二后 世世無斁

華陽洞記[家大人]

華陽九曲 我東之武夷也 洞壑幽邃 峰壁峻削 清溪貫之 白石相錯 始則李相慶億庄也 尤菴宋文正公借之居 仍爲萬東廟及文正書院 一曲曰擎天壁 二曰雲影潭 三曰泣弓巖 四曰金沙潭 五曰瞻星臺 六曰凌雲臺 七曰卧龍巖 八曰鶴巢臺 而九則巴串 列峙溪南北 而巴串獨據其會 皆遂菴權文純公所名 而丹巖閔文忠公篆也 泣弓有碑 尹判書憲柱筆也 巖棲齋在金沙潭之上 煥章菴, 雲漢閣在其左 彩雲菴在瞻星臺之上 萬景臺在擎天壁之外 文正草堂 在院門之內 崇禎皇帝御筆非禮不動四大字 刻於瞻星臺之壁 煥章菴雲漢閣所以創也 後又刻神宗皇帝玉氷壺四大字於其左 萬折必東 宣祖大王御書也

亦附之刻焉 大明天地崇禎日月 文正筆也 刻於其趾 蒼梧雲斷武夷山空 刻於巖棲齋之側 亦文正筆也 九曲之勝 夙昔飫聞 而老幸將子至焉 乃反憑僧指而過 恨余不及少時來也 獨於巴串 昏眼頓明 清流白石 豁然可意 三陟武夷溪差可擬也 過此而北則仙遊洞也 宿煥章菴 文正之尊周 而僧亦藉而爲重 人其人廬其居者 莫此如也 山之夜無虎夏無蚊 亦一異也 山空夜冷 星月皦然 羣峰若相揖也 寺藏萬曆崇禎御書及大明一統曆 萬曆賜輔臣 申時行制 辭理俱備 誥命體也 世言萬曆佚豫不視政 迨言者過也 其學世宗之玄默求道而甚者歟 萬曆書畫之東來者 龍字大徑數尺 劒仙及墨竹畵天工 幷比玉 佚豫而曷能哉 然書畵非人主事也 帝適寓心焉耳 崇禎賜楊嗣昌詩 乃其推轂時作也 保民重於討賊 仁哉詩也 帝豈亡國之主哉 直明運訖也 嗚呼痛哉 秦良玉之征胡也 亦賜之詩曰 蜀錦征袍手製成 桃花馬上請長纓 世間不乏奇男子 誰肯沙場萬里行 良玉滇土司婦也 其夫死於獄 兄弟死於虜 而良玉猶自將苗部 萬里勤王 忠勇無與比也 故帝特奬之 良玉繡於其旗 以表其榮 屬國尤宜知此 故附記之 大統曆則崇禎丁丑 清陰金文正公所受賜於仁祖也 潛谷金文貞公 盖受之明而東返 頒於廷臣者也 清陰時在安東 柳碩之讒 姑未入耶 皇朝舊物 令人掩抑不已 朝謁大老像 盖其入山後模也 方冠野服 儼若天神 地負海涵 龍虎變化 使老酋當之 亦必悸縮 況其餘耶 彼侮者 徒蚍蜉之不自量也 講堂扁以一治 盖表先生之志也 宋子大全板在院廊 乃二百三十四冊 而印者相續 出至草堂 先生舊居也 房二架軒一架 而杖几書策璿玉之器 金石之刻皆在 春秋則正廟丁巳所頒也 余父子俱幸托名 今又尊周彙編告成 誤恩便若世承 僭猥極矣 藉此而謁先正 不益愧哉 文正之居此 始闢荒也 然猶嫌其鬧聒也 樹巖棲齋於崖上而居之 隔澗制益小 飯則維片舠以涉之 無人乎側 則先生或自牽維 溪漲舠阻 則煥章僧供之蔬糲 不可堪也 先生安之如素 每當孝廟諱辰 出泣弓巖 痛哭徹宵 山中鳥獸皆號 先生稟氣特異 所至凍屋亦暖 比其寢臥 瓦雪皆融 當是時 師道尊於君綱 而衆詠乘之 先生安得免哉 雖然 顔淵氏不云乎 不容何傷 然後見君子 孟子不曰以身殉道耶 然伯夷之名萬世 正以其餓死也 記昔彙編之始也 有問先生道德於余者 余曰 先正道德 吾豈敢與知 無已則藉重而言可乎 孝宗大王躬涉丙丁之難 寤寐英豪 矢心一洒 而八年瀋館 蹈履行陣 覩天下魁傑多矣 虜將則多爾袞英, 俄爾代馬, 福塔尼堪等也 明之降將則洪承疇, 祖大壽, 吳三桂也 我之材俊 不足以制彼 則豈與謀大事哉 先生親非勳戚 選非科甲 特師傅之舊而山野之新也 一朝擧之羣臣之上 比諸伊, 呂, 諸葛 學焉而後臣之 擧國而聽之 授大任而紓長策 無疑也 卽聖心之所簡 而先生之爲先生可知也 古所謂以英雄之材 兼聖賢之學 外托君臣之契 內結骨肉之親者 獨先生當之矣 正宗大王聖學天章 高出百王 而自在春邸曠感者獨先生也 傳心之統 上繼紫陽 而御序闡其道義 致祭之文 又親製矣 若曰子朱子後 復有朱子 三朝賓師 百世規矩 卽御製之所闡 而先生之爲先生 又可知也 吾儕小人 惟知守兩朝之敎也 及至是院 益知先生之道德也 司馬遷之撰史 世家孔子 而末言適魯觀其廟堂車服禮器 諸生以時習禮其家爲之低回不能去 何其與余之觀諸院者同也 苟非盛德所感 安能久益尊信若是哉 第闕里元氣宅也 而華陽則挾秋霜也 世又有以空言厚利譏先生者 審其然也 孔子之作春秋 孟子之闢楊墨 非空言耶 卒之祠享遍於天下 世襲延於百代 孔孟亦媒利耶 後世之榮 聖賢有不得以辭之也 如必斥空言而核實用 則功利之學 可尙於仁義 富强之術 可先於禮樂 其始也楊墨之所羞 而終則寇盜夷狄之歸 焚坑之禍隨之 可不畏哉 故睹戰國嬴秦之難 而益知孔子之功也 此非空言之力哉 故君子之空言 百世之所同賴也 中夏苟有眞主作 必於我取法 廣魯於天下者 非大老之功耶 毋謂空言無補也 吾故謹費辭書之 爲華陽洞記

華陽洞記[成海應]

道淸州而東八十里 有山曰洛陽 一稱落影 元時有胡僧結廬而居 山上大巖刻大小彌勒像 故又名彌勒

中有華陽洞 一稱黃楊洞 洞多黃楊故名 發於鳥嶺 鳥嶺旣磅礴蜿蟺 靈邃鬱積 而抽其淸淑之氣 西北走 扶輿而止 爲洛陽云 始文正宋先生隱於懷川之上 孝宗大王延之爲賓師 將以伸大義於天下 先生起而上開魚水堂 屛人議國家大計 旣而弓劒 遽遺而義旗不能出 先生退而栖華陽 與鹿豕爲羣 雖窮約困苦而不自悔 華陽於是名於國中 盖因先生而重也 先生獨持春秋之義 深藏於邱壑之中 國人慕其風 公卿士大夫往從之遊 以資其誘掖漸磨 先生雖不出 利澤之及於人 不亦廣乎 夫子曰仁者樂山智者樂水 君子各以其性之所適而安 淸凉之山淵深而莊 文純先生居之 石潭之山淸明而粹 文成先生居之 華陽之山尊嚴而直 文正先生居之 豈非所樂之不同者耶 淸凉石潭華陽之山水 皆以九曲名之何哉 九者陽數之終也 終則起於一 君子不可一日無陽 故取之 文純文成二先生當國家之熙運 或出或處生順沒寧 文正先生値冠屨倒置之變 含痛忍寃 以終其身 是故入華陽者 皆悽然發風泉之感 程子釋剝之上九碩果不食曰亂極思治 朱子引之於匪風下泉之末者有以夫

擎天壁 鎭洞門爲第一曲 由菁川廢縣而東行十五里 歷無量桃源 有枕流亭遺址 先生入洞時所借黃氏亭子也 又傍川而東行數里 有紺川之潭 演涵渟泓 周遭幾一里 可方舟 涉灘行一里而入洞 又過一川是巴溪之下流也 壁在川南 奇巖峭拔 層疊相承 蒼松蔚薈 高幾百丈 擎天之所以名也 威而不厲 尊而不抗 先生之氣像似之 洞卽李相國慶億所嘗耕也 洞外山民種粟豆之屬 李氏奴至今收其稅 李氏有後穎亭 距洞外五里 今迷其址

雲影潭 在溪北爲第二曲 由擎天壁沿而北行一里 田疇肥沃 有茅茨十數家甚瀟灑 歷村前度山隅而潭見焉 數柳離立 游魚跳躍 有水鄕之思 取朱子詩天光雲影共徘徊之句名之 山奇峭峻削而至此忽平夷可居 南望皇廟及文正書院

皇廟凡五楹 崇禎甲申重回之歲 陪臣權尙夏, 鄭澔等因其師遺意而設也 其祭日卜春秋之季 其祭品用四豆四籩 其位用紙牓 其迎送有詞曲 卜春秋之季者 不可先於皇壇之享也 用四豆四籩者 以少爲貴也 用紙牓者 依滄洲祭孔子禮也 用詞曲者 依虞帝廟儀也 祭之日 掌饌告腯 祝告充 獻官奠幣上香 旣三獻而飮福受胙望瘞並如儀 祀萬曆皇帝者以恩也 崇禎皇帝者以義也

文正書院在皇廟之傍 肅廟乙亥 始建于洞之外萬景臺 庚寅移于洞中 皇廟旣設 而取武侯祠屋長隣近之意也 其額肅廟御筆也 院有先生七十七歲像 方冠野服 盖隱居之容也 院凡五楹

艸堂在皇廟下十許武 臨溪而設 先生所嘗處也 有書籍杖几璣衡之屬 先生之手澤並存 庭際左右有先生所植梨杏芍藥先春花 松風拂面 霜日嚴冷 石皆爲水所磨 皎潔圓滑 聞之山中每大雪 林壑凍閉 而先生所臥之屋瓦雪皆融

泣弓巖在溪南 卽第三曲 先生當孝廟諱日 輒哭於是 昔孝廟賜貂裘 先生上箚辭曰臣所藉非薪 所抱非氷 誦武侯之言則寸心常焦 讀文山之奏則中腸自熱 雖或懸鶉百結 積雪三丈 誠不知其寒也 政宜君臣上下 縞素爲資 牛毛襪線 不敢妄費 革奢風則如雷震物 急民隱則如渴赴泉 以少回今日之世道則臣雖凍死於雪裏 榮耀無窮 上密諭曰人之相知 貴相知心 遼薊風霜 將與同驅馳也 顧乃不知而請辭耶 先生退而識其事於裘上 己未之夏五月四日 旣晨起痛哭 復抆血書其哀於舊識之左 後人又竪碑巖上 刻先生哭諱詩曰此日知何日 孤衷上帝臨 侵晨痛哭後 抱膝更長吟 辛丑山水大至沒於水 後五年樵人得之沙上

草堂下紅梅一樹 先生所玩也 每春至花甚盛 己巳枯死 而先生受後命於楚山 甲戌先生伸而梅復生花葉爛然 余聞李貞翼家在都下之大寺洞 庭有梨一樹 貞翼手植也 閔宗道奪其第而梨枯 宗道誅而金忠獻公白于上 還其第於貞翼之孫 梨乃復蘇 貞翼與先生同遭孝廟之際遇 而其事亦同 異哉 君子攸宅 樹木亦靈矣

金沙潭 卽第四曲 自泣弓巖東行數十步 澄潭演迤 汀沙明媚 故名金沙潭 北岸卽巖栖齋也 潭上石刻

蒼梧雲斷武夷山空八大字 先生筆也

巖栖齋三楹在潭上 而潭壁削立不可登 由煥章菴緣岸仄行而至 先生之居草堂也 猶以爲人境 乃樹屋於巖厓上 泛小舠以通隔溪所具之飯 婢匕禮者供焉 或水潦舠不可通 庵僧進蔬糲 而先生安其澹泊 齋圮而牧使金公鎭玉修繕之 權文純先生書其扁 揭之巖間 有蟠桃一樹 先生時花甚盛 後枯死 老僧取其子而植之 遍于洞中 余夜宿于齋 時秋水方壯 月上兩峯之間遙映 波光歷歷 星斗森列 瞻望皇廟未期敬而自敬 爲之誦秋月寒水之訓 心淸而氣曠 千載之下 如覩堯舜之域矣

煥章菴在溪北 沿溪度小橋而上 水淺則徒涉 水深則褰裳 始先生刻崇禎御筆 欲作小菴 募僧看護 名曰煥章 盖取魯論煥乎其文章之意也 會先生被謫未果 後募八九僧守書齋 以煥章之額揭之 嗚呼 尊攘之義 何與於僧徒 而先生乃募僧而護之耶 噫彼雖其髥首異服 不與吾徒同羣 然其心往往篤於彜倫 國家有事則奮發從戎者有之 島夷之亂 靈圭慷慨首義 與趙重峯先生死於錦山 不旋踵松雲四溟之徒募衆 與天兵聯破賊 惟其性偏故心一 心一故氣不慴 苟如是者 不爲君子之所進耶 皇明之季 有僧丹竹者 盖益王所招三十六營之一也 益王敗 從揭重熈襲撫州 逐淸將王得仁 戟及面幾獲之 金聲桓破廣信多虜獲 丹竹邀之 聲桓兵走 盡得所俘 後率壯士邀淸貝勒兵之入閩者 淸兵大至 馬蹶被殺 如而人者 豈以僧徒而輕之哉

神宗皇帝諭元輔帖一卷在菴中 元輔者申時行也 時行柄政九年 帝甚倚毗 呼爲先生而不名 時行子用懋跋曰札子批答 間有神謨手筆者 除詔付內閣 徼還御前 餘褒美慰留諸諭 珍襲家笥者共二十二道 今見在者乃二十一幅 並印本也 自萬曆十三年至十九年 其德音藹然 如家人父子相告語 顧時行不能宣大其强綸 以當帝之眷遇 而帝之敬大臣也如此 宜其區宇寧謐 民生樂業 冦盜剷平矣 孰謂帝迭豫不勤政事哉

神宗皇帝御用金管一柄在菴中 不知所自來 胡虜之入燕都也 先帝宮室輿儀寶器之屬 旣已蕩爲灰燼矣 況金管之微乎 斯必有好義者 爲先帝之所朝夕也 藏之而傳于東土 不亦異哉 每讀壬辰出師勅及主事丁應泰革職勅 深仁厚澤 汪濊洋溢 方其具蘽硃批之時 此筆安知不爲用耶 郭氏之日月硯 李氏之四書三經 徐氏之禮記 並神宗皇帝所御之物 而零落于東土 誰能敬收之 與金管俱儲耶 毅宗皇帝賜楊嗣昌詩一卷在菴中 崇禎之季 流寇大亂 李自成跳踉於秦豫 張獻忠强梁於楚蜀 帝臨朝太息 嗣昌以輔臣自請督師 帝大喜 嗣昌旣受命 以御詩餞之 嗣昌顧小器沾沾 無碓才大略可以平靖寇亂者孤中原士女之心 負天子付畀之意 旣出師無功 恐見誅卒自裁 御詩曰塩梅今暫作干城 上將威嚴細柳營 一掃冠氛從此靖 還期敎養遂民生 帝之意欲綏寇賊 以興禮樂之治而不果 豈不痛哉

崇禎十年大統曆一卷在菴中 崇禎丁丑 頒於東國者 時潛谷金公奉使 朝正京師 毅宗皇帝知南漢圍急命總兵官陳洪範, 副總兵金日觀等 率山東諸鎭舟師往救之 山東巡按御史顔繼祖奏言屬國不可救 毅宗不聽 居月餘南漢圍解 洪範, 日觀至東江 淸兵夾攻 洪範遁 日觀戰死 繼祖奏屬國不守 世子被執 毅宗以繼祖不能往救 自詡言中 切責之 遇使臣有加使兵一千 伴使臣出境 五月兵至長山島而返 大統曆旣至 仁廟頒之公卿大夫如故 石室金文正公時在安東之西磵 亦賜一本 其孫壽徵傳之權文純 嗚呼 天朝頒曆 止於是矣 昔子貢欲去告朔之餼羊 夫子猶愛其名而惜其禮 是時周室尙存 而眷眷於東周之感如此 欲使後之人因名而考實 得以復舊禮 今明室已亡矣 協時而正日 若天而明時 唯此書存爾 其愛惜而考信之 豈特餼羊之比哉 時桐溪鄭公在圍城之中 見和議成 自刺不殊 輿疾入德裕山 爲茅屋耕田 種秫以自給 終身不仕 亦蒙賜大統曆一本 題其面曰崇禎年號止於斯 明歲那堪異曆披 從此山人尤省事 只看花葉驗時移

雲漢閣六楹 煥章菴之傍有大石 長三十尺廣十二尺 爲閣於石上 藏御書 故山中人取詩所稱倬彼雲漢而名之曰雲漢閣 太祖高皇帝御書忠孝節義四大字印本一 神宗顯皇帝御書玉藻氷壺四大字印本一 思

無邪三字模本一 諭元輔王錫爵印本一 諭內閣申時行二幅 印本一 毅宗烈皇帝御書非禮不動四大字印本一 唐人詩七言律二句曰陌上堯尊傾北斗 樓前舜樂動南薰 朱子五言古體詩二句曰玉蘊山含輝珠藏澤自媚 武侯之訓二句曰非寧靜無以致遠 非淡泊無以明志 凡三十八字刻石八片 英宗顯孝王御製印本一 今數楹之屋 雖巍然寄置於山中 其所奉寶墨之光榮 常爛然輝映日月 發而視者 無不怵惕徊徨流涕稽首 相與勉戒以明天理正人心 則列聖之澤 又可以悠久如天地矣

凌雲臺爲第五曲 在溪北 有巖斗起而臨溪故名 涉金沙潭出巖栖齋之後 歷煥章禪院而至 寔煥章之東崖刻之北 彩雲菴在其南 菴制小而樸 東有一塔 幽深窈窕 無泉石之觀

瞻星臺爲第六曲 瞻星之義未聞 刻神宗顯皇帝御書玉藻氷壺四大字於左 毅宗烈皇帝御書非禮不動四大字於右 萬折必東 宣祖御筆也 大明天地崇禎日月 文正先生筆也 並刻于石之趾 顯皇帝字小之德烈皇帝殉社之正 宣祖事大之誠 文正尊攘之義 並載於窮山之石 雖其一拳之小 及其至也 天地不能載 河海不能泄 寒暑不能變 不亦重歟 烈皇帝表章聖訓 以禮律身 燕居每晨起 盥漱櫛髮 冕服佩玉見上帝然後視朝 外戚諸臣爲上之憂閔元元不暇逸也 陰求美人陳沅內于掖庭 思有以娛悅上意 上顧泊如也 已而命之嫁 其制行之嚴如此 是以當甲申之變 率以身殉社稷 此豈非非禮不動者耶

臥龍巖爲第七曲 由瞻星臺沿溪南東行數里 涉一溪而北 穹石橫亘于溪 蜿蜒似龍 長可十許丈故名先生之受知於孝廟 猶武侯之於昭烈也 武侯爲昭烈出師祁山 先生處帷幄參贊密勿 而其不諧者皆天也 先生復歸於山中 如龍之蟄 此武侯之所未得也 臥龍之名 不徒以巖之象也

鶴巢臺爲第八曲 臺臨溪而長松挺拔 有青鶴巢其巓而養雛故名 詩曰鶴鳴于九皐 聲聞于天 言誠之上格也 英宗己巳爲三壇 祭高皇帝顯皇帝烈皇帝 方灌鬯 白雲起自北方 蜿蜒逗于壇上 有風颸颸 引靈雨微灑 比獻畢 風恬雲淨 月星明概 與祭羣臣相與窃歎 以爲感應甚神 先王旣以至誠事三皇帝 三皇帝之靈 安得不夷猶睠顧乎 山之中泉甘而洌 蘋藻稻粱 芳潔馨香 在位者並肅然屏氣 其誠亦足以格二聖陟降之靈矣

巴串爲第九曲 盤在溪中 石白而平 淨滑無塵埃 或折或窪 清流布其上 不滙激不散漫 爽豁夷曠 左右槐松連蔭 陶菴李文正縛草屋數間 今廢 過此而歷七松亭而抵仙游潭 其幽深奇絶 與巴串可伯仲也

역주 화양동지

역　자 : 충북대학교 우암연구소
발행처 : 충북대학교 출판부
발행인 : 임동철
주　소 : (361-763) 충북 청주시 흥덕구 성봉로 410
전　화 : (043) 261-2952, 3014
팩　스 : (043) 274-1256
이메일 : presscbu@chungbuk.ac.kr
등　록 : 제1983-2001-7호
초판1쇄: 2009.10.28
인쇄처 : 삼성디자인기획 042-221-3111

ISBN 978-89-7295-164-3 93090

값 20,000원